관사 트레이닝 1000

관사 트레이닝 **1000**

초판 1쇄 발행 2020년 6월 20일
글 쓴 이 유지훈
펴 낸 곳 투나미스
발 행 인 유지훈
교정교열 편집팀
주문팩스 031-244-8480
출판등록 2016년 06월 20일
출판신고 제2016-000059호
주　　　소 수원 필달구 정조로 735 3층
이 메 일 ouilove2@hanmail.net
홈페이지 http://www.tunamis.co.kr
ISBN 979-11-90847-01-8 (13740)

모질게
훈련하라

관사
트레이닝
1000

유지훈

관사, 기초 중의 기초는 표기

영어는 음운이 중요하다. 알다시피 언어가 다 그렇듯, 입술에서 입술로 전파되다가 기억의 한계와 정보 보존의 필요로 문자가 생겨난 과정을 돌이켜보라. 자음과 모음으로 시작하는 어구 앞에 관사를 구분해서 쓸 수 있느냐는 것이 기본이다.

a + 자음
an + 모음

the + 자음
the + 모음

문자가 아니라 소리가 중요하다는 점을 다시금 강조한다! 정답을 골라보자.

He is [a/an] honor to his country.

The car picked up its speed up to 100 kilometers [a/an] hour.

[a/an] MP(Military Police, 헌병)

[a/an] RP(Received Pronunciation, 표준영어발음) accent

[a/an] UFO

[a/an] UNESCO official

He is an honor to his country.

'아너honor'는 바람소리인 'h'를 발음하지 않아 모음이므로 'an'이 옳다.

The car picked up its speed up to 100 kilometers an hour.

'아우어(ㄹ)hour'에서도 'h'를 발음하지 않는다. 단, 바람소리(h)를 내면 부정관사는 'a'를 붙여야 한다. 예컨대, house, hyena, horse 등이 있다.

an MP(Military Police, 헌병)

'엠피MP'는 모음('에')으로 시작하므로 an이 옳다. a라고 생각했다면 소리보다 '문자'가 더 익숙해 오판했을 가능성이 크다.

an RP(Received Pronunciation, 표준영어발음) accent

'알피RP' 역시 모음('아')으로 시작하니 an이 옳다.

a UFO

'유U'는 반자음이나 이중모음이라고는 하나 'a'를 붙인다.

a UNESCO official

'유네스코'의 '유' 역시 이중모음이므로 'a'가 옳다. '어'로 발음할 때는 부정관사 'an'을 붙인다. uncle, umbrella, upstairs 등은 'an'이 맞다.

셀 수 있는 명사, 셀 수 없는 명사

"hamburger"

어색하다. 고유한 이름이 아니라면 왠지 어색해 보인다.

a hamburger | the hamburger | hamburgers

이제 좀 괜찮아 보인다.

관사를 붙이느냐, 마느냐는 뒤에 나오는 명사가 셀 수 있느냐, 없느냐가 좌우한다. '셀 수 있다'는 것은 관사를 붙일 자격이 있다는 말이고 '셀 수 없다'는 건 관사를 붙일 자격이 없다는 뜻이다. 그러나 우리 한국인은 명사를 셀 수 '있느냐,' '없느냐'를 직관적으로 판별할 수가 없다. 그래서 관사가 어려운 것이다.

동사에 자동사(목적어가 없다)와 타동사(목적어가 있다)가 있듯이 명사도 둘로 구분한다. 동사에는 대개 자동사와 타동사의 성질을 모두 가지고 있는데 명사도 대부분 '가산count nouns'과 '불가산uncontable nouns'의 성질을 다 갖고 있다. 그러니 관사를 붙여도 그만, 안 붙여도 그만이 아닐까 하는 합리적인 의문이 들 때도 있다.

답은? 그럴 수도 있고 아닐 수도 있다. 같은 단어라도 관사를 붙였을 때와 붙이지 않았을 때 의미가 달라지는 경우가 많기 때문이다.

anatomy

[noncount] the study of the structure of living things
[셀 수 없는 명사(관사를 붙이지 않는다)] 해부학

We had to take a class on/in anatomy.
우린 해부학을 수강해야 한다.

a professor of anatomy
해부학 교수

[count] a close study of the causes or parts of something
[셀 수 있는 명사(관사를 붙이거나 복수형)] 구조나 해부 혹은 분석(무언가의 원인이나 일부를 파헤친다는 뉘앙스)

The book is an anatomy of life in the inner city.
이 책은 도심의 삶을 해부한다.

an anatomy of the current recession
현 경기침체에 대한 분석

덧붙이자면, 사람의 고유한 이름에는 관사를 붙이지 않는 게 원칙이라지만 굳이 관사를 붙이면 '~같은 사람'으로 뜻이 달라진다.

Shakespeare 셰익스피어
a Shakespeare (셰익스피어 같은) 탁월한 극작가
the Shakespeare (아까 말했던) 탁월한 극작가

관사, 미묘하지만 중요하다

"He does not return the smile but continues to stare at her awhile before turning back to the paper."

그는 미소에 아랑곳하지 않고 한동안 그녀를 계속 응시하고는 다시 '그 종이the paper(?)'로 눈길을 돌렸다.

본문의 'paper'가 '종이'라면 관사를 붙이지 않는다. 관사를 붙였다는 것은 곧 '종이'가 아니라는 방증이며 이는 '신문'으로 이해해야 한다.

종이는 셀 수 없지만 종이로 만든 '신문'은 셀 수 있다는 이야기인 즉, 이를 일반화하면 셀 수 없는 명사의 성질이나 형태가 변화하여 새로운 상품이나 대상이 될 때는 관사를 붙일 수 있는 명사로 전이된다고 볼 수 있다. 참고로 종이를 셀 때는 'a piece of paper, two pieces of paper'로 표현한다.

같은 맥락으로 링컨 대통령의 연설을 읽어보자.

… and that government of the people, by the people for the people shall not perish.

국민을 위해, 국민이 국민을 다스리는 것(정부?)은 종언을 고하지 않을 것이다

(국민의, 국민에 의한으로 옮겨선 안 되는 이유는 『나만 알고 싶은 영어의 비밀_NOMINALISM』이나 『명사독파』를 참조하라)

위 예문에서 'government'는 '정부'가 아니다. 왜일까? 작자(링컨)가 관사를 붙이지 않았기 때문이다. 'that'을 관사 대신 쓴 지시형용사(저~의)로 오해하면 곤란하다. 원문을 보라.

It is for us the living, rather, to be dedicated here to the unfinished work which they who fought here have thus far so nobly advanced. It is rather for us to be here dedicated to the great task remaining before us—that from these honored dead we take increased devotion to that cause for which they gave the last full measure of devotion—that we here highly resolve that these dead shall not have died in vain—that this nation, under God, shall have a new birth of freedom—and that government of the people, by the people, for the people, shall not perish from the earth(게티즈버그 연설문에서 발췌).

전문을 보면 'that'은 접속사로 봄직하며 구조는 이렇다.

that A, that B, that C and that D

정부는 추상적인 개념이 아니라 실체가 있는 국가기관을 가리키기 때문에 정관사를 써야 옳다. 물론

아직 실현되지 않았거나 어렴풋한 정부를 가리킨다면 부정관사(a)를 썼을 것이다. 여기에 관사를 붙이지 않았다는 것은 추상적인 '통치'나 '시정' 혹은 '행정'을 의미한다는 방증이다. 때문에 본문은 '국민이 국민을 통치 혹은 다스린다'로 풀이해야 옳은 것이다. 이처럼 관사는 뜻이 다양한 어구의 속성을 구체적으로 내비친다. 존재만으로도.

관사, 정답은 하나인가?

그렇다면 관사는 정답이 하나만 있을까? 그럴 수도 있고 아닐 수도 있다yes and no. 관사의 정답이 하나뿐이라면 언어생활이 참 고단했을지도 모른다. 관사는 '정답'이라기보다는 작가의 의도를 가장 잘 전달할 수 있는 도구로 이해하는 것이 바람직할지도 모른다.

관사가 딱 떨어지는 명사는 비교적 수월하게 습득할 수 있고 헷갈리지도 않는다. 예컨대, 악기에는 정관사 (the)를 붙이고 '강'과 '대양'에도 정관사를 붙인다. 단, 항공사에는 붙이지 않는다.

He can play the piano.
She went to the Nile.
They haven't crossed over the Pacific Ocean.
(×) Korean Air is now at risk.

문법책에서 관사를 훑어보면 공식이 명확한 명사는 거의 대부분 다루고 있지만 안타깝게도 '사각지대'가 너무 많다. 막상 글을 쓸 때 관사를 붙여야 할지 알쏭달쏭한 경험은 누구에게나 있을 텐데 왜 그럴까? 공식에는 한계가 있기 때문이다. 글의 바다에 입수해 보면 문법책에서는 볼 수 없었던 어구가 수두룩하다.

『관사 트레이닝 1000』은 독자가 맞닥뜨릴 수 있는 경우의 수를 거의 모두 섭렵할 수 있도록 뉴스기사를 비롯하여 시험영어와 방송, 편입, 원서 등, 다양한 원문에서 글을 발췌했다. 일상에서 부딪치게 될 영문을 작가의 마음으로 관사를 꾸준히 넣어보고 틀린 이유를 분석한다면 한 달 안에는 관사를 보는 시각이 예리해질 거라 자부한다. 연습은 결코 배신하지 않는다. 평소 글을 읽을 때 관사를 눈여겨보라.

Mr. T.
대학시절, 원어민 교수가 강의한 영어구문론 과목이 떠오른다. "오늘은 Mr. T를 소개할까 합니다Let me introduce Mr. T today." 이렇게 운을 떼운 로버트 교수는 교재를 펼치기 전 화이트보드에 Mr. T를 크게 썼다. 정관사 'the'를 의인화해서 위트있게 표현한 것이다.

영작 과목에서 한국인이 가장 어려워하는 파트가 관사다. 정관사, 부정관사, 이론은 숱하게 배웠지만 정작 글을 쓸라치면 'a(n)'를 붙여야 할지 'the'를 붙여야 할지 헷갈리기 일쑤인데 로버트 교수도 관사가 어렵다는 점을 자주 강조하곤 했다. 물론 원어민은 분명히 구분하겠지만 이를 설명하자니 딱히 뾰족한 수가 없어 그렇게 이야기했을 것이다. 수천, 수만 가지 경우의 수를 어찌 다 말로 설명하겠는가?

관사를 이론으로 쓰려면 '함무라비 법전'처럼 두꺼운 원고를 써도 다 해결이 안 되는데 설령 그런 게 나왔다손 치더라도 이를 적용하는 건 또 다른 문제다. 그걸 '집대성'한다는 것도 어불성설이고. 경우의 수를 일일이 다 암기하는 것도 미련한 짓이다.

물론 관사에 대한 기본적인 아이디어는 알고 있어야겠지만 (아주 몰라서는 안 된다!) 관사를 이론으로 정립할 수 있다는 과욕은 삼가기 바란다.

관사는 귀납적으로 접근해야 할 대상이며 '감'으로 습득해야 할 어법이다. 숱한 훈련을 통해 감을 익히는 것이 더 빠르다는 이야기다. 이론이 머릿속에 남아있더라도 직접 써보는 훈련을 거치지 않는다면 이론은 무용지물이 되고 말 것이다. 훈련만이 관사를 정복하는 지름길이다.

1000개 항목에 든 각 지문을 읽고 직접 관사를 판단해서 써보자. 처음에는 많이 헷갈리겠지만 몇 백 개를 소화해 내다보면 감이 올 것이다. 하루에 30개씩 고민해보면 한 달 남짓 후에는 관사에 대한 선입견과 편견이 깨질 것이다. '아, 교실에서 배운 게 전부가 아니었어!'라는 감탄도 나오지 않을까 싶다. 정답지에 중요한 포인트를 몇 가지 언급해 두었으니 참고하면 관사를 이해하는 데 조금이나마 보탬이 될 것이다.

열 번 찍어 안 넘어가는 나무 없다고 했다. 1000번 정도 찍으면 지독한 관사라도 쓰러지지 않겠는가. 참고로 관사가 알쏭달쏭할 때는 소유격을 쓰면 된다!

We worked really hard to make a(?) / the(?) plan.
We worked really hard to make our plan.
우리는 계획서를 열심히 작성했다.

A(N) / THE

기본적인 점만 간추려 본다. a(n)는 주로 막연한 '어떤' 것이나 '하나'를 가리킬 때 쓰고 the는 특정한 것을 이를 때 쓴다. 지금 대화를 나누고 있는 두 사람이 (굳이 말은 하지 않아도) 이미 알고 있는 것을 지칭하거나 어떤 것을 '콕 짚어서' 말할 땐 the를 쓴다고 보면 얼추 맞다.

A(N)

1. 하나
Rome was not built in a day. (하루)
로마는 하루에 건설되지 않았다.

2. per(~당)
The sports car has maximum speed of 275km an hour. (시간당)
스포츠카는 최고 시속 275킬로미터를 달린다.

3. 어떤(a certain)
A Mr. Smith called us the other day. (스미스라는 어떤 분이)
스미스라는 분이 며칠 전 우리에게 전화를 걸었다.

4. 같다(the same)
Birds of a feather flock together. (같은 깃털)
유유상종이다.

5. 종족대표
A tiger is a very fierce animal. (호랑이 전체)
호랑이는 매우 사나운 동물이다.

THE

a. 이 세상에 한 개 존재할 때 | 최상급 앞에서도 쓴다.

What is the longest river in the world?
Paris is the capital of France.
The sun is a star.
The hotel we stayed at was a very nice hotel.
(우리가 묵었던 호텔 = 꾸며주면 "the")

b. 별 이유 없이 그냥 "the"와 같이 쓴다

the sky | the sea | the ocean | the ground | the country | the environment | the same

There are millions of stars in space. (우주)
I tried to park my car, but the space was too small ("space"가 공간일때는 "the"를 쓴다)

c. 차이 구분하기

the movies | the theater (영화보러 가다|연극보러 가다)
I often go to the movies, but I haven't been to the theater for ages.

the radio | television
I often listen to the radio.(라디오 방송)
We watched the news on television.(텔레비전 방송=무관사)
There isn't a theater in this town.(극장 건물)
I'm going to buy a new radio | television (=television set)(라디오|텔레비전 수상기)

d. 아침 | 점심 | 저녁 식사는 무관사(breakfast | lunch | dinner)

We had lunch at a very nice restaurant.
We had a very nice lunch. (꾸며주는 말이 있으면 "a")

e. 몇 호실(Room 126) | 10번문(Gate 10) 등은 무관사

Do you have these shoes in size 11?
page 29 | Section A | Gate 10 | Room 125 | question 10 | Flight 123 (123호비행기)

f. school | church | jail | prison
장소의 목적에 맞을 때는 무관사, 다른 볼일이 있어서 갈 때는 정관사를 쓴다.

Ken's brother is in prison (jail) for robbery.
Ken went to the prison (jail) to visit his brother.
I usually go to school every weekend.
She goes to the school to meet a teacher.

g. 관사 안 쓰는 경우

bed | work | home = 무관사
It's time to go to bed now.

go to sea | be at sea = 항해하다 (무관사!)
Keith is a sailor. He spends most of his life at sea.
I'd like to live near the sea. (바다)
It can be dangerous to swim in the sea. (바다)

h. 관사 VS 무관사

1. 복수가 대상 전체를 가리킬 때 (무관사)
doctors(의사) | teachers(교사) dogs(개) stamps(우표 전체)

2. 단수가 대상 전체를 가리킬 때 (무관사)
crime | life | food | football | skiing | running | history | physics | English

3. (대부분의) most는 무관사
Most people like George.

i. Mr. T

1. 특정한 것을 콕 찝어서 표현할 때 the를 붙인다.
Children learn a lot from playing.
We took the children to the zoo.

2. 한정된 명사 (꾸밈을 | 수식을 받은 명사)는 the를 붙인다.
I like the people I work with.
I like working with people.
Do you like strong black coffee?
Did you like the coffee we had after dinner last night?

동물, 기계, 화폐, 악기 의 종류 중 1가지를 선택하여 말할 때는 **the**를 붙인다.

Can you play the guitar?
The piano is my favorite instrument.
I'd like to have a guitar.
We saw a giraffe at the zoo.

the young = young people 젊은이들
the rich = rich people 부자들
the elderly = elderly people 노인들
the unemployed = unemployed people 실직자들
the disabled = disabled people 장애인들

The French are famous for their food. (=the people of France)
= 프랑스 국민들은 음식으로 유명하다.

the Dutch 네덜란드 국민 the English 잉글랜드 인
the Spanish 스페인 국민 the Irish 아일랜드 인
the British 영국 국민

** the French | the English → a Frenchman | an Englishman

~ ese로 끝나면 the ~ | a ~ 로 할 수 있다.
the Chinese → a Chinese
The Japanese → a Japanese
The Sudanese → a Sudanese
The Vietnamese → a Vietnamese

1. 원칙적으로는 국가 앞에 **the**를 붙이지 않는다!
2. 그러나 Republic, Kingdom, States 가 들어가면 앞에 **the**를 붙인다.
→주로 공식명칭에 붙는다

the Czech Republic 체코 공화국
the United States (of America) 미합중국
the United Kingdom (the UK) 영국

북한 (DPRK)= the Democratic People's Republic of Korea
남한 (ROK) = the Republic of Korea

3. 산(mountain), 호수 (Lake)는 안붙인다.
Mount Everest | Lake Superior | Lake Titicaca

4. 대양(Ocean), 바다(Sea), 강(River), 운하(Canal)의 이름은 **the**를 붙인다.
the Nile | the Red Sea | the Suez Canal | the Amazon River, etc.

n. 총정리

1. the + 사람이름 + ~s(복수) (=가족|부부)
the Mitchells (=the Mitchell family)

2. the United States, the Netherlands, the Philippines, the Hawaian Islands.
= 여러 주| 섬 등이 어우러져 형성된 국가는 the+복수형태를 쓴다

o. 국제기구와 방위

1. 철자를 따로 읽으면 붙이고 한 단어처럼 읽으면 붙이지 않는다.
The OECD (디 오이씨디, 경제개발협력기구)
UNESCO (유네스코, 국제연합 교육과학문화기구)
(무관사) NATO (네이토, 북대서양 조약기구)

2. 방위

the north (of Mexico) (유관사) | northern Mexico (무관사)

the southeast ~ | southeastern Canada

예외) the Middle East (중동) North America | West Africa | southeast Texas

p. 장소 | 건물의 고유 이름

1. 장소(대양, 만, 사막 포함) | 건물의 고유이름에는 'the'를 붙인다.

the Hilton Hotel
the Shubert Theater
the National Theater
the Sahara Desert
the Gulf of Mexico
the Atlantic Ocean
the University of Michigan
the Bank of Montreal
the Pentagon(미 국방부)

한국은행 = the Bank of Korea
세계무역센터 = the World Trade Center

2. 가게 이름 | 식당 | 은행 중 사람 이름을 따서 지으면 무관사!

Lloyds Bank | McDonals | Harrah' s | St. Patrick' s Cathedral | St. John' s Church

3. 회사 | 항공사 이름도 무관사

Sony
Kodak
United Airlines
IBM

워밍업
0001~0100   212 ~ 230

초급편
0101~0400   231 ~ 283

중급편
0401~0700   283 ~ 342

고급편
0701~0990   342 ~ 410

410 ~ 413 **Final Test**

워밍업

관사 트레이닝
Warming-Up

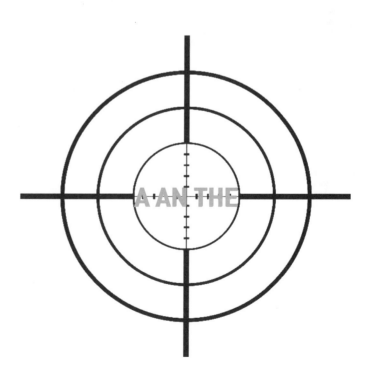

A AN THE

0001
___ Sam Wyche was ___ right coach at ___ wrong time for ___ Bucs.
샘 와이키는 벅스 코치로는 적절하지만 시기가 좋진 않다.

0002
Is ___ healthcare ___ right or ___ privilege?
건강관리는 권리인가 특권인가?

0003
According to ___ research, here's what's likely to happen in ___ '20s.
조사에 따르면, 20년대에 벌어질 법한 일이 있다고 한다.

0004
___ research article published last month in ___ Journal of ___ American Medical Association(JAMA) offers hope for ___ pain-and opioid-crises.
美의학협회저널 연구논문은 통증 및 오피오이드 사태에 대한 희망을 준다.

0005
___ United States will continue to take all ___ necessary action to protect our people and our interests wherever they are around ___ world.
미국은 자국민이 전 세계 어디에 있든 그들을 보호하기 위해 필요한 모든 조치를 끊임없이 강구할 것이다.

0006
As ___ 2020 dawns, ___ better world is implausible, not impossible.
2020년이 밝아오고 나니 더 나은 세상은 불가능은 아니지만 그렇다고 실현될 성싶지도 않다.

0007

___ Scientists have for ___ first time linked ___ human-induced climate change and ___ global daily weather patterns in ___ new study. ___ study also suggests that ___ measurements analyzing ___ humankind's role in producing ___ incidents such as ___ heat waves and ___ floods could underestimate ___ contribution   people make to such ___ extreme weather events.

과학자들은 연구를 통해 처음으로 인간이 유발한 기후변화와 전 세계의 기후패턴을 연관시켰다. 연구에 따르면, 폭염과 홍수 같은 사태를 발생시키는 인간의 역할을 분석하는 측정결과는 인간이 그런 극단적인 기후사태의 원인이 된다는 것을 과소평가할 수 있다는 점을 암시하기도 했다.

0008

___ study, by ___ researchers at ___ University of Manchester, looked at ___ 500,074 participants taking ___ part in ___ long-term UK Biobank study, which includes ___ genomic data on more than half a million UK residents.

맨체스터대학의 연구원들이 실시한 연구는 장기적인 영국바이오뱅크연구에 참여한 50만 74명의 참가자를 조사했다. 여기에는 50만이 넘는 영국 주민에 대한 게놈데이터도 포함한다.

9~46 the Little Pear Girl
연결된 글이니 흐름을 감안해서 관사를 판단해보자

0009

Once upon ___ time, ___ peasant worked hard to make ___ living from his land.

옛날 옛적, 한 농부는 자기 땅에서 생계를 잇기 위해 열심히 일했다.

0010

Every year his pear tree produced ___ four basketfuls of fruit which had to be given to ___ king, ___ greedy ruler who grew rich at ___ expense of ___ poor.

매년 배나무 생산량은 과일 네 바구니였는데 이는 왕에게 바쳐야 했다. 그는 가난한 사람들의 피와 땀을 이용하여 부를 축적해온 탐욕스러운 통치자였다.

0011

One year, ___ part of ___ pear harvest went bad and ___ peasant was able to pick only three and a half baskets of ___ fruit.

일부 배수확량이 저조해지자 농부는 과일을 바구니로 세 개 반만 딸 수 있었다.

0012

___ poor man was beside himself with ___ fear, for ___ king refused to take less than ___ four basketfuls, and ___ peasant would be cruelly punished.

그 가난한 사람은 두려움에 이성을 잃었다. 네 바구니 미만은 왕이 받지 않았으므로 농부는 잔인한 처벌을 받게 될 상황이었다.

0013

All he could do was put his youngest daughter into one of ___ baskets and cover her with ___ layer of pears, so that ___ basket looked full.

그는 바구니가 풍성해 보이도록 막내딸을 바구니 중 하나에 넣고는 배로 아이를 가렸다.

0014

___ king's servants took away ___ four baskets without ever noticing ___ trick, and ___ little girl found herself all alone in ___ pantry, under ___ pears.

왕의 종은 속임수를 눈치채지 못한 채 네 바구니를 가져갔고, 이때 어린 딸은 홀로 저장실 배 밑에 있었다.

0015

One day, ___ cook went into ___ pantry and discovered her.

하루는 요리사가 저장실에 들어와 아이를 발견했다.

0016

Nobody could understand where on ___ earth she had come from, and not knowing what to do with her, it was decided she should become ___ maid in ___ castle.

아이가 어디서 왔는지 누구도 알 길이 없었고 아이를 어떻게 해야 할지도 몰라 그들은 성 내의 시녀를 삼기로 했다.

0017

___ Folk called her Violetta, for her eyes reminded them of ___ colour of ___ violets.

사람들은 아이를 비올레타라 불렀다. 아이의 눈이 보랏빛을 떠올렸기 때문이다.

0018

___ Violetta was ___ pretty girl, sweet and generous.

비올레타는 어여쁜 아이로 착하고 아량이 넓었다.

0019

One day, as she was watering ___ flowers in ___ royal gardens, she met ___ king's son, ___ youth of her own age, and ___ two became friends.

어느 날, 왕실 정원에서 꽃에 물을 주고 있을 때 그녀는 동년배인 왕자를 만났고 그 둘은 친구가 되었다.

0020

___ other maids, jealous of ___ Violetta's beauty and of ___ affection many people in ___ castle felt for ___ girl, did everything they could to get her into ___ trouble, by spreading ___ nasty rumours about her. One day, ___ king sent for her and said severely:

비올레타의 미모도 그럴지만, 성 내의 많은 사람들이 느끼는 애정에 질투심이 난 다른 시녀들은 비올레타를 곤경에 빠뜨리기 위해 고약한 소문을 냈다. 하루는 왕이 그녀를 불러 호되게 꾸짖었다.

0021

"I'm told you boast of being able to steal ___ witches' treasure trove. Is that true?"

"마녀의 보고를 훔칠 수 있다며 자랑을 늘어놓았다던데 그게 사실이더냐?"

0022

Violetta said "no," but ___ king refused to believe her and drove her out of his kingdom.

비올레타는 아니라고 했지만 왕은 그녀를 믿으려 하지 않았다. 결국 그녀는 왕국에서 쫓겨나고 말았다.

0023

"You may return only when you have laid hands on ___ treasure," he said.

"보고를 손에 넣는다면 다시 와도 좋으니라." 왕이 말했다.

0024

All Violetta's fondest friends, including ___ prince, were sorry to hear of ___ king's decision, but could do nothing to stop her going.

왕자를 비롯한 비올레타의 친구들은 왕의 결정에 그녀를 동정했지만 이를 막을 수는 없었다.

0025

___ girl wandered through ___ forest and, when she came to ___ pear tree, she climbed into its branches and fell asleep.

비올레타는 숲을 떠돌다 어느 배나무에까지 와서는 가지에 올라 잠이 들었다.

0026

She was wakened at ___ dawn by ___ old woman calling her: "What are you doing up there, all by yourself?" Violetta told ___ old woman her tale.

동이 틀 무렵 비올레타는 어느 노파의 부름에 잠이 깼다. "거기서 혼자 무얼 하고 있느냐?" 비올레타는 노파에게 자초지종을 털어 놓았다.

0027

She offered to help ___ little girl, gave her some round loaves, ___ broom, ___ little oil and some good advice, and ___ girl again set off.

노파는 어린 아가씨를 위해 둥근 빵과 빗자루 및 약간의 기름을 주며 조언도 들려주었다. 비올레타는 다시 길을 떠났다.

0028

She reached ___ clearing with ___ large wood stove and saw ___ three women tearing their hair, using it to sweep ___ ashes from ___ stove.

장작난로가 있는 빈터에 이르자 세 여성이 눈에 띄었다. 그들은 머리카락을 뜯어 난로에서 나온 먼지를 쓸고 있었다.

0029

Violetta offered them ___ broom and ___ women pointed out ___ way to ___ witches' palace.

비올레타가 빗자루를 건네자 그녀들은 마녀의 집에 가는 길을 일러주었다.

0030

Suddenly, ___ two hungry mastiffs blocked her path.

배를 곯던 마스티프 개 두 마리가 돌연 길을 막아섰다.

0031
Violetta threw them ___ loaves, ___ dogs ate them and let her pass.

비올레타가 빵을 주자 개들은 이를 먹고 나서 길을 터주었다.

0032
Then she came to ___ bank of ___ river in ___ flood, but remembering ___ old woman's advice, she sang:
Clear sparkling river
Let me cross over,

그 후 범람한 강의 둑에 이르자 노파의 조언이 생각나 노래를 불렀다.
부글거리는 강을 거두어
지나가게 하소서

0033
___ minute her song wafted into ___ air, ___ water stopped flowing.

노랫소리가 허공에 퍼지자마자 강은 멈추었다.

0034
Violetta thus crossed ___ river and at last reached ___ witches' palace.

비올레타는 강을 건너 마침내 마녀의 집에 도착했다.

0035
___ door was unlocked, but Violetta could not push it open for ___ hinges were rusted.

문은 열려있었지만 경첩에 녹이 슬어 도저히 열 수가 없었다.

0036
So she rubbed on ___ little oil and ___ door swung open.

기름을 조금 바르자 문이 열렸다.

0037

___ little girl walked through ___ empty halls till she came to ___ splendid room in which lay ___ magnificent coffer full of jewels.

비올레타가 텅 빈 복도를 가로지르자 호화로운 방이 나왔다. 여기에는 보석이 가득한 큼지막한 금고가 있었다.

0038

Holding ___ coffer under her arm, Violetta made for ___ door, but ___ coffer, being enchanted, cried out:

비올레타는 금고를 겨드랑이에 끼고는 문 쪽으로 걸어갔는데 이때 마법에 걸린 금고가 외쳤다.

0039

"Door! Don't let her out!" However, ___ door did open, for Violetta had oiled ___ hinges. Down at ___ river, ___ coffer cried out.

"문아! 나갈 틈을 줘선 안 된다." 하지만 문은 열렸다. 비올레타가 경첩에 기름을 발라두었기 때문이다. 강에 이르자 금고가 또 소리를 질렀다.

0040

But ___ river did not stop ___ little girl from crossing; ___ two mastiffs did not attack and ___ three strange women did not burn her in their stove.

그러나 강은 비올레타를 저지하지 않았고 두 마리의 개도 공격하지 않았으며 세 여인도 그녀를 난로에 넣지 않았다.

0041

For each, in its own way, repaid ___ girl's courtesy.

각자가 저 나름대로 비올레타의 은혜에 보답한 것이다.

0042

Back at ___ king's palace again, ___ prince ran happily to meet Violetta, telling her: "When my father asks you what you want as ___ reward, ask him for ___ basket of pears in ___ pantry!" And this Violetta did.

왕자는 왕궁에서 비올레타를 기쁘게 맞이하며 말했다. "아버님이 상급으로 무엇을 바라는지 물으실 테니 창고에 있는 배바구니를 달라고 해주시오." 비올레타는 그렇게 했다.

0043

Pleased at paying such ___ modest price, ___ king instantly ordered ___ humble basket to be brought.

왕은 소박한 대가를 치르는 데 흡족해 하며 바구니를 가져오라고 즉각 명령했다.

0044

But nobody ever imagined for ___ minute that underneath ___ pears lay ___ prince.

하지만 바구니에 왕자가 있으리라고는 누구도, 한순간도 예상치 못했다.

0045

___ young man came out of his hiding place, swore he was in ___ love with Violetta and that he wanted to marry her.

왕자는 바구니를 나와 비올레타에게 사랑을 고백하며 청혼했다.

0046

In this way, ___ king was forced to give his consent. Violetta brought her family to court and they all began ___ new and happy life.

왕은 어쩔 수 없이 왕자의 뜻에 동의했다. 비올레타는 가족을 왕궁에 데려왔고 그들은 새롭고도 행복한 인생을 시작했다.

0047

___ NATO—___ North Atlantic Treaty Organization—was established in 1949 to safeguard ___ freedom, democracy and mutual security in ___ Western Europe in ___ face of ___ Soviet expansionism after ___ World War Two.

나토 – 북대서양조약기구 – 는 2차 대전 후인 1949년, 소련의 대외확장정책에 맞서 서유럽의 자유와 민주주의 및 상호안보를 수호하기 위해 설립되었다.

0048

___ U.N. Secretary-General Antonio Guterres on ___ Friday called again for ___ immediate cease-fire in Libya and ___ return to ___ talks by all ___ warring parties.

안토니오 구테헤스 유엔 사무총장은 즉각적인 리비아 휴전과 전쟁당사국들의 회담복귀를 금요일에 재차 요구했다.

0049

___ U.N. chief warned in ___ statement from his deputy spokesman that "any foreign support to ___ warring parties will only deepen ___ ongoing conflict and further complicate efforts to reach ___ peaceful and ___ comprehensive political solution."

유엔 사무총장은 부대변인의 성명을 통해 "외국에서 전쟁당사국을 지원하면 진행 중인 갈등을 심화시킬 뿐 아니라, 평화적이고 포괄적인 정치적 해결을 위한 노력을 더 복잡하게 만들 것"이라고 경고했다.

0050

In ___ interview with ___ NBC News Friday, ___ Iran's ambassador to ___ United Nations called ___ assassination of ___ Gen. Qassem Soleimani "___ illegitimate action" and "___ act of ___ aggression" in ___ violation of ___ international law.

유엔주재 이란대사는 18일 NBC 뉴스와의 인터뷰에서 카셈 솔레이마니 장군을 암살한 사건을 가리켜 국제법을 위반한 "불법행위"이자 "침략행위"라 규정했다.

0051

___ President Donald Trump and ___ Pentagon have pointed to Iran as ___ source of attacks against ___ U.S. servicemen and ___ U.S. Embassy in ___ Baghdad late last month, and stated that Soleimani had ___ imminent plans for ___ additional attacks against ___ U.S. interests in ___ Middle East.

도널드 트럼프 대통령과 국방부는 지난달 말 미군과 바그다드주재 미대사관을 공격한 주체로 이란을 지목하며, 중동에 대한 미국의 이권을 솔레이마니가 추가적으로 공격할 계획이 임박했다고 밝혔다.

0052

At ___ last year's United Nations climate change talks in ___ Poland, not many people knew who ___ Greta Thunberg was.

지난해 폴란드에서 열린 유엔 기후변화회의에서 그레타 툰버그가 누구인지 아는 사람은 많지 않았다.

0053

___ Unesco is ___ United Nations' agency for ___ education, culture, and science.

유네스코는 교육과 문화 및 과학을 담당하는 유엔기구이다.

0054

___ last decade was ___ second hottest in ___ past 100 years in ___ UK, with ___ eight new high-temperature records set.

지난 10년은 영국 100년사 중 두 번째로 더운 해로 8개의 기록을 세웠다.

0055

For ___ first time, ___ World Health Organization projects that ___ number of males using ___ tobacco is on ___ decline, indicating ___ powerful shift in ___ global tobacco epidemic.

세계보건기구는 담배를 피우는 남성이 처음으로 감소하고 있어 전 세계로 전염되는 흡연에 큰 변화가 있다는 점을 암시했다.

0056

___ rapid spread of ___ African Swine Fever (ASF) is wiping out ___ pig herds in ___ China, ___ UN's Food and Agriculture Organization(FAO) said on Thursday, and ___ killer disease has led to ___ drop in ___ world meat production for ___ first time in more than 20 years, with ___ other global staples also facing new threats.

아프리카돼지열병(ASF)의 급속한 확산으로 중국에서는 돼지떼가 살처분 당하고 있다. 유엔 식량농업기구가 3일 밝힌 바에 따르면 전 세계 육류생산량은 ASF로 20여년 만에 감소했고 다른 육류도 위기에 봉착했다고 한다.

0057

We have ___ biggest gap in ___ pay in ___ OECD.

OECD(경제협력개발기구) 중 임금격차가 가장 크다.

0058

___ New York City education official is facing ___ child pornography charges after ___ federal officials say he planned to meet with ___ undercover agent he thought was ___ 14-year-old boy.

뉴욕시의 어느 교육관계자는 아동포르노 혐의를 받고 있다. 연방관리들은 그가, 14세 사내아이인 줄 알았던 비밀요원을 만날 계획이었기 때문이라고 한다.

0059

David A. Hay, 39, was arrested December 29 on ___ charges of using ___ computer to attempt to persuade, induce, or entice ___ minor to engage in ___ unlawful sexual activity and ___ possession of ___ child pornography, according to ___ news release from ___ US Attorney's Office.

데이비드 a 헤이(39)는 불법성행위 및 아동음란물을 소지할 요량으로 미성년자를 설득/유도 혹은 유인하기 위해 컴퓨터를 사용한 혐의로 12월 29일 검거되었다고 美연방지방검찰청이 밝혔다.

0060

___ studies are positive: Looking on ___ bright side of ___ life really is good for you.

연구결과는 낙관적이다. 즉, 인생의 밝은 면을 봐야 좋다는 것이다.

0061

In ___ fact, ___ 2019 study found people with ___ most positive outlook had ___ greatest odds of living to ___ 85 or beyond.

사실, 2019년 연구에 따르면 긍정적인 시각을 가진 사람이 85세 이상 살 가능성이 가장 높다고 한다.

0062

___ North Korean leader Kim Jong Un has warned his country about ___ difficult economic future.

북한의 김정은 위원장은 경제적 미래가 험난할 것이라고 자국에 경고했다.

0063

There are about ___ 6,000 languages in ___ world at ___ present.

현재 전 세계 언어는 6,000개 정도 된다.

0064

___ experts say that ___ half of ___ world's languages will have disappeared by ___ 2050.

전문가에 따르면 2050년께는 전 세계 언어 중 절반이 사라질 거란다.

0065

___ Languages are becoming extinct at twice ___ rate of ___ endangered animals!

언어는 멸종위기동물보다 2배 더 빨리 사라진다.

0066

Thousands of years ago, ___ mathematician named Hero designed ___ simple steam engine.

수천 년 전, 수학자 헤로는 간단한 증기엔진을 설계했다.

0067

When Jonathan was in ___ fourth grade, his class learned about ___ Appalachian region of ___ Virginia.

조나단이 4학년이었을 때 버지니아 애팔래치아 지역을 배운 적이 있다.

0068

___ sun is ___ center of ___ our solar system.

태양은 태양계의 중심이다.

0069

___ solar system is ___ group of ___ planets that revolves around one common star, ___ Sun.

태양계는 공통별인 태양을 중심으로 공전하는 행성무리를 뜻한다.

0070

They believe that ___ Pluto is too small to be considered ___ planet.

그들은 명왕성이 너무 작아 행성으로 간주할 수 없다고 생각한다.

0071

Kim expressed ___ new, tougher approach to ___ United States.

김(정은)은 새롭고 (전보다) 거친 방책을 미국에 전했다.

0072

Within 10 years, nearly ___ half of ___ American adults will be obese—or very overweight—___ new report predicts.

한 소식통에 따르면, 미국 성인의 절반 정도가 10년 안에 비만(혹은 과체중)에 걸린다고 한다.

0073

___ failure of ___ February 2019 meeting in Hanoi, Vietnam, with ___ U.S. President Donald Trump may have hurt his influence at ___ home.

2019년 2월 베트남 하노이 회담이 결렬되자 도널드 트럼프 대통령은 자국에서의 영향력에 타격을 입었을지도 모른다.

0074

Kim called for ___ campaign against ___ small, private markets that have been growing during ___ last 20 years.

김(정은)은 지난 20년간 성장해온 군소민간시장(장마당) 근절 운동을 종용했다.

0075

She says ___ North Korea will now try to become ___ nuclear and economic power.

그녀에 따르면, 북한은 핵강제 강국이 되기 위해 노력할 것이라고 한다.

0076

___ first step in getting better in ___ English is to study at ___ same time each day.

영어실력을 높이기 위한 첫 단계는 매일 같은 시간에 공부하는 것이다.

0077

Choose ___ time to study ___ English ___ every day or every week.

매일 혹은 매주, 영어공부 시간을 선택하라.

0078

___ good way to learn is to study with ___ friend or ___ family member.

효과적인 학습법은 친구나 가족과 함께 공부하는 것이다.

0079

___ one of ___ most important steps to learn ___ English is to set ___ goal.

영어를 배우기 위한 가장 중요한 단계 중 하나는 목표를 정하는 것이다.

0080

___ Google artificial intelligence system was as good as ___ expert radiologists at discovering which women had ___ breast cancer in ___ new study.

구글 인공지능시스템이 유방암에 걸린 여성을 방사선 전문의 못지않게 판별해낼 수 있다는 연구결과가 나왔다.

0081

___ American Cancer Society says ___ radiologists miss about 20 percent of ___ breast cancers in ___ mammograms.

미국암학회에 따르면, 방사선 전문의는 X선 촬영에서 20퍼센트의 유방암은 발견하지 못하는 것으로 나타났다.

0082

___ Scientists say they have discovered ___ new details about ___ young Tyrannosaurus rex dinosaurs.

과학자들에 따르면 어린 티렉스 공룡에 대해 새로운 사실을 발견했다고 한다.

0083

___ Researchers examined ___ fossilized skeleton samples from ___ two small Tyrannosaurus rexes—also known as T. rexes.

연구자들은 '티렉스'로도 알려진 두 마리의 어린 티라노사우르스 렉스에서 채취한 화석골격표본을 관찰했다.

0084

India has announced ___ plans to land ___ unpiloted space vehicle on ___ moon in 2020.

인도는 2020년 무인우주선을 달에 보내겠다는 계획을 발표했다.

0085

In 2013, ___ doctors expected Wu Yi to live only ___ few more years. He was only 26 years old at ___ time.

2013년 의사들은 우이가 몇 년 못 살 거라고 생각했다. 당시 그는 고작 26살이었다.

0086

After six months of ___ unending pain, Wu says, ___ doctor at ___ Sun Yat-sen University Cancer Center in ___ Guangzhou, China, tried to make him feel better.

우에 따르면, 끊임없는 고통 속에 6개월이 지나자 중국 광저우에 있는 중산대 부속 암센터 전문의가 회복을 위해 노력했다고 한다.

0087

___ America's space agency is nearing ___ completion of ___ vehicle that will search for ___ evidence of ___ past life on ___ Mars.

미(항공)우주국은 화성에 생명체가 서식했다는 증거를 찾기 위해 탐사선을 조만간 완성할 예정이다.

0088

___ NASA recently showed off its Mars 2020 rover.

나사(미항공우주국)는 최근 2020년형 화성탐사선을 과시했다.

0089

___ Robots have become common in ___ warehouses across ___ America.

로봇은 미국 전역의 창고에서 흔히 볼 수 있게 되었다.

0090

2019 was ___ big year for ___ major space discoveries and events related to ___ worldwide climate change.

2019년은 우주탐사뿐 아니라 지구촌의 기후변화와 관련하여 큰 결실을 맺은 해였다.

0091

Our warranty service is very comprehensive and includes all ___ costs associated with ___ maintenance service as well as ___ parts required for ___ repair work.

보증서비스는 범위가 매우 포괄적이라 관리서비스뿐 아니라 수리에 필요한 부품에 관련된 비용도 포함되어 있다.

0092

This computer is just as fast as ___ one that was replaced due to ___ larger amount of ___ random-access memory.

이 컴퓨터는 용량이 큰 랜덤액세스 메모리 때문에 교체된 모델만큼 빠르다.

0093

___ dispatch center ensures that all ___ products are delivered promptly without ___ exception.

파견센터는 모든 제품이 예외 없이 신속히 배송되도록 최선을 다하고 있다.

0094

___ four of ___ five designs were rejected, but ___ client is seriously considering ___ other.

다섯 디자인 중 넷은 거절되었지만 의뢰인은 나머지 하나를 진지하게 고려하고 있다.

0095

If you read your policy in ___ detail, you will be aware that we are not responsible for ___ damages that occur after ___ one year coverage period.

정책을 자세히 읽어보면 보증기간인 1년이 지나면 배상책임이 없다는 점을 알게 될 것이다.

0096

Our overseas branch office is scheduled to open in ___ Taipei next month.

해외지사는 다음 달 타이베이에 오픈할 예정이다.

0097

When making ___ long distance call, please use ___ phones in ___ designated conference room.

장거리전화를 걸면 지정회의실 전화를 이용해주시기 바란다.

0098

Mr. Wilrose can repair ___ most machines in ___ factory, which will be ___ asset in his position as ___ assembly line manager.

윌로스가 공장기계를 대부분 수리할 수 있다는 점은 조립라인 관리자로서의 자산이 될 것이다.

0099

___ marketers must avoid making ___ promises (they can't keep) while they demonstrate ___ quality of their product or service.

마케터는 제품이나 서비스의 품질을 증명할 때 (지키지 못할) 약속은 피해야 한다.

0100

We apologize for ___ delay and any inconvenience caused during ___ final stage of this construction work.

건설작업 중 최종단계가 지연되어 불편을 드린 점 죄송하게 생각합니다.

관사
트레이닝
Basic

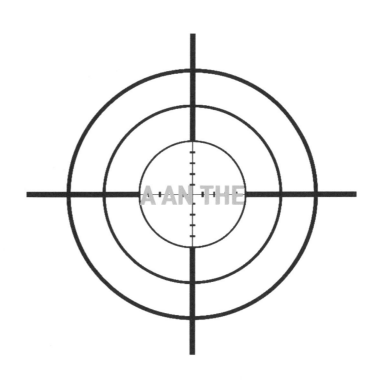

A·AN·THE

0101~0115 Dear Ann Landers

연결된 글이니 흐름을 감안해서 관사를 판단해보자

0101

___ great man died today.

한 위인이 오늘 세상을 떠났습니다.

0102

He wasn't ___ world leader or ___ famous doctor or ___ war hero or ___ sports figure or ___ business tycoon.

그는 세계적인 리더나 유명한 의사, 전쟁 영웅, 스포츠 선수 혹은 재계의 거물도 아니었습니다.

0103

But he was ___ great man.

하지만 고인은 훌륭한 분이셨습니다.

0104

He was ___ my father. He didn't get his picture in ___ paper for heading up ___ committees.

그분은 제 아버지십니다. 위원회 총수를 지냈다는 이유로 신문에 사진이 게재된 적도 없습니다.

0105

I guess you might say he was ___ person who never cared for ___ credit or ___ honors.

그렇기에 명성이나 명예에는 관심이 없었던 사람이라고 생각할지도 모르겠습니다.

0106

He did corny things—like pay his bills on ___ time, go to ___ church on Sunday, and hold ___ office in ___ P.T.A.

고인은 주로 진부한 일을 하셨습니다. 이를테면, 공과금을 제때 납부하는가하면 주일에는 교회에 가셨고, 학부모/교사협회 Parent-Teacher Association에서 직책을 맡기도 하셨습니다.

0107

He helped his kids with their homework and drove his wife to ___ shopping center to do ___ grocery buying on ___ Thursday night.

자녀의 숙제를 도와주었고, 목요일 저녁에는 아내가 장보는 것을 돕고 싶어 쇼핑센터까지 그를 태워주기도 했습니다.

0108

He enjoyed hauling his kids and their friends to and from ___ football games.

뿐만 아니라, 자녀와 학급 친구를 풋볼경기장까지, 혹은 집에까지 바래다주기도 했습니다.

0109

He enjoyed ___ simple things—___ picnic in ___ park, ___ country music, mowing ___ grass, and running with ___ dog.

고인은 공원에 소풍을 가고 컨트리음악을 들으며, 잔디를 깎으며, 개를 데리고 달리는 등, 소박한 일을 즐겨 하셨습니다.

0110

Tonight is ___ first night of my life without him. I don't know what to do with myself, so I am writing to you.

그분을 여의고 첫 밤을 보냅니다. 아직도 어찌할 바를 몰라 이렇게 편지를 씁니다.

0111

I am sorry now for ___ times I didn't show him ___ proper respect.

아버지를 공경하지 못했던 때를 생각하니 죄송하단 생각이 듭니다.

0112

But I am thankful for ___ many things. I am thankful that I was able to let him know how much I loved him.

하지만 고마운 점도 많이 있습니다. 내가 얼마나 사랑했는지 말씀드릴 수 있어서 감사합니다.

0113

He died with ___ smile on his face.

아버지는 미소를 머금은 채 돌아가셨습니다.

0114

He knew he was ___ success as ___ husband and ___ father, ___ son, ___ brother and ___ friend.

성공한 남편이자, 아버지, 아들, 형제 그리고 친구였다는 사실을 아셨을 것입니다.

0115

I wonder how many millionaires can say that. Thanks for listening, Ann Landers. You've been ___ great help.
— His Daughter

그렇다고 단언할 수 있는 백만장자가 과연 몇이나 될까요? 읽어주셔서 감사합니다. 앤 랜더스 여사님. 여사님은 큰 힘이 되어주셨습니다. —고인의 딸

0116~0130 Obama's Remarks in Tucson
연결된 글이니 흐름을 감안해서 관사를 판단해보자

0116

To ___ families of those we've lost; to all who called them friends; to ___ students of this university, ___ public servants gathered tonight, and ___ people of Tucson and Arizona:

유가족을 비롯하여 세상을 떠난 이들의 친구와 본 대학 학생들, 오늘 저녁 여기 모인 공직자 및 투산과 아리조나 주민 여러분,

0117

I have come here tonight as ___ American who, like all ___ Americans, kneels to pray with you today, and will stand by you tomorrow.

저는 여느 국민과 마찬가지로 오늘은 여러분과 함께 무릎을 꿇고 기도하고, 내일은 여러분의 편에 설 미국인으로서 이 자리에 섰습니다.

0118

There is ___ nothing I can say that will fill ___ sudden hole torn in your hearts.

어떤 말로도 급작스레 찢긴 마음의 구멍은 채울 길이 없을 것입니다.

0119

But know this: ___ hopes of ___ nation are here tonight.

그러나 국가의 희망이 오늘 저녁 이 자리에 있다는 점은 꼭 명심하시기 바랍니다.

0120

We mourn with you for ___ fallen. We join you in your grief. And we add our faith to yours that ___ Representative Gabrielle Giffords and ___ other living victims of this tragedy pull through.

우린 여러분과 함께 망자를 애도하고 여러분의 슬픔에 동참할 뿐 아니라, 가브리엘 기퍼즈 하원의원을 비롯한 부상자들이 이 하루 속히 회복하리라는, 여러분의 믿음에 보탬이 되고자 합니다.

0121

___ Judge John Roll served our legal system for nearly 40 years. ___ graduate of this university and its law school, ___ Judge Roll was recommended for ___ federal bench by John McCain twenty years ago, appointed by ___ President George H. W. Bush, and rose to become ___ Arizona's chief federal judge.

존 롤 판사는 약 40년간 법조계에 몸담은 분입니다. 본 대학에서 학사 및 석사과정을 마친 롤 판사는 20년 전 존 맥케인의 추천으로 연방법원판사로 내정되었고, 조지 H. W. 부시 대통령의 임명 하에 애리조나 연방대법원 부장판사까지 지낸 바 있습니다.

0122

His colleagues described him as ___ hardest-working judge within ___ Ninth Circuit. He was on his way back from attending Mass, as he did every day, when he decided to stop by and say hi to his Representative.

동료들은 그가 미 고등법원(The Ninth Circuit Court) 판사 중 가장 근면했다고 이야기합니다. 늘 그랬듯이 그는 일일 미사를 마치고 오는 길에 안부인사차 하원의원을 찾았다고 합니다.

0123

John is survived by his loving wife, ___ Maureen, his three sons, and his five grandchildren.

존은 사랑하는 아내 모린과 세 아들 및 다섯 손자를 남겨두고 세상을 떠났습니다.

0124

George and Dorothy Morris—"Dot" to her friends—were ___ high school sweethearts who got married and had ___ two daughters.

조지와 도로시 모리스 부부는 — 친구들은 '도트Dot' 라고 불렀습니다 — 고등학교 친구로 만났다가 결혼하여 슬하에 두 딸을 두었습니다.

0125

They did everything together, traveling ___ open road in their RV, enjoying what their friends called ___ 50-year honeymoon. ___ Saturday morning, they went by ___ Safeway to hear what their Congresswoman had to say.

모든 일을 함께 해온 그들은 RV 차량(레저용 승용차)을 타고 개방 도로를 다니며 '50주년 신혼여행(a 50-year honeymoon)'을 즐기기도 했습니다. 토요일 오전에는 가브리엘 의원의 연설을 듣기 위해 세이프웨이(the Safeway, 식료품점)를 찾았습니다.

0126

When ___ gunfire happened, George, ___ former Marine, instinctively tried to shield his wife. Both were shot. Dot passed away.

총격이 벌어지자, 해병대 출신인 조지는 본능적으로 아내를 방어하려했습니다. 결국엔 둘 다 총상을 입었으나 도로시는 끝내 숨지고 말았습니다.

0127

And then there is nine year-old Christina Taylor Green. Christina was ___ a student, ___ dancer, ___ gymnast, and ___ swimmer.

아홉 살배기 크리스티나 테일러 그린Christina Taylor Green도 세상을 떠났습니다. 초등학생인 크리스티나는 무용과 체조 및 수영을 잘했습니다.

0128

She often proclaimed that she wanted to be ___ first woman to play in ___ major leagues, and as ___ only girl on her Little League team, no one put it past her.

사상 최초로 메이저리그 선수가 되고 싶다던 아이는 리틀 리그 팀Little League team에서도 유일한 여자아이였으니 크리스티나를 능가한 소녀는 없었습니다.

0129

She showed ___ appreciation for ___ life uncommon for ___ girl her age, and would remind her mother, "We are so blessed. We have ___ best life."

또한 삶을 두고 감사하는 마음을 가졌기에 또래와는 사뭇 다른 아이였습니다. "우린 축복받았어요. 최고의 삶을 누리고 있으니까요." 크리스티나가 어머니께 고백한 말입니다.

0130

And she'd pay those blessings back by participating in ___ charity that helped children who were ___ less fortunate.

뿐만 아니라, 크리스티나는 가난한 아이를 돕는 자선행사에 참여하여 자신이 누리는 축복을 반납하기도 했습니다.

0131

My brother thinks that there is ___ path through ___ thicket.

동생은 숲을 빠져나갈 길이 있을 거라고 생각한다.

0132

Kathleen's father was from ___ north; her mother was from ___ south.

캐슬린의 아버지와 어머니는 각각 북부와 남부출신이었다.

0133

Be thankful that there are no thunderstorms in ___ weather forecast.

일기예보에 천둥을 동반한 폭우 소식이 없다는 데 감사해라.

0134

After ___ surgery, Matthew recovered with ___ thorough physical therapy.

수술 후, 매튜는 철저한 물리치료로 회복되었다.

0135

___ scathing theater review left Thaddeus seething.

연극을 두고 혹평이 이어진 탓에 새디어스는 번민했다.

0136

___ three ruthless thieves were thwarted through ___ stealthy means.

세 명의 무자비한 도둑의 계획은 은밀한 수단으로 좌절되었다.

0137

Use ___ thesaurus to strengthen ___ vocabulary choices throughout your thesis.

논문을 쓸 때 적절한 어휘 구사력을 기르고 싶다면 동의어 사전을 사용하라.

0138

___ arthritic knee prevented ___ athlete from running ___ marathon.

그 선수는 무릎에 관절염이 있어 마라톤 경주에 출전할 수 없었다.

0139

Anthony took ___ luxurious full-time position as ___ tourist in Europe.

앤시니는 유럽 관광객이라는 초호화 정규직을 얻었다.

0140

Something about ___ uncouth youth was enthralling.

무례한 청년에 대한 어떤 면에 마음이 끌렸다.

0141

Theoretically, ___ sympathy and empathy produce ___ cathartic results.

이론상, 동정심과 감정이입은 카타르시스를 불러일으킨다.

0142

At three-thirty on Thursday, Timothy will graduate with ___ degree in ___ anthropology.

티모시는 목요일 3시 30분에 인류학 학위를 받고 졸업할 것이다.

0143

___ Heather chose ___ gothic theme for her twentieth birthday party.

헤더는 20번째 생일파티를 위해 고딕양식을 테마로 선택했다.

0144

___ woman put extra sugar in ___ cookie and ___ pudding recipes.

그 여성은 쿠키와 푸딩에 설탕을 좀더 첨가했다.

0145

Is ___ author of ___ logarithm ___ authority in ___ mathematics?

로그를 쓴 저자는 수학의 권위자인가?

0146

Theodora received ___ thunderous applause for her thrilling theater performance.

테오도라는 멋진 공연으로 박수갈채를 받았다.

0147

___ clothing line featured ___ leather and ___ thin synthetic fabric.

그 의류는 주로 가죽과 얇은 합성섬유로 제작되었다.

0148

Elizabeth and Jonathan thrived with ___ enthusiastic thought.

엘리자베스와 조나단은 열정적인 생각으로 가득했다.

0149

Thousands gathered in ___ threatening throng outside ___ cathedral.

수천 명이 성당 밖에서 엄청난 인파를 이루었다.

0150

Can ___ argument be both ethical and pathetic?

논쟁이 윤리와 감동을 다 충족시킬 수 있을까?

0151

___ word farther pertains to ___ distance; further describes ___ depth.

'farther' 은 거리에, 'further' 은 정도에 어울리는 말이다.

0152
Do ___ deer prefer to teethe on ___ weeds or ___ seeds—or neither?

사슴은 잡초를 즐겨 먹는가, 씨앗을 즐겨 먹는가? 아니면 둘 다 먹지 않는가?

0153
Kathy, do you like ___ Nathan's new tan-colored bathing suit?

캐시, 네이선이 새로 산 황갈색 수영복이 마음에 드니?

0154
In ___ department store, boots were sold in booths on ___ fourth and fifth floors.

백화점에서 부츠는 4, 5층 부스에서 판매했다.

0155
___ unorthodox thesis was too wordy, but worthy nevertheless.

정설이 아닌 가설은 너무 장황하지만 그래도 가치는 있다.

0156
Riding ___ roller coaster made three-year-old Tammy writhe with ___ enthusiasm.

세 살배기 태미는 롤러코스터를 타자 짜릿한 쾌감에 온몸을 뒤흔들었다.

0157
___ anesthesia allowed ___ patient to doze throughout ___ procedure.

환자는 그 마취제를 투여한 까닭에 수술 내내 잤다.

0158
___ Tom's team fought for ___ fourth place in ___ healthy bread dough contest.

톰의 팀은 웰빙 도우 콘테스트에서 4위를 놓고 경쟁을 벌였다.

0159
There's ___ birdbath next to ___ dense thicket on ___ nature trail.

산책길에 난 빽빽한 수풀 근방에는 새 목욕통이 있다.

0160

___ thorns tore ___ dainty thread in ___ thin cloth.

그 가시는 얇은 천의 화려한 실을 꿰뚫었다.

0161

I thought she taught three days, then took ___ fourth day off.

내 생각에 그녀는 사흘은 가르치고 나흘째 날은 쉰 것 같다.

0162

My cat, Theophilus, followed ___ trail of bird feathers down ___ path.

내 고양이 테오필러스는 길에 놓인 깃털의 자취를 따라갔다.

0163

Is it true that ___ therapy can summon both ___ soothing and ___ truthful thoughts?

치료를 받으면 느긋하고 정직한 생각을 하게 된다는 것이 사실인가?

0164

I'm curious—did you have ___ butcher's assurance of ___ meat's purity?

궁금해서 그러는데, 혹시 정육점 주인이 육류의 순도를 장담하던가요?

0165

___ thrifty Matthew thinks ___ tattered clothing is rather trendy.

검소한 매튜는 너덜너덜한 옷이 더 유행이라고 생각한다.

0166

___ paucity of ___ thought inherent in that ___ theological argument challenged ___ faithful.

그러한 신학논쟁에서 이어온 사상이 부족한 탓에 신도들은 난관에 부딪쳤다.

0167

___ authentic synthesis of ___ various theories allowed ___ deft design themes to thrive.

다양한 이론을 실제로 융합하면 그럴듯한 디자인 주제가 우후죽순으로 늘어난다.

0168

I dreaded ___ drive through ___ thick width and breadth of ___ trash dump.

승용차를 타고 너비와 폭이 널찍한 쓰레기 매립장을 나오려니 내심 무서웠다.

0169

___ coach shouldn't have pushed ___ rookie football player during ___ training.

훈련 중에는 코치라도 신인 풋볼 선수를 밀지 말았어야 했다.

0170

You'll be thinner if ___ dinners include ___ healthy vegetables and no synthetic substances.

합성물질은 빼고, 건강에 이로운 야채를 식사에 곁들인다면 체중이 감소할 것이다.

0171

___ program director created ___ revenue without raising ___ prices.

프로그램 담당자는 가격을 올리지 않고도 수익을 창출했다.

0172

Will ___ crowd pay tribute to ___ courageous hero?

민중은 용감한 영웅에게 경의를 표할까?

0173

___ Crime level contributes dramatically to ___ country's tourism industry.

범죄율은 한 국가의 관광산업에 크게 기여한다.

0174

___ branches of ___ frozen tree broke off and struck ___ trailer.

얼어붙은 나뭇가지들이 꺾여 트레일러에 부딪쳤다.

0175

I really hate driving through ___ rush-hour traffic!

러시아워에는 정말 운전하기가 싫다!

0176

___ children rarely rested during ___ spring break.

아이들은 봄방학 때 거의 쉬질 않는다.

0177

___ precision in preparation precedes ___ growth and ___ improvement.

준비가 정확해야 성장과 발전을 기대할 수 있다.

0178

Rita and Rick have ___ travel tradition: ___ road trip through ___ countryside.

리타와 릭에게는 여행을 떠나는 전통이 있다. 이를테면, 승용차로 시골을 달리곤 했다.

0179

___ entrepreneur reserved ___ private room at ___ reputable restaurant.

그 기업가는 유명한 레스토랑의 특실을 예약했다.

0180

___ rice isn't rich in ___ complete protein, but provides ___ nutrients.

쌀은 단백질이 아주 풍부하진 않지만 여러 영양소를 제공한다.

0181

___ Tristan's professor remarked, "Resist ___ propaganda, but promote ___ reform!"

트리스탄의 교수는 "선전은 저항하되 개혁은 장려하라!"라고 말했다.

0182

___ research recommends ___ recreation to rejuvenate and reduce ___ stress.

연구결과는 활기를 되찾고 스트레스를 억제하기 위해 레크리에이션을 권한다.

0183

___ strategic response can transform ___ trouble into ___ triumph.

전략적으로 대응하면 난관을 승리로 이끌 수 있다.

0184

Andrew was not ready to retire, so he resisted ___ pressure.

앤드류는 사직할 준비가 아직 안 되어 압박을 견뎌냈다.

0185

___ preventative treatment required ___ rather tricky procedure.

예방치료에는 좀 까다로운 절차가 요구된다.

0186

___ provisions for ___ breakfast included ___ bread and ___ dried fruit.

아침에 먹을 식량에는 빵과 말린 과일도 있다.

0187

I presume ___ precious mineral rocks could be crafted into ___ refined jewelry.

귀중한 광석은 섬세한 보석으로 세공될 수 있을 것이다.

0188

Can ___ agreement bring ___ relief to ___ strained relationships?

합의하면 어색한 관계가 좀 나아질까?

0189

___ enticing bull market can make many investors overlook ___ good judgment.

관심을 끄는 강세시장 탓에 많은 투자자들이 정확한 판단을 간과한다.

0190

___ rough terrain surrounded ___ trail that stretched along ___ marine.

거친 지형이 바다를 따라 뻗은 길을 둘러쌌다.

0191

My rambunctious feline, ___ Riley, thrived on ___ approval and ___ treats.

정신이 사나운 고양이 라일리는 인기와 대접을 한 몸에 받았다.

0192

___ Brooklyn attorney hoped ___ jury understood his argument.

브루클린 변호사는 배심원이 자신의 논증을 이해하기를 바랐다.

0193

Is their proposal practical, considering ___ substantial monetary sacrifices?

그들은 적잖은 금전적 손실을 감안하여 실용적으로 제안했는가?

0194

Relax—___ salary raise looks increasingly probable!

임금이 인상될 듯싶으니 안심하라구!

0195

___ diplomatic struggle illustrated ___ inherent problems of ___ elementary solution.

외교적인 고충은 근본적인 해결책의 고질적인 병폐를 잘 보여준다.

0196

Reed reluctantly facilitated ___ delivery of ___ critical material for ___ trial procedure.

리드는 마지못해 재판상의 결정적 자료를 제출토록 유도했다.

0197

___ elaborate ruse was ridiculously convoluted and resulted in ___ failure.

정교한 계략이 어처구니없이 엉켜 결국에는 실패하고 말았다.

0198

___ less than brilliant conclusion explains ___ Lon's and Ron's losing ___ control of ___ project.

씩 바람직하지 않은 결과는 론과 론이 프로젝트를 제어하지 못했다는 점을 보여준다.

0199

___ rain in ___ spring produced ___ luscious growth in ___ roses on ___ trellis.

봄비덕분에 울타리의 장미가 풍성히 자랐다.

0200

___ industrial-strength cleaning supplies are crucial for thoroughly cleaning ___ residence.

고성능 청소도구는 주택의 환경미화에 매우 중요하다.

0201

Jack works in ___ bank.

잭은 은행 직원이다.

0202

Can I ask ___ question?

질문 있습니다.

0203

I don't have ___ laptop computer.

난 노트북 컴퓨터가 없다.

0204
I'm going to buy ___ hat and ___ umbrella.

모자와 우산을 살 것이다.

0205
There was ___ interesting program on ___ TV last night.

어젯밤에 텔레비전에서 재미있는 방송을 했다.

0206
___ sun is ___ star.

태양은 별이다.

0207
___ football is ___ game.

풋볼은 게임이다.

0208
___ Dallas is ___ city in ___ Texas.

댈러스는 텍사스 도시이다.

0209
___ mouse is ___ animal. It's ___ small animal.

쥐는 동물이다. 몸집은 작다.

0210
Joe is ___ very nice person.

조는 아주 친절한 사람이다.

0211
Picasso was ___ famous painter.

피카소는 유명한 화가이다.

0212

Rebecca works in ___ office.

리베카는 사무직 직원이다.

0213

Jane wants to learn ___ foreign language.

제인은 외국어를 배우고 싶어 한다.

0214

Michael lives in ___ old house.

마이클은 오래된 주택에 산다.

0215

Tom never wears ___ hat.

톰은 모자를 쓰지 않는다.

0216

___ lot of people speak English.

영어를 구사하는 사람은 많다.

0217

I like ___ people here. They are very friendly.

이곳 사람이 마음에 듭니다. 아주 친절하네요.

0218

___ police want to talk to anybody who saw ___ accident.

경찰은 사고를 목격한 사람과 이야기하고 싶어 한다.

0219

Do you wear ___ glasses?

안경 끼시나요?

0220
Where are ___ scissors? I need them.

가위는 어디에 있습니까? 지금 써야 해서요.

0221
I need ___ new pair of ___ jeans.

청바지 한 벌 사야겠다.

0222
We can't get into ___ house without ___ key.

열쇠가 없으면 집에 들어갈 수 없다.

0223
___ money isn't ___ everything.

돈이 전부는 아니다.

0224
Do you like ___ cheese?

치즈 좋아하세요?

0225
I need ___ new car.

새 차 한 대 뽑아야겠다.

0226
Would you like ___ apple?

사과 드실래요?

0227
Would you like ___ piece of ___ cheese?

치즈 먹을래?

0228

Nicole bought ___ hat, some shoes, and some perfume.

니콜은 모자와 신발 그리고 향수를 샀다.

0229

I read ___ newspaper, made some phone calls, and listened to some music.

신문을 읽고 전화를 몇 통 걸고 나서 음악을 들었다.

0230

I want ___ something to read. I'm going to buy ___ paper.

읽을 게 필요하니 신문을 사야겠군요.

0231

Sylvia has ___ very long hair.

실비아는 머리가 길다.

0232

It's ___ nice weather today.

오늘 날씨가 화창하군요.

0233

A: Do you like your job?
B: Yes, but it's ___ hard work.

A 직업에 만족하십니까?
B 예, 고달프지만요.

0234

I've got ___ new job.

드디어 취업했다.

0235

I'm going to wash ___ car tomorrow.

내일 세차해야겠다.

0236

Can you repeat ___ question, please?

질문이 뭐라고요?

0237

We enjoyed our vacation. ___ hotel was very nice.

휴가 잘 다녀왔고, 호텔도 근사하더라.

0238

Paris is ___ capital of ___ France.

파리는 프랑스의 수도이다.

0239

Lisa is ___ youngest student in her class.

리사는 반에서 가장 어린 학생이다.

0240

Turn off ___ light and close ___ door.

불 끄고 문도 좀 닫아줘.

0241

Do you live far from ___ airport.

공항에서 먼 곳에 삽니까?

0242

I'd like to speak to ___ manager, please.

매니저와 이야기하고 싶습니다.

0243

In ___ United States, children start ___ school at ___ age of five.

미국에서 아이들은 다섯 살에 입학한다.

0244

There were ___ lot of people at ___ station waiting for ___ train.

역에서 기차를 기다리는 사람이 많더라.

0245

I called you last night, but you weren't at ___ home.

어젯밤에 전화했는데 집에 없더라.

0246

I'm going to ___ bed now. Good night!

난 지금 잘 거야. 잘 자!

0247

I'm going to ___ post office to get some stamps.

우표 사러 우체국에 갈 거야.

0248

If you want to see ___ movie, you go to ___ movies.

영화를 보고 싶다면 영화관에 간다.

0249

If you are tired and you want to sleep, you go to ___ bed.

피곤해서 자고 싶으면 침대로 간다.

0250

If you rob ___ bank and ___ police catch you, you go to ___ jail.

은행을 털고 나서 경찰에게 잡히면 감옥에 간다.

0251

If you have ___ problem with your teeth, you go to ___ dentist.

치아상태가 안 좋으면 치과에 간다.

0252

If you want to study after you finish ___ high school, you go to ___ college.

고교를 졸업한 후 공부를 계속하고 싶으면 대학에 간다.

0253

If you are badly injured in ___ accident, you go to ___ hospital.
= You are taken to ___ hospital.

사고를 당해 심각한 부상을 입으면 병원에 간다.

0254

If you want to catch ___ plane, you go to ___ airport.

비행기를 타고 싶다면 공항에 간다.

0255

I need to get some money. I have to go to ___ bank.

돈이 필요하니, 은행에 가야겠다.

0256

David goes to ___ school on ___ weekdays.

데이비드는 평일에 등교한다.

0257

What is ___ name of this street?

이 길은 이름이 뭡니까?

0258

Who is ___ best player on your team?

팀의 에이스는 누구인가요?

0259

Can you tell me ___ time, please?

몇 시인가요?

0260

My office is on ___ first floor.

사무실은 1층이다.

0261

Do you live near ___ airport?

공항 근처에 삽니까?

0262

Excuse me, where is ___ nearest bank?

실례합니다만, 은행 위치 좀 가르쳐주세요.

0263

We live on ___ same street.

우리는 번지수가 같다.

0264

___ sky is blue and ___ sun is shining.

하늘은 청명하고 태양은 밝게 빛난다.

0265

Do you live in ___ city or in ___ country?

도시에 삽니까, 시골에 삽니까?

0266

My brother is ___ soldier. He's in ___ army.

우리형은 군인이다. 소속은 육군이다.

0267

What do you think of ___ police? Do they do ___ good job?

경찰에 대해 어떻게 생각합니까? 성과가 있습니까?

0268

Write your name at ___ top of ___ page.

페이지 상단에 이름을 쓰시오.

0269

My house is at ___ end of this block.

우리집은 이 블록 끝에 있다.

0270

___ table is in ___ middle of ___ room.

테이블은 방 중앙에 있다.

0271

Do you drive on ___ right or on ___ left in your country?

당신 나라에서는 차가 오른쪽 도로로 갑니까, 왼쪽 도로로 달립니까?

0272

Paula is learning to play ___ piano.

폴라는 피아노를 배우고 있다.

0273

I listen to ___ radio ___ lot.

나는 라디오를 많이 듣는다.

0274

Do you use ___ Internet much?

인터넷을 많이 씁니까?

0275
I watch ___ TV ___ lot.
텔레비전을 자주 봅니다.

0276
What's on ___ television tonight?
오늘밤에 하는 방송은 뭐니?

0277
Can you turn off ___ television?
텔레비전 좀 꺼줄래?

0278
What did you have for ___ breakfast?
아침에는 뭘 먹었나요?

0279
___ dinner is ready.
저녁 준비 다했다.

0280
I'm not working ___ next week.
다음 주는 비번입니다.

0281
Did you take ___ vacation last summer?
작년 여름에 휴가 다녀왔니?

0282
Bye, I'm going to ___ work now.
잘 가, 난 일하러 가야돼.

0283

I finish ___ work at 5:00 every day.

매일 5시에 퇴근한다.

0284

What did you learn at ___ school today?

오늘은 학교에서 뭘 배웠니?

0285

Some children don't like ___ school.

어떤 아이들은 학교를 싫어한다.

0286

Helen wants to go to ___ college when she finishes ___ high school.

헬렌은 고등학교를 졸업하고 대학에 진학할 생각이다.

0287

What did you study in ___ college?

대학에서 무엇을 공부했나요?

0288

I can't talk now. I have to go to ___ class.

지금은 말할 시간이 없네요. 수업에 들어가야 해서요.

0289

Why is he in ___ prison? What did he do?

그가 왜 투옥된 거죠? 무슨 짓을 했는데요?

0290

David usually goes to ___ church on ___ Sundays.

데이비드는 보통 일요일마다 교회에 간다.

0291
I'm tired. I'm going to ___ bed.

피곤하다. 그만 자야겠다.

0292
A: Where's Jane?
B: She's in ___ bed.

A: 제인은 어디 있죠?

B: 침대에 누워있습니다.

0293
I'm tired. I'm going ___ home.

피곤하다. 집에 가야겠다.

0294
Are you going out tonight, or are you staying ___ home?

오늘 저녁에 나가니? 아니면 집에 있니?

0295
I never go to ___ theater, but I go to ___ movies ___ lot.

연극은 안 보지만 영화는 자주 본다.

0296
A: Are you going to ___ bank?
B: No, to ___ post office.

A: 은행에 가니?

B: 아니요, 우체국에요.

0297
___ number 5 bus goes to ___ airport; ___ number 8 goes to ___ train station.

5번 버스는 공항에 가고, 8번 버스는 기차역에 간다.

0298
You're not well. Why don't you go to ___ doctor?
안색이 안 좋은데 병원에 가지 그래?

0299
I have to go to ___ dentist tomorrow.
내일 치과에 가야겠다.

0300
I like ___ music, especially ___ classical music.
음악 중에서 특히 클래식을 좋아한다.

0301
We don't eat ___ meat very often.
고기를 자주 먹는 편은 아니다.

0302
___ life is not possible without ___ water.
물이 없으면 살 수 없다.

0303
I hate ___ exams.
시험이라면 질색이다.

0304
I'm not very good at writing ___ letters.
편지를 아주 잘 쓰는 편이 아니다.

0305
My favorite sports are ___ tennis and ___ skiing.
테니스와 스키를 가장 좋아한다.

0306
Do you think ___ English is difficult?

영어가 어렵다고 생각하니?

0307
Tom's brother is studying ___ physics and ___ chemistry.

톰의 형은 물리학과 화학을 공부하고 있다.

0308
I love your garden. ___ flowers are beautiful.

정원이 마음에 듭니다. 꽃도 멋지고요.

0309
___ weather isn't very good today.

오늘 날씨가 그리 좋진 않네요.

0310
We had ___ great meal last night. ___ fish was excellent.

우리는 어젯밤에 포식했다. 생선이 끝내주더라.

0311
Do you know much about ___ history of your country?

국가의 역사에 대해 많이 알고 있니?

0312
Are you interested in ___ history?

역사 좋아하니?

0313
We don't eat ___ fish very often.

생선은 자주 먹지 않는다.

0314

I don't like ___ cold weather.

추운 날씨가 싫다.

0315

Quebec is ___ province of Canada.

퀘벡은 캐나다의 주(행정구역)다.

0316

___ Chiang Mai is not ___ capital of ___ Thailand.

치앙마이는 태국의 수도가 아니다.

0317

___ Peru is in ___ South America.

페루는 남아메리카에 있다.

0318

Kevin lives on ___ Central Avenue.

케빈은 센트럴애비뉴에 산다.

0319

Where is ___ Main Street, please?

메인스트리트는 어디에 있습니까?

0320

___ Times Square is in ___ New York.

타임스스퀘어는 뉴욕에 있다.

0321

___ Atlantic is between ___ Africa and ___ America.

대서양은 아프리카와 아메리카 사이에 있다.

0322

___ Sweden is ___ country in ___ northern Europe.

스웨덴은 북유럽에 있는 국가다.

0323

___ Amazon is ___ river in ___ South America.

아마존은 남아메리카에 있는 강이다.

0324

___ Asia is ___ largest continent in ___ world.

아시아는 세계에서 가장 큰 대륙이다.

0325

___ Pacific is ___ largest ocean.

태평양은 가장 큰 대양이다.

0326

___ Rhine is ___ river in ___ Europe.

라인은 유럽에 있는 강이다.

0327

Kenya is ___ country in ___ East Africa.

케냐는 동아프리카에 있는 국가다.

0328

___ United States is between ___ Canada and ___ Mexico.

미국은 캐나다와 멕시코 사이에 있다.

0329

___ Andes are ___ mountains in ___ South America.

안데스는 남아메리카에 있는 산이다.

0330
Bangkok is ___ capital of Thailand.
방콕은 태국의 수도이다.

0331
___ Alps are ___ mountains in ___ central Europe.
알프스는 중유럽에 있는 산이다.

0332
___ Red Sea is between ___ Saudi Arabia and ___ Africa.
홍해는 사우디아라비아와 아프리카 사이에 있다.

0333
Jamaica is ___ island in ___ Caribbean.
자메이카는 캐리비언에 있는 섬이다.

0334
___ Bahamas are ___ group of islands near ___ Florida.
바하마는 플로리다 인근의 군도다.

0335
Have you ever been to ___ China?
중국에 가본 적이 있습니까?

0336
Have you ever been to ___ Philippines?
필리핀에 가본 적이 있나요?

0337
Have you ever been to ___ south of France?
프랑스 남부에 간 적이 있나요?

0338

Can you tell me where ___ Washington Monument is?

워싱턴기념관은 어디에 있습니까?

0339

Can you tell me where ___ Hollywood Boulevard is?

할리우드대로는 어디에 있습니까?

0340

Can you tell me where ___ Museum of Art is?

예술박물관은 어디에 있나요?

0341

___ Europe is bigger than ___ Australia.

유럽은 오스트레일리아보다 더 크다.

0342

Belgium is smaller than ___ Netherlands.

벨기에는 네덜란드보다 더 작다.

0343

Which river is longer, ___ Mississippi or ___ Nile?

미시시피강과 나일강 중 어느 쪽이 더 긴가요?

0344

Did you go to ___ National Gallery when you were in ___ Washington?

워싱턴에 있을 때 내셔널갤러리에 가봤나요?

0345

We stayed at ___ Park Hotel near ___ Central Park.

우리는 센트럴파크 근방에 있는 파크호텔에 묵었다.

0346

How far is it from ___ Times Square to ___ Kennedy Airport?

타임스스퀘어에서 케네디공항까지 얼마나 멉니까?

0347

___ Rocky Mountains are in ___ North America.

로키산맥은 북아메리카에 있다.

0348

___ Texas is famous for ___ oil and ___ cowboys.

텍사스는 석유와 카우보이로 유명하다.

0349

I hope to go to ___ United Kingdom next year.

내년에는 영국에 가고 싶다.

0350

Mary comes from ___ west of Ireland.

메리는 아일랜드 서부 출신이다.

0351

Alan is ___ student at ___ University of ___ Michigan.

앨런은 미시건대 학생이다.

0352

___ Panama Canal joins ___ Atlantic Ocean and ___ Pacific Ocean.

파나마운하는 대서양 및 태평양에 합류한다.

0353

This, in ___ simplest definition, is ___ promise enforceable by ___ law.

가장 단순하게 정의해본다면, 이는 법이 집행할 수 있는 약속이다.

0354

It was ___ beautiful Friday afternoon and ___ weekend was about to begin, but Rob had ___ lot on his mind.

화창한 금요일 오후에 주말이 막 시작하려고 했으나 롭은 신경 쓸 일이 많았다.

0355

Upon receiving your last letter, I rushed to look up ___ word 'flattering' in ___ dictionary.

네가 지난번에 보낸 편지를 받자마자 사전에서 '플래터링flattering'을 찾았다.

0356

While awaiting ___ birth of ___ new baby, North American parents typically furnish ___ room as ___ infant's sleeping quarters.

북미에 사는 부모들은 대개 아기가 태어나기를 기다리는 동안 아이가 잠자는 거처로 쓸 방을 준비한다.

0357

While ___ manned space missions are more costly than ___ unmanned ones, they are more successful.

유인우주임무는 무인우주임무보다 비용이 더 많이 들긴 하지만 성공할 확률은 더 높다.

0358

Most of you experience ___ urges when trying to break ___ habit and these can be hard to resist unless you find something else to do instead, and ___ best of all, something that uses ___ same part of ___ body—even ___ same muscles.

사람들은 대부분 습관을 고치려 할 때 충동을 경험하는데 대신할 수 있는 활동이나, (가장 바람직한 것은) 동일한 신체부위, 혹은 동일한 근육을 사용하는 활동을 찾지 못한다면 충동은 견디기 힘들 것이다.

0359

In this modern world, ___ people are not used to living with ___ discomfort.

요즘 세상에서는 불편하게 사는 것이 익숙지가 않다.

0360

___ goal of ___ medicine as it is currently practiced is to develop ___ procedures and ___ drugs that work equally well on all ___ patients, regardless of ___ gender, age, or genetics.

현행 의학의 목적은 성별과 나이 및 유전형질과 관계없이 모든 환자에게 동일한 효능을 발휘할 수 있는 시술과 약을 개발하는 것이다.

0361

For ___ most part, we like things that are familiar to us.

대체로 우리는 친숙한 것을 좋아한다.

0362

___ psychologist named Richard Warren demonstrated this particularly well.

리처드 워렌이라는 심리학자는 특히 이 점을 명쾌히 입증했다.

0363

Not all ___ authors trusted that ___ theater audience would automatically understand their plays in ___ intended manner.

작가라고 해서 관객이 그들의 의도대로 작품을 이해할 거라고 믿는 것은 아니다.

0364

After ___ dinner he built ___ fire, going out into ___ weather for ___ wood he had piled against ___ garage.

저녁식사를 마친 그는 불을 피우고는 궂은 날씨에도 아랑곳하지 않고 차고에 쌓아둔 나무를 가지러 나갔다.

0365

___ Figures A and B demonstrate how ___ dew point is measured by ___ dew point hygrometer.

도표 A와 B는 이슬점 습도계가 이슬점을 어떻게 측정하는지 보여준다.

0366

___ responses to ___ survey questions are influenced by ___ events, and we should consider this when reviewing ___ results of ___ survey.

설문조사에 대한 응답은 사건이 영향을 주게 마련이니 조사결과를 검토할 때 이를 감안해야 할 것이다.

0367

War seems to be ___ part of ___ history of ___ humanity.

전쟁은 인류역사의 일부인 듯하다.

0368

Imagine that you are in ___ meeting. Your party and ___ other party are sitting across ___ table.

회의에 참여하고 있다고 상상해보라. 당신 편과 상대편이 탁자를 사이에 두고 마주앉아 있다.

0369

___ forest fire in Brazil affects ___ weather in Moscow by creating ___ huge dust clouds that eventually float over Russia.

브라질에서 발생한 산불은 결국 러시아 상공을 떠다니는 거대한 먼지구름을 일으켜 모스크바 기상에 영향을 줄 것이다.

0370

___ graph above shows ___ growth rate of total output in ___ U.S. from 1960 to 1999.

위의 그래프는 1960년부터 1999년까지의 미국 총생산량의 증가율을 보여준다.

0371

Like its largemouth cousin, ___ smallmouth bass is ___ native of ___ Mississippi drainage, which makes it ___ true heartland fish.

작은입배스도 사촌격인 큰입배스와 마찬가지로 원산지가 미시시피강 유역인데 이곳 덕분에 작은입배스는 중심지에서 서식하는 어류가 되었다.

0372

Starting in ___ 1960s, people began flooding into Chattanooga, ___ former factory town, to explore its caves, rivers, and cliffs. Before long more than 3,800 caves surrounding ___ city had been discovered.

1960년대 이후, 사람들은 동굴과 강과 절벽을 탐사하기 위해 공장도시였던 차타누가로 모여들었다. 얼마 후 도시를 둘러싼 3,800개 남짓 되는 동굴이 발견되었다.

0373

In ___ practical situations where there is no room for ___ error, we have learned to avoid ___ vagueness in ___ communication.

실수가 허용되지 않는 실제상황에서는 소통이 애매해서는 안 된다고 배웠다.

0374

Although ___ speech can be effective, all ___ words in ___ world cannot measure up to ___ example of ___ leader, especially in communicating ___ new behaviors and values.

말이 귀감을 줄 수는 있지만, 세상의 말이 다 지도자의 본보기에 부합하는 것은 아니며 새로운 행동이나 가치를 전달할 때는 더더욱 그러하다.

0375

Now, as always, ___ cities are desperate to create ___ impression that they lie at ___ center of something or other.

항상 그렇듯, 요즘 도시도 무언가의 중심에 있다는 인상을 주기 위해 안간힘을 쓴다.

0376

___ young children rarely think of their art as ___ personal property. Often they throw it away or give it away.

어린이는 대개 자신의 작품을 재산으로 생각하지 않는다. 때문에 종종 버리거나 거저주곤 한다.

0377

___ age of 3 1/2 is not without its charm. One of ___ more amusing aspects of this age is ___ child's often vivid imagination, expressed most strikingly in his enjoyment of ___ imaginary companions.

3.5세가 특징이 없는 나이는 아니다. 비교적 재미있는 측면 중 하나는 아이가 종종 상상력을 발휘한다는 것인데 이는 상상 속의 친구들과 놀 때 확연히 드러난다.

0378

___ Rosalyn's parents did everything possible to avoid favoring ___ one child over ___ others, and this resulted in her feelings being hurt.

로잘린의 부모님은 아이를 편애하지 않기 위해 안간힘을 썼지만, 그녀는 되레 상처를 입고 말았다.

0379

How can you create ___ closeness when ___ two of you are hundreds of miles apart?

수백 마일이나 떨어져 있는 두 사람이 어떻게 가까워질 수 있을까?

0380

Many years ago, ___ psychologists performed ___ experiment in which they put ___ number of people in ___ room, alone except for ___ ring toss set.

수년 전, 심리학자들은 실험의 일환으로 고리던지기 세트만 둔 방에 수많은 사람들을 들여보냈다.

0381

On ___ wall of our dining room was ___ framed quotation: "Let me live in ___ house by ___ side of ___ road and be ___ friend to ___ man."

우리집 부엌에 단 액자에는 이런 글귀가 적혀있었다. "길가에 지은 집에 살며 사람들의 친구가 되게 하소서."

0382

___ friend of mine and his wife were in Hawaii, standing on ___ beach, watching ___ beautiful sunset—hardly able to believe how magnificent ___ sight was.

친구가 아내와 함께 하와이 해변에 서서 아름다운 노을을 보고 있었는데 그건 정말 믿을 수 없을 정도의 장관이었다.

0383

This is different from all ___ other markets in that ___ people do not buy ___ things here such as ___ clothes, shoes, or cars.

이는 옷이나 신발, 혹은 자동차 등의 제품을 여기서 구매하지 않으므로 다른 시장과는 다르다.

0384

Flying over ___ rural Kansas in ___ airplane one fall evening was ___ delightful experience for ___ passenger Walt Morris.

어느 가을 저녁, 월트 모리스는 비행기를 타고 기분 좋게 캔자스 시골을 지나갔다.

0385

If you are worrying about ___ money when you are away, your enjoyment will suffer.

해외에 있어도 돈이 걱정된다면 (여행이) 즐겁진 않을 것이다.

0386

Many social scientists have believed for some time that ___ birth order directly affects both ___ personality and ___ achievement in ___ adult life.

많은 사회과학자들은 출생순서가 성인 이후의 성격과 이력에 직접적으로 영향을 준다고 믿은 적이 있다.

0387

You may think that moving ___ short distance is so easy that you can do it in no time with ___ little effort.

가까운 데로 이사하는 건 아주 쉽기 때문에 별 노력 없이도 순식간에 끝낼 수 있다고 생각할지 모른다.

0388

___ Roman doll-makers continued to use ___ technology developed by ___ Egyptians and ___ Greeks, but in ___ line with ___ artistic sensibilities of their culture, they were constantly trying to make ___ dolls more elegant and beautiful.

로마의 인형제작자들은 이집트인과 그리스인이 개발한 기술을 계속 활용하면서도 문화가 갖는 예술적 감성에 걸맞도록 좀더 우아하고 아름다운 인형을 만들기 위해 노력했다.

0389

For example, ___ Van Gogh's paintings have been reproduced endlessly on ___ posters, postcards, coffee mugs, and ___ T-shirts.

예컨대, 반 고흐의 그림은 포스터와 우편엽서, 커피 머그잔 및 티셔츠에 끊임없이 복제되어왔다.

0390

I think it is rather unfair to decide our children's career paths based on ___ results of ___ aptitude test taken when they are 11 or 12 years old.

11~12세에 치르는 적성검사 결과에 아이들의 진로를 결정하는 것은 좀 부당하다고 본다.

0391

I try to stay away from ___ houses or ___ barns that have ___ unusual angles of ___ roof, or ___ objects that look incorrect in ___ size, perspective, or ___ design.

지붕의 각도가 특이한 집이나 헛간, 혹은 크기나 원근법이나 설계가 정확하지 않은 물체는 가까이 하지 않는다.

0392

___ first appearance of ___ shining star in ___ darkening evening sky can take you out into ___ universe if you combine what you see with ___ twin facts that ___ star is merely one of ___ closest of ___ galaxy's 200 billion stars and that its light began traveling decades ago.

어두운 저녁하늘에 반짝이는 별이 처음 모습을 드러낸다면 당신은 시야를 우주에까지 넓힐 수 있을 것이다. 다만 그것이 은하계에 존재하는 2천억 개의 별 중 가장 가까운 별이라는 것과, 별빛이 수십 년 전에 이동하기 시작했다는 두 가지 사실을 안다면 말이다.

0393

___ violin creates tension in its strings and gives each of them ___ equilibrium shape: ___ straight line.

바이올린은 현에 텐션을 주었다가 직선인 평형으로 되돌린다.

0394

___ first experiments in ___ television broadcasting began in France in ___ 1930s, but ___ French were slow to employ ___ new technology.

텔레비전방송의 첫 실험은 1930년대 당시 프랑스에서 시작되었지만 정작 프랑스인들은 이 신기술을 도입하는 데 더뎠다.

0395

Her nerves were hurting her. She looked automatically again at ___ high, uncurtained windows.

그녀는 신경통을 앓았다. 시선은 커튼이 없는 높은 창으로 갔다.

0396

___ sheets of paper exist almost entirely for ___ purpose of carrying ___ information, so we tend to think of them as ___ neutral objects.

종이는 거의 전적으로 정보를 전달할 요량으로 존재하기 때문에 중립적인 대상일 거라 간주하곤 한다.

0397

___ many people believe that they will be free of their anger if they express it, and that their tears will release their pain.

많은 사람들은 분노를 표출하면 그에서 자유로워지고 눈물이 고통을 덜어줄 거라고 믿는다.

0398

Knowing when ___ something happened is important. Understanding why ___ historic events took place is also important.

사건이 언제 벌어졌는지를 아는 것도 중요하지만, 역사적 사건이 왜 발생했는지를 이해하는 것 또한 중요하다.

0399

Nowadays, we can enjoy ___ athletic competition of ___ every kind without leaving our homes.

오늘날 우리는 집을 나오지 않고도 온갖 종류의 운동경기를 즐길 수 있다.

0400

___ above graph shows ___ changes in ___ school enrollment rates of ___ population ages 3~19 by ___ age group from 1970 to 2006.

위 도표는 1970년에서 2006년까지 3세~19세 연령 인구의 취학률이 달라진 추이를 보여준다.

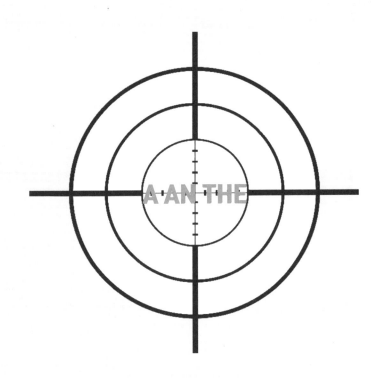

중급편

관사 트레이닝
Intermediate

A AN THE

0401

___ RPC, founded in 1996, describes itself as ___ progressive organization fighting for ___ social change.

RPC는 1996년에 설립된 것으로, 자칭 사회변화를 위해 싸우는 진보단체다.

0402

___ water plant called ___ sacred lotus regulates its temperature in order to benefit ___ insects that it needs to reproduce.

'세이크리드 로터스'라는 수생식물은 자신의 번식에 필요한 곤충을 이롭게 하기 위해 온도를 조절한다.

0403

___ Old Hawk gestured up at ___ tall, old cottonwood. It was so large that ___ grown man could not put his arms around it.

올드 호크는 키가 크고 오래된 사시나무를 몸짓으로 가리켰다. 나무는 너무 커서 장정도 팔로 안을 수 없었다.

0404

___ specific combinations of ___ foods in ___ cuisine and ___ ways they are prepared constitute ___ deep reservoir of ___ accumulated wisdom about ___ diet and ___ health and ___ place.

요리법에서 어떤 음식의 조합과 요리하는 방법은 식단과 건강 및 장소에 대한 지혜를 깊이 담아둔 저장소와 같다.

0405

Now many kinds of ___ superior coffee beans are being decaffeinated in ___ ways that conserve ___ strong flavor.

종류가 다양한 고급 커피콩은 이제 디카페인도 맛이 강하다.

0406

Processing ___ TV message is much more like ___ all-at-once processing of ___ ear than ___ linear processing of ___ eye reading ___ printed page.

TV 메시지를 처리하는 방식은 인쇄면을 읽는 눈의 선형처리과정보다는 귀의 일괄처리과정이 훨씬 더 가깝다.

0407

___ most people have ___ vase or two in ___ cupboard, but ___ lots of things can be turned into ___ stylish containers for ___ flower arrangement, so before you rush out to buy anything, look around your own home.

사람들은 대부분 찬장에 한두 개의 꽃병을 두지만 많은 꽃병이 멋진 꽃꽂이 용기가 될 수 있으니 무얼 사려고 서둘러 나가기 전에 집주변부터 살펴보라.

0408

In Pamplona, ___ white-walled, sun-baked town high up in ___ hills of Navarre, is held in ___ first two weeks of July each year ___ World's Series of bull fighting.

사방이 하얀 성벽으로 둘러싸여있고 햇살이 따가운 도시인 팜플로나는 나바레 언덕 높은 곳에 자리 잡고 있으며 매년 7월 첫 두 주간 월드시리즈 소싸움이 열린다.

0409

Whether their grandchildren have ___ special needs or not, ___ grandparents shouldn't overlook ___ value of ___ incidental learning experiences.

손주가 특별히 필요한 것이 있든 없든, 조부모들은 간접적인 학습경험의 가치를 간과해서는 안 된다.

0410

Everywhere in ___ world, ___ issue of how to manage ___ urban growth poses ___ highest stakes, ___ complex policy decisions, and ___ strongly heated conflicts in ___ public area.

세계 도처에서 도시성장을 관리하는 방법에 대한 문제는 공공영역에서 가장 높은 위험부담뿐 아니라 복잡한 정책결정과 가열찬 갈등도 벌어질 것이다.

0411

One Saturday during ___ summer, I asked my father if he would go down to ___ schoolyard and play ___ basketball with me.

여름철 어느 토요일, 학교 운동장에서 같이 농구하자고 아버지께 말했다.

0412

Some scientists have shown ___ practical power of looking at ___ world through ___ 'could-be' eyes.

어떤 과학자들은 '가능성'이라는 시야로 세상을 보는 것의 실질적인 위력을 증명했다.

0413

___ world without this is almost unimaginable. This plays ___ essential role in ___ various scientific fields and in ___ industry.

이것이 없는 세상은 거의 상상할 수가 없다. 이는 다양한 과학 및 산업분야에서 중요한 역할을 하기 때문이다.

0414

___ first true piece of ___ sports equipment that ___ man invented was ___ ball.

인간이 발명한 최초의 운동장비는 공이었다.

0415

It is my great pleasure to inform you that your sons and daughters have completed all ___ academic requirements over ___ last three years of ___ study at ___ Hutt High School.

귀하의 자녀가 지난 3년간 허트 고교에서 필수과정을 이수했음을 알려드리게 되어 기쁩니다.

0416

___ first thing I notice upon entering this garden is that ___ ankle-high grass is greener than that on ___ other side of ___ fence.

정원에 들어오자마자 알아차린 것은 발목높이의 풀이 울타리 반대편 풀보다 더 푸르다는 것이다.

0417

In ___ general, ___ one's memories of any period necessarily weaken as ___ one moves away from it.

대개 어떤 시기에 겪은 기억은 그로부터 멀어질수록 희미해지게 마련이다.

0418

Over ___ years ___ various systems of grading ___ coins have been developed by ___ antique coin specialists.

수년에 걸쳐 동전에 등급을 매기는 다양한 방식은 옛날 돈 전문가들이 개발해왔다.

0419

___ clean sheet of ___ paper is lying in ___ front of you, and you have to fill it up.

깨끗한 종잇장이 앞에 있고 당신은 그걸 채워야 한다.

0420

What is ___ most prevalent and perhaps most important prefix of our times?

이 시대에 가장 널리 퍼져 있는 데다 가장 중요할 것 같은 접두사는 무엇인가?

0421

___ night diving is obviously less simple than ___ diving during ___ day, but when properly organized, it is relatively straightforward.

야간잠수는 주간잠수보다 좀더 까다롭긴 하지만 준비를 적절히 하면 비교적 수월해진다.

0422

There are ___ few people who do not react to ___ music to ___ some degree. ___ power of ___ music is diverse and people respond in ___ different ways.

어느 정도라도 음악에 반응하지 않는 사람은 거의 없다. 음악의 힘은 다양하며 사람들은 다르게 반응한다.

0423

___ object identification rarely occurs in ___ isolation. ___ face perception seems to work ___ same way.

물체식별이 독립적으로 이루어지는 경우는 거의 없다. 인면인식도 그런 듯싶다.

0424

___ boy entered ___ coffee shop where I worked as ___ waitress.

종업원으로 일하는 커피숍에 사내아이 하나가 들어왔다.

0425

___ one key social competence is how well or poorly ___ people express their own feelings.

중요한 사교능력은 자신의 감정을 얼마나 잘 표현하느냐 여부로 결정된다.

0426

We have to ask ourselves ___ question. What kind of ___ world will our children have to live in?

우리는 자문해봐야 한다. "우리 아이들은 어떤 세상에서 살게 될까?"라고 말이다.

0427

There is ___ healing power in ___ flowers—and in ___ trees, fresh air, and ___ sweet-smelling soil.

꽃과 나무, 신선한 공기와 좋은 향이 나는 토양에는 치유력이 있다.

0428

Most of us buy our food from ___ supermarkets. In ___ fact, many of us don't even get as far as ___ supermarket but make our choices at ___ click of ___ mouse.

우리는 대개 슈퍼마켓에서 식료품을 구매한다. 사실 슈퍼마켓에 가지 않고 마우스를 클릭해서 구매하는 사람도 많다.

0429

Located 1,100 feet above ___ tiny coastal town of ___ Amalfi, Ravello has been described as closer to ___ heaven than to ___ sea.

아말피라는 작은 해안도시에서 1100피트 위에 자리 잡은 라벨로는 바다보다 천국에 더 가까운 곳으로 알려졌다.

0430

___ recreational tree climbing is ___ evolving sport.

나무타기놀이는 계속 진화하고 있는 스포츠다.

0431

___ status symbol is something, usually ___ expensive or rare object, that indicates ___ high social status for its owner.

지위의 상징물은 대개 값어치가 높거나 희귀한 것으로, 주인의 고귀한 사회적 지위를 암시한다.

0432

___ ability to sympathize with ___ others reflects ___ multiple nature of ___ human being, his potentialities for many more selves and kinds of ___ experience than any one being could express.

타인과의 공감능력은 인간의 복합적인 본성, 이를테면 인간이 나타낼 수 있는 것보다 더 많은 인간상과 각종 경험에 대한 잠재력을 반영한다.

0433

Since ___ people generally like what they are good at, I propose that our children focus on ___ areas in which they excel.

사람들은 대개 자신 있는 일을 좋아하기 때문에 아이들에게도 남보다 잘하는 분야에 집중하라고 말한다.

0434

Newton was ___ first to point out that ___ light is colorless, and that consequently ___ color has to occur inside our brains.

빛은 색상이 없으므로 색상은 뇌에서 빚어지는 현상이라는 점을 뉴턴은 처음으로 지적했다.

0435

If we want to describe our society in terms of ___ age, we may come up with ___ four age groups—___ childhood, adolescence, maturity, and ___ old age.

나이를 기준으로 사회집단을 설명한다면 유년기와 청년기, 장년기 및 노년기라는 4개의 연령집단을 제시할 것이다.

0436

I knocked at ___ door and was told to enter. I found myself in ___ large room, where ___ curtains were closed to allow no daylight in, and ___ candles were lit.

문을 두드리자 들어오라는 말이 들렸다. 나는 커다란 방에 있었고 그 방에는 커튼이 드리워져 햇빛이 전혀 들어오지 않았지만 촛불은 켜 있었다.

0437

One of ___ toughest parts of isolation is ___ lack of ___ expressive exit. With ___ anger, you can get mad at someone and yell.

고립이 가장 힘든 이유 중 하나는 표현할 출구가 없다는 것이다. 화가 나면 누군가에게 화를 내고 소리를 지를 것이다.

0438

With ___ rise of ___ social sciences, and especially ___ anthropology of ___ 1930s and thereafter, ___ words like 'savage' and 'primitive' began to disappear from ___ vocabulary of cultural studies, along with ___ notion that ___ people who had once borne these labels represented ___ biologically less evolved form of ___ humanity.

사회과학 중 특히 1930년대 이후 인류학이 발전함에 따라 '야만적'이나 '원시적'이라는 어구는 문화연구 어휘에서 사라지기 시작했다. 한때 이런 꼬리표를 달았던 사람들은 생물학적으로 덜 진화된 인류를 대표한다는 생각도 아울러 사라졌다.

0439

"There is ___ good reason to make this trip to ___ Island of Paradise," ___ Captain Koppe told himself as he stepped out of ___ elevator car into ___ covered rooftop hangar of his house.

코페 선장은 엘리베이터카를 나와 지붕이 덮인 격납고에 들어가며 중얼댔다. "파라다이스섬에 가야 하는 이유가 있지."

0440

In ___ ordinary life, you can be very comfortable with ___ modern technology.

현대기술 덕분에 일상도 아주 편해질 것이다.

0441

___ latest devices are fun to use for many tasks like browsing ___ cyber space, but it is important to keep your distance from them as well.

최신 기기는 사이버공간을 검색하는 등의 수많은 작업을 처리할 수 있어 재미가 있지만 거리를 두는 것도 중요하다.

0442

Nothing can be checked out or renewed without it. If you reside in this area, you may get it free of ___ charge.

이것이 없다면 대출이나 갱신이 불가능하다. 하지만 이 지역에 살고 있다면 무료로 얻을 수 있다.

0443

Not only does ___ 'leaf fish' look like ___ leaf, but it also imitates ___ movement of ___ drifting leaf underwater.

리프피시는 나뭇잎처럼 보이기도 하지만 물속에 떠다니는 잎의 움직임을 흉내 내기도 한다.

0444

When ___ one group borrows something such as ___ ideas, values, foods, or ___ styles of ___ architecture from ___ another group, ___ change occurs through ___ diffusion.

한 집단이 사상이나 가치관, 음식, 혹은 건축양식을 다른 집단에게서 차용할 때 변혁이 확산을 통해 일어난다.

BASIC

0445

Thank you for sending your poems to this publishing house. I have had ___ opportunity to look them over, and I feel that they show ___ considerable promise, despite your youth and lack of ___ experience in this genre.

귀하의 시를 출판사에 보내주셔서 감사합니다. 작품을 훑어보니 나이도 어리고 운문 경험도 없지만 작품은 상당히 유망하다 봅니다.

0446

I was five years old when my father introduced me to ___ motor sports.

아빠가 모터스포츠를 소개한 것은 내가 다섯 살 때였다.

INTERMEDIATE

0447

To be ___ mathematician you don't need ___ expensive laboratory.

수학자가 되는 데는 고가의 실험실이 필요하진 않다.

0448

Walking down ___ street, you may not even notice ___ trees, but, according to ___ new study, they do ___ lot more than give ___ shade.

거리를 거닐 때 나무을 인식하지 못할 수 있으나, 연구에 따르면 나무는 그늘을 제공하는 것보다 더 많은 일을 하는 것으로 나타났다.

0449

Suppose you mention ___ name of your new neighbor to ___ friend.

이웃의 이름을 친구에게 이야기했다고 가정해보라.

ADVANCED

0450

___ common mistake in talking to ___ celebrities is to assume that they don't know much about anything else except their occupations.

셀럽과 대화할 때 흔히 저지르는 실수는 그들이 본업 말고는 잘 모를 거라는 편견이다.

0451

Upon entering ___ record store, ___ one encounters ___ wide variety of ___ genres from easy listening to ___ jazz and classical music. ___ Jazz and classical music have ___ number of things in ___ common.

음반가게에 들어가면 쉽게 들을 수 있는 음악에서 재즈와 고전음악에 이르는 다양한 장르를 만나게 된다. 재즈와 고전음악은 공통점이 많다.

0452

Our guest arrived in ___ broadcasting studio, and I opened my show at 11:05 with ___ brief introduction about his background.

게스트가 방송국 스튜디오에 도착하자, 나는 11시 5분에 그의 경력을 간단히 소개함으로써 방송을 시작했다.

0453

Of all ___ ways that ___ automobiles damage ___ urban environment and lower ___ quality of life in ___ big cities, ___ few are as maddening and unnecessary as ___ car alarms.

자동차가 도시환경을 해치고 대도시에서 삶의 질을 떨어뜨리는 양상 중 자동차 도난방지경보기가 가장 화를 돋우고 불필요하다.

0454

___ Nambawi is one of ___ oldest traditional winter hats in ___ Korea.

남바위는 한국에서 가장 오래된 전통 겨울모자 중 하나다.

0455

Although ___ most people recognize it as ___ jewel, ___ diamond most directly affects our daily lives as ___ tool.

다이아몬드는 대부분 보석이라 여기지만 실은 도구로서 일상에 가장 직접적으로 영향을 준다.

0456

All ___ travellers should ensure they have ___ adequate travel insurance before they depart.

관광객은 모두 출발하기 전에 적합한 여행보험에 가입했는지 확인해야 한다.

0457

Every society needs ___ heroes, and every society has them. Some heroes shine in ___ face of ___ great adversity, performing ___ amazing deeds in ___ difficult situations; ___ other heroes do their work quietly, unnoticed by most of us, but making ___ difference in ___ lives of other people.

모든 사회는 영웅이 필요하고 모든 사회에는 영웅이 있다. 어떤 영웅은 큰 역경과 마주할 때 빛이 나고 난관 속에서도 놀라운 일을 이루어낸다. 반면 어떤 영웅은 대다수의 눈에는 띄지 않고 조용히 자신의 일을 해내면서도 타인의 삶에 영향을 준다.

0458

___ design and styling cannot be fully understood ___ outside of their social, economic, political, cultural, and ___ technological contexts.

디자인과 스타일링은 사회/경제/정치/문화 및 기술적인 맥락을 떠나서는 충분히 이해할 수가 없다.

0459

In ___ above chart, ___ five items in ___ middle show ___ environment-friendly improvements made by ___ company from 2001 to 2005.

위 도표에서 가운데의 다섯 항목은 한 회사가 2001년에서 2005년까지 달성한 친환경 관련성과를 보여준다.

0460

Dominique-Jean Larrey was born on July 8, 1766, in ___ France. Larrey began his medical studies in ___ Toulouse.

도미니크장 라리는 1766년 7월 8일 프랑스에서 태어났다. 라리는 툴루즈에서 의학을 공부하기 시작했다.

0461

___ Floppy Barrow is ___ game invented by Phil and Alan Grace, and Tim Inglis in ___ South Australia.

플로피 배로우는 남호주에 사는 필과 앨런, 그레이스 및 팀 잉글리스가 창작한 게임이다.

0462

Over ___ past twenty years, I've asked ___ thousands of people, "Where are you when you get your best ideas?"

지난 20년에 걸쳐 수천 명에게 물었다. "기발한 아이디어는 어디 있을 때 떠오릅디까?"

0463

Every mother and father wants to raise ___ child with ___ strong moral character.

부모라면 자녀를 아주 예의바른 아이로 기르고 싶을 것이다.

0464

___ footwear has ___ history which goes back thousands of years, and it has long been ___ article of ___ necessity.

신발의 역사는 수천 년을 거슬러 올라가며, 필수품이 된 지도 꽤 되었다.

0465

___ story starts in ___ world of Homer, where ___ stormy skies and ___ dark seas were ruled by ___ mythical gods.

스토리는 호머가 살던 세상에서 출발한다. 당시 폭풍우가 몰아치는 하늘과 어두운 바다는 신화에 등장하는 신들이 다스렸다.

0466

Most of us believe that we can trust in ___ technology to solve ___ our problems.

대다수는 문제를 해결하는 데 기술을 믿을 수 있다고 생각한다.

0467

After ___ snowstorm came ___ thick fog, and in that fog, ___ Fredrick's men soon lost their way on ___ ice river with ___ hundreds of ___ big holes in it.

눈보라가 지나간 후 짙은 안개가 찾아왔고 안개 속에서 프레드릭의 대원들은 수백 개의 커다란 구멍이 뚫린 얼어붙은 강에서 길을 잃었다.

0468

In ___ early 1960s, London Bridge was in ___ trouble. ___ cars, trucks, and buses were too heavy for it, and ___ bridge was sinking into ___ Thames river.

1960년대 초 런던 브릿지에서 사고가 났다. 승용차와 트럭 및 버스가 너무 많이 다닌 탓에 교량이 템즈강 아래로 가라앉고 있었던 것이다.

0469

___ people who run ___ sports camps think of ___ children first. They do their best to create ___ enjoyable and protective environments in which ___ children feel comfortable and safe.

스포츠 캠프를 운영하는 사람들은 아이를 가장 먼저 생각한다. 그들은 아이들의 안락과 안전을 느낄 수 있도록 즐겁고도 든든한 환경을 조성하기 위해 최선을 다한다.

0470

They all reached ___ beach two hours later, exhausted but safe. At that time, ___ non-swimmer thanked ___ Margo for saving his life, and he asked why she had been so insistent about going slowly and quietly.

두 시간 후 그들은 모두 기진맥진했지만 무사히 해안에 도착했다. 이때 수영을 못했던 친구가 마고에게 생명을 구해주어 고맙다고 말하고는 시종일관 입을 다물고 천천히 가라고 시킨 이유를 물었다.

0471

Most people agree that ___ fruit is ___ valuable, healthy food. Nonetheless, they usually throw away ___ very nutritious part of ___ fruit.

과일이 귀한 데다 건강에도 좋은 농산물이라는 데는 대부분 동의한다. 그럼에도 영양소가 아주 풍부한 껍질은 버린다.

0472

Personally, I don't like ___ bitter taste and ___ roughness of fruit peel, though I understand that it has some nutritious value and contains ___ dietary fiber.

과일껍질에 영양소와 식이섬유가 있다는 것은 알지만 껍질의 씁쓸한 맛과 거친 느낌은 개인적으로 좋아하지 않는다.

0473

One myth tells how ___ group of ___ gods had ___ meeting to decide where to hide ___ "truth of ___ universe" from ___ people.

신화에 따르면, 신들은 '우주의 진리'를 어디에 감출지 결정하기 위해 회의를 소집했다고 한다.

0474

Usually, ___ filmmakers shoot more film than is needed. ___ uncut movie might last four or five hours.

영화제작자들은 대부분 필요한 것보다 더 많은 것을 촬영한다. 삭제하지 않은 영화의 러닝타임은 네다섯 시간 정도 될 것이다.

0475

On ___ most subway trains, ___ doors open automatically at ___ each station. But when you are on ___ Metro, ___ subway in ___ Paris, things are different.

대부분의 지하철 문은 정거장에서 자동으로 열린다. 하지만 파리의 지하철인 메트로를 타면 방식이 다르다.

0476

I wonder how many people give up just when ___ success is almost within ___ reach.

손만 뻗으면 성공이 거의 닿을 때까지 와놓고 포기하는 사람들이 정말 놀라우리만치 많다.

0477

You can certainly make ___ bad quality wine from ___ good quality grapes, but you cannot make ___ good quality wine from ___ bad quality grapes.

품질이 좋은 포도로 나쁜 포도주를 제조할 수는 있지만, 품질이 나쁜 포도로 좋은 포도주를 만들 수는 없다.

0478

Someone who reads only ___ newspapers and ___ books by ___ contemporary authors looks to me like ___ near-sighted person.

요즘 기자와 작가가 쓴 신문과 책만 읽는 사람은 근시안적인 사람처럼 보인다.

0479

___ United States remains ___ underdeveloped country when it comes to ___ language skills. ___ immigrants are importing their mother tongues at ___ record rates.

언어기술면에서 미국은 저개발국가다. 이민자들이 엄청난 속도로 모국어를 반입하고 있으니 말이다.

0480

___ introduction of ___ unique products alone does not guarantee ___ market success. ___ another vital factor is increasing one's responsiveness to ___ markets by providing ___ products suited for ___ local communities that make up ___ market.

독특한 제품만 도입한들 시장의 성공을 보장할 수는 없다. 시장을 구성하는 지역사회에 걸맞은 상품을 제공하여 시장에 대한 반응을 끌어올리는 것도 중요하다.

0481

Learning to ski is one of ___ most humbling experiences ___ adult can undergo (that is ___ one reason to start young).

스키 강습은 성인의 자존심을 크게 자극하는 교육 중 하나다(그래서 다들 어릴 때 시작한다)

0482

___ most common mistake made by ___ amateur photographers is that they are not physically close enough to their subjects.

아마추어 사진작가들은 피사체에 가까이 가지 않는 실수를 흔히 저지른다.

0483

Darwin was ___ first to propose that ___ long necks evolved in ___ giraffes because they enabled ___ animals to eat ___ treetop leaves.

다윈은 기린의 목이 길게 발달한 이유를 가리켜 나무꼭대기의 잎사귀를 먹을 수 있게 하기 위해서라고 처음 주장했다.

0484

If you connect ___ primitive digital camera to your PC and aim it at ___ happy face, your computer might perceive ___ image as it appears on ___ right-hand side of ___ given drawing.

재래식 디지털 카메라를 컴퓨터에 연결하여 웃음 짓는 얼굴에 맞추어보면 컴퓨터는 주어진 그림의 오른편에 보이는 것처럼 이미지를 인식할 것이다.

0485

___ room was warm and clean, ___ curtains drawn, ___ two table lamps lit-hers and ___ one by ___ empty chair opposite.

방은 따뜻하고 깨끗했으며 커튼이 드리워져 있었고 두 개의 테이블 램프는—그녀의 것과 맞은편 빈 의자에 있는 램프는—불이 켜져 있었다.

0486

One summer night ___ man stood on ___ low hill overlooking ___ wide expanse of ___ forest and ___ field.

어느 여름밤 한 사내가 낮은 언덕 위에 서서 숲과 들판이 드넓게 펼쳐진 곳을 내려다보고 있었다.

0487

___ disharmony enters our relationships when we try to impose our values on ___ others by wanting them to live by what we feel is "right," "fair," "good," "bad," and so on.

우리가 '옳고' '공평하고' '선하고' '나쁘다' 등으로 판단하는 바에 따라 타인이 살기를 바라며 그들에게 우리의 가치관을 강요한다면 대인관계에 불협화음이 생길 것이다.

0488

___ villagers heard ___ deer barking in ___ distance, but they were not ___ only ones to hear it.

주민들은 멀리서 사슴이 우는 것을 들었지만 그들만 들은 것은 아니었다.

0489

Most helpful to ___ calm and peaceful atmosphere that ___ two-year-old child needs but cannot produce for himself/herself is ___ presence of ___ comforting music, in almost ___ any form.

두 살배기에게 필요하지만 아이가 스스로 만들 수 없는, 조용하고 평화로운 분위기를 조성하는 데 가장 도움이 되는 것은 어떤 형태든 마음을 편하게 해주는 음악이다.

0490

Everyone has ___ instincts, and listening to your inner voice is always ___ good idea. But when you're making ___ decision, following your instincts is necessary but not sufficient.

사람이라면 누구나 직관이 있고 내면의 소리를 들어서 손해 볼 일은 없다. 하지만 의사를 결정할 때 직관을 따르는 것은 필요하긴 하지만 다 좋은 것은 아니다.

0491

When you clean out your storage room, don't throw out any "junk" until you determine its potential as ___ collectible.

창고를 청소할 때 보유할 만한 물건인지 결정하기 전에는 어떤 '쓰레기'도 버리지 마라.

0492

___ breadfruit is ___ round or oval fruit that grows on ___ tropical islands in ___ Pacific Ocean.

빵나무 열매는 태평양 열대섬에서 자생하는 둥글거나 타원 모양의 과일이다.

0493

___ researchers at ___ Solar Impulse in ___ Lausanne, Switzerland, are developing ___ solar-powered, single-pilot aircraft that they hope will fly around ___ globe in 2010.

스위스 로잔에 위치한 '솔라 임펄스' 연구원들은 2010년 지구를 공전하는 유인 태양력 우주선을 개발하고 있다.

0494

___ most satisfying and expressive drawing is done with ___ active engagement of ___ entire body.

가장 만족스럽고 표현력이 탁월한 그림은 전신이 능동적으로 관여해야 완성된다.

0495

___ old Sumerian cuneiform could not be used to write ___ normal prose but was ___ mere telegraphic shorthand, whose vocabulary was restricted to ___ names, numerals and ___ units of measure.

고대 수메르의 쐐기문자는 어휘가 이름과 숫자 및 측정단위에 국한된 까닭에 단순한 소식을 전하기 위한 속기일 뿐 평범한 산문을 쓰는 데는 사용되지 않았다.

0496

___ environmental psychologists have long known about ___ harmful effects of ___ unpredictable, high-volume noise.

환경심리학자들은 난데없이 들리는 굉음이 해롭다는 사실을 오래전부터 알고 있었다.

0497

___ Eskimo once told ___ European visitors that ___ only true wisdom lives far from mankind, out in ___ great loneliness, and can be reached only through ___ suffering.

옛날 옛적 한 에스키모인은 자신을 찾아온 유럽인에게 "유일한 참지혜는 인류에게서 멀리 떨어진 채 엄청난 고독 속에 살고 있으며 고행을 통해서만 이를 수 있다"고 말했다.

0498

There are many everyday misunderstandings which are classified as ___ "folk" understandings.

일상의 숱한 오해가 '민간' 상식으로 구분된다.

0499

With Robert Laurent and William Zorach, ___ direct carving enters into ___ story of ___ modern sculpture in ___ United States.

디렉트 카빙은 로버트 로렌트와 윌리엄 조락과 함께 미국에서 현대조각의 역사에 편승했다.

0500

___ birds that feed in ___ flocks commonly retire together into ___ roosts. ___ reasons for roosting communally are not always obvious, but there are some likely benefits.

흔히 무리를 지어 먹이를 먹는 새는 함께 보금자리로 돌아간다. 공동으로 서식하는 이유가 항상 뚜렷한 것은 아니지만 유리한 점은 있을 성싶다.

0501

Before ___ mid-nineteenth century, people in ___ United States ate ___ most foods only in ___ season.

19세기 중엽 이전, 미국인들은 음식을 대부분 제철에만 먹었다.

0502

___ ability of ___ falling cats to right themselves in ___ midair and land on their feet has been ___ source of ___ wonder for ___ ages.

공중에서 자신의 몸을 바로잡고 발을 디디며 낙하하는 고양이의 능력은 수년간 화젯거리였다.

0503

___ changing profile of ___ city in ___ United States is apparent in ___ shifting definitions used by ___ United States Bureau of ___ Census.

미국에서 한 도시가 변모하는 양상은 인구조사국이 내리는 정의가 달라진다는 점에서 뚜렷이 나타난다.

0504

It is commonly believed in ___ United States that school is where ___ people go to get ___ education.

미국의 통념에 따르면, 학교는 사람이 교육을 받으러 가는 곳이라 한다.

0505

___ hard, rigid plates that form ___ outermost portion of ___ Earth are about ___ 100 kilometers thick.

지구의 가장 바깥 부분을 이루고 있는 단단하고 굳은 지각은 두께가 100킬로미터 정도 된다.

0506

In ___ United States in ___ early 1800's, ___ individual state governments had ___ more effect on ___ economy than did ___ federal government.

1800년대 초, 미국에서는 연방정부보다 주정부가 경제에 더 많은 영향을 주었다.

0507

___ life originated in ___ early seas less than ___ billion years after ___ Earth was formed.

생명은 지구가 형성된 지 약 10억년 후 초기의 바다에서 기원했다.

0508

What we today call ___ American folk art was, indeed, ___ art of, by, and for ordinary, everyday "folks" who, with ___ increasing prosperity and leisure, created ___ market for ___ art of all ___ kinds, and especially for ___ portraits.

오늘날 이른바 '미국민간예술' 이라는 것은 물질적/시간적 여유가 늘어남에 따라, 초상화를 비롯한 모든 예술작품을 매매하는 시장을 조성한 민간인이 민간인을 위해 민간인을 그린 작품을 두고 한 말이었다.

0509

Around ___ year 1500, ___ hunting people occupied ___ entire northern third of ___ North America.

서기 1500년경 사냥꾼들은 북미 북쪽의 1/3을 점령했다.

0510

___ social parasitism involves ___ one species relying on ___ another to raise its young.

'사회적 기생' 이란 동물의 한 종이 다른 종에게 새끼를 맡기는 것을 말하기도 한다.

0511

___ Winterthur Museum is ___ collection and ___ house. There are many museums devoted to ___ decorative arts and many house museums, but rarely in ___ United States is ___ great collection displayed in ___ great country house.

윈터더 박물관은 박물관이자 집이기도 하다. 장식미술을 전시하는 박물관도 많고 주택박물관도 많이 있지만 미국에서 큰 시골집에 소장품이 대거 전시되는 곳은 드물다.

0512

___ modern comic strip started out as ___ ammunition in ___ newspaper war between ___ giants of ___ American press in ___ late nineteenth century.

현대만화는 19세기말 미국의 메이저 신문사들이 일으킨 신문전쟁에서 탄약 역할을 했다.

0513

___ every drop of ___ water in ___ ocean, even in ___ deepest parts, responds to ___ forces that create ___ tides. No other force that affects ___ sea is so strong.

바닷물을 이루는 모든 물방울은 가장 깊은 부분에 있는 것까지도 조수를 만들어내는 힘에 반응한다. 바다에 영향을 주는 어떤 힘도 그렇게 강하진 못하다.

0514

___ hotels were among ___ earliest facilities that bound ___ United States together.

호텔은 미국을 하나로 묶어준 최초 시설 중 하나다.

0515

___ beads were probably ___ first durable ornaments ___ humans possessed, and ___ intimate relationship they had with their owners is reflected in ___ fact that ___ beads are among ___ most common items found in ___ ancient archaeological sites.

구슬은 인간이 소유한 최초의 내구재 장식이었을 것이다. 구슬과 주인의 사이가 돈독했다는 것은 구슬이 고고학 발굴지에서 가장 흔하게 발견되는 아이템이었다는 사실로 미루어 알 수 있다.

0516

In ___ world of birds, ___ bill design is ___ prime example of ___ evolutionary fine-tuning.

조류계에서 부리의 디자인은 진화에 따른 미세조정의 주요한 사례다.

0517

If you look closely at some of ___ early copies of ___ Declaration of Independence, beyond ___ flourished signature of John Hancock and ___ other 55 men who signed it, you will also find ___ name of ___ one woman, Mary Katherine Goddard.

독립선언문의 초기 판본 중 몇몇을 자세히 살펴보면, 존 핸콕을 비롯한 55명의 화려한 서명 외에 '메리 캐서린 고더드' 라는 여인의 이름도 발견할 것이다.

0518

___ galaxies are ___ major building blocks of ___ universe. ___ galaxy is ___ giant family of many millions of ___ stars, and it is held together by its own gravitational field.

은하계는 우주의 주요 구성단위다. 은하계는 수백만 개의 별로 이루어진 거대한 집합체로 중력장이 이를 유지하고 있다.

0519

___ distinctively American architecture began with Frank Lloyd Wright, who had taken to ___ heart ___ admonition that ___ form should follow ___ function, and who thought of ___ buildings not as ___ separate architectural entities but as ___ parts of ___ organic whole that included ___ land, ___ community, and ___ society.

미국양식이 두드러진 건축은 프랭크 로이드 라이트와 함께 시작되었다. 그는 형태가 기능을 따라야 한다는 충고를 가슴 깊이 새겼고, 건물을 별개의 건축물로 치부하기보다는 대지와 공동체 및 사회를 아우르는 유기체의 일부로 간주했다.

0520

There are ___ two basic types of glaciers, those that flow outward in ___ all directions with ___ little regard for any underlying terrain and those that are confined by ___ terrain to ___ particular path.

빙하는 본디 두 종류가 있다. 첫째는 밑에 깔려있는 지형에 관계없이 사방으로 흐르는 것이요, 둘째는 지형이 경로를 한정하는 것이다.

0521

___ tools and ___ hand bones excavated from ___ Swartkrans cave complex in ___ South Africa suggest that ___ close relative of ___ early humans known as Australopithecus robustus may have made and used ___ primitive tools long before ___ species became extinct 1 million years ago.

남아프리카의 스와트크란 동굴에서 발굴된 도구와 손뼈를 보면 '오스트랄로피테쿠스 로부스투스' 로 알려진 초기 인류의 근친이 100만 년 전 멸종되기 훨씬 이전에 원시도구를 만들어 사용했을 가능성이 있다는 점을 암시한다.

BASIC

INTERMEDIATE

ADVANCED

0522

___ first two decades of this century were dominated by ___ microbe hunters.

금세기 첫 20년은 미생물헌터가 장악했다.

0523

In ___ mid-nineteenth century, ___ United States had ___ tremendous natural resources that could be exploited in ___ order to develop ___ heavy industry.

19세기 중엽 미국은 중공업을 발전시키는 데 활용할 수 있는 천연자원이 어마어마했다.

0524

___ concept of obtaining ___ fresh water from ___ iceberg that are towed to ___ populated areas and ___ arid regions of ___ world was once treated as ___ joke more appropriate to ___ cartoons than ___ real life.

인구가 많은 지역과 건조한 지역으로 빙산을 끌어다 민물을 얻겠다는 아이디어는 현실보다는 만화에나 더 어울릴 법한 농담으로 치부했다.

0525

Surrounding Alaska on all but ___ one side are ___ two oceans and ___ vast sea, giving this state ___ longest coastline in ___ United States.

두 대양과 하나의 큰 바다가 알래스카의 한쪽 면을 제외한 모든 면을 둘러싸고 있기 때문에 알래스카는 미국에서 해안선이 가장 길다.

0526

___ ocean bottom—___ region nearly 2.5 times greater than ___ total land area of ___ Earth—is ___ vast frontier that even today is largely unexplored and uncharted.

육지면적의 2.5배 정도로 큰 해저는 지금까지도 탐사한 사람이 거의 없는 미개척지다.

0527

Basic to any understanding of Canada in ___ 20 years after ___ Second World War is ___ country's impressive population growth.

인구가 두드러지게 폭증했다는 점은 2차 대전이 종식된 후 20년간의 캐나다를 이해하는 기본이 된다.

0528

Are ___ organically grown foods ___ best food choices? ___ advantages claimed for such foods over ___ conventionally grown and marketed food products are now being debated.

유기농이 가장 좋은 먹거리인가? 재래식으로 재배/유통되는 농산물보다 유기농이 낫다는 주장이 되레 논란을 키우고 있다.

0529

There are many theories about ___ beginning of ___ drama in ___ ancient Greece. ___ one most widely accepted today is based on ___ assumption that ___ drama evolved from ___ ritual.

고대 그리스 드라마의 기원을 두고는 이론이 적지 않다. 드라마가 종교의식에서 발전했다는 가설에 근거를 둔 이론이 정설로 인정받고 있다.

0530

___ staggering tasks confronted ___ people of ___ United States, ___ North and South, when ___ Civil War ended.

남북전쟁이 종식되자 남/북부 미국인 모두에게 난관이 찾아왔다.

0531

In ___ science, ___ theory is ___ reasonable explanation of ___ observed events that are related.

과학에서 이론이란 서로 연관된 사건을 관찰하여 이를 합리적으로 풀이한 것을 두고 하는 말이다.

0532

By ___ mid-nineteenth century, ___ term "icebox" had entered ___ American language, but ___ ice was still only beginning to affect ___ diet of ___ ordinary citizens in ___ United States.

'아이스박스'는 19세기 중엽쯤에 쓰이기 시작했지만 '얼음'은 이제야 일반인의 식단에 영향을 주기 시작했다.

0533

Aside from perpetuating itself, ___ sole purpose of ___ American Academy and Institute of Arts and Letters is to "foster, assist and sustain ___ interest" in ___ literature, music, and ___ art.

지속적인 운영 외에, 美문예예술원의 유일한 목적은 문학과 음악 및 미술에 관한 관심을 육성/지원하고 지속시키는 것이다.

0534

___ archaeological records—___ paintings, drawings, and ___ carvings of ___ humans engaged in ___ activities involving ___ use of hands—indicate that ___ humans have been predominantly right-handed for more than 5,000 years.

고고학 기록 – 손을 활용한 활동, 이를테면 회화와 그림 및 조각 등 – 을 보면 인간은 5,000년 동안 주로 오른손을 써왔다는 것을 알 수 있다.

0535

___ plants are subject to ___ attack and ___ infection by ___ remarkable variety of symbiotic species and have evolved ___ diverse array of ___ mechanisms designed to frustrate ___ potential colonists.

식물은 공생관계에 있는 종들이 공격/감염시키기 때문에 혹시 모를 외래종을 물리치기 위해 다양한 메커니즘을 진화시켜왔다.

0536

Another early Native American tribe in what is now ___ southwestern part of ___ United States was ___ Anasazi.

현재의 미국 남서부지역에 거주하던 다른 원주민 부족은 아나시찌족이었다.

0537

Accustomed though we are to speaking of ___ films made before 1927 as "silent," ___ film has never been, in ___ full sense of ___ word, silent.

우리는 1927년 이전에 제작된 영화를 '무성영화' 라 부르는 데 익숙하지만 엄밀히 말해 영화가 '무성' 인 적은 없었다.

0538

___ Earth comprises ___ three principal layers : ___ dense, iron-rich core, ___ mantle made of ___ silicate rocks that are semimolten at depth, and ___ thin, solid-surface crust.

지구는 3개의 층, 즉 밀도가 높고 철이 풍부한 핵과, 깊은 곳에서 반쯤 녹아있는 규사질 암석으로 된 맨틀, 그리고 고체표면의 얇은 지각으로 이루어져 있다.

0539

Coincident with ___ concerns about ___ accelerating loss of ___ species and habitats has been ___ growing appreciation of ___ importance of biological diversity, ___ number of species in ___ particular ecosystem, to ___ health of ___ Earth and ___ human well-being.

종과 서식지가 점차 소멸되어가는 가운데 생물의 다양성(특정 생태계에 속한 종의 개체수)이 지구와 인간의 웰빙에 중요하다는 인식이 확산되고 있다.

0540

What geologists call ___ Basin and Range Province in ___ United States roughly coincides in its northern portions with ___ geographic province known as ___ Great Basin.

미국에서 지질학자들이 분지/산맥지역이라고 부르는 곳은 '대분지'로 알려진 지역의 북부와 대체로 일치한다.

0541

Before ___ 1500's, ___ western plains of ___ North America were dominated by ___ farmers.

1500년대 이전, 북미의 서부 평원은 농부들이 장악했다.

0542

___ elements other than ___ hydrogen and ___ helium exist in such small quantities that it is accurate to say that ___ universe is somewhat more than 25 percent helium by ___ weight and somewhat less than 75 percent hydrogen.

수소와 헬륨 외의 원소는 양이 아주 적기 때문에 우주는 무게로 따졌을 때 대략 25퍼센트보다 약간 넘는 헬륨과 대략 75퍼센트에 약간 못 미치는 수소로 되어있다고 보는 것이 정확하다.

0543

In ___ colonial America, ___ people generally covered their beds with ___ decorative quilts. resembling those of ___ lands from which ___ quilters had come.

미국 식민지 시대 사람들은 퀼트 직공들이 고국에서 제작한 것과 유사한 장식퀼트로 침대를 덮었다.

0544

Growing tightly packed together and collectively weaving ___ dense canopy of branches, ___ stand of red alder trees can totally dominate ___ site to ___ exclusion of almost everything else.

붉은오리나무가 이룬 숲은 빽빽이 밀집해있는 데다 상부를 덮은 가지가 얽히고설켜 다른 것은 거의 제외한 채 한 지역만 장악해 버린다.

0545

In taking up ___ new life across ___ Atlantic, ___ early European settlers of ___ United States did not abandon ___ diversions with which their ancestors had traditionally relieved ___ tedium of ___ life.

미국에 정착한 초기 유럽인들은 대서양을 건너 새로운 인생을 맞이하면서도 선조들이 일상의 지루함을 덜어주던 오락을 포기하지 않았다.

0546

In ___ 1500's when ___ Spanish moved into what later was to become ___ southwestern United States, they encountered ___ ancestors of ___ modern-day Pueblo, Hopi, and Zuni peoples.

스페인 사람들은 훗날 미국의 남서부가 될 지역으로 이주한 1500년대 당시 현재의 푸에블로와 호피 및 주니 부족의 조상을 만났다.

0547

___ barbed wire, first patented in ___ United States in 1867, played ___ important part in ___ development of American farming, as it enabled ___ settlers to make ___ effective fencing to enclose their land and keep cattle away from their crops.

1867년 미국에서 처음으로 특허를 받은 철조망은 미국 농업이 발달하는 데 중요한 역할을 했다. 철조망 덕분에 정착민들이 만든 울타리는 가축의 접근을 효과적으로 막을 수 있었다.

0548

Under certain circumstances, ___ human body must cope with ___ gases at ___ greater-than-normal atmospheric pressure.

어떤 환경에서 인간의 신체는 정상보다 기압이 높은 기체에 대처해야 한다.

0549

Each advance in ___ microscopic technique has provided ___ scientists with ___ new perspectives on ___ function of ___ living organisms and ___ nature of ___ matter itself.

현미경 기술이 발달하자, 과학자들은 살아있는 유기체의 기능과 물질의 본질에 대해 새로운 관점을 갖게 되었다.

0550

Perhaps ___ most striking quality of ___ satiric literature is its freshness, its originality of ___ perspective. ___ satire rarely offers ___ original ideas.

풍자문학에서 가장 두드러진 특징은 참신성, 즉 독창적인 관점일 것이다. 풍자는 대개 독창적인 아이디어를 제시하진 않는다.

0551

___ video games have become ___ pervasive form of ___ entertainment in ___ 1990s.

비디오 게임은 1990년대 당시 가장 널리 보급된 오락이 되었다.

0552

___ fairy tales have traditionally been told by ___ old women in ___ various countries to their grandchildren.

여러 나라를 살펴보면 동화는 대대로 할머니가 손주에게 들려주었다.

0553

___ public face of ___ scientific genius tends to be old and graying.

대중에게 비쳐지는 천재과학자의 용모는 주름이 지고 백발이 무성하다.

0554

___ extinctions threaten ___ balance of ___ nature.

멸종은 자연의 균형을 위협한다.

0555

Nearly one quarter of ___ American children younger than age 3 already watch at least 3 hours of ___ television on ___ typical weekday, according to ___ recent national survey presented by ___ two young pediatricians.

최근 젊은 소아과의사 두 명이 전 국민을 대상으로 실시한 조사에 따르면, 3살 미만의 미국 아이 중 약 1/4은 평일에 텔레비전을 최소 3시간은 본다고 한다.

0556
Each day, ___ SAL Airlines moves thousands of pieces of ___ baggage all across ___ world.

SAL 항공사는 매일 수천 개의 수화물을 전 세계로 배송한다.

0557
___ recent study on ___ centenarians found that living to 100 and beyond often ran in ___ families.

나이가 100세 이상인 사람을 대상으로 연구한 조사에 따르면, 100세 이상의 장수는 종종 집안 내력이라고 한다.

0558
___ most recent debate over ___ gun control gained ___ momentum after ___ April 20, 1999 shooting at ___ Columbine High School in Littleton, Colorado.

최근 총기규제를 둘러싼 논쟁은 1999년 4월 20일 콜로라도 리틀톤의 콜럼바인 고교에서 벌어진 총기난사사건 이후 다시금 가열되었다.

0559
___ Beethoven's life as ___ musician is inseparable from his father's influence.

음악가인 베토벤의 일생과 부친의 영향력은 떼려야 뗄 수가 없다.

0560
Today 48 percent of ___ American homes have ___ computers.

오늘날에는 미국 가정의 48퍼센트가 컴퓨터를 보유하고 있다.

0561
___ Cubism was developed between about 1908 and 1912 in ___ collaboration between Pablo Picasso and Georges Braque.

큐비즘은 1908년에서 1912년 사이 파블로 피카소와 조르쥬 브라크의 협력으로 발전했다.

0562
___ new study suggests that ___ women who don't get enough vitamin C may be prone to ___ gallbladder disease.

연구에 따르면 비타민 C가 부족한 여성은 쓸개질환에 취약할 수 있다고 한다.

0563

Inspired by ___ power of ___ human mind, ___ fragility of ___ natural world, and ___ magic of ___ advanced technology, ___ people of Green car Inc. are defining ___ new ways to design and build cars which are friendly to ___ environment.

정신의 위력과 자연계의 취약성, 그리고 놀라운 첨단기술에 귀감을 얻은 그린카 임직원은 친환경차를 설계/디자인하는 방식을 재정의하고 있다.

0564

We all need ___ certain amount of ___ stress in our lives, but when it restricts our daily life it can become ___ problem and affect our health.

사람은 누구나 스트레스가 어느 정도는 필요하지만, 스트레스 때문에 일상에 제약이 따른다면 문제가 될 뿐 아니라 건강에도 악영향을 줄 수 있다.

0565

Many tourists have dreamed of owning ___ small house in ___ foreign country perhaps on ___ —stretch of ___ lonely coast—to which they could return year after year to enjoy ___ sun and ___ ocean.

많은 관광객들은 해외에 조그마한 집을 갖는 것이 꿈이다. 그러면 매년 한적한 해변 같은 곳에서 선탠과 해수욕을 즐길 수 있을 테니까.

0566

According to Borkin and Reihnhart, ___ expression I'm sorry, although usually referred to as ___ expression of ___ apology in ___ English, is not necessarily used to apologize at all.

보르킨과 라인하트에 따르면, 영미권에서는 "실례합니다"가 사과의 표현으로 알고 있지만 꼭 그럴지만은 않다고 한다.

0567

___ new parents often rush in to soothe ___ crying baby without trying to figure out what ___ baby is trying to say.

아이를 낳은 지 얼마 안 된 부모는 아기가 울면 무작정 달래기부터 한다. 아이가 무엇을 말하려는지 살피지도 않고 말이다.

0568

___ dinosaur enthusiasts have been raised on ___ images of ___ gigantic dinosaurs gracefully elevating their snake like ___ necks to munch on ___ treetops or rearing back to intimidate ___ predators.

공룡에 열광하는 사람은 거대한 공룡이 우아하게 뱀 같은 목을 들어 나무 윗동을 우적우적 씹거나 육식동물을 위협하기 위해 등을 세우는 이미지에 길들여져 왔다.

0569

___ American Language Program at ___ Wilson University is searching for ___ director with ___ strong background in ESL program management and ___ significant skills in ___ personnel management, financial management, and ___ program development.

윌슨대학 미국어학프로그램은 ESL 프로그램 관리에 경력이 있으며 인사관리와 재무관리 및 프로그램 개발에 상당한 기술을 보유한 관리자를 구하고 있다.

0570

Do you have ___ upper abdominal pain or ___ discomfort? ___ Bloating, ___ nausea?

복부가 아프거나 불편한가요? 배가 부풀어 오르거나 구역질이 나진 않습니까?

0571

According to ___ survey conducted by ___ Professor Morita at ___ Osaka University, fourteen percent of 11-to 15-year-olds said that they had been bullied during ___ last term alone.

오사카대학의 모리타 교수가 실시한 설문에 따르면, 11~15세의 청소년 중 마지막 학기에만 14퍼센트가 괴롭힘을 당했다고 한다.

0572

Most futurists predict that ___ today's workers will have ___ multiple careers before ___ retirement, unlike ___ past generations when ___ firms and college graduates made lifetime commitments.

대다수 미래학자의 예측에 따르면, 요즘 직장인들은 회사나 대학원생이 일이나 연구에 평생을 매달렸던 과거 세대와는 달리 은퇴 전에 다양한 직업을 갖게 될 거라고 한다.

0573

___ freedom from ___ pain in ___ body and from ___ trouble in ___ mind is ___ goal of ___ happy life.

육체의 고통과 마음의 고뇌에서 벗어나는 것이 행복한 생활의 목표다.

0574

When it comes to ___ human cloning, there seems to be very little opposition to ___ banning of it among ___ general public.

인간복제는 대중이 금기시하는 데 이를 두고는 이견이 거의 없는 듯하다.

0575

___ trend among ___ affluent shows that ___ growing number of ___ married women with ___ professional careers are dropping out of ___ full-time work force to stay home with their children.

아이와 함께 집에 있으려고 전업직장을 그만두는 전문직 기혼여성이 늘고 있다는 것이 부유층의 트렌드이다.

0576

___ competition to enter ___ prestigious universities has been very steep in ___ last few years, but its seeds were planted in ___ 1980's, as ___ colleges saw ___ dip in ___ number of ___ high school seniors.

명문대 입학경쟁은 최근 몇 년간 매우 격렬해졌는데 이는 1980년대 대학들이 고교 졸업예정자의 숫자가 감소하고 있다는 사실을 깨달았을 때부터 이미 예견된 일이었다.

0577

When ___ people travel to ___ foreign countries, they must change their money into ___ foreign currencies.

해외로 떠날 때는 외화로 환전해야 한다.

0578

___ experts at ___ Duke University have shown that to read well, ___ brain has only ___ few thousandths of ___ second to translate ___ each symbol into its proper sound.

듀크대학 전문연구팀에 따르면, 글을 읽을 때 뇌가 기호를 정확한 소리로 바꾸는 데는 수천 분의 1초밖에 걸리지 않는다고 한다.

0579

___ childhood obesity among ___ American children has been increasing in ___ recent years.

최근 몇 년 간 미국에서는 소아비만이 증가해왔다.

0580

America is facing ___ slow-motion crisis in ___ workplace as ___ baby boomers edge toward ___ retirement.

미국은 베이비붐 세대의 은퇴시기가 바짝 다가옴에 따라 직장이 서서히 위기를 맞고 있다.

0581

Like all ___ living things, ___ trees are subject to ___ disease, decay, and ___ death.

나무도 모든 생물과 마찬가지로 병들고 부패하다 죽는다.

0582

___ report from ___ Third International Math and Science Study in 1999 came as ___ letdown to ___ number of ___ educators in ___ U.S.

수많은 미국 교육자들은 1999년 제3차 국제수학/과학연구회가 내놓은 보고서에 실망을 감추지 못했다.

0583

When you think you've spotted ___ UFO, ask yourself ___ following questions.

UFO를 봤다고 생각한다면 다음을 자문해보세요.

0584

___ heart attack occurs when ___ arteries that supply ___ blood to ___ heart muscle become blocked.

심장마비는 심장근육에 피를 공급하는 동맥이 막힐 때 벌어진다.

0585

Winston Churchill was ___ century's paragon of how ___ individuals can shape ___ history rather than being shaped by it.

윈스턴 처칠은 역사가 개인을 만드는 것이 아니라 개인이 역사를 조성해 가는 경위를 보여준 산 증인이었다.

0586

Some people seem to have been born with ___ unfailing sense of ___ direction.

어떤 사람은 방향감각을 타고난 것처럼 보인다.

0587

Train ___ employees not to rush into ___ unknown situations but to remain calm on all ___ occasions.

직원이 경솔하게 돌발사태를 일으키지 않고 어떤 경우든 의연히 대처할 수 있도록 교육시키라.

0588

If ___ fuel costs rise significantly, ___ terms of our contract may have to be renegotiated.

연료비가 폭증하면 계약조항을 다시 협상해야 할지도 모른다.

0589

Like other international companies, ___ Betterlife Insurance has ___ policy of hiring ___ certain percentage of ___ employees from ___ local job market.

여느 국제기업과 마찬가지로 베터라이프보험도 직원의 일정 비율을 현지 노동시장에서 고용해야 한다는 방침이 있다.

0590

We at Edu.com are proud to invite ___ students of your department to ___ monthly guest lectures.

에듀닷컴은 매월 실시하는 초청강연에 학부생을 초대해 뿌듯하다.

0591

At ___ end of each shift, all ___ workers must sign their names and initial their time cards.

근무시간이 끝나면 모든 직원들은 이름 난에 서명하고 시간기록지에 이니셜을 써야 한다.

0592

No amount of ___ money was going to stop her from revealing ___ company's policy regarding ___ waste disposal.

그녀는 천금을 줘도 회사의 쓰레기 처리방침을 폭로할 것이다.

0593

Keeping ___ customer complaints to ___ minimum is ___ job of everyone who works in ___ store.

매장에 근무하는 직원이라면 누구든 컴플레인을 최대한 줄이기 위해 노력해야 한다.

0594

___ dealers who generate more than $1billion in ___ annual sales should meet with ___ suppliers more frequently.

연매출 10억 달러를 돌파한 딜러라면 공급업체를 좀더 자주 만날 것이다.

0595

Mr. Shaw has spent ___ last two years working on ___ Inner City Development Project.

쇼 씨는 지난 2년간 이너시티 개발 프로젝트를 진행했다.

0596

___ Remy department store will be closing early to allow its employees to take ___ special half day off.

레미백화점은 직원의 특별휴가를 위해 영업을 조기에 마칠 예정이다.

0597

___ extensive survey of ___ baby foods has found that they have ___ worrying levels of ___ disease-causing microbes.

유아식을 대대적으로 조사해보니 질병을 일으키는 병원체가 우려할만한 수준이었다.

0598

Our complete convention center service offers ___ wide variety of services, which cater to ___ broad array of ___ business functions.

컨벤션센터 서비스는 폭넓은 비즈니스 영역을 충족시키고자 다양한 서비스를 제공한다.

0599

___ costs for ___ building materials, such as ___ cement, steel, and ___ wood, rose sharply last quarter, lowering ___ profits of ___ most construction companies.

지난 분기에 시멘트와 강철 및 목재 등, 건축자재 값이 폭증한 결과 건설회사의 수익은 감소했다.

0600

Due to ___ immense workload from his latest project, Joe Vuarez drank too much ___ coffee last night so he had ___ difficulty sleeping.

조 부아레즈는 최근 프로젝트의 과도한 업무량으로 어젯밤 커피를 들입다 마셨다. 그래서 잠을 설치고 말았다.

0601

Ritch Eich has captured ___ essence of ___ leadership in his book, Real Leaders Don't Boss.

리치 아이크는 『리더는 갑질을 하지 않는다』에서 리더십의 본질을 포착했다.

0602

Ritch has ___ strong passion for ___ principles, morals, and ___ ethics that make ___ great leaders.

리치는 위대한 리더로 만드는 원칙과 도덕과 윤리의식에 남다른 열정을 보인다.

0603

___ readers will learn from ___ bosses who have led ___ important organizations to places worthy of ___ deep personal commitment of those who have followed them.

독자는 대기업을 이끄는 보스를 비롯하여 부하 임직원이 깊은 열정을 발휘할만한 기업에서 교훈을 배울 것이다.

0604

Real Leaders Don't Boss—___ 'must read.' Ritch has continued his fervent commitment to share with ___ university students all ___ leadership skills he has mastered throughout his very successful career.

「리더는 갑질을 하지 않는다」는 필독서로 손색이 없다. 리치는 경험을 통해 마스터한 리더십 기술을 대학에 전파하는 데 열렬히 전념해왔다.

0605

Most books on ___ leadership are not worth reading because they are long on ___ theory of leadership, but miss ___ heart of leadership.

리더십 책은 대부분 읽을 가치가 없다. 진부한 이론만 들먹여 리더십의 본질을 놓치기 때문이다.

0606

I've read many leadership books and must say that Real Leaders Don't Boss was ___ refreshing and recommendable read that offers ___ inspiring insights on being ___ leader at any level.

리더십 책을 숱하게 읽었지만 「리더는 갑질을 하지 않는다」만큼 리더에게 귀감을 주는, 신선하고 권하고픈 경영서는 찾기가 어렵다.

0607

___ leadership is not ___ gimmick. It does not come from ___ weekend seminars or strictly from ___ guidebooks.

리더십은 속임수가 아니다. 주말 세미나라든가 지침서에서 비롯된 것도 아니다.

0608

___ true leaders know how to make ___ ethical judgments in ___ face of real-world challenges. They recognize what it takes to win ___ loyalty and ___ respect, to motivate through ___ passion, to develop ___ positive relationships, to enhance ___ open communication, and to nurture ___ leadership skills in ___ others.

진정한 리더는 일상에서 위기를 만날 때마다 윤리적인 판단력을 발휘할 줄 안다. 상대가 그를 존중하고 신뢰하며, 열정으로 의욕을 끌어올리며, 대인관계를 돈독히 하며, 원활한 커뮤니케이션을 도모하는가 하면 리더십 기술을 전수하는 데 무엇이 필요한지 그들은 깨달았다.

0609

___ job satisfaction today is at its lowest level in two decades. ___ CEOs are worried about developing ___ new leaders for ___ future.

오늘날 직업 만족도는 20년 만에 최저를 기록했다. 최고경영자들은 미래를 이끌어갈 리더를 발굴할 수 있을지 우려하고 있다.

0610

Real Leaders Don't Boss is ___ simple-to-understand, practical resource that helps build ___ leaders in ___ workplace and in ___ life. This book can help almost anyone grasp what it takes to inspire and lead.

『리더는 갑질을 하지 않는다』는 이해하기 쉬운 실용서로, 직장과 가정에서 리더를 양산해내는 데 도움이 될 뿐 아니라, 동기를 불러일으키고 리더십을 발휘하는 데 갖춰야 할 자질이 무엇인지 일깨워줄 것이다.

0611

Put away ___ textbook definitions with ___ lists of leadership "styles," be they transactional, trans-motivational, or charismatic.

이제 거래나 동기쇄신 혹은 카리스마를 운운하며 리더십의 '스타일'을 강조하는 교과서식 정의는 버려라.

0612

As ___ student of real leadership for ___ past four decades, I believe I know firsthand what it takes to be ___ real leader. I have studied ___ philosophies and fundamentals of ___ true leaders across ___ wide range of businesses and industries, as well as in ___ public sector.

지난 40년간 리더십을 연구해온 필자는 진정한 리더가 갖추어야 할 자질이 무엇인지 몸소 터득했고 민간 및 공공업계에서 활약하는 리더의 철학과 근본적인 원칙을 배웠다고 자부한다.

0613

My leadership has been recognized by ___ U.S. Senate, ___ U.S. Navy and Army, and many nonprofit and business groups. I have served on ___ five Congressional leadership committees for ___ U.S. Senators and ___ members of ___ House of Representatives.

나만의 리더십은 상원과 육/해군 및 영리/비영리 기업에서 높이 평가해왔다. 필자는 미 상/하원의 의회 리더십위원회와 기업 및 대학 이사회 및 다수의 상임이사회에서 활동하기도 했다.

0614

Today, I am ___ California-based founder and ___ president of Eich Associated, ___ strategic leadership, branding, marketing, communications, and ___ management coaching firm, as well as ___ adjunct professor at ___ California Lutheran University, ___ frequent speaker and blogger on ___ leadership and ___ marketing, and ___ contributor to ___ various business and professional publications.

지금은 캘리포니아에 본사를 두고 전략적 리더십과 브랜딩, 마케팅, 커뮤니케이션 및 경영컨설팅을 제공하는 아이크 어소시에이티드 창립자겸 대표이사로서 캘리포니아 루서란 대학에서는 겸임교수로 재직 중이며 리더십⊠마케팅 강연과 블로깅 활동에, 글도 기고하고 있다.

0615

My academic background includes ___ doctoral degree in ___ organizational behavior and communication from ___ University of Michigan, ___ master's degree in ___ personnel administration from ___ Michigan State University, and ___ baccalaureate degree in ___ communication from ___ Sacramento State College.

아울러 미시건 대학에서는 조직행동 및 커뮤니케이션을 전공하여 박사학위를, 미시건 주립대와 새크라멘토 주립대학에서는 각각 인사행정 석사와 커뮤니케이션 학사학위를 취득했다.

0616

In ___ following pages, I will share ___ thoughts, observations, and experiences that have helped me recognize what makes ___ great leader.

무엇이 위대한 리더를 창출하는지 깨닫게 해준 경험과 철학 및 관찰결과는 본문에서 독자에게 공개할 것이다.

0617

In ___ following pages, I will examine what it takes and how to achieve ___ real leadership.

필자는 알짜배기 리더십을 발휘하는 데 필요한 자질과 그 비결을 차차 살펴볼 것이다.

0618

Joining ___ U.S. military before I graduated from ___ college was pivotal in helping me learn about ___ right and wrong ways of ___ leadership.

대학을 졸업하기 전, 자원입대한 군대에서 리더십의 옳고 그름을 많이 배웠다.

0619

In ___ corporate sector, I have been fortunate to cross ___ paths with many of ___ best leaders in ___ world and to observe them in ___ action, especially how they inspire others to ___ greatness—and how ___ pseudo-leaders don't.

기업부문에서는 세계적으로 각광받는 리더를 면밀히 관찰하여 의욕을 극대화하는 그들의 노하우와 사이비 리더가 몰락하는 경위를 엿볼 수 있었다.

0620

So get ready to improve your work, your life, and ___ lives of those around you as you learn to understand and embrace ___ concepts that foster ___ real and true leadership.

알짜배기 리더십 개념을 배우고 포용하려면 기업에서의 실적과, 개인 및 이웃의 삶을 개선할 각오부터 새롭게 다져라.

0621

___ real leaders are rare in ___ today's fast-moving, financially driven world. In their place are fast-track wannabes and imposters, intent on ___ instant gratification in ___ form of quick (and unsustainable) bottom-line results.

오늘날처럼 변화의 속도가 빠른 데다 돈을 중심으로 돌아가는 세상에서 진정한 리더를 찾기란 쉽지가 않다. 고공행진에 눈이 멀었거나 속임수로 한몫 챙기려는 작자들이 잠깐의 희열을 맛본답시고 (언젠가는 대가를 치르겠지만) 기업의 순익을 부당한 방법으로 부풀리는 사례가 비일비재하니 말이다.

0622

Today's realities, especially with ___ rocky economic environment and ___ growing numbers of Millennials (also known as ___ Generation Y, those workers born somewhere between 1980 and 2000) joining ___ workforce, calls for ___ leadership done right.

경제가 불안하고, 밀레니엄 세대(Y세대라고도 하며, 1980~2000년에 태어난 노동자를 일컫는다)가 직장에 대거 합류하는 작금의 현실은 진정한 리더십을 절실히 요구하고 있다.

0623

Even ___ strong companies must learn to become more adept at handling ___ marketplace turbulence faster and more skillfully, or their leaders will risk losing their edge, and ___ company its strength, over ___ competition.

틈실한 기업조차도 동요하는 시장에 좀더 신속하고 능숙하게 대처하는 법을 배워야 한다. 그러지 않으면 리더는 유리한 입지를 상실하고 기업은 경쟁에서 힘이 밀릴 것이다.

0624

___ leadership gap today is painfully evident. ___ workers are dissatisfied with their jobs.

오늘날 리더십의 부재는 확연히 눈에 띈다. 직원은 업무에 대해 불만을 토로한다.

0625

___ employee job satisfaction is at ___ all-time low. It's not ___ cyclical phenomenon or simply ___ result of ___ downside economics.

직원의 만족도는 최저수준을 기록하고 있다. 딱히 주기가 있다거나 경기침체의 결과로 보기는 어렵다.

0626

___ talent—more specifically, leadership development—is among ___ major challenges cited by ___ corporate chiefs today.

오늘날 경영자의 주요 과제로는 역량(구체적으로 말하자면 리더십 개발)을 꼽는다.

0627

___ General Motors, prior to its U.S. government bailout in 2009, was ___ prime example of ___ leadership failure. ___ giant automaker was spiraling downward.

제너럴 모터스는 2009년 미국 정부가 구제금융을 실시하기 전에도 리더십이 마비되었다는 것을 단적으로 보여준 사례였다. 공룡 기업인 제너럴 모터스는 나락으로 빠지고 있었다.

0628

___ leader is anyone in ___ decision-making capacity, formal or informal, who advances ___ strategic goals of ___ organization, who contributes mightily to ___ institutional performance, and who treats ___ people fairly, honestly, and compassionately.

리더란 공식과 비공식을 떠나 의사를 결정하고 기업의 전략적 목표를 내놓으며 기업의 실적에 기여하며 직원을 배려하고 공정히 대접하는 인물을 일컫는다.

0629

There are many "leaders" today who manifest some of these traits; ___ few demonstrate all of them. ___ great differentiator, though, is that real leaders embrace all of these principles all of ___ time.

앞선 자질 중 몇 가지를 겸비한 '리더'는 많으나 이를 전부 함양한 리더는 소수에 불과하다. 결정적인 지표가 있다면 위대한 리더는 이 원칙을 항상 포용한다는 것이다.

0630

President Obama, in ___ March 2011 speech about ___ military crisis in Libya, offered ___ interpretation of ___ leadership in ___ practice.

2011년 5월, 오바마 대통령은 리비아 군사위기사태를 두고 실제적인 리더십을 재해석했다.

0631

True and real leadership is ___ way of life that can and does make ___ difference in ___ corporate bottom lines (both in ___ good economic times and in ___ bad), in ___ competitive environments, and in ___ face of external or internal personnel challenges.

알짜배기 리더십은 경기가 좋든, 나쁘든 기업의 매출을 끌어올리고, 경쟁력을 발휘할 수 있는 환경을 조성하며 사내外의 인사문제를 효과적으로 처리해 내는 생활양식을 일컫는다.

0632

Vicki Arndt, ___ principal of ___ California-based Eagleson Arndt Financial Advisors. Arndt is ___ leader who inspires by her high degree of integrity, incredible personality and ___ sense of humor, knowledge, and her deep sense of service as manifested in ___ many ways she shows she cares about people.

비키 아른트는 캘리포니아에 본사를 둔 이글슨 아른트 자산관리사 대표로, 성실성과 믿음직한 성품, 유머감각, 지식 및 서비스 정신으로 의욕을 끌어올리는가 하면 여러모로 사람을 배려한다는 인상을 주기도 한다.

0633

David Robinson, ___ retired basketball star, ___ NBA Hall of Famer, and ___ one of ___ greatest basketball centers of all ___ time.

데이비드 로빈슨은 NBA 명예의 전당에 입성했을 뿐 아니라 최고의 센터 중 하나였던 퇴역 농구스타이다.

0634

Pat Riley is ___ New Yorker, ___ legendary NBA coach, and ___ current president of ___ Miami Heat.

뉴욕 시민인 팻 라일리는 전설적인 NBA 코치로 지금은 마이애미 히트 대표이다.

0635

Richard Rush, ___ president of California State University. As ___ leader, Rush fosters ___ remarkable optimism among ___ faculty, students, and ___ community, despite ___ constant onslaught of ___ budget cuts by ___ California legislature.

리처드 러시는 캘리포니아 주립대 학장이다. 러시는 캘리포니아 의회가 예산을 삭감해왔음에도 리더답게 교직원과 학생 및 지역 사회에 낙관론을 심어주었다.

0636

Susan Murata, currently ___ executive vice president of ___ Silver Star Automotive Group in ___ Southern California.

수전 무라타는 남부 캘리포니아의 실버스타 자동차그룹의 수석 부사장이다.

0637

___ logic behind my Eight Essentials of Effective Leadership is deceptively simple. Many of us in ___ business have heard it before: treat people right and do what's right for them, and ___ business will prosper.

'리더십 8계명'의 논리는 생각과는 달리 단순하다. 예컨대, 직원을 공정하게 상대하고 그의 적성을 살리면 기업이 번창할 거라는 이야기는 자주 들었을 것이다.

0638

___ real leaders don't dodge ___ opportunities to impact ___ change.

알짜리더는 변화에 영향을 줄 기회를 피하지 않고 정면으로 부딪친다.

0639

Paul Levy, ___ former CEO of Boston's Beth Israel Deaconess Medical Center, also inspired his employees with his actions.

보스턴 베트 이스라엘 디코니스 의료센터의 전 CEO인 폴 레비도 직원에게 몸소 귀감을 주는 인물이었다.

0640

___ real-life leaders such as Zumwalt, Mulally, and Levy embrace ___ effective leadership, ___ nature of which inspires others.

줌월트와 멀렐리 및 레비 등의 리더는 본질적으로 타인에게 귀감이 되는 성공적인 리더십을 포용했다.

0641

Beyond ___ bottom lines, ___ poor or non-existent leadership can be hazardous to ___ employees' health.

기업의 수익을 떠나, 부실하거나 유명무실한 리더십은 직원의 건강을 해칠 수도 있다.

0642

___ Swedish study involving ___ researchers from ___ Stockholm University and ___ Karolinska Institute, as well as ___ University College London and ___ Finnish Institute of Occupational Health, found that ___ bad boss can create ___ unnecessary and debilitating stress among ___ employees.

스톡홀름 대학과 카롤린스카 협회, 칼리지 런던 대학 및 핀란드 직장의료협회가 참여한 연구에 따르면, 악덕 보스는 쓸 데 없이 스트레스를 일으켜 직원을 무기력하게 만든다고 한다.

0643

___ great leaders can be born into ___ culture of ___ leaders—___ Kennedys, for example—but ___ birthright is no guarantee that someone will become ___ real deal.

위대한 리더는 케네디 일가와 같이, 리더를 이어온 가정에서 태어날 수도 있으나 태생이 탁월한 리더로 직결된다는 보장은 없다.

0644

Whether ___ leaders are made or born is "___ old question that has dogged ___ academicians and practitioners alike for ___ centuries," says Michael Bradbury.

"리더가 '타고나느냐,' '길러지느냐'를 둘러싼 해묵은 물음은 학자와 현역 리더를 수세기간 괴롭혀왔다"고 마이클 브래드베리는 말한다.

0645

___ answer is they are born and also made. We have all heard ___ stories of ___ natural leaders who, after ___ undistinguished career, emerge ___ hero in ___ combat environments by leading their men out of ___ danger or to take ___ objective.

"타고나기도 하지만 길러지기도 하는 듯싶다. 별 볼일 없다가도 전시만 되면 동료를 사지에서 구해내거나 목표를 달성해내는 천부적인 리더 이야기를 들어본 적이 있을 것이다.

0646

Most real leaders aren't born with some innate ability transforming them into ___ magnets that attract ___ others to follow them.

위대한 리더는 선천적인 역량으로 타인의 마음을 끄는 자석이 되는 일이 거의 없다.

0647

Honing those leadership skills can happen outside ___ workplace, too. One of ___ many leadership "laboratories" helpful to me was my college fraternity, Sigma Phi Epsilon.

직장 밖에서도 리더십을 계발할 수 있다. 예컨대, 대학 동아리인 '시그마 피 엡실론ΣΦΕ'도 리더십 '양성소' 중 하나로 매우 도움이 되었다.

0648

Being chosen by my peers to be ___ captain of ___ varsity sports team was also ___ important learning experience for me. As ___ captains are normally chosen to help inspire and energize ___ team, I saw this opportunity as ___ test of my leadership skills.

아울러 대학 스포츠 대표 팀 주장으로 뽑힌 점도 리더십을 학습할 기회로 삼았다. 주장은 대개 팀의 사기를 높이고 의욕을 끌어올리기 위해 지명하므로 이를 리더십의 시험대로 삼기로 했다.

0649

___ Amway co-founder and ___ NBA Orlando Magic owner Rich DeVos, whom I got to know while I was ___ senior vice president of ___ large Midwestern hospital, knew what he was talking about when he wrote in his book Ten Powerful Phrases for Positive People(Center Street, 2008), "___ leadership is what you do at home."

암웨이 공동창업주이자 NBA 올랜도 매직 구단주인 리치 디보스는 내가 중서부소재 병원에서 부원장으로 재직할 때 알고 지냈던 인물이다. 그는 『사람을 움직이는, 세상에서 가장 강력한 10가지 말(센터 스트리트, 2008년)』에서 "리더십은 가정에서 하는 일"이라고 했다.

0650

Howdy Holmes demonstrated his considerable sense of ___ leadership skill long before rejoining ___ family business.

그는 가업을 잇기 훨씬 전부터 탁월한 리더십 기술을 입증했다.

0651

It was ___ evening I shall never forget. Within ___ few minutes, Howdy Holmes had captivated ___ group, and they began sliding on their haunches across ___ gym floor to get closer to him.

그날 저녁은 평생 잊을 수가 없을 것 같다. 그들의 시선은 불과 몇 분 안에 하우디 홈즈에게 고정되었다. 하우디를 가까이서 보겠답시고 엉덩이를 질질 끌며 기를 쓰고 달려드는 사람도 있었다.

0652

Today's workplace is ___ far cry from ___ insular corporate environment of workplaces of ___ past.

요즘 직장은 과거의 편협한 기업환경과는 사뭇 다르다.

0653

"That doesn't, however, mean ___ qualities that always have distinguished ___ true leaders don't still hold true," says ___ attorney Bradbury.

"그렇다고 리더다운 리더를 구별해온 자질이 지금은 통하지 않는다는 말은 아니다"라고 브래드베리 검사는 이야기한다.

0654

___ leaders today must understand that they can no longer simply rely on ___ "gut feelings" and doing it ___ way it was always done.

오늘날 리더는 모름지기 '직감'에 의존하거나 매너리즘에 빠져선 안 된다는 것을 깨달아야 한다.

0655

Unfortunately, not all ___ developments and changes in ___ today's workplace are for ___ better.

안타까운 사실은 요즘 직장의 동향과 변화가 다 긍정적으로 볼 수만은 없다는 것이다.

0656

___ younger workforce—including ___ growing numbers of ___ Millennials—is far less enamored of ___ traditional organizations, according to ___ author Ron Alsop.

저자 론 알솝에 따르면, 젊은 인력(급증하는 밀레니엄 세대를 비롯하여)은 기존의 조직에 별로 정을 느끼지 못한다고 한다.

0657

___ General Motors bailout and takeover is ___ prime example of ___ chasm between ___ boardrooms, line employees, and ___ market realities.

제너럴 모터스의 구제금융 및 인수 방침은 이사회와 생산라인 직원 및 시장의 격차를 잘 보여준다.

0658

___ challenges of ___ 21st century aren't insurmountable. They are simply new and different, and require ___ real, enlightened leadership to step up and take ___ helm.

21세기의 과제는 무엇이든 극복할 수가 있다. 과제가 이례적인 만큼 깨어있는 경영진이 나서서 회사의 키를 쥐어야 할 것이다.

0659

Keeping ___ company and its staff afloat in ___ tough economic times requires ___ special leadership. To maintain ___ forward momentum is ___ even greater challenge, even for ___ real leaders.

경제가 불안할 때 기업과 직원을 꾸려나가려면 특별한 리더십이 필요하다. 아무리 날고 기는 리더라 해도 추진력을 유지하는 건 훨씬 힘이 들기 때문이다.

0660

Strategically plotting ___ Limoneira's course through ___ extremely treacherous economic downturn has tested me.

극심한 경기침체 가운데 리모네이라의 진로를 구상하는 것은 시험대와도 같았다.

0661

Being able to display ___ courage and confidence in ___ specific ventures while making ___ difficult decisions to exit ___ others (sometimes at ___ loss) while moving ___ hearts and minds of Limoneira's board, its managers, and its shareholders forward toward greater shareholder value has been ___ challenge.

궁지에 몰렸을 때 용기와 자신감을 보여준다는 것은 쉽지가 않았다. 특히 리모네이라의 이사회와 경영진 및 주주의 감성과 지성을 좀더 큰 가치에 두도록 유도하면서 다른 난관을 벗어나기 위해(때로는 어찌할 바를 모르기도 하지만) 힘든 결정을 내리기란 정말 어려웠다.

0662

Through all of these challenges, Edwards has remained ___ leader who demonstrates ___ tremendous confidence, positive image, and ___ real gift for building ___ consensus among ___ different groups involved in his operation.

이러한 난관에도 에드워즈는 자신감과 긍정적인 인상을 비롯하여, 집단의 합의를 유도해내는 재능을 몸소 보여주었다.

0663

All ___ types of ___ leaders are tested by ___ economic realities of today. Some survive—and even thrive—while ___ others do not.

오늘날, 리더라면 예외 없이 '경제적 현실'이라는 시험대에 오르게 마련이다. 몇몇은 생존하겠지만 그러지 못하는 리더도 더러 있을 것이다.

0664

Perhaps one of ___ simplest ways to better understand ___ power of ___ real leadership is to consider what you like and what you don't like in ___ leader.

리더십의 위력을 가늠할 수 있는 간단한 방법은 리더에 대해 좋아하는 점과 싫어하는 점을 생각해보는 것이다.

0665

Now ask yourself, "What is it I truly dislike about ___ trait and why?" Is it because of ___ attitude it conveys, ___ approach that ___ leader takes, or simply ___ content of ___ message?

이제는 "내가 정말 싫어하는 점과 이를 선택한 이유는 무엇인지" 자신에게 물어볼 차례다. 태도 탓인가, 리더의 접근법이나 메시지의 내용 탓인가?

0666

Consider one of ___ 20th century's greatest leaders, ___ President Franklin Delano Roosevelt, who led our country through one of its most difficult times despite his own personal ill health.

20세기가 낳은 위대한 리더, 프랭클린 D. 루즈벨트 대통령은 좋지 않은 건강에도 리더십을 발휘하여 국가의 위기를 극복해냈다.

0667

To develop your own servant leadership potential, practice ___ art of sacrifice for ___ others rather than thinking of having ___ subordinates or ___ followers.

서번트 리더십을 계발하고 싶다면 부하나 추종자를 거느릴 생각은 버리고 남을 섬기는 연습부터 시작하라.

0668

___ real leaders make ___ profound differences in ___ lives of those around them, they help others achieve greatness in ___ workplace and in ___ life spaces, and they boost ___ professional and personal bottom lines in ___ process.

리더의 삶은 일반인의 것과는 차원이 다르다. 리더는 타인이 직장이나 가정에서 원대한 포부를 성취하도록 도우며 생업이나 개인의 성과를 끌어올린다.

0669

Today's leadership gap is very real. ___ employee satisfaction with its leaders is at ___ all-time low, middle managers aren't satisfied with their bosses, and ___ leaders admit their own behavior often is lacking.

오늘날 리더의 격차는 실로 크다. 리더에 대한 직원의 만족도는 바닥을 치고 있으며 중간관리자는 보스가 마음에 들지 않는다며 아우성이다. 리더조차도 자신의 부족함을 시인하고 있는 실정이다.

0670

___ real leaders do not seek ___ limelight. Rather, they embody ___ true qualities of effective leadership; they are always available, are never too busy to help others, and always go ___ extra mile.

리더는 세인의 이목을 끌려고 하지 않는다. 다만 성공적인 리더십을 구현하기 위해 노력할 뿐이다. 이를테면 시간을 내어 타인을 돕는다거나 오리를 가달라면 항상 십리를 동행해준다.

0671

___ bosses certainly are not in ___ short supply; ___ real leaders are ___ elusive commodity. In ___ workplace and throughout ___ life, each of us encounters ___ leadership behaviors or ___ organizational policies that we like or admire, and that we may try to adapt to our own business situations and lives.

보스는 세상에 널렸지만 리더는 눈에 잘 띄지 않는다. 직장이나 가정에서 마음에 쏙 들거나 존경스런 리더의 품행이나 조직의 방침을 보면 자신도 이를 적용해봐야겠다는 생각이 들 때가 있다.

0672

Follow-through on that statement, however, may be ___ another matter. We are usually taught to boss, not to lead, and in ___ many cases, bosses are ___ most prevalent role models.

물론 다짐을 지키는 것은 별개의 문제일지도 모른다. 우리는 대부분 리더가 아니라 보스 행세를 하라고 배웠다. 즉, 보스라는 롤모델이 사회에 만연해 있다는 이야기다.

0673

Unfortunately, many self-professed and corporate-appointed "leaders" are little more than ___ bosses. Some have ___ few hours of ___ instant leadership training.

안타깝게도 기업이 지명한 자칭 '리더'는 보스와 거의 같다. 그들을 살펴보면 두서 시간 정도 배운 초고속 리더십 교육'이 전부인 사람이 더러 있다.

0674

Throughout my four-decade-long career in ___ variety of sectors reporting to all types of ___ decision-makers, I have seen all ___ kinds of ___ chief executives—good and bad—in ___ action.

아주 다양한 직종에서 좋든 나쁘든, 별의별 경영자에게 보고하며 약 40년을 지내왔다.

0675

Consider how ___ approach and behavior of ___ real leader differs from that of ___ boss when it comes to ___ few key workplace issues.

직장에서 벌어지는 주요 문제에 대해 진정한 리더가 대처하는 접근법 및 행동이 (갑질하는) 보스와는 어떻게 다른지 생각해보라.

0676

As Dave drove to his first delivery of ___ day, ___ uneasy feeling that had been nagging him returned, and he wasn't quite sure what was causing it.

데이브가 첫 배송을 시작할 무렵, 전부터 마음을 뒤숭숭하게 했던 불안감이 다시 엄습했지만 딱히 이유는 알 수 없었다.

0677

___ sense of foreboding came over him when he saw in ___ distance ___ flashing red and blue glow cutting through ___ morning fog.

아침안개 사이로 번쩍이는 빨갛고 파란 빛이 멀리서 보이자 왠지 불안해졌다.

0678

___ decades of ___ work by many different researchers have confirmed ___ destructive power of ___ Communication Danger Signs we cover here.

커뮤니케이션에 켜진 적색경보의 위력은 이미 수많은 연구자들이 수십 년간 연구한 끝에 밝혀졌다.

0679

We cover ___ danger signs so early in ___ book because we know that ___ couples who have ___ lot of these negative behaviors find it hard to do many of ___ positive things we will recommend in ___ rest of ___ book.

위험신호를 미리 밝힌 이유는 '삐딱선'을 타는 부부라면 책에서 권하는 긍정적인 행동을 하기가 어렵다는 점을 잘 알기 때문이다.

0680

OK, we don't really wear ___ white lab coats. But we're talking about ___ serious research here. ___ research where ___ couples, all ___ volunteers are videotaped as they talk about ___ issues in their relationships.

필자가 흰 실험복을 걸쳤다는 이야기는 아니다. 진지한 연구결과를 이야기하려고 꺼낸 말이다. 연구진은 자원한 부부들이 직접 털어놓은 바를 비디오카메라에 담고는 이를 면밀히 분석했다.

0681

We'll try not to say this too often, but it's very important to keep in ___ mind: when we talk about ___ research findings, we are talking about ___ differences that are true more often than not, but there will also be many exceptions.

자주 거론하진 않겠지만 그래도 명심해야 할 점이 있다. 연구결과를 이야기할 때는 주로 사실을 이야기하겠지만 예외도 많다는 것이다.

0682

You might think as you read on that we're moving into some pretty negative topics right off ___ bat in this book.

읽다보면 우리가 너무 빨리 암울한 주제를 파는 것은 아니냐 생각할지도 모르겠다.

0683

Before talking about ___ Communication Danger Signs, we are going to give you ___ opportunity to think about ___ negative patterns you see in your own relationship.

커뮤니케이션의 적신호를 거론하기에 앞서, 독자 여러분에게 '몹쓸' 습성이 있는지부터 살펴보자.

0684

In part of ___ survey, we asked ___ questions geared toward ___ danger signs discussed in this chapter. Because we also asked ___ questions about things like ___ happiness, friendship, fun, sensual connection, and ___ commitment in ___ marriage, we were able to get ___ good sense of how answers to these questions related to other aspects of ___ people's relationships.

설문은 이 장에서 논의한 위험신호를 반영하여 작성했으며, 행복감과 부부의 정, 즐거움, 성관계 및 헌신 등과 관련된 질문은 대인관계의 또 다른 면과도 관계가 있다.

0685

Ted (sarcastically) You 'd think you could put ___ cap back on ___ toothpaste.

Wendy (equally sarcastically) Oh, like you never forget to put it back.

Ted As ___ matter of fact, I always put it back.

Wendy Oh, I forgot just how compulsive you are. You are right, of course!

Ted I don 't even know why I stay with you. You are so negative.

Wendy Maybe you shouldn't stay. No one is barring ___ door.

Ted I 'm not really sure why I do stay any more.

테드: (빈정대며) 치약 뚜껑도 닫을 줄 몰라?

웬디: (맞받아치다) 그러게요, 당신이라면 그러지 않았겠죠.

테드: 물론이지.

웬디: 아차, 당신이 강박증 환자라는 걸 잊고 있었네요. 지당하신 말씀이에요.

테드: 내가 왜 당신과 살아야하는지 모르겠군. 매사에 삐딱한 당신하고 말이야.

웬디: 꼭 그럴 필요는 없어요. 문 막고 있는 사람은 없다구요.

테드: 정말이지 같이 살아야 할 이유를 모르겠군.

0686

One of ___ most damaging things about arguments that are escalating out of ___ control is that people say ___ things that threaten ___ very lifeblood of their marriage, things not easily taken back.

쌍방이 감정에 휘둘려 갈등이 고조되는 가운데 빚어지는 가장 위험한 패턴 중 하나는 부부생활의 활력소를 위협하는 말을 하는 것인데 이는 쉽게 돌이킬 수가 없다.

0687

Although ___ partners can say ___ meanest things during escalating arguments, such reckless remarks often don't reflect what each really most often thinks and feels about ___ other.

배우자는 홧김에 야박한 말을 서슴지 않지만 그렇다고 이를 상대방에 대한 감정으로 오해해서는 안 된다.

0688

There are many studies that show ___ link between ___ stress and how ___ marriages are doing. It is clear that ___ stress leads to ___ difficulties in ___ marriage and that difficulties in ___ marriage can be ___ major stressors that can lead to ___ depression.

스트레스와 부부생활의 상관관계를 규명한 연구가 많이 진행돼왔다. 스트레스는 부부생활의 적이며 원만하지 못한 부부생활은 우울증으로 이어진다고 한다.

0689

___ invalidation is ___ pattern in which ___ one partner subtly or directly puts down ___ thoughts, feelings, or character of ___ other.

인밸리데이션은 남편(혹은 아내)의 생각이나 감정 혹은 인격을 직/간접적으로 경멸하는 패턴이다.

0690

___ negative interpretations occur when ___ one partner consistently believes that ___ motives of ___ other are more negative than is really ___ case.

부정적인 해석은 상대의 동기를 부정적인 것으로 마냥 비약하는 것을 가리킨다.

0691

Margot and David have been married twelve years, and they are generally happy with their relationship. Yet their discussions at times have been plagued by ___ specific negative interpretation.

마고트와 데이비드는 12년차 부부로 별 탈 없이 그럭저럭 잘 지내왔다. 하지만 부정적인 해석으로 서로가 트집을 잡으며 티격태격한 적도 가끔 있었다.

0692

When ___ relationships become more distressed, ___ negative interpretations mount and help create ___ environment of ___ hopelessness and ___ demoralization.

대인관계가 소원해지면 부정적인 해석은 희망과 사기를 크게 떨어뜨리는 분위기를 조성할 것이다.

0693

In ___ positive examples, there is ___ ownership of ___ feelings, ___ respect for each other's character, and ___ emphasis on ___ validation.

긍정적인 사례는 여러 가지 감정으로 상대의 인격을 존중하고 검증을 강조한다.

0694

We are not advocating some kind of ___ unrealistic "positive thinking"; simply put, glossing over ___ serious problems in ___ marriage will not work.

필자는 현실과 동떨어진 '긍정적인 사고'를 지양한다. 간단히 말해, 부부금슬을 깨는 갈등을 긍정적으로 '세탁한들' 사태가 호전될 리는 없기 때문이다.

0695

First, you have to open yourself to ___ possibility that you might be being overly negative in your interpretation of ___ things your partner does.

첫째, 남편(혹은 아내)의 행동이 늘 못마땅하진 않았는지 반성해야 한다.

0696

___ withdrawal and ___ avoidance are ___ different manifestations of ___ pattern in which ___ one partner shows ___ unwillingness to get into or stay with ___ important discussions.

차단과 회피는 어느 한쪽이 중요한 이야기를 꺼내고 싶지 않거나, 계속 있고 싶지 않은 감정을 표출하려는 패턴이 다르게 구현된 것을 두고 하는 말이다.

0697

Let's look at this pattern as played out in ___ discussion between Paula, ___ twenty-eight-year-old realtor, and Jeff, ___ thirty-two-year-old loan officer.

부동산 중개인 폴라(28세)와 대부업체 간부 제프(32세)의 대화에 나타난 패턴을 살펴보자.

0698

After many years of ___ research, John Gottman has begun emphasizing something that we find very compelling. Some years ago, he determined that how ___ couples begin talks about ___ issues determines 96 percent of ___ subsequent course of ___ conversation.

수년의 연구 끝에 존 가트만은 모두에게 귀감을 주는 연구결과를 강조하기 시작했다. 몇 년 전, 그는 부부가 입을 여는 순간 대화의 방향이 96퍼센트 가량 결정된다고 밝힌 것이다.

0699

When you have ___ disagreement or argument, what typically happens? Think about ___ patterns we've talked about in this chapter in answering this question.

서로의 입장이 다를 때 분위기는 어떻게 달라지는가? 앞서 언급한 패턴을 중심으로 답을 생각해보자.

0700

Which partner in your marriage tends to pursue ___ relationship issues? Think about why this happens—because ___ person is worried about ___ relationship, because ___ person wants more intimacy, or for some other reason?

대인관계에 관심이 많은 쪽은 누구인가? 왜 그렇다고 생각하는가? (관계가 소원해질까 걱정되거나 상대와 가까워지고 싶어서 …)

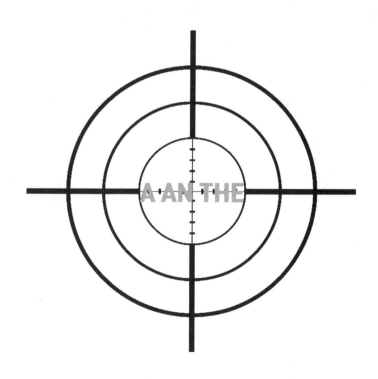

고급편

관사
트레이닝
Advanced

A AN THE

0701

___ Nobel Prize in ___ Literature may be ___ world's most important literary award, but not everyone who wins can make it to ___ ceremony.

노벨문학상은 세계에서 가장 중요한 문학상이지만 수상자가 모두 시상식에 참석할 수 있는 것은 아니다.

0702

It is estimated that up to ___ 90 percent of ___ pesticides we use never reach their intended targets. Many beneficial organisms are poisoned unintentionally as ___ result.

우리가 쓰는 살충제의 90퍼센트는 정확한 목표물에 이르지 못하는 것으로 추정된다. 유익한 유기체들이 의도치 않게 독살되고 만다는 이야기다.

0703

By ___ 1920s, America was ___ society in which many men and women (although not, of course, all) could afford not merely ___ means of ___ subsistence, but ___ considerable measure of ___ additional, discretionary goods and services; ___ society in which people could buy items not just because of ___ need but for pleasure.

1920년대까지 미국은 많은 남녀(물론 모두가 그렇진 않겠지만)가 생계수단뿐 아니라 브랜드 상품/서비스도 감당할 수 있는 사회였다. 즉, 사람들은 필요와 여가를 위해 물건을 구매할 수 있는 사회였다는 것이다.

0704

___ "family tree" is ___ commonly used metaphor in ___ classification of ___ languages. Like ___ human families, some language families are larger than ___ others; some families stick together for long periods of time while ___ others drift apart; and some families are mobile while ___ others stay put.

'언어계통도'는 언어를 분류할 때 흔히 쓰는 은유적 표현이다. 인간의 가계처럼 어떤 언어계통은 다른 언어계통보다 규모가 더 크고, 어떤 계통은 오랫동안 서로 끈끈한 반면 서로 멀어지는 계통도 더러 있으며, 어떤 계통은 이동해 떨어지는 반면 어떤 계통은 한 곳에 안주하기도 한다.

0705

If there is ___ one requirement of ___ architecture, it's that ___ structure must remain upright. ___ architects would be out of ___ job if their buildings continually failed to meet this one test.

건축이 요구하는 한 가지가 있다면 구조는 직립을 유지해야 한다는 것이다. 건물이 이 한 가지 테스트를 계속 통과하지 못한다면 건축가들은 실업자가 될 것이다.

0706

Lennox Honychurch wrote ___ book on ___ Dominica. Born on this small, mountainous island in ___ Windward Antilles in 1952, he first published ___ Dominica Story in 1975.

레녹스 호니처치는 도미니카에 관한 책을 썼다. 그는 1952년 윈드워드 앤틸리스에 있는 조그맣고 산이 많은 섬에서 태어나 1975년 '도미니카 스토리'를 처음 출간했다.

BASIC

0707

If you're in ___ path of ___ hurricane or another natural disaster, what's ___ one thing you should always do? We asked ___ survivors: Here's what they said.

허리케인이나 여타 자연재해를 감내하고 있다면 일일수칙은 무엇일까? 생존자들에게 묻자 그들은 이렇게 말했다.

0708

Miles Davis is one of ___ most famous Jazz musicians in America. Born in 1926 into ___ prosperous black family just outside ___ East St. Louis, he arrived in New York in 1944.

마일스 데이비스는 미국에서 가장 유명한 재즈음악가 중 하나다. 그는 1926년 이스트 세인트 루이스 외곽, 유복한 흑인가정에서 태어나 1944년 뉴욕으로 건너갔다.

INTERMEDIATE

0709

What Americans consider ___ "medical treatment" is actually ___ fairly new approach to ___ health care. Before ___ nineteenth century, any number of people might be called upon to treat ___ sick person: ___ herbalists, druggists, midwives, even ___ barbers (in ___ middle ages, ___ barbers became skilled at bloodletting).

미국인들이 '의학적 치료'라고 생각하는 것은 상당히 획기적인 의료접근법이다. 19세기 이전에는 많은 사람들이 환자치료에 투입되었을 성싶다. 이를테면, 약초사와 약사, 산파, 심지어 이발사(중년으로 사혈에 일가견이 있는 이발사)도 예외는 아니었으리라.

0710

Soon after ___ infant is born, many mothers hold their infants in such ___ way that they are face-to-face and gaze at them.

갓난아기가 태어난 직후 엄마들은 대개 얼굴을 맞대고 볼 정도로 아기를 가까이 안는다.

ADVANCED

0711

For ___ long centuries of ___ Middle Ages (500-1350 AD) ___ canon of ___ scientific knowledge had experienced little change, and ___ Catholic Church had preserved ___ acceptance of ___ system of ___ beliefs based on ___ teachings of ___ ancient Greeks and Romans which it had incorporated into ___ religious doctrine.

과학지식의 규범은 오랜 중세시대(500-1350 AD)를 거치면서도 거의 변하지 않았고 가톨릭교회는 교리에 편입된 고대 그리스 및 로마인의 가르침에 근거한 신조를 그대로 수용해왔다.

0712

___ excavations here date from ___ late 19th century after ___ botanist spied ___ tips of ___ sculpted stone monuments jutting from ___ ground.

여기서 발굴된 것은 어느 식물학자가 땅에 튀어나온 비문 끝을 탐사한 19세기 후반으로 거슬러 올라간다.

0713

___ machines won't bring about ___ economic robot apocalypse—but greedy humans will, according to ___ physicist Stephen Hawking. In ___ recent seminar, ___ scientist predicted that ___ economic inequality will skyrocket as more jobs become automated and ___ rich owners of ___ machines refuse to share their fast-proliferating wealth.

물리학자 스티븐 호킹에 따르면 기계보다는 탐욕스런 인간이 경제적 로봇의 종말을 불러일으킬 거라고 한다. 그는 최근 세미나에서 자동화된 일자리가 증가하고 기계를 소유한 부자들이 급속도로 증가하는 부를 나누지 않기 때문에 경제적 불평등이 급증할 거라고 내다봤다.

0714

___ ancient Greeks, whose Olympiads can be traced back to 776 B.C., didn't give out ___ medals but rather bestowed ___ olive wreaths upon their victors.

고대 그리스인들은(올림피아드는 기원전 776년까지 거슬러 올라간다) 메달을 수여하지 않고 오히려 우승자에게 올리브화환을 주었다.

0715

___ viruses are nothing but ___ set of genes. As small as 20 nanometers in length, they average perhaps ___ hundredth ___ size of ___ average body cell—and consist merely of ___ few strands of nucleic acid(their total genetic material), surrounded by ___ simple protein coat.

바이러스는 유전자집합일 뿐이다. 길이가 20나노미터에 불과한 바이러스는 평균 체세포의 100분의 1 정도 밖에 안 되며 단순 단백질 코트로 둘러싸인 핵산 몇 가닥으로 구성되어 있다.

0716

___ heat is everywhere. It's ___ raw energy, and it boils down to ___ matter in ___ motion. ___ atoms and ___ molecules, ___ building blocks of everything around us including ourselves, move constantly and randomly; ___ faster they move, ___ warmer ___ substance they make up.

더위는 어디에나 있다. 더위는 천연 에너지이자 결국에는 움직이는 물질로 귀결된다. 우리를 비롯한 주변 만물의 구성원인 원자와 분자는 무작위로 끊임없이 움직인다. 원자와 분자가 빠르게 움직일수록 그것이 구성하는 물질은 더 따뜻해진다.

0717

___ heat always travels in whatever direction tends to equalize ___ temperatures; that is, from ___ region of ___ high thermal energy and relative warmth to ___ colder areas.

열은 온도를 같게 하는 방향으로 이동한다. 이를테면, 열에너지가 높거나 상대적으로 온기가 있는 곳에서 온도가 낮은 곳으로 이동한다는 것이다.

0718

Many ___ good book of ___ essays has grown out of ___ collection of ___ "commonplaces," pithy generalizations or ___ memorable sayings copied from ___ different authors.

훌륭한 에세이 중 다수는 다른 작가의 작품을 베낀 명언이나, 간결하면서도 '진부한' 일반론을 집대성한 작품으로부터 성장해왔다.

0719

I contend, quite bluntly, that marking up ___ book is not ___ act of ___ mutilation but of ___ love.

솔직히 말했다. 책에 무언가를 표시하는 것은 훼손이 아니라 사랑의 행위라고.

0720

Even when ___ willing storyteller was available, ___ hour or so ___ day was more time than most children spent ensconced in ___ imagination of others.

이야기꾼이 있더라도, 매일 한 시간은 대다수 아이들이 남의 상상력에 몰입하며 보내는 시간보다는 더 길다.

0721

___ firm he heads, which he joined straight out of ___ high school, has ___ requisite pedigree: it is ___ oldest bicycle manufacturer in ___ Bicycle Kingdom.

고등학교를 바로 졸업한 그가 이끄는 회사에는 필수적인 족보가 있다. 이를테면, 자전거 업계의 최장수 제조업체랄까.

0722

___ Calvin Klein's ad for ___ Calvin Klein fragrance for men is ___ perfect contemporary rendition of ___ classical myth of ___ Narcissus.

캘빈 클라인의 남성용 향수 광고는 나르시스의 고전신화를 현대적으로 완벽하게 재해석한 것이다.

0723

___ prodigal expenditure on ___ military budget during ___ time of peace created ___ stir in ___ Cabinet.

평화로운 시기에 국방예산을 흥청망청 써댄 탓에 내각이 발칵 뒤집혔다.

0724

___ degree of education evinced in my language irritated him; my punctuality, industry, and accuracy fixed his dislike, and gave it ___ high flavour and poignant relish of ___ envy.

교육수준이 짐작되는 말투 탓에 그가 화를 냈다. 발음과 말씨를 또박또박 정확하고 유창하게 고치자 분노는 사그라졌다. 내 말에 고매하고 통렬한 질투심이 묻어났다.

0725

___ critics of ___ Bitcoin say it will eventually plummet from ___ bubble of ___ epic proportions.

비트코인을 비판하는 사람들은 그것이 엄청난 거품에서 곤두박질칠 거라고 말한다.

0726

To some people, ___ art is ___ depictions of ___ object—___ painting or sculpture of ___ person, for example. For ___ others, art may be ___ blank canvas, or ___ piece of ___ chalk.

어떤 사람들에게 미술은 사람이 그린 그림이나 조각 같은 대상을 가리키지만 어떤 사람들에게는 빈 캔버스거나 하나의 분필일 수도 있다.

0727

Helen valued people who behaved as if they respected themselves; nothing irritated her more than ___ excessively obsequious salesclerk.

헬렌은 자신을 존중하듯 행동하는 사람을 높이 평가했다. 지나치게 아부하는 점원이 가장 못마땅했다.

0728

In Jamaica, most British and American people encounter ___ tourism as ___ consumers-of ___ culture, good weather, beautiful buildings, or any of ___ other things that people travel in ___ search of.

자메이카에서 영미인 대다수는 그들이 찾는 문화와 맑은 날씨, 아름다운 빌딩 등을 소비하는 사람으로서 관광을 마주하게 된다.

0729

Jusczyk said ___ new research shows that reading to children at such ___ early age, even if they don't seem to understand, can start ___ process of learning ___ language.

쥬스지크가 말하기를, 연구에 따르면 나이가 너무 어려 이해하지 못할 성싶더라도 아이들에게 책을 읽어주면 언어를 본격적으로 배울 수 있을 거라고 한다.

0730

___ politics cannot be suppressed, whichever policy process is employed and however sensitive and respectful of ___ differences it might be. In other words, there is no end to ___ politics.

정치를 억압해서는 안 된다. 어떤 정책과정을 도입하든, 차이에 민감하든 이를 얼마나 존중하든 관계없이 말이다. 달리 말해 정치는 끝이 없다는 이야기다.

0731

It seems clear that ___ forte of ___ motion pictures is in their emotional effect. This is to be expected since in ___ last analysis they are ___ form of art-even though popular art-and their appeal and their success reside ultimately in ___ emotional agitation which they induce.

영화의 강점은 영화가 가진 정서적인 효과에 있는 것이 분명한 듯싶다. 지난 분석에서 영화는 예술(대중예술일지라도)의 한 형태인 동시에 호소력과 성공이 궁극적으로 영화가 불러일으키는 정서적 호소력에 있기 때문에 그렇다고 본다.

0732

As more and more literature continues to emerge from ___ America's ongoing Global War on Terror, it has become apparent that ___ cultural legacy of ___ Vietnam War has yet to wane within ___ US military circles.

미국이 진행 중인 '테러와의 전쟁'으로부터 문헌이 속출하고 있다는 점으로 미루어 미군 내 베트남전의 문화적 유산은 아직 쇠퇴하지 않은 듯하다.

0733

___ second basic type of ___ interference is ___ proactive inhibition. ___ proactive inhibition occurs when ___ prior learning interferes with ___ later learning.

두 번째 기본적인 간섭유형은 사전억제이다. 선행학습이 후행학습을 방해할 때 사전억제가 벌어진다.

0734

Recently, as ___ British doctor Lord Robert Winston took ___ train from London to Manchester, he found himself becoming steadily enraged.

최근 영국 의사인 로버트 윈스턴 경이 런던에서 맨체스터로 가는 기차에 올랐을 때 분노는 사그라질 줄 몰랐다.

0735

___ studies have shown that ___ rudeness spreads quickly and virally, almost like ___ common cold. Just witnessing ___ rudeness makes it far more likely that we, in turn, will be rude later on.

연구에 따르면, 무례한 언동은 흔한 감기처럼 널리 그리고 빠르게 확산된다고 한다. 무례한 행동을 보기만 해도 무례하게 될 가능성이 훨씬 높아진다는 것이다.

0736

___ sports facilities built in ___ late 1970s, 80s, and early 90s were routinely designed to enhance ___ in-facility experiences but routinely ignored ___ potential for harnessing ___ associated economic activity that could take place on ___ adjacent real estate.

1970년대 및 80년대 후반과 90년대 초반에 건설된 스포츠시설은 시설 내 교육을 강화할 요량으로 설계되었지만 인근 지역에서 벌어질 수 있는 경제활동을 활용할 가능성은 무시했다.

0737

New Yorker short stories often include ___ esoteric allusions to obscure ___ people and ___ events.

뉴요커 단편소설에는 종종 모호한 사람과 사건을 둘러싼 난해한 암시가 담겨있다.

0738

Her growing bitterness was exacerbated by her professional rivalry with her sister, whose ___ fortunes rose while her own declined.

안 그래도 기분이 더러웠는데 동생과의 직업경쟁으로 더 속이 타들어갔다. 동생의 재산은 늘어난 반면 그녀의 재산은 줄어들었기 때문이다.

0739

___ Wendy's negotiations with ___ unfamiliar and often threatening world should be excruciating to watch.

익숙지도 않은 데다 종종 위협적이기까지 한 세상을 상대로 웬디가 담판을 지어야 하니 보는 것도 고통일 게 빤하다.

0740

___ military advisors were upbraided for presenting ___ global reductions in ___ nuclear stockpiles as ___ progress.

군사보좌관들은 핵무기가 전 세계적으로 감소하는 것을 진전이라 밝힌 탓에 비난을 받았다.

0741

People expected ___ Winston Churchill to take his painting lightly, but ___ Churchill, no dilettante, regarded his artistic efforts most serious indeed.

사람들은 윈스턴 처칠이 자신의 그림을 가볍게 볼 거라 예상했지만 처칠은 호사가가 아닌지라 작품을 아주 진지하게 평가했다.

0742

___ President's job is to abrogate any law that fosters ___ inequality among ___ citizens.

대통령의 본무는 시민의 불평등을 조장하는 법을 폐지하는 것이다.

0743

___ Kristin's dedication to her job is laudable, but she doesn't have ___ necessary skills to be ___ good executive officer.

크리스틴은 칭찬을 받을 만큼 직업에 헌신하지만 훌륭한 행정관이 되는 데 필요한 기술은 없다.

0744

___ Mandy's performance on ___ Math test was hampered because her attention was focused on ___ party she was attending on that weekend.

맨디는 주말에 참석할 파티에 정신이 집중된 탓에 수학시험을 제대로 보지 못했다.

0745

___ high performance textiles are basically ___ functional textiles that provide ___ added value to ___ textiles in addition to ___ common attributes of ___ clothing materials.

하이퍼포먼스 섬유는 기본적으로 일반적인 의류 속성과 아울러 섬유에 부가가치를 제공하는 기능성 섬유를 가리킨다.

0746

___ surgical technique known as ___ 'keyhole surgery' has become more common in ___ recent years. This technique eliminates ___ need for ___ surgeons to make ___ large incisions.

'키홀수술'이라고 알려진 수술 테크닉은 최근 몇 년 더 흔해졌다. 이 기술을 활용하면 의사들은 크게 절개할 필요가 없어진다.

0747

___ Genus Homo's position in ___ food chain was, until recently, solidly in ___ middle. For millions of years, ___ humans hunted ___ smaller creatures and gathered what they could, all ___ while being hunted by ___ larger predators.

먹이사슬에서 제너스 호모의 위치는 최근까지만 해도 중간에 굳게 자리를 잡고 있었다. 수백만 년 동안 큼지막한 포식자들에게 쫓기는 동안 인간은 몸집이 작은 생물을 수렵/재집하며 살았다.

0748

There are several different ways to measure ___ prevalence of overweight in ___ population. ___ National Center for Health Statistics (NCHS) uses ___ body mass index (BMI) to determine if ___ person is overweight.

인구의 과체중 확산 정도를 측정하는 방법이 몇 가지 있다. 국립보건통계센터는 신체질량지수를 사용하여 비만 여부를 결정한다.

0749

___ scientific consensus on ___ global warming comes from ___ Intergovernmental Panel on Climate Change(IPCC).

지구온난화에 대한 과학적 합의는 기후변화에 관한 정부간 협의체에서 나온 것이다.

0750

___ ethics may be profoundly affected by ___ adoption of ___ scientific point of view; that is to say ___ attitude that ___ men of science, in their professional capacity, adopt towards ___ world.

윤리학은 과학적 관점을 채택하면 크게 영향을 받을 수 있다. 이는 과학자가 직능적으로 세계에 대한 태도를 채택한다는 것을 의미한다.

0751

___ democracy has another merit. It allows ___ criticism, and if there isn't ___ public criticism there are bound to be ___ hushed-up scandals.

민주주의에 또 다른 장점이 있다. 민주주의는 비판을 허용하는데, 혹시라도 대중이 비판하지 않는다면 은밀한 스캔들이 벌어질 공산이 크다.

0752

Whereas ___ family relationships usually constitute ___ child's first experience with ___ group life, ___ peer-group interactions soon begin to make their powerful socializing effects felt.

대개 가족은 아이가 처음 겪는 집단생활이지만 머지않아 또래집단생활에 맞닥뜨리게 되면 강력한 사회화 효과를 느끼기 시작할 것이다.

0753

There is ___ whole category of people who are "just" something. To be "just" anything is ___ worst. It is not to be recognized by ___ society as having much value at all, not now and probably not in ___ past either.

'그저' 아무개인 사람이라는 범주가 있다. '그저' 아무개가 된다는 것은 최악인 대상이다. 아무개는 사회가 가치를 알아주지 않기 때문이다. 지금도 그렇고 과거에도 그랬을 것이다.

0754

___ scientists today are studying ___ ocean currents more and more intensely. Most do it using ___ satellites and ___ other high-tech equipment.

오늘날 과학자들은 대양해류를 점차 집중적으로 연구하고 있다. 대개는 위성이나 첨단기술장비를 활용하여 연구한다.

0755

___ Professor Iyengar of Columbia University conducted ___ experiment in which she set up ___ tasting booth with ___ variety of ___ exotic gourmet jams at ___ upscale grocery store.

한 실험에서 콜롬비아 대학의 아인거 교수는 고급 식료품점에서 이국적인 맛이 나는 다양한 잼을 시식대에 두었다.

0756

___ ethnocentrism is ___ view that one's own culture is better than all others; it is ___ way all people feel about themselves as compared to ___ outsiders.

자민족중심주의란 자신의 문화가 다른 문화보다 더 우월하다고 생각하는 시각인 동시에 모든 사람이 타민족과 비교할 때 자신에 대해 느끼는 감정이기도 하다.

0757

___ history has long made ___ point of ___ fact that ___ magnificent flowering of ___ ancient civilization rested upon ___ institution of ___ slavery, which released opportunity at ___ top for ___ art and literature which became ___ glory of ___ antiquity.

고대문명이 융성했던 데는 노예제도가 기초를 이루고 있었다는 사실을 역사는 오랫동안 강조해왔다. 노예제도는 고대의 영광이 된 예술과 문학에 대한 최고의 기회를 귀족에게 제공했다.

0758

How and why did studying ___ career trajectories of ___ star football players give you ___ window on ___ better management of ___ business organizations and careers?

스타축구선수의 이력을 연구하면 기업조직 및 경력을 더 잘 관리할 수 있다는 경위와 이유는 무엇일까?

0759

___ term "globalization" has been snatched away by ___ powerful to refer to ___ specific form of ___ international economic integration, one based on ___ investor rights, with ___ interests of people incidentally neglected.

'세계화'는 국제경제통합이라는 특정한 형태를 일컫기 위해 강국이 가로챈 용어로 투자자의 권익에 근거한 탓에 국민의 권익은 외면당하기 일쑤다.

0760~0800 The State of the Union Address

연결된 글이니 흐름을 감안해서 관사를 판단해보자

0760

Less than one year has passed since I first stood at this podium, in this majestic chamber, to speak on ___ behalf of ___ American people and to address their concerns, their hopes, and their dreams.

이 장엄한 곳의 단상에서 미국 국민을 대표하여 연설하고 그들의 희망과 꿈과 걱정을 밝히기 위해 처음 선 지가 1년이 좀 안 된다.

0761

Over ___ last year, we have made ___ incredible progress and achieved ___ extraordinary success. We have faced ___ challenges we expected, and ___ others we could never have imagined.

지난 한 해 우리는 놀라운 발전을 이루었고 놀라운 성공을 거두었다. 우리가 부딪친 난관 중에는 예견한 것도 있었지만 전혀 예상치 못한 것도 더러 있었다.

0762

Each test has forged ___ new American heroes to remind us who we are, and show us what we can be.

시험은 새로운 미국의 영웅을 만들어냈고, 우리가 누구인지 일깨워주었으며 우리가 어떤 사람이 될 수 있는지도 보여주었다.

0763

We saw ___ volunteers of ___ Cajun Navy, racing to ___ rescue with their fishing boats to save people in ___ aftermath of ___ totally devastating hurricane.

무시무시한 허리케인의 여파로 위기에 빠진 사람들을 구하기 위해 어선과 함께 자원하여 구조작업을 벌인 케이준 해군들을 보았다.

0764

We saw ___ strangers shielding strangers from ___ hail of gunfire on ___ Las Vegas strip.

라스베이거스에서 빗발친 총성에 일면식도 없는 사람들이 어떤 이를 몸으로 감싸고 있는 것을 보았다.

0765

We heard ___ tales of Americans like ___ Coast Guard Petty Officer Ashlee Leppert, who is here tonight in ___ gallery with Melania. Ashlee was aboard one of ___ first helicopters on ___ scene in Houston during ___ Hurricane Harvey. Through 18 hours of ___ wind and rain, Ashlee braved ___ live power lines and ___ deep water to help save more than 40 lives. Ashlee, we all thank you. Thank you very much.

해안경비대의 애슐리 레퍼트 경관과 같은 미국인들이 겪은 실화를 듣기도 했다. 그는 오늘 저녁 멜라니아 여사와 함께 갤러리에 있다. 애슐리는 허리케인 하비 때 휴스턴 현장에서 첫 헬리콥터에 탑승, 18시간의 비바람을 뚫고 40명 여명의 생명을 구하기 위해 전선과 깊은 수위를 무릅쓰고 용기를 발휘했다. 애슐리, 모두가 고마움을 전한다. 정말 감사드린다.

0766

We heard about ___ Americans like firefighter David Dahlberg. He's here with us also. David faced down ___ walls of ___ flame to rescue almost ___ 60 children trapped at ___ California summer camp threatened by those devastating wildfires.

데이비드 달버그 소방관 같은 미국인들 소식도 들었다. 그도 여기에 우리와 함께 있다. 데이비드는 엄청난 산불로 위협받고 있는 캘리포니아 하계캠프에 갇힌 60 여명의 아이들을 구하기 위해 화염의 벽을 허물었다.

0767

To everyone still recovering in ___ Texas, Florida, Louisiana, Puerto Rico, and ___ Virgin Islands—everywhere—we are with you, we love you, and we always will pull through together, always.

텍사스와 플로리다, 루이지애나, 푸에르토리코 및 버진아일랜드뿐 아니라 어디에서든 회복 중인 모든 사람에게 우리는 당신과 함께 있고, 항상 함께 하리라는 것을 일러두는 바이다.

0768

Thank you to David and ___ brave people of California. Thank you very much, David. ___ great job.

데이비드를 비롯하여 캘리포니아의 의인들에게 감사드린다. 데이비드 정말 고맙고 수고 많았다.

0769

Some trials over ___ past year touched this chamber very personally. With us tonight is one of ___ toughest people ever to serve in this House—___ guy who took ___ bullet, almost died, and was back to work three and ___ half months later: ___ legend from Louisiana, ___ Congressman Steve Scalise. I think they like you, Steve.

개인적인 이야기지만, 지난 1년 동안 이곳에서 난관이 찾아온 적이 있다. 공직자 중 가장 힘든 고난을 겪은 사람 중 하나가 우리와 함께 있다. 총을 맞고 거의 죽을 뻔했음에도 3개월 반 만에 복귀한 루이지애나의 전설, 스티브 스칼리스 의원을 두고 하는 말이다. 스티브, 고난이 당신을 좋아하는 것 같다.

0770

We are incredibly grateful for ___ heroic efforts of ___ Capitol Police officers, ___ Alexandria Police, and ___ doctors, nurses, and ___ paramedics who saved his life and ___ lives of many others; some in this room.

의사당 경찰과 알렉산드리아 경찰 및 그와 많은 이들의 목숨을 구해준 의사와 간호사 및 구급대원들의 영웅적인 노고에 감사드린다.

0771

In ___ aftermath of that terrible shooting, we came together, not as ___ Republicans or ___ Democrats, but as ___ representatives of ___ people. But it is not enough to come together only in ___ times of ___ tragedy.

끔찍한 총격사건의 여파로 우리는 공화당원이나 민주당원이 아니라 국민의 대표로 뭉쳤다. 물론 비극이 닥칠 때만 뭉쳐서는 역부족일 것이다.

0772

Tonight, I call upon all of us to set aside our differences, to seek out ___ common ground, and to summon ___ unity we need to deliver for ___ people. This is really ___ key. These are ___ people we were elected to serve.

오늘밤 나는 모두에게 이건은 제쳐두고 공통점을 찾아냄으로써 국민을 위해 우리가 이룩해야 할 단결을 촉구한다. 이것이 진정한 해결책이며 이들은 선출된 우리가 섬겨야 할 사람들이다.

0773

Over ___ last year, ___ world has seen what we always knew: that no people on ___ Earth are so fearless, or daring, or determined as ___ Americans. If there is ___ mountain, we climb it.

지난 1년 동안 세상은 으레 알고 있는 것을 목도해왔다. 이를테면, 지구상에서 미국인만큼 두려움을 모르거나 대담하거나 단호한 사람은 없다는 것이다. 산이 있으면 우리는 오르고야 만다.

0774

If there is ___ frontier, we cross it. If there's ___ challenge, we tame it. If there's ___ opportunity, we seize it.

국경이 있다면 우리는 건너야 한다. 난관이 찾아온다면 우리는 이를 길들일 것이다. 기회가 오면 잡을 것이다.

0775

So let's begin tonight by recognizing that ___ state of our Union is strong because our people are strong. And together, we are building ___ safe, strong, and proud America.

그럼 오늘 저녁은 미합중국이 강하다는 사실을 인정하자. 우리는 안전하고 강하고 자랑스러운 미국을 함께 건설하고 있다.

0776

Since ___ election, we have created 2.4 million new jobs, including ___ 200,000 new jobs in manufacturing alone. ___ tremendous numbers. After years and years of ___ wage stagnation, we are finally seeing ___ rising wages.

선거 이후 제조업에서만 20만 개의 일자리를 만드는 등, 240만 개의 일자리가 늘었다. 엄청난 숫자다. 수년간의 동결 끝에 결국에는 임금이 인상되고 있다.

0777

___ unemployment claims have hit ___ 45-year low. It's something I'm very proud of. ___ African American unemployment stands at ___ lowest rate ever recorded. And ___ Hispanic American unemployment has also reached ___ lowest levels in ___ history.

실업수당 청구 건수가 45년 만에 최저치를 기록했다. 내가 아주 자랑스러워하는 대목이다. 아프리카계 미국인의 실업률도 사상 최저 수준이고 히스패닉계 미국인 실업률도 역사상 가장 낮은 수준에 이르렀다.

0778

___ small-business confidence is at ___ all-time high. ___ stock market has smashed ___ one record after another, gaining $8 trillion, and more, in value in just this short period of ___ time. ___ great news for Americans' 401(k), retirement, pension, and ___ college savings accounts have gone through ___ roof.

소기업 신뢰도는 사상 최고를 기록했다. 주식시장은 이 짧은 기간 8조 달러 이상의 성과를 거두며 잇따라 기록을 깼다. 미국인의 401k(기업연금)와 퇴직, 연금, 대학 저축을 둘러싼 희소식이 극에 달했다.

0779

And just as I promised ___ American people from this podium 11 months ago, we enacted ___ biggest tax cuts and ___ reforms in ___ American history.

아울러 11개월 전 이 단상에서 국민에게 약속한 것처럼 우리는 미국 역사상 최대 규모의 감세안과 개혁안을 단행했다.

0780

Our massive tax cuts provide ___ tremendous relief for ___ middle class and ___ small business. To lower ___ tax rates for ___ hardworking Americans, we nearly doubled ___ standard deduction for everyone.

대규모 감세로 중산층과 중소기업은 엄청난 안도감을 느낄 것이다. 열심히 일하는 미국인에 대한 세율을 낮추기 위해 우리는 표준공제를 거의 두 배로 늘렸다.

0781

Now, ___ first $24,000 earned by ___ married couple is completely tax-free. We also doubled ___ child tax credit. ___ typical family of four making $75,000 will see their tax bill reduced by $2,000, slashing their tax bill in ___ half.

결혼한 부부의 첫 수입 2만 4000달러는 완전히 비과세다. 아동 세액공제도 2배로 늘렸다. 전형적인 4인 가족이 벌어들인 7만 5천 달러는 세금이 2천 달러가 줄어 세금고지서가 반토막이 날 것이다.

0782

In ___ April, this will be ___ last time you will ever file under ___ old and very broken system, and ___ millions of Americans will have more take-home pay starting next month—___ lot more.

올 4월, 망가져버린 구닥다리 시스템 하에서 세금고지서를 통보하는 건 이번이 마지막이 될 것이며, 수백만의 미국인들은 다음 달부터 실수령 임금이 더 많아질 것이다. 훨씬 더.

0783

We eliminated ___ especially cruel tax that fell mostly on Americans making less than $50,000 ___ year, forcing them to pay ___ tremendous penalties simply because they couldn't afford ___ government-ordered health plans. We repealed ___ core of ___ disastrous Obamacare. ___ individual mandate is now gone. Thank heaven.

연간 5만 달러 이하의 수입을 올리는 미국인을 대상으로 부과되는 잔혹한 세금정책은 폐지되었다. 정부가 명령한 의료개혁을 감당할 수 없다는 이유만으로 강행한 페널티를 두고 하는 말이다. 우리는 참담한 오바마케어를 철저히 물리쳤으니 이제 개인적인 의무조항은 사라져 버렸다. 다행이다.

0784

We slashed ___ business tax rate from 35 percent all ___ way down to 21 percent, so ___ American companies can compete and win against anyone else anywhere in ___ world. These changes alone are estimated to increase ___ average family income by more than $4,000. ___ lot of money.

사업세율도 35퍼센트에서 21퍼센트로 인하했으니 미국 기업들은 세계의 어떤 기업과도 경쟁에서 패배하지 않을 것이다. 이 같은 변화만으로도 가계소득은 평균 4,000달러 이상 증가할 것으로 추정된다. 적지 않은 액수다.

0785

___ small businesses have also received ___ massive tax cut, and can now deduct ___ 20 percent of their business income.

소상공인도 대규모 감세 혜택을 적용하면 사업소득의 20퍼센트를 공제할 수 있을 것이다.

0786

Here tonight are Steve Staub and Sandy Keplinger of Staub Manufacturing, ___ small, beautiful business in Ohio. They've just finished ___ best year in their 20-year history.

오하이오에 있는, 멋지고 단촐한 스타웁 매뉴팩처링의 스티브 스타웁과 샌디 케플링거도 이곳에 참석했다. 그들은 20년 기업 역사상 최고의 한 해를 마쳤다.

0787

One of ___ Staub's employees, Corey Adams, is also with us tonight. Corey is ___ all-American worker. He supported himself through ___ high school, lost his job during ___ 2008 recession, and was later hired by Staub, where he trained to become ___ welder.

스타웁의 직원 중 하나인 코리 애덤스도 함께 자리했다. 코리는 미국이 꼽은 최고의 노동자다. 그는 혼자 힘으로 고등학교를 졸업했고, 2008년 불황 때는 직장을 잃었지만 이후에는 스투브에 채용되어 용접공 교육을 받았다.

0788

Since we passed ___ tax cuts, roughly 3 million workers have already gotten ___ tax cut bonuses—many of them thousands and thousands of dollars per ___ worker. And it's getting more every month, every week. ___ Apple has just announced it plans to invest ___ total of $350 billion in America, and hire another 20,000 workers.

감세안이 통과된 후 대략 300만 명의 근로자들이 이미 감세 보너스를 받았다. 그중 많은 근로자들은 1인당 수천 달러를 받았다. 아울러 보너스는 다달이 매주 증가하고 있다. 예컨대 애플은 미국에 총 3500억 달러를 투자하고 2만 명의 직원을 더 고용할 계획이라고 발표했다.

0789

This, in fact, is our new American moment. There has never been ___ better time to start living ___ American Dream.

사실 지금이 미국인에게는 중요한 때가 아닐 수 없다. 아메리칸 드림을 이룩하기에 더 좋은 시기는 여태 없었다.

0790

So to every citizen watching at ___ home tonight, no matter where you've been, or where you've come from, this is your time. If you work hard, if you believe in yourself, if you believe in ___ America, then you can dream anything, you can be anything, and together, we can achieve absolutely anything.

오늘 저녁 집에서 연설을 지켜보고 있는 모든 시민들에게, 당신이 어디에 있고 어디서 왔든, 지금은 당신이 기회를 잡을 때다. 열심히 일하고 자신의 역량과 미국을 믿는다면 무엇이든 꿈꿀 수 있고 무엇이든 될 수 있을 것이다. 함께라면 우리는 무엇이든 이룰 수 있다.

0791

Tonight, I want to talk about what kind of ___ future we are going to have, and what kind of ___ nation we are going to be. All of us, together, as ___ one team, ___ one people, and ___ one American family can do anything.

오늘 저녁, 나는 우리가 어떤 미래에 살고 어떤 나라가 될 것인지 이야기하고 싶다. 우리는 모두가 한 팀이고, 한 민족이자, 하나의 가정으로서 무엇이든 할 수 있을 것이다.

0792

We all share ___ same home, ___ same heart, ___ same destiny, and ___ same great American flag.

우리는 고향과 마음과 운명뿐 아니라, 위대한 국기도 같다.

0793

Together, we are rediscovering ___ American way. In America, we know that ___ faith and family, not ___ government and bureaucracy, are ___ center of American life. ___ motto is, "In ___ God We Trust."

우리는 미국의 방식을 재발견하고 있다. 미국에 있는 우리는 통치나 관료주의가 아니라, 믿음과 가정이 아메리칸 라이프의 중심이라는 것을 잘 알고 있다. "우리는 신을 믿는다"라는 모토 하에 말이다.

0794

Here tonight is ___ Preston Sharp, ___ 12-year-old boy from Redding, California, who noticed that ___ veterans' graves were not marked with ___ flags on ___ Veterans Day. He decided all by himself to change that, and started ___ movement that has now placed ___ 40,000 flags at ___ graves of our great heroes. Preston, ___ job well done.

캘리포니아 레딩 출신의 12세 소년 프레스톤 샤프도 여기에 와있다. 그 아이는 참전용사의 날인데도 국립묘지에 깃발이 없다는 것을 눈치채고는 이를 몸소 바꾸기로 결심했다. 위대한 영웅의 묘지에 4만개의 깃발을 꽂는 운동을 시작한 것이다. 프레스톤, 수고 많았다.

0795

___ Preston's reverence for those who have served our nation reminds us of why we salute our flag, why we put our hands on our hearts for ___ Pledge of Allegiance, and why we proudly stand for ___ National Anthem.

우리나라를 위해 복무해 온 군인을 향한, 프레스톤의 존경심은 왜 우리가 국기에 경의를 표하고 국기에 대한 경례를 위해 가슴에 손을 얹는지, 그리고 왜 애국가를 부르기 위해 자랑스레 서있는지 일깨워준다.

0796

Americans love their country, and they deserve ___ government that shows them ___ same love and loyalty in ___ return. For ___ last year, we have sought to restore ___ bonds of trust between our citizens and their government.

미국인들은 조국을 사랑하므로, 같은 사랑과 충성심을 보여주는 정부를 누릴 자격이 있다. 지난 1년간 우리는 시민과 정부가 서로 신뢰하는 유대감을 회복하기 위해 노력해왔다.

0797

Working with ___ Senate, we are appointing ___ judges who will interpret ___ Constitution as written, including ___ great new Supreme Court justice, and more circuit court judges than any new administration in ___ history of our country.

상원과의 공조 하에 위대한 대법관을 비롯하여 성문헌법을 해석할 판사를 임명하고 있으며, 우리나라 역사상 어떤 정부보다 순회 법원 판사를 더 많이 임명하고 있다.

0798

And I will not stop until our veterans are properly taken care of, which has been my promise to them from ___ very beginning of this great journey.

아울러 나는 이 위대한 여정의 시작부터 그들에게 약속했던 바와 같이, 참전용사들이 합당한 대우를 받을 때까지 멈추지 않을 것이다.

0799

So, tonight, I call on ___ Congress to empower every Cabinet Secretary with ___ authority to reward ___ good workers and to remove ___ federal employees who undermine ___ public trust or fail ___ American people.

오늘 저녁, 열심히 일하는 근로자들에게 보상할 권한을 모든 각료에 부여하고, 대중의 신뢰를 저해하거나 국민을 실망시키는 연방 공무원은 과감히 해임할 것을 의회에 촉구한다.

0800

In our drive to make ___ Washington accountable, we have eliminated more regulations in our first year than any administration in ___ history of our country. We have ended ___ war on ___ American energy, and we have ended ___ war on ___ beautiful clean coal. We are now very proudly ___ exporter of energy to ___ world.

우리는 정부(워싱턴)가 책임을 다할 수 있도록 미국 역사상 어떤 정부보다 더 많은 규제를 폐지해왔다. 우리는 에너지와의 전쟁을 종식시켰고 아름다운 청정 석탄과의 전쟁도 끝냈다. 그리하여 미국은 에너지를 자랑스레 전 세계로 수출하게 된 것이다.

0801~0823 the Status of Women in 2020

연결된 글이니 흐름을 감안해서 관사를 판단해보자

0801

By 2020, ___ women will have gained more rights and freedoms—in terms of ___ education, political participation, and work force equality—in ___ most parts of ___ world, but ___ UN and World Health Organization data suggest that ___ gender gap will not have been closed even in ___ developed countries and still will be wide in ___ developing regions.

2020년께는 세계 대다수 지역에서 여성의 권리와 자유—교육과 정치참여 및 노동력 평등 차원에서—가 신장될 전망이다. 그러나 유엔과 세계보건기구의 자료에 따르면, 성차별은 선진국에서도 좁아지지 않거니와 개도국에서는 더욱 벌어진다고 한다.

0802

Although ___ women's share in ___ global work force will continue to rise, ___ wage gaps and regional disparities will persist.

글로벌 고용시장에서 여성의 점유율은 계속 상승하겠지만 지역 간 격차는 지속될 것으로 보인다.

0803

• Although ___ difference between ___ women's and men's earnings narrowed during ___ past 10 years, ___ women continue to receive less pay than ___ men. For example, ___ UN study in 2002 showed that in ___ 27 of 39 countries surveyed—both in ___ OECD and developing countries—___ women's wages were 20 to 50 percent less than ___ men's for ___ work in manufacturing.

• 지난 10년간 남녀의 소득격차는 감소했지만 여성은 여전히 남성보다 적은 임금을 받고 있는 것으로 나타났다. 예컨대, 2002년 유엔의 연구에 따르면, 조사에 응한 39개국 중 27개국에서—OECD와 개발도상국—여성의 임금은 제조업에 종사하는 남성보다 20~50퍼센트 정도 낮은 것으로 나타났다.

0804

___ certain factors will tend to work against ___ gender equality while ___ others will have ___ positive impact.

일부 요인은 성평등에 불리하게 작용하겠지만 긍정적인 변수가 아주 없는 것은 아니다.

0805~0812 Factors Impeding Equality
연결된 글이니 흐름을 감안해서 관사를 판단해보자

0805

In ___ regions where ___ high youth bulges intersect with ___ historical patterns of patriarchal bias, ___ added pressure on ___ infrastructure will mean ___ intensified competition for ___ limited public resources and ___ increased probability that ___ females will not receive ___ equal treatment.

대대로 가부장적인 사회패턴과 높은 청년층이 교차하는 지역에서 인프라에 대한 압력이 가중되면 한정된 공공자원을 둘러싼 경쟁이 심화되어 여성이 평등한 대우를 받지 못할 가능성이 높아진다.

0806

For instance, if ___ schools cannot educate all, ___ boys are likely to be given ___ first priority. Yet ___ views are changing among ___ younger generation.

예컨대, 학교가 남녀 중 한쪽을 선택해서 가르쳐야 한다면 사내아이에게 우선권을 줄 공산이 크다는 것이다. 그러나 신세대의 시각은 달라지고 있다.

0807

In ___ Middle East, for example, ___ many younger Muslims recognize ___ importance of ___ educated wives as ___ potential contributors to ___ family income.

이를테면, 중동의 젊은 무슬림들은 아내도 가계소득에 일조할 수 있기 때문에 아내의 교육이 중요하다는 점을 새삼 깨닫고 있다.

0808

In ___ countries such as China and India, where there is ___ pervasive "son preference" reinforced by ___ government population control policies, ___ women face increased risk not only of ___ female infanticide but also of kidnapping and smuggling from ___ surrounding regions for ___ disproportionately greater number of ___ unattached males.

정부의 인구 억제 정책 탓에 '남아선호사상son preference'이 더욱 만연해있는 중국과 인도 같은 국가에서 여성은 여아 살해뿐 아니라, 납치와 인신매매(미혼 남성이 비대한 인근 지역에서)의 표적이 될 가능성이 높아지고 있다.

0809

Thus far, ___ preference for ___ male children in China has led to ___ estimated shortfall of 30 million women.

중국은 남아선호사상 때문에 약 3,000만 명의 여성이 부족한 것으로 나타났다.

0810

Such ___ statistics suggest that ___ global female trafficking industry, which already earns ___ estimated $4 billion every year, is likely to expand, making it ___ second most profitable criminal activity behind ___ global drug trafficking.

통계에 따르면, 전 세계에 기승을 부리고 있는 여성인신매매업은 이미 연간 40억 달러를 벌어들인 것으로 추산, 앞으로 좀더 확대되면 글로벌 마약밀매를 이어 둘째가는 범죄가 될 공산이 크다고 한다.

0811

___ feminization of HIV/AIDS is ___ another worrisome trend. ___ findings from ___ July 2004 Global AIDS conference held in Bangkok reveal that ___ percentage of HIV-infected women is rising on ___ every continent and in ___ every major region in ___ world except Western Europe and Australia.

HIV/AIDS에 감염된 여성이 증가하고 있는 것도 우려할 만한 추세다. 2004년 7월 방콕에서 개최된 글로벌 에이즈 컨퍼런스 Global AIDS conference의 자료에 따르면, HIV에 감염된 여성의 비율은 서유럽과 호주를 제외한 거의 모든 대륙 및 지역에서 증가하고 있는 것으로 나타났다.

0812

___ Young women comprise 75 percent of those between ___ ages of 15 to 24 who are infected with ___ HIV globally.

전 세계에서 HIV에 감염된 15~24세 연령층 중 젊은 여성은 75퍼센트를 차지했다.

0813~0820 Factors Contributing to Equality

연결된 글이니 흐름을 감안해서 관사를 판단해보자

0813

___ broader reform agenda that includes ___ good governance and ___ low unemployment levels is essential to raising ___ status of women in many countries.

수많은 국가에서 여성의 지위를 격상시키는 데 가장 중요한 변수는 건실한 지배구조와 낮은 실업률을 포함한 개혁 아젠다이다.

0814

___ International development experts emphasize that while ___ good governance need not fit ___ Western democratic mold, it must deliver ___ stability through ___ inclusiveness and accountability.

국제개발 전문가들은 건실한 지배구조가 서방국가의 민주주의 틀에 맞출 필요가 없다면 포용과 책임을 통해 안정을 유도해야 한다고 강조한다.

0815

Reducing ___ unemployment levels is crucial because ___ countries already unable to provide ___ employment for ___ male job-seekers are not likely to improve ___ employment opportunities for ___ women.

실업수준을 줄이는 것이 중요한 까닭은 남성 구직자에게 일자리를 제공할 수 없는 국가가 여성에게 고용기회를 늘릴 수 있을 거라는 기대는 어불성설이기 때문이다.

0816

___ spread of ___ information and communication technologies(ICT) offers great promise. According to ___ World Bank analysis, increases in ___ level of ___ ICT infrastructure tend to improve ___ gender equality in ___ education and employment.

정보통신기술(ICT)이 확산된다면 전망은 밝을 것이다. 세계은행이 분석한 결과에 따르면, ICT 기반의 인프라 수준을 높인다면 교육과 고용 면에서 남녀평등에 대한 문제를 개선할 수 있다고 한다.

0817

___ ICT also will enable ___ women to form ___ social and political networks. For ___ regions suffering political oppression, particularly in ___ Middle East, these networks could become ___ 21st century counterpart to ___ 1980s' Solidarity Movement against ___ Communist regime in Poland.

또한 ICT는 여성이 사회/정치적 네트워크를 조성하는 데 보탬이 될 것이다. 정치탄압을 겪고 있는 지역(특히 중동)이라면 이 같은 네트워크는 1980년대 당시 폴란드의 공산주의 정권에 대항한 자유연대운동Solidarity Movement과 같은 역할을 감당할 수 있을 것이다. 이를테면, 21세기판 자유연대운동이랄까.

0818

___ Women in ___ developing regions often turn to ___ nongovernmental organizations (NGOs) to provide ___ basic services. ___ NGOs could become even more important to ___ status of ___ women by 2020 as ___ women in ___ developing countries face ___ increased threats and acquire ___ IT networking capabilities.

개도국 여성들은 '기초서비스(basic service, 미국 연방 통신 위원회FCC에서 규제상 새로운 개념을 확립하기 위해 설정한 통신망 서비스 구분의 하나—옮긴이)'를 제공하는 비정부기구NGO에 의존할 때도 더러 있다. 개도국에서는 신변의 위협을 느끼는 여성과, IT 네트워킹 기술을 습득하는 여성이 늘고 있어 2020년께는 NGO가 여성의 지위를 결정하는 데 매우 중요한 기관이 될 것이다.

0819

___ current trend toward ___ decentralization and ___ devolution of power in ___ most states will afford ___ women ___ increased opportunities for ___ political participation.

대다수 국가의 권력이 이양/분권화되고 있는 추세인지라 여성의 정치참여 기회는 확대될 전망이다.

0820

Despite only ___ modest gains in ___ number of ___ female officeholders at ___ national level—women currently are ___ heads of state in only ___ eight countries—female participation in ___ local and provincial politics is steadily rising and will especially benefit ___ rural women removed from ___ political center of ___ country.

여성 공직자 수는 전국적으로 소폭 증가하고 있지만—국가원수가 여성인 나라는 현재 8개다—지방 정치에 참여하는 여성의 비율은 꾸준히 증가하고 있어, 앞으로는 국가의 정치 중심지에서 배제된 지방 여성들도 정치적 혜택을 누리게 될 것이다.

연결된 글이니 흐름을 감안해서 관사를 판단해보자

0821

___ stakes for achieving ___ gender parity are high and not just for ___ women. ___ growing body of ___ empirical literature suggests that ___ gender equality in ___ education promotes ___ economic growth and reduces ___ child mortality and malnutrition.

남녀평등의 실현을 두고는 득실이 큰데 이는 비단 여성의 문제만은 아닐 것이다. 경험을 토대로 기술한 논문에 따르면, 남녀가 평등한 교육은 경제성장을 촉진시키고 아동사망률과 영향실조를 감소시킨다고 한다.

0822

At ___ Millennium Summit, ___ UN leaders pledged to achieve ___ gender equity in ___ primary and secondary education by ___ year 2005 in ___ every country of ___ world.

밀레니엄 회담에서 유엔 회원국 정상들은 2005년까지 전 세계 모든 나라에서 초/중등교육의 성평등을 이루겠다고 약속한 바 있다.

0823

• By 2005, ___ 45 countries that are not on ___ course to meet ___ UN targets are likely to suffer 1 to 3 percent lower GDP per capita growth as ___ result.

• 2005년까지 유엔의 목표를 달성하지 못하는 45개국은 결과적으로 1인당 GDP가 1~3% 감소될 공산이 크다.

연결된 글이니 흐름을 감안해서 관사를 판단해보자

0824

___ biotechnological revolution is at ___ relatively early stage, and ___ major advances in ___ biological sciences coupled with ___ information technology will continue to punctuate ___ 21st century.

생체기술혁명은 아직 걸음마 수준이지만, 정보기술과 아울러 장족의 발전을 이룬다면 21세기를 더욱 돋보이게 할 것이다.

0825

___ research will continue to foster ___ important discoveries in ___ innovative medical and public health technologies, environmental remediation, agriculture, biodefense, and ___ related fields.

혁신적인 의학/공공보건기술과 환경개선, 농업 및 생체방어 등 관련 분야는 연구를 통해 주요 성과가 계속 육성될 전망이다.

0826

On ___ positive side, ___ biotechnology could be ___ "leveling" agent between ___ developed and developing nations, spreading ___ dramatic economic and healthcare enhancements to ___ neediest areas of ___ world.

긍정적인 측면에서 보면 생체기술은 선진국과 개발도상국의 격차를 '해소하는' 변수가 되며 획기적인 경제/보건기술을 가장 열악한 지역에 보급하는 역할을 할 것이다.

0827

• ___ possible breakthroughs in ___ biomedicine such as ___ antiviral barrier will reduce ___ spread of HIV/AIDS, helping to resolve ___ ongoing humanitarian crisis in ___ Sub-Saharan Africa and diminishing ___ potentially serious drag on ___ economic growth in ___ developing countries like India and China.

• 항바이러스장벽을 비롯한 생체의학의 혁신은 HIV/AIDS의 확산을 감소시켜 사하라 이남 아프리카에서 불거진 인도주의적 위기를 해결하는 데 도움이 될 뿐 아니라, 인도와 중국 등 개도국의 경제성장을 가로막는 걸림돌을 감소시킬 것이다.

0828

___ biotechnology research and innovations derived from ___ continued US investments in ___ Homeland Security—such as ___ new therapies that might block ___ pathogen's ability to enter ___ body—may eventually have ___ revolutionary healthcare applications that extend beyond protecting ___ US from ___ terrorist attack.

미국 정부가 국토안보부에 자금을 투입, 생체기술 연구 및 혁신—이를테면, 세균이 체내에 침투하는 것을 차단하는 새로운 치료법—을 이뤄낸다면 테러 공격으로부터 미국을 보호하는 것 외에도 혁신적인 의료 프로그램을 가동시킬 수 있을 것이다.

0829

• More developing countries probably will invest in ___ indigenous biotechnology developments, while ___ competitive market pressures increasingly will induce ___ firms and research institutions to seek technically capable partners in ___ developing countries. However, even as ___ dispersion of ___ biotechnology promises ___ means of improving ___ quality of life, it also poses ___ major security concern. As ___ biotechnology information becomes more widely available, ___ number of people who can potentially misuse such ___ information and wreak widespread loss of life will increase. ___ attacker would appear to have ___ easier job— because of ___ large array of ___ possibilities available—than ___ defender, who must prepare against them all. Moreover, as ___ biotechnology advances become more ubiquitous, stopping ___ progress of ___ offensive BW programs will become increasingly difficult. Over ___ next 10 to 20 years there is ___ risk that advances in ___ biotechnology will augment not only ___ defensive measures but also ___ offensive biological warfare(BW) agent development and allow ___ creation of advanced biological agents designed to target ___ specific systems—___ human, animal, or crop.

• 개도국들은 독자적인 생체기술개발에 투자하겠지만, 시장의 경쟁이 점차 치열해지면 기업과 연구소는 또 다른 개발도상국에서도 유능한 파트너를 찾을 것이다. 생체기술이 보급되면 삶의 질은 향상되겠지만 보안을 걱정해야 할 수도 있다. 생체공학 정보가 널리 확산된다면 이를 악용하여 목숨을 빼앗으려는 사람도 증가할 것이기 때문이다. 이때 공격하는 쪽이 방어하는 쪽보다는 유리할 것으로 보인다(수많은 가능성 중 하나만 활용해도 되는 공격과는 달리 방어는 이를 모두 대비해야 한다). 게다가 생체기술이 좀 더 보편적으로 발전하는 탓에 BW(세균전)의 공격 프로그램은 막기가 훨씬 어려울 것이다. 향후 10~20년간 생체기술이 발전하면 방어뿐 아니라 공격용으로 쓸 세균도 '업그레이드'되어, 인간이나 동물 혹은 농작물을 살상하는 첨단작용제가 개발될 것이다.

0830

Lastly, some biotechnology techniques that may facilitate ___ major improvements in ___ health also will spur ___ serious ethical and privacy concerns over such ___ matters as ___ comprehensive genetic profiling; ___ stem cell research; and ___ possibility of discovering DNA signatures that indicate ___ predisposition for disease, ___ certain cognitive abilities, or ___ anti-social behavior.

끝으로, 건강을 개선시킬 수 있는 생체기술 또한 윤리성과 프라이버시를 둘러싼 논란을 증폭시킬 것이다. 예컨대, 포괄적인 유전자분석genetic profiling과 줄기세포연구를 비롯하여, 질병이나 인지력 혹은 반사회적 성향을 암시하는 'DNA 서명DNA signitures'에 대한 가능성을 두고 하는 말이다.

0831

___ 6 percent of South Koreans make ___ payments using their mobile phones. ___ world average is under ___ 5 percent.

이동전화로 결제하는 한국인은 전체의 6퍼센트를 차지하나 전 세계의 평균은 5퍼센트를 넘지 않는다.

0832

___ 57 percent of ___ South Korean music sales were digital in 2006, versus ___ 10 percent in ___ United States. ___ 26 percent of ___ South Koreans listen to music on their mobile phones, versus ___ 4 percent in ___ United States.

2006년 한국과 미국에서 디지털방식으로 올린 음반매출은 각각 57퍼센트와 10퍼센트이다. 또한 이동전화로 음악을 즐기는 한국인은 26퍼센트, 미국인은 4퍼센트를 차지했다.

0833

___ 37 percent of ___ South Koreans download games to their mobile devices, versus ___ 10 percent in ___ United Kingdom. ___ 15 percent of ___ South Koreans play ___ video games on their mobile phones every day.

이동단말기에 게임을 내려 받는 한국인과 영국인은 각각 37퍼센트와 10퍼센트를 기록했다. 이동전화로 비디오게임을 매일 즐기는 한국인은 15퍼센트에 달한다.

0834

___ 20 percent of ___ South Korean mobile subscribers use ___ Internet search engine on their mobile phones. ___ 14 percent check ___ weather that way.

한국인 중 이동전화로 인터넷을 검색하는 사람은 20퍼센트이며 당일 날씨를 확인하는 사람은 14퍼센트에 그쳤다.

0835

___ 40 percent of ___ South Korean youth text message in ___ class, with ___ 33 percent of them sending over ___ 100 text messages per ___ day.

한국 청소년 중 약 40퍼센트는 학교에서 문자메시지를 보내며 매일 100건 이상을 보내는 청소년은 무려 33퍼센트에 이른다.

0836

___ 30 percent of ___ South Koreans upload pictures from their camera phones to ___ social networking sites, versus ___ 10 percent in ___ United Kingdom.

카메라폰으로 찍은 영상을 인터넷 친목도모 사이트에 올리는 영국인은 전체 인구의 10퍼센트인데 반해, 한국인은 30퍼센트 가까이 된다.

0837

___ 42 percent of ___ South Koreans use ___ MMS(i.e., like text messaging, but with pictures or video), versus ___ 19 percent of ___ Germans. And ___ 97 percent of ___ South Koreans buy ___ ring tones, versus ___ 7 percent of ___ Germans.

MMS(사진/동영상 기능이 추가된 문자메시지를 일컫는다)를 이용하는 한국인은 약 47퍼센트이며 독일인은 19퍼센트이다. 또한 휴대폰 벨소리를 구입한 적이 있는 한국인은 전체의 97퍼센트에 육박하나 독일인은 7퍼센트에 불과했다.

0838

___ 43 percent of ___ South Koreans maintain ___ blog or ___ social networking profile, versus ___ 21 percent in ___ United States. ___ industrialized world average is about ___ 10 percent.

블로그나 인터넷 동호회를 관리하는 한국인과 미국인은 각각 43퍼센트와 21퍼센트를 차지했다. 선진국 평균은 10퍼센트 정도 된다.

0839

That South Korea is ___ first or among ___ first countries to achieve such ___ high level of broadband access—wire and wireless—could easily be dismissed as simply ___ logical consequence of ___ population living in ___ dense urban environments in ___ geographically small country, both of which greatly reduce ___ cost of deploying ___ broadband networks.

'땅이 좁은 데다 도시 인구밀도가 높다는 지리적 환경 탓에 광대역 네트워크의 보급 비용이 매우 낮다'는 점을 지적하며 유/무선 초고속 인터넷의 선두주자라는 한국의 성과를 일축할 수도 있을 것이다.

0840

South Korea used its geographic, cultural, and regulatory environment to roll out ___ wireless applications in ___ early 2000s (e.g., ___ television, ___ GPS, and ___ ring tones on ___ mobile phones) that came to ___ United States only recently.

2000년대 초, 한국은 무선애플리케이션(텔레비전방송, GPS(위치추적시스템), 이동전화 벨소리 등)을 선보이기 위해 – 미국은 이제야 그러고 있지만 – 지리/문화 및 규제환경을 적절히 이용했다.

0841

Does what is happening over there affect what will happen here? Isn't ___ United States ___ technology innovator, with Asia just focused on lowering ___ cost of producing our innovations?

'정말 한국이 미국에 영향을 줄 거란 말인가?' '기술혁신 국가는 단연 미국이라야 옳지 않을까?' '아시아는 우리가 다 '차려놓은' 기술의 생산비를 낮추는 데만 관심이 있으니 말이다.'

0842

But ___ wireless technology is different. ___ Asians, from both ___ biggest and wealthiest countries to those still with ___ emerging economies, are ___ innovators as well as ___ low-cost manufacturers.

그러나 무선 기술은 좀 다르다. 선진국과 신흥국가를 떠나 아시아 국가는 모두 혁신을 주도하며 제조비용을 낮추고 있다.

0843

There was ___ time not long ago that ___ MNOs in ___ United States largely dismissed ___ Japanese advances in ___ industry. ___ Asians might want to send ___ text messages, watch ___ video on their phones, or buy ___ ring tones, but not Americans, some MNOs believed.

얼마 전 미국 이동통신업체는 일본이 업계에서 선전하고 있다는 주장을 전격 부인했다. 일부 사업자들은 "일본인은 이동전화로 문자메시지를 보내거나 동영상을 보거나 벨소리를 구입할지 모르나 미국인은 그런 소일거리에 관심이 없다"며 반박했다.

0844

___ ubiquitous connectivity for ___ handheld mobile devices will mean that we will be able to access everything on ___ World Wide Web anywhere, anytime we want.

휴대용 단말기로 언제 어디서든 인터넷에 접속할 수 있는 기능을 가리켜 '유비쿼터스 커넥티비티'라 한다.

0845

We should all be interested in ___ future because we have to spend ___ rest of our lives there.

미래는 여생을 보내야 할 곳이기에 관심을 가져야 하는 것이 당연하다.

0846

To those who don't know any better, ___ wireless revolution looks alive and well in ___ United States. ___ handheld mobile devices are relatively inexpensive.

세상일에 밝지 않은 사람들에게는 통신혁명이 미국에서 활발하게 진행하고 있는 것처럼 보일 것이다. 휴대용 단말기가 비교적 저렴하니 말이다.

0847

Talking is what most Americans do with their phones. And why not? ___ Phone comes from ___ Greek phonos, meaning ___ "sound." But when I say we are still waiting for ___ wireless, I'm talking about ___ complete migration from ___ idea of ___ cellular phone to ___ mobile device.

미국인들은 통화 외에는 휴대폰으로 하는 일이 거의 없다. 어쩌면 당연한 얘기다. '폰phone'은 '소리sound'라는 뜻의 그리스어 '포노phono'에서 유래했으니까. 그러나 '통신혁명'을 기다린다는 말은 휴대폰 개념에서 이동식 기기로의 완벽한 '전환'을 가리킨다.

0848

For people choosing stocks to invest in through ___ charts of their price and volume, there is ___ cliche: "___ trend is your friend." Warren Buffett has made billions proving this is not always true when ___ trend is downward; and ___ burst of ___ tech stock bubble in 2000–001 proved that ___ upward-sloping trends are not sustainable forever either.

"주가동향은 못 속이지." 종목별 주가/거래량 차트를 보고 투자하는 사람들이 으레 내뱉는 말이다. 물론 워렌 버핏은 주식시세가 하향곡선을 탈 때 수십억을 챙김으로써 이를 반증했고 2000년과 그 이듬해에 걸쳐 '거품이 빠져버린' 기술주는 '상승세를 거듭하던 주식동향도 영원하지 않다'는 교훈을 남겼다.

0849

___ efficiency in ___ wireless spectrum basically means getting more data packed into ___ same amount of ___ bandwidth. Think of this as changing your brand of ___ gasoline and getting double ___ miles per ___ gallon.

효율적인 무선 주파수는 같은 대역폭에 얼마나 많은 데이터를 담아내느냐가 관건이다. 예컨대 갤런 당 갈 수 있는 거리가 두 배로 뛰는 가솔린 브랜드로 바꾼다고 보면 된다.

0850

___ migration from wires to wireless means—most importantly—___ mobility and ___ ubiquitous access to everything ___ World Wide Web has to offer. Just as ___ wired broadband to ___ home enabled workers to telecommute (less traffic) or simply work either more or at all hours of ___ day or night—or both (less work-life balance)—___ true mobility will have ___ same or more impact on our society and culture.

유선에서 무선으로 이행한다는 것은 이동하는 동시에 인터넷상의 모든 정보를 때와 장소를 가리지 않고 접속할 수 있다는 뜻이다. 가정용 유선 초고속 인터넷이 재택근무를(교통량 감소) 가능케 했고 업무량을 늘리거나 주간 근무를 선택 – 혹은 이를 병행(일과 생활의 균형이 파괴) – 할 수 있게 했던 것처럼 이동성도 사회문화에 크게 영향을 미칠 것이다.

0851

___ e-mail turned out to be ___ killer application for ___ personal computers—___ reason everyone had to have ___ PC. There has been ___ similar discussion about ___ wireless: what is ___ killer application for ___ handheld mobile devices?

이메일은 컴퓨터의 킬러 애플리케이션(등장하자마자 경쟁상품을 몰아내고 시장을 완전히 재편하는 제품이나 서비스를 말한다)이 나—컴퓨터를 반드시 장만해야 할 이유가 된다—다름없다. 무선통신을 두고도 '휴대용 이동식 단말기의 킬러 앱은 무엇일까?' 라는 논의가 있었다.

0852

___ revolutions occur for ___ reason, and this holds true for ___ wireless revolution. ___ e-mail was ___ cause for ___ personal computer revolution—___ consumers needed to buy ___ computer to send and receive ___ e-mail.

혁명이 일어나는 이유가 한 가지인 것처럼 통신혁명도 그러하다. 아울러 이메일은 컴퓨터 혁명의 원인이었다. 이메일을 주고받으려면 컴퓨터를 사야 했기 때문이다.

0853

___ cars gave us ___ mobility and caused ___ revolution. ___ airplanes increased ___ mobility and caused ___ revolution. More people own ___ mobile phones than own ___ cars or ___ personal computers. More people use them to connect to ___ world than fly on ___ planes.

자동차의 출현으로 이동이 잦아진 인류는 혁명을 일으켰고 이동범위를 넓힌 항공기역시 혁명의 원인이 되었다. 또한 자동차 혹은 컴퓨터 보유 인구보다는 이동전화 가입자가 훨씬 증가하고 있으며 항공여행객보다 이동전화로 세상에 접속하는 사람들이 더 늘고 있다.

0854

When ___ distinguished and elderly scientist says something is possible, he is almost certainly correct; when he says something is impossible, he is very probably wrong.

저명한데다 나이도 지긋한 과학자가 "가능하다"고 예측하면 거의 들어맞는다. 그러나 "불가능하다"고 말하면 틀렸다고 봐야 한다.

0855

What's wrong with ___ way we've always done it? As ___ number of wireless subscribers increases and ___ number of ___ high-bandwidth applications increases, why not just build more and more cell towers to satisfy demand?

늘 그래왔는데 뭐 그리 새삼스럽게 말하느냐고 반문할지는 모르지만, 휴대폰 가입자뿐만 아니라 고대역 응용프로그램의 가짓수도 늘어나고 있는 마당에 수요를 충족할 수 있도록 셀탑을 늘리지 않는 까닭이 대체 무엇일까?

0856

Given all ___ growth in ___ number of ___ wireless subscribers, and ___ everrising expectations we have about where our mobile phones should work, it is not surprising that MNOs are driving around ___ country asking, "Can you hear me now?"

휴대폰 가입자와 이동전화의 송수신 범위에 대한 기대치가 날로 증가한다는 점을 감안해볼 때 이동통신업체가 "잘 들리세요?"라고 물으며 전국을 다닌다는 건 당연한 일이다.

0857

In addition to ___ lower mobile-phone bills, ___ differences between ___ kinds of network technology in ___ use can have ___ considerable impact on ___ connectivity of ___ network's users.

줄어드는 휴대폰 요금과 더불어 사용하는 '네트워크 기술의 차이'도 네트워크 유저의 연결성에 큰 영향을 미칠 수 있다.

0858

Our current mobile networks, whether they are ___ 1G, 2G, 2.5G, or ___ 3G networks, are ___ cellular systems: ___ series of slightly overlapping circles or cells with ___ tower in ___ middle and boundaries based on ___ range of each tower.

현재 이동통신네트워크는 – 1, 2, 2.5, 혹은 3세대 네트워크 – 통화구역방식을 따른다. '통화구역방식'이란 하나의 셀탑을 중심으로 원이나 구역이 약간씩 중첩되는 방식을 일컫는다.

0859

___ advantage to ___ cellular technology is that given enough time and money, MNOs can build ___ nationwide networks, which most of ___ big MNOs have done. But there are ___ disadvantages too.

이동통신기술의 장점은 시간과 자금이 충분하다면 통신업체가 전국에 네트워크를 설치할 수 있다는 것이다. 요즘 대부분의 거대 통신기업들은 전국에 네트워크를 보유하고 있다. 물론 단점도 있다.

0860

___ nature provides ___ free lunch, but only if we control our appetites.

자연은 인간이 식탐을 줄여야 점심을 무료로 대접한다.

0861

Of ___ three revolutions I describe in this book, ___ paperless one is both ___ easiest and hardest to envision.

이 책에서 언급한 3대혁명 중 '문서혁명paperless'은 상상하기가 쉽지만은 않다.

0862

We're already sending billions more paperless e-mails than we are ___ letters. But ___ wireless revolution was inspired by our need for ___ mobility and ___ convenience that results, so we gladly sign ___ two-year service agreements and pay ___ lot of money for our wireless service.

우리는 편지보다 이메일을 수십억 통 더 많이 보내고 있다. 무선통신의 여파로 기동성과 편리성이라는 두 마리 토끼를 잡을 수 있다는 생각에 소비자는 흔쾌히 2년 약정에 '사인' 하고 막대한 돈을 무선전화 서비스에 쏟아 붓는다.

0863

___ path toward ___ paperless society may require ___ Moses-like forty-year trek through ___ desert. ___ generation that brought us computers and ___ volume of paper they produce might have to be replaced by ___ generation that better understands how computers and ___ Internet can actually reduce ___ paper consumption.

전자문서사회로 이행하려면 모세처럼 40년간 광야생활을 해야 할지도 모르겠다. 컴퓨터와 종이를 무진장 쏟아냈던 세대는 컴퓨터와 인터넷이 종이를 줄일 수 있는 비결을 잘 알고 있는 세대에 자리를 양보할 것이다.

0864

Most of you are probably reading this on ___ paper in ___ traditional book, with ___ cover, page numbers, and no hard drive or flash memory. You like ___ books. So do I.

여러분은 대개 이 책을 하드 드라이브나 플래시메모리 없이 '오프라인' 으로 읽을 것이다. 종이책이 좋으니까. 나도 그렇다.

0865

___ heavily hyped paperless office never materialized either. Many of my colleagues (and probably yours too) still print office memos and put them in my mailbox.

서류가 모조리 증발해버린 허황된 사무실은 실현불가능하다. 동료 대다수는(당신의 동료도 그럴 것이다) 여전히 공지사항을 인쇄해서 내 우편함에 넣고 있다.

0866

___ paper is no longer ___ big part of my day. I get 90 percent of my news online, and when I go to ___ meeting and to jot things down, I bring ___ Tablet PC. It has ___ note-taking piece of ___ software called ___ OneNote, so all my notes are in ___ digital form.

종이가 차지하는 비중이 대폭 줄었다. 세계가 돌아가는 소식 중 약 90퍼센트를 인터넷으로 접하고 있으며 회의 때 끼적대는 메모도 '태블릿 PC' 로 해결하고 있으니 말이다. '원노트' 라는 필기용 소프트웨어가 내장돼있어 메모는 모두 디지털로 저장된다.

0867

My fifteen-year-old son has ___ terrible handwriting, something he likely inherited from his father. I spent many hours of my own childhood—against my will—trying unsuccessfully to improve my handwriting.

이제 열다섯이 된 아들은 나를 닮아서 그런지 글씨를 엉망으로 쓴다. 소싯적 글씨를 예쁘게 써보겠다고 – 그러고 싶진 않았지만 – 많은 시간을 투자했으나 헛수고였다.

0868

This is not to suggest that ___ people will stop writing, but rather that they will be able to stop writing in ___ longhand if they so choose.

글씨를 아예 쓰지 않을 거란 얘기가 아니라 글씨를 차분하게 쓰는 일은 없어질 거란 얘기다.

0869

So too with ___ migration from ___ paper to ___ digital content. People will still have ___ printers on their desks to change their bits into ___ atoms, bring ___ hard-copy notes to ___ meetings, and later file them away in ___ manila folders.

종이에서 디지털 콘텐츠로 이행하는 과정도 마찬가지다. 사람들은 책상 위에 둔 인쇄기로 '디지털'을 '잉크'로 변환하거나 회의 메모를 복사하거나 이를 서류철에 묶어두기도 한다.

0870

There are dozens of ___ websites in this book that, if you were reading it in ___ digital format, could be links that would take you somewhere else with ___ click of ___ mouse.

이 책에는 수십 개의 웹사이트가 수록되어 있는데, 책을 디지털로 읽고 있다면 클릭으로 이동할 수 있는 링크가 있을 것이다.

0871

Let' say there is ___ graph in this book, or ___ couple of ___ paragraphs that you' like to share with ___ colleague. What are you going to do?

동료에게 보여주고 싶은 그래프나 단락이 한두 개 정도 있다면 어떻게 하겠는가?

0872

___ paperless doesn't mean ___ end to ___ books or magazines or newspapers or children's coloring books or family photo albums. ___ paperless doesn't mean ___ end to ___ business cards, wall calendars, diplomas, maps, or ___ manila folders.

문서혁명은 책이나 잡지, 신문, 아동서적, 혹은 가족 앨범이 세상과 작별을 고하거나, 명함과 달력, 학위증, 지도, 그리고 서류철이 사라진다는 뜻이 아니다.

0873

What has changed is that ___ content that was until recently only in ___ paper form—newspapers, magazines, books, photos, etc.—will also be digitized for ___ easy and timely sharing.

최근까지 종이를 써야 했던 콘텐츠가 – 신문, 잡지, 책, 사진 등 – 편리하고 시기적절하게 공유할 수 있도록 디지털화되고 있다.

0874

To me, ___ paperless means ___ digital content that is easy to share. And it's free, or at least ___ incremental cost of sharing it is zero. ___ studies show that people read around 10 MB worth of material ___ day, hear 400 MB ___ day, and see 1 MB of ___ information every second.

공유가 편리한 디지털 콘텐츠가 바로 문서혁명의 실체라고 생각한다. 무료로 이용하거나 혹시 유료라도 추가비용은 전혀 들지 않을 것이다. 한 연구에 따르면 사람들은 하루에 약 10메가바이트와 400메가의 정보를 읽고 들으며 초당 1메가의 정보를 보는 것으로 나타났다.

0875

I think many people cannot even envision ___ paperless world. When I asked, "When you left ___ house this morning, what did you carry?" probably you gave ___ answers that relate to ___ wireless (your mobile phone) and ___ cashless (your purse or wallet with ___ credit and debit card or two). You didn't say anything paperless.

문서혁명이 도래한 세상은 떠올리기가 쉽지는 않을 것 같다. "오늘 아침 집을 나오면서 무엇을 챙겼는가?" 묻는다면 답변은 아마 '통신혁명(이동전화)' 및 '금융혁명(신용카드나 직불카드가 한두 개 들어있는 지갑이나 핸드백)'과 관계가 깊을 것이다. 하지만 문서혁명을 두고는 딱히 할 말이 없다.

0876

You are, however, far more paperless than you were ___ few years ago. You're sending more e-mails and fewer letters. You've probably sent ___ few e-cards to friends and therefore made fewer trips to ___ Hallmark store.

그러나 몇 년 전과 비교해보면 종이 씀씀이가 줄어든 것만은 확실하다. 예를 들어, 일반우편보다는 이메일이나 '전자카드'를 보낸 탓에 팬시점에 들르는 빈도는 줄었을 것이다.

0877

___ notion that ___ trend toward paperless matters less than wireless may change.

종이소비가 감소하는 추세는 무선기술의 발전보다는 덜 중요하다고 본다.

0878

___ technology is giving us ___ options to reduce or eliminate much of ___ paper we use today so as to enjoy ___ cost savings of being paperless.

기술은 요즘 사용하는 서류의 상당량을 줄이거나 제거할 수 있는 대안을 마련함으로써 문서혁명의 비용절감 혜택을 유도해냈다.

0879

Take ___ look around your own company's office supply room. What do you see that could be eliminated if your firm were to adopt ___ path toward paperless?

탕비실을 한번 둘러보라. 회사가 문서혁명을 수용한다면 무엇부터 제거해야 할까?

0880

___ cost savings of going paperless extends outside your walls to both sides of your global supply chain. Can you interact with your vendors more efficiently without ___ paper?

비용절감 효과는 사무실에서 전 세계의 유통공급망까지 확대된다. 서류 없이 납품업체와 좀더 효율적으로 거래할 수 있는가?

0881

Also in January 2007, ___ television commercials for ___ two different U.S. companies show ___ opposite ends of ___ paper vs. paperless continuum.

2007년 1월, 두 개의 미국 회사가 제작한 텔레비전 광고는 서류의 유무에 따른 결과를 극단적으로 보여주었다.

0882

___ computer industry has been telling us for years that ___ computers will enhance our productivity, and ___ lots of ___ statistics bear this out.

컴퓨터업계는 컴퓨터가 생산성을 향상시킬 거라고 수년간 귀에 못이 박이도록 설득했고 수많은 통계수치가 이를 뒷받침했다.

0883

It doesn't have to be that way. ___ paperless doesn't mean ___ end of storage, just ___ end of ___ need for filing cabinets.

그럴 필요가 없는데도 말이다. 문서혁명은 '보관함'이나 서류함의 필요성마저 송두리째 날려버리자는 게 아니다.

0884

Equally anachronistic is ___ still all-too-common fax machine.

팩스가 흔히 사용되고 있다는 것 역시 시대착오적인 현실이다.

0885

If you are not set on storing your paper in ___ manila folders stuffed in ___ file cabinets or ___ storage boxes, your company may want to explore ___ online storage options.

보관함이나 서류함에 빼곡히 들어찬 서류철을 탈피하고 싶다면 온라인 저장수단을 이용해봄직하다.

0886

Regardless of ___ trust issues at play, ___ online storage industry as ___ whole is currently experiencing ___ tremendous growth. According to ___ recent IDC report, ___ revenue for this emerging market will reach $715 million by 2011, representing ___ 33.3 percent compound annual growth between 2006 and 2011.

신뢰문제를 떠나, 온라인 저장업계는 대체로 괄목할 만한 성장세를 보이고 있다. 최근 내놓은 IDC(집적정보통신시설사업자) 보고서에 따르면, 2011년 신흥시장의 수입은 7억1천500만 달러에 달해 2006년에서 2011년까지는 연간 종합 성장률이 33.3퍼센트에 이를 것으로 나타났다.

0887

In Whatever Happened to ___ Paperless Office, Matt Bradley points out that he saw ___ signs of ___ progress in ___ near future, but he qualified ___ progress.

매트 브래들리는 「서류 없는 사무실」에서 가까운 미래에 펼쳐질 발전의 징후를 보았지만 이를 다음과 같이 밝혔다.

0888

We must not, in trying to think about how we can make ___ big difference, ignore ___ small daily differences we can make which, over time, add up to ___ big differences that we often cannot foresee.

큰 변화를 일으키고 싶다면 일상의 소소한 변화에도 주의를 기울여야 한다. 지금은 잘 모르겠지만 계속 쌓이다보면 언젠가는 큰 변화를 일으킬 수 있기 때문이다.

0889

With ___ paperless revolution, like many other green initiatives, ___ progress in ___ United States is often offset by ___ increases in ___ consumption elsewhere, particularly ___ rapidly developing economies of Brazil, China, India, Russia, Vietnam, and much of ___ Eastern Europe.

수많은 환경캠페인과 마찬가지로, 브라질과 중국, 인도, 러시아, 베트남, 그리고 동부유럽의 다수 국가를 비롯한 신흥국가의 소비가 늘어난다면 미국의 문서혁명이 무색해질 수도 있다.

0890

After rising steadily over years, ___ worldwide paper consumption has flattened in this century. In ___ richest countries, ___ consumption fell 6 percent between 2000 and 2005, from ___ 531 to ___ 502 pounds (241 to 228 kilograms) ___ person.

수년 동안 전 세계의 종이 소비량은 일정치를 유지해왔다. 선진국에서는 2000년과 2005년 사이 일인당 531에서 502파운드(241에서 228 킬로그램)로 약 6퍼센트 감소했다.

0891

Certainly even ___ fully paperless world won't solve all our environmental problems. We may kill ___ fewer trees, but our mobile phones, external storage devices, and big-screen monitors all use more energy than ___ piece of ___ paper in ___ manila folder.

종이가 완전히 사라졌다고 해서 환경문제가 해결되는 것은 아니다. 나무 몇 그루라도 덜 죽일지는 모르나 서류보다 더 많은 에너지를 '잡아먹고' 있는 것은 이동전화와 외장형 저장매체, 그리고 대형스크린 모니터이다.

0892

___ Newton's third law of ___ motion states that "For ___ every action there is ___ equal and opposite reaction."

뉴턴의 제3법칙에 따르면 '운동하는 물체에는 작용과 반작용하는 힘이 있다' 고 한다.

0893

In South Korea, ___ government has been at ___ forefront of ___ effort there to promote ___ consumer confidence in ___ paperless economic transactions.

한국 정부는 서류 없는 상거래의 소비자 신뢰도를 높이는 데 솔선해왔다.

0894

It's telling, however, that ___ one of ___ most digital nations on ___ Earth couldn't move beyond ___ paper for ___ commercial transactions before ___ government changed regulations and created ___ Certified e-Document Authority(CeDA).

그러나 정부가 규제정책을 조정하여 공인전자문서보관소(CeDA)를 설치하지 않았다면 디지털 국가로 자리 잡은 한국이라도 상거래만큼은 '종이'를 탈피하지 못했을 것이다.

0895

Whether your motivations for promoting ___ paperless office are to facilitate ___ flow of ___ data, reduce ___ costs, or help your company go green, I caution you that you'll have to be ever diligent or face ___ charge of ___ hypocrisy from your less-enlightened colleagues.

여러분이 종이가 사라진 사무실을 장려하려는 동기가 – 원활한 데이터 교환이나, 비용절감 혹은 친환경기업 창출 – 무엇인지는 잘 모르겠으나 한 가지 주의해야 할 점은 시대조류에 '뒤떨어지는' 동료로부터 '위선자' 취급을 당하지 않으려면 부지런해져야 한다는 것이다.

0896

___ one feature of ___ Web 2.0 seems to be enhancing ___ aspects of paperless in ___ form of digital libraries for ___ users' content.

웹 2.0의 한 가지 특징은 콘텐츠가 '디지털 도서관'의 형태로 존재하는 탓에 서류사용이 점차 줄어든다는 것이다.

0897

___ migration of this Web 2.0 application (photo sharing) to ___ Paperless Web 2.0 application might be as simple as auto-uploading, meaning you take ___ picture with your camera phone and it will be automatically sent to ___ Flickr-like site.

기존의 웹 2.0(사진공유)에서 종이 없는 웹 2.0으로 이행하는 것은 자동업로드처럼 편리할 수도 있다. 다시 말해서, 카메라폰으로 찍은 영상이 공유사이트(Flickr 등)로 자동 전송된다는 뜻이다.

0898

___ Web 2.0 is inherently digital and thus inherently paperless. ___ Web logs (blogs), ___ online diaries that encourage discussion and rebuttal, are already widely influential in ___ worlds of ___ politics, ___ communication, and ___ celebrity.

웹 2.0은 애당초 디지털인 탓에 전자문서화는 어쩌면 당연한 결과였다. 또한 갑론을박을 유도하는 온라인 '일기diaries' 블로그는 이미 정치, 소통 및 연예계에 널리 영향을 끼치고 있다.

0899

For ___ successful technology, ___ reality must take ___ precedence over ___ public relations, for ___ nature cannot be fooled.

기술로 성공하려면 '홍보'보다는 '현실'을 먼저 감안해야 한다. 운이 좋아서 되는 일은 없기 때문이다.

0900

Dunder Mifflin, ___ fictional paper supply company featured in ___ U.S. television series ___ Office, is officially "as green as we have to be."

미국 드라마 '오피스'에 등장하는 사무용지 공급회사 던더 미플린의 정식 구호는 '힘닿는 데까지 푸르게'이다.

0901~0950 Girl's Passage, Father's Duty(The King's Daughter)
연결된 글이니 흐름을 감안해서 관사를 판단해보자

0901

There once was ___ mighty king who ruled over ___ vast kingdom. His every-expanding domain was breathtakingly beautiful: ___ snow-capped mountains, fertile farmlands, pristine streams, and ___ immense oceans brimming with ___ life. Much to ___ delight of his subjects, ___ King's world overflowed with ___ countless plants, animals, fish, birds, and other marvelous creatures.

옛날 옛적, 절대 권력을 가진 왕이 대국을 다스리고 있었다. 그가 줄곧 넓혀온 영토에는 숨이 막힐 듯 아름다운 절경이 – 이를테면, 흰 눈이 화사하게 덮인 산과 비옥한 농지, 졸졸 흐르는 강줄기에 생명이 출렁이는 광활한 대양까지 – 펼쳐졌다. 무엇보다도 헤아릴 수 없이 풍부한 동식물과 어류, 조류 및 온갖 기묘한 생물들이 백성들의 마음을 흡족케 했다.

0902

Now ___ great King loved all of his creation. However, his deepest love was reserved for his children, ___ young ones who inhabited his lands. Each was precious in his sight. Moreover, each played ___ unique role in ___ expansion of ___ kingdom.

왕은 피조물을 모두 사랑했으나 자녀에 대한 사랑만은 그 무엇과도 비교할 수 없을 만큼 지극했다. 아이들은 '눈에 넣어도 아프지 않을' 소중한 녀석들인 데다 영토 확장에도 일익을 담당해왔다.

0903

Therefore, ___ King designed ___ unique plan to insure that ___ each one grew in ___ safety, gaining ___ knowledge and ___ wisdom with each passing day. His brilliant design left little to ___ chance, especially when it came to his daughters.

이에 왕은 자녀의 지식과 지혜가 배가되고 아무 탈 없이 자랄 수 있도록 특별한 계획을 세워두었다.

0904

You see, ___ each daughter was assigned ___ guard who loved and protected her as his own. These gentle warriors served as ___ representatives of ___ King, sworn to mirror his kindness, goodness, love and provision.

특히 딸아이는 좀더 세심하게 배려하여 제 딸처럼 아끼고 사랑할 호위병을 각각 배정해두었다. 관대한 전사들은 왕의 대리인으로서 자비와 선과 사랑 및 넉넉한 아량을 베풀 것을 맹세했다.

0905

___ process of connecting ___ daughters to their protectors was deeply moving for everyone involved. As each girl took her initial breath, her warrior stood watching. His first act was to lift her aloft in ___ tribute to her King.

호위병에게 딸아이를 맡기는 의식은 당사자 모두에게 감동의 순간이었다. 아기가 첫 숨을 내쉬기까지 곁에서 이를 지켜본 전사들은 갓난아기를 높이 들어 올리며 왕에게 경의를 표했다.

0906

Next, ___ warrior held ___ daughter in his arms, looked deeply into her tiny eyes, and spoke forth his solemn pledge to protect, guide, teach and love her from that moment on. ___ plan had never failed before.

그러고는 공주를 두 팔로 감싸 안으며 작디작은 두 눈을 응시했다. 앞으로 왕의 딸을 지키고 가르치며 사랑하겠노라고 다짐하면서…. 계획이 좌절된 적은 여태 없었다.

0907

One day, it was announced that ___ new daughter was to be born, and immediately ___ King called her protector into his presence.

어느 날, 출산 소식이 알려지자 왕은 즉시 딸아이를 호위할 병사를 호출했다.

0908

Speaking quietly, in ___ solemn tones, ___ King charged ___ warrior with his sacred duty. "I have selected you for this vital task," ___ King announced. "You have all that you need to successfully watch over my daughter.

그는 위엄이 묻어나는 목소리로 신성한 의무를 전사에게 위임했다. "네게 중차대한 일을 맡기노라. 내 딸을 돌보는 데 모자란 점은 없으리라 생각한다.

0909

You have been granted many weapons with which to protect her. Your words have ___ power to bring ___ comfort and to ward off ___ fear. Your hands have ___ power to heal her wounds and to build within her ___ sense of ___ confidence, so that she can do all that I ask of her.

이미 많은 무기를 갖추었고 언변에는 위로와 평안을 불러오는 힘이, 손에는 상처를 치유하고 자신감을 심어주는 능력이 있을 테니 내 기대에 부응할 수 있는 딸로 키우라."

0910

"And never forget," ___ King said, "you may also call upon me if you ever become confused about what to do. Ask me for ___ help and I will answer."

"혹시 네 본분을 모르겠다면 주저하지 말고 짐을 불러야 할 것이다. 도움을 구하면 내가 친히 응답하리라."고 왕이 덧붙였다.

0911

___ King looked upon ___ warrior, one of his trusted sons, with ___ pride that only ___ father can comprehend. Smiling, His Majesty reached forth his mighty hand and touched ___ warrior gently on his forehead. ___ wonderful warmth filled ___ man, imparting ___ wisdom, courage, compassion, and ___ love for ___ daughter that he had not yet seen.

그는 아버지만이 이해할 수 있는 자부심을 갖고 듬직한 아들 같은 전사를 바라보았다. 그러고는 씩 웃으며 전사의 이마에 살포시 손을 댔다. 그러자 따뜻한 기운이 그를 감싸며 지혜와 용기와 아량뿐 아니라 초면임에도 딸아이를 향한 사랑이 그에게 전달되었다.

0912

"Take ___ care of my daughter," His Majesty said. "You have many other duties in this life; however, none is more important than this. Remember, until I send ___ another to take your place, her life is in your hands."

"내 딸을 부탁하노라. 감당해야 할 일이 많겠지만 이보다 더 중대한 일은 없을 것이다. 후임을 보내기 전까지 공주의 목숨은 네 손에 달렸다는 것을 명심하거라."

0913

At this, ___ warrior fell to his knees and softly said, "I will not fail you." Then ___ great King said something ___ warrior did not expect. "For years now, you have been called by many different names.

전사는 무릎을 꿇고 나지막한 목소리로 말했다. "실망시키지 않겠습니다. 폐하." "지금껏 너는 다양한 이름으로 불렸느니라.

0914

However, in ___ morning when my new daughter arrives, your name will be forever changed. From then on, you will be called by ___ most special name. Your new name will be ___ Father."

그러나 공주가 태어난 오늘 아침부터는 짐이 특별히 '아버지'라는 영원한 이름을 하사할 것이다."

0915

At this ___ warrior trembled momentarily, gathered his strength, and then stood ramrod straight. "Yes, my King," he replied. "This too is ___ great honor. I am proud to be called ___ Father."

순간 전율한 전사는 다리에 힘을 주어 몸을 곧추 세웠다. "예, 그렇게 하겠습니다, 폐하. 아버지라고 불리니 영광입니다."

0916

Elated, ___ Father could not sleep much during ___ night. He could not stop thinking about ___ changes soon to come into his life. ___ Doubts, fears, and ___ excitement all competed for his mind's attention. This was his first such assignment; however, ___ Father was ready to take on ___ challenge.

아버지는 가슴이 벅차올라 밤잠을 이룰 수 없었다. 앞으로 펼쳐질 새로운 삶이 설레는 데다 의구심과 흥분이 교차했기 때문이다. 그는 첫 임무를 두고 각오를 다졌다.

0917

At ___ daybreak, ___ King's new daughter was born. He named her ___ Purity. By her bedside, in full armor, stood her new Father. Removing his helmet, ___ willing warrior lifted ___ Purity high into ___ air, acknowledging ___ King, and then drew her near his face.

동이 틀 무렵, 마침내 공주가 – 이름은 퓨리티 – 태어났다. 아버지는 중무장한 채 아이 곁에 서 있다가 투구를 벗어젖히고는 퓨리티를 높이 들어올렸다. 그렇게 하례한 후 딸을 얼굴 가까이로 안았다.

0918

For ___ brief moment, Father saw himself reflected in her eyes and was shaken by ___ gravity of his calling. Although he realized that she was actually ___ King's daughter, he instantly loved her as his own.

잠시나마 아이의 초롱초롱한 눈망울에 비친 자신의 눈동자를 보며 소명의 중압감에 몸이 전율했다. 퓨리티가 왕의 딸이라는 사실을 잘 알면서도 자신의 딸인 양 아이를 사랑했다.

0919

Suddenly ___ Father's concentration was broken by ___ arrival of ___ King's courier bearing ___ incredible array of unique gifts for ___ child. Each gift was carefully wrapped and came with ___ specific instructions about when to open it and how, one day, Purity would use it to further build ___ kingdom.

왕의 특사가 아이에게 줄 선물을 잔뜩 담고 찾아오자 시선이 그쪽으로 쏠렸다. 정성스레 포장된 선물에는 개봉일과 사용법이 각각 명시돼있었다. 왕국 건설을 위해 언젠가는 퓨리티가 이를 쓸 것이다.

0920

___ final gift bestowed was ___ beautiful ring, ___ sign that this precious daughter belonged to ___ King. Soon it was time to take ___ little one home.

마지막 선물은 퓨리티가 공주라는 사실을 입증할 반지였다. 얼마 후 어린 녀석을 집에 데려갈 시간이 왔다.

0921

At this passed, Father became purity's constant companion. Under his loving care ___ child grew strong, just as her King had planned. ___ job of watching over her was never easy, as she required ___ constant attention.

어느덧 아버지는 퓨리티의 동반자가 되었다. 아이는 그의 사랑을 머금고 왕의 계획대로 무럭무럭 자랐다. 한시라도 정신을 팔면 안 되었기에 딸아이를 돌본다는 것이 쉬운 일은 아니었다.

0922

Not only did Father have to keep ___ track of Purity, but he had to safeguard her gifts as well. Father soon noticed that ___ more time he spent with Purity, ___ more his own life's pursuits faded in ___ importance.

아버지는 퓨리티의 행방을 주시하고 선물도 지켜야 했으므로 퓨리티와 함께 하는 시간이 길어질수록 자신의 욕구에 대한 중요성은 점차 퇴색되어갔다.

0923

___ young one learned much from Father's mentoring and ___ example. He also taught her many important things about her unique gifts and how to use them. Father's loving touch and gentle words of ___ encouragement shaped Purity according to ___ King's plan for her life. Her future seemed secure in every way.

어린 딸은 멘토와 본보기가 된 그로부터 많은 것을 배웠다. 아버지는 특별한 선물을 두고도 중요한 비밀을 가르쳤으며 사랑스런 손길과 격려의 말 한마디 한마디가 (왕의 계획대로) 퓨리티의 됨됨이를 만들어갔다. 그렇게 아이는 무사히 커가는 듯했다.

0924

One day, however, ___ dreadful thing happened. Father had take ___ young girl out for ___ walk near ___ edge of ___ kingdom, not far from ___ place called ___ Swamp.

그러나 하루는 끔찍한 사건이 벌어지고 말았다. 아버지가 어린 딸과 함께 스웜프(늪지대)에서 조금 떨어진, 왕국 변두리로 산책을 나온 것이다.

0925

You see, at ___ eastern edge of ___ kingdom lay ___ small area yet untamed. In this foreboding place, ___ impenetrable briar and ___ tangled trees concealed ___ noxious weeds and ___ oozing mire. ___ horrible creatures, unlike those found in ___ kingdom, hid from ___ watchful eyes of ___ King's guards.

그다지 넓지 않은 동편 끝자락은 인적이 드물었다. 음산한 분위기가 물씬 풍기는 이곳, 무성한 찔레와 엉킨 나무가 독초와 줄줄 배어나오는 진창을 가렸고 왕국에서는 찾아볼 수 없는 무시무시한 괴물들은 삼엄한 파수꾼의 눈을 피해 몸을 숨겼다.

0926

Father was well aware of ___ Swamp but was not concerned that any harm would come to young Purity. After all, he and ___ King's daughter had passed by before without ___ incident.

아버지는 스웜프를 대수롭지 않게 생각했다. 퓨리티에게 해를 줄 거라고는 생각지 않았기 때문이다. 실은 전에도 공주와 함께 그 근방을 지나간 적이 있었지만 아무 일도 벌어지지 않았다.

0927

However, on this day, instead of walking swiftly past ___ distant darkness, Father made ___ decision that would forever change both of their lives.

이젠 안심해도 된다고 여겼는지 그는 멀리 보이는 어둑어둑한 스웜프를 속히 지나가진 않았다. 결국 부녀의 인생은 아버지의 불찰로 크게 달라졌다.

0928

"Let's stop for ___ while," Father said, spreading ___ blanket for Purity on ___ lush, green grass. "Just for ___ moment and then, I promise, we will be on our way."

"여기서 잠시 쉴까?" 아버지가 푸른 잔디에 모포를 깔며 말했다. "잠깐만 있다가 마저 가자꾸나."

0929

Purity nodded in ___ agreement, sat down, and opened ___ large box containing ___ gifts given to her by ___ King—she never went anywhere without them.

퓨리티는 고개를 끄덕이며 자리에 앉고는 선물이 담긴 커다란 상자를 열었다(아이는 선물이 없이는 아무데도 가지 않았다).

0930

Satisfied that his young charge was safe, ___ warrior lowered himself into ___ sitting position, his back against one of ___ towering trees common to that area.

공주가 안전할 거란 생각에 전사는 몸을 낮춰 우뚝 솟은 나무에 등을 기댔다.

0931

From this vantage point, Father could watch over Purity and could also see ___ edge of ___ Swamp. Unfortunately, he could not see ___ three pairs of eyes peering out of ___ brush, studying their every move.

틱 트인 곳이라 그는 딸아이와 스웜프 가장자리를 훤히 볼 수 있었으나 잡목 밖의 동정을 살피고 있는 세 쌍의 눈은 전혀 의식하지 못했다.

0932

___ eyes, like ___ blazing bullets of ___ fire, belonged to ___ creatures of darkness whose only purpose in ___ life was to steal, destroy, and, if given ___ chance, kill ___ children of ___ King.

도적질과 살인을 일삼던 어둠의 괴물들은 격렬히 타오르는 듯한 눈으로 왕의 아이들을 죽일 기회만 호시탐탐 노렸다.

0933

Father knew from ___ experience that these creatures were never far away. However, he also knew that they were no match for ___ fully alert warrior. Feeling justified in his decision to rest, Father leaned back against ___ dark bark of ___ tree and smiled.

아버지는 그들이 근방에 있다는 사실을 알고 있었으나 전사의 적수는 되지 못할 거란 생각에 마음을 놓았다. '잠시 쉰다고 별일은 없겠지?' 까무잡잡한 나무껍질에 느긋이 등을 기댄 그는 씩 웃었다.

0934

Just ___ moment's rest, he thought to himself, and then we will be on our way again. ___ tired muscles wrestled to find ___ peace as his armor, so useful in ___ battle, grew cumbersome.

'조금만 쉬다 가도 되겠지….' 지금은 전시가 아닌지라 갑옷이 자꾸 거치적거렸고 지친 근육은 피로를 떨치느라 분주했다.

0935

Seeking his own comfort, Father removed his helmet, followed by his breastplate and belt in ___ rapid succession. Propping his shield against ___ tree and laying his sword on ___ ground, ___ warrior slowly relaxed.

그는 좀더 편히 쉴 요량으로 투구를 벗어젖히고는 흉패와 허리띠도 마저 풀었다. 방패를 나무에 거치해두고 칼을 땅에 눕히자 몸이 나른해졌다.

0936

He then allowed himself ___ luxury of closing his eyes—just for ___ moment. Soon ___ images of ___ pleasant times and faraway places flooded his tired mind. ___ Father's earlier life had been good, and he daydreamed about many things.

이젠 눈을 붙일 여유까지 생겼다. 이윽고 달콤했던 시절과 원정을 떠난 추억들이 파노라마처럼 지친 뇌리를 스쳐지나갔다. 최고의 전성기를 보낸 아버지는 흐뭇한 꿈에 취했다.

0937

___ trips to ___ distant parts of ___ kingdom. ___ battles fought and won. Days gone by and days yet to come. Lost in his won world, Father lost ___ sight of ___ King's daughter.

원정에서 승리를 쟁취했던 기억과 앞으로 펼쳐질 나날 등, 자기만의 세계에 심취한 나머지 공주는 안중에도 없었다.

0938

Now, this warrior never intended to shirk his duty. Father meant no disrespect to ___ King, and certainly his love for Purity had never been stronger. However, his head began to nod, and soon he blissfully drifted off to ___ sleep.

물론 퓨리티를 향한 사랑이 식었다거나, 농땡이를 부린다거나 혹은 왕의 명을 무시하고픈 마음은 추호도 없었다. 그러나 졸음에는 장사가 없는 법, 고개가 끄덕이기 시작하더니 얼마 후에는 '수마'에 속절없이 몸을 내주고 말았다.

0939

___ young girl, unaware that her protector slumbered, wandered away into ___ Swamp—at ___ worst possible moment. Purity reasoned that if she went too far, Father would warn her and call her back, as he had many times before.

공주는 호위병이 잠든 것도 모른 채 스웜프 쪽으로 발길을 옮겼다(최악의 순간이 임박해온 것이다). 그런데 곰곰이 생각해보니 너무 멀리가면 아버지가 다시 불러 자기를 타이를성싶었다. 그런 적이 비일비재했기 때문이다.

0940

___ warm sun, wildflowers, and ___ birdsongs created ___ dreamlike setting for this young innocent one. She had no idea that in ___ seconds her dream would shatter into ___ nightmare.

따사로운 햇살과 만발한 야생화, 짹짹거리는 새들의 노랫소리가 천진난만한 꼬마아이에게는 꿈에서나 볼법한 무대와도 같았다. 이처럼 아름다운 경치에 도취된 퓨리티는 조만간 악몽을 꾸게 되리라고는 전혀 예상치 못했으리라.

0941

From their place of ___ ambush, ___ creatures could scarcely believe their good fortune. Nor only was ___ King's daughter meandering toward them, but more important, ___ warrior that they feared had fallen asleep.

매복해있던 괴물들은 '호박이 넝쿨째' 굴러 들어오리라고는 상상도 못했다. 공주가 그들에게 접근해오는 것도 그럴지만 용맹한 전사가 잠에 빠졌다는 사실이 무척이나 반가웠다.

0942

Sensing ___ opening, ___ foul beasts crept from ___ shadows and ran toward ___ girl, picking up speed with each step. When Purity first saw these new creatures, she smiled to welcome them into her world.

빈틈을 감지한 맹수들은 음지를 나와 점차 속도를 높이며 공주에게 달려갔다. 마침내 낯선 괴물과 마주친 퓨리티, 반갑게 미소를 보냈다.

0943

___ goodness was all she ever known, so she never imagined what was about to happen. Like ___ swift wolves, ___ beasts smashed into Purity, knocking her down with their initial rush.

뭐든 다 좋은 것인 줄 알고 있으니 장차 무슨 일이 벌어질지는 알 턱이 없었다. 날렵한 늑대마냥 괴물이 공주를 한방에 때려눕혔다.

0944

Instantly ___ young girl's smile turned to ___ look of ___ horror. For ___ first time in her life, ___ King's daughter felt ___ fear and pain. Too scared to scream, Purity curled up into ___ ball, covering her face from ___ terrible scene. She could only hope that her warrior would awaken before she was destroyed.

아이의 표정은 급반전되었다. 태어나서 처음으로 두려움과 공포를 느꼈을 것이다. 비명조차 지를 수 없을 정도로 겁에 질린 공주는 얼굴을 가린 채 몸을 움츠렸다. 큰일이 나기 전에 호위병이 일어나리라는 희망만은 버리지 않은 채….

0945

___ creatures circled ___ girl's motionless body menacingly. They angrily grabbed for her precious gifts that lay scattered on ___ ground around her.

괴물은 옴짝달싹 못하는 소녀를 위협하며 주변을 맴돌고 있었다. 그러고는 분노한 듯 씩씩대며 여기저기 흩어진 선물을 손에 꼭 쥐었다.

0946

Even these base creatures knew that each gift was ___ key to ___ expansion of ___ King's territory—and ___ destruction of their own. One by one, they snatched ___ packages, clawing them to ___ tattered pieces.

하등하게 여겼던 괴물도 그것이 왕국의 영토 확장에 – 그러면 스웜프는 파괴될 것이다 – 보탬이 된다는 사실을 알았던 것이다. 괴물들은 꾸러미를 하나씩 채더니 발톱으로 갈기갈기 찢어버렸다.

0947

___ first gift ruined was vision. If she could not see ___ great future for herself, then surely she would fall short of ___ King's plans. Next, they attacked her virtue and sense of ___ self-worth. Without these, she would spend years wallowing in ___ shame.

그렇게 해져버린 첫 선물은 '비전' 이었다. 그 결과, 원대한 미래를 볼 수 없게 된 공주는 왕의 계획을 이루지 못할 것이 분명했다. 그러고는 '순결' 과 '자존감' 이 공격당한 탓에 수치심으로 수년을 보낼 세월을 보내야 했다.

0948

___ one creature snarled loudly when he found her gift labeled hope. Its cruel brain surmised that without it, she would spend ___ years sickly and weak.

한편, 한 녀석이 '희망' 이란 상자를 발견하고는 으르렁거리기 시작했다. 나약해진 몸과 잦은 병치레를 감내해야 할 거라는 생각에 그런 것이다.

0949

Emboldened by ___ lack of ___ response from her warrior, ___ demented beasts tore through her gift called faith as though it were made of ___ butterfly wings. Then, ___ largest of ___ creatures spied ___ ring upon her finger and howled in ___ sick delight.

호위병이 아무런 반응을 보이지 않자 더욱 기고만장해진 맹수는 나비의 날개로 만들어진 '믿음'마저 조각을 내버렸다. 몸뚱이가 가장 큰 녀석이 손가락에 낀 반지를 유심히 살피며 '횡재'했다는 듯, 괴성을 질러댔다.

0950

Realizing that it had been ___ special present from ___ King, ___ monster cruelly ripped ___ ring from her tiny hand and clumsily pushed it onto ___ end of its twisted, bloody claw. Then, all ___ three of ___ creatures cruelly mocked her plight.

특별한 선물임을 눈치 챈 괴물은 고사리 같은 손가락에서 반지를 빼내고는 어설프게나마 피 묻은 발톱에 이를 억지로 끼웠다. 공주를 덮친 세 마리 괴물은 그렇게 아이를 조롱했다.

0951~0974 『When(Interval and Duration)』
연결된 글이니 흐름을 감안해서 관사를 판단해보자

0951

Among ___ Chuang-tzu's many skills, he was ___ expert draftsman. ___ king asked him to draw ___ crab. Chuang-tzu replied that he needed five years, ___ country house, and twelve servants.

재주가 유달리 많았던 장자莊子는 그림 솜씨도 탁월했다. 하루는 왕이 '게crab'를 그려달라고 하자 그는 5년의 시간과 초가집과 열두 명의 종이 필요하다고 대답했다고 한다.

0952

Five years later ___ drawing was still not begun. "I need another five years," said Chuang-tzu. ___ king granted them. At ___ end of these ten years, Chuang-tzu took up his brush and, in ___ instant, with ___ single stroke, he drew ___ crab, ___ most perfect crab ever seen.

—talo Calvino

하지만 5년이 지나도록 그는 시작조차 하질 않았다. 이때 5년이 더 필요하다는 장자의 요구에 왕은 5년을 더 기다려주기로 했다. 10년이 찰 무렵, 그는 붓을 들고는 단숨에 게를 그렸다. 천하에 누구도 흉내 낼 수 없는 완벽한 게를 말이다.

— 이탈로 칼비노

0953

Despite ___ show of force, military officers conceded that they did not have full control of Dili(___ city in East Timor) and that it would take far longer to enforce ___ security in ___ rest of ___ territory. "How long is ___ piece of string?" one colonel said when asked for ___ time estimate.

—Seth Mydans

군 당국은 무력으로 본때를 보여주었지만 딜리(Dili, 동티모르의 한 도시)는 아직 점령하지 못했다고 시인했다. 또한 전 지역의 치안을 강화하려면 시간이 더 필요할 것이라고 그들은 덧붙였다. 예상 기간을 묻자 "기타 줄의 길이가 몇 인치인지 아시오?" 대령이 대꾸했다.

— 세스 미단스

0954

___ king and ___ colonel, in ___ quotations above, face ___ common managerial problem: How long will it take to achieve ___ desired outcome? We see ___ same question arise is ___ business.

위 인용문에 등장하는 왕과 대령은 바람직한 목표를 달성하는 데 필요한 시간이 자못 궁금하다. 이는 경영인이라면 흔히 던지는 의문이기도 하다.

0955

How long will it take for ___ new service to gain ___ market share, ___ revised policy to be successfully implemented, or, for that matter, ___ housing market to turn around? ___ usual answer is that it is hard to say.

비즈니스에서도 그 같은 문제를 겪는데 이를테면, 신규 서비스가 시장 점유율을 확보하는 데는 얼마나 걸리며, 개정된 방침이 성공적으로 실시되거나, 주택시장이 반등하려면 언제까지 기다려야 할지 등, 사례는 얼마든지 찾을 수 있을 것이다. 그런 질문을 받으면 대개는 밝히기가 곤란하다며 얼버무리기 일쑤다.

0956

As ___ colonel put it, how long is ___ piece of string? If we had asked ___ Instagram founders Kevin Systrom and Mike Krieger in 2011 how long it would take for someone to offer them ___ billion dollars for their photo-sharing app, I'm sure they would have replied that they had no idea. (It took ___ year and ___ half.)

대령의 말마따나 "기타 줄의 길이를 아느냐?"는 식으로 말이다. 또한 누군가가 인스타그램의 공동창업주 케빈 시스트롬과 마이크 크리거를 찾아와 사진공유 어플을 10억 달러에 매입하겠다고 제안하기까지는 얼마나 걸렸는지 묻는다면 그들도 모른다고 대꾸했을 것이다(실은 1년 반 걸렸다).

0957

So, when should ___ king fire Chuang-tzu and hire someone else who could get ___ job done faster? That depends on ___ king's estimate of how long ___ job should take.

그렇다면 왕은 언제 장자를 해고하고 더 신속히 게를 그릴 수 있는 사람을 기용할까? 게를 그리는 데 소요되는 시간을 왕이 얼마만큼 가늠하고 있느냐에 따라 결과는 달라질 것이다.

0958

And what about ___ colonel? Is he incompetent? That depends on how long it should take to enforce ___ security. In another sense, deciding when to act depends on ___ length of ___ interval. If time is limited and ___ lengthy task can't be shortened (or, once begun, ___ remaining parts put off for another time), then it's foolish to begin.

그럼 대령은 어떤가? 그는 무능한 사람인가? 그 또한 치안을 강화하는 데 소요되는 기간이 결정할 문제다. 그러니 행동의 시기는 인터벌의 길이가 결정한다고 볼 수 있다. 가령 시간은 한정되어 있고, 단축은 불가한 장기 프로젝트가 있다면(일단 시작하면, 일부는 다른 날로 미룰 수 있더라도) 이를 성급히 추진하는 우를 범해서는 안 될 것이다.

0959

It would be like trying to force ___ SUV into ___ parking space barely big enough for ___ bicycle. In order to plan effectively, we need to be able to estimate know how long something will take and how long ___ events or conditions in ___ environment will last—hat will persist for ___ long time and what will be over quickly.

마치 자전거가 겨우 들어갈 만한 공간에 SUV를 억지로 주차하려는 격이랄까. 이때 기획의 효과를 끌어올리려면 프로젝트에 소요되는 기간을 비롯하여, 환경적인 형편이나 상황은 얼마나 지속될지(장기간 계속되거나 단기간에 종료될만한 것) 예측할 수 있어야 할 것이다.

0960

___ ability to estimate ___ length of intervals is at ___ heart of ___ question of timing. Yet before we can estimate ___ interval of time, we need to recognize that ___ interval is present.

인터벌의 길이를 예측할 수 있는 눈썰미가 타이밍의 핵심이지만, 시간의 인터벌을 예상하기에 앞서 인터벌의 존재감부터 확인해야 한다.

0961

We can't make ___ prediction about something we don't know exists. This becomes even more complex because ___ way we describe ___ world often omits intervals that matter.

존재하는지도 모르는 것을 예측할 수는 없을 테니까. 이 과정이 훨씬 복잡한 이유는 주변세계를 거론할 때 중요한 인터벌을 빼먹는 경우가 비일비재하기 때문이다.

0962

Here are ___ intervals that ___ description omits and that are frequently overlooked in ___ discussions of ___ milestones, performance metrics, or ___ service-level agreements. Each can be critical.

핵심단계milestone나 성과기준 혹은 서비스 수준협약service-level agreements 등을 논의할 때 흔히 빠뜨리는 인터벌은 다음과 같다. 조목조목 눈여겨보기 바란다.

0963

• How should ___ key milestones be defined: by ___ time until ___ specific event or condition or by ___ time until ___ specific date(five thousand miles or three months, whichever comes first)?

• How long until ___ milestone should be reconsidered or revised?

　• 핵심단계는 어떻게 정의하는가: 구체적인 결과나 조건이 이루어질 때까지의 시간인가, 구체적인 날짜까지의 시간인가(5,000 마일이나 석 달)?

　• 핵심단계를 재구상하거나 개정하는 데 걸리는 시간은?

0964

• Does it matter if ___ one party to ___ agreement misses ___ milestone by ___ small amount of time? And what is ___ small amount? Two weeks may be critical for one company, but may not matter for another.

　• 협약에 참여한 당사자가 핵심단계를 '잠깐small amount of time' 지나쳤다면 그것이 문제가 되는가? 잠깐은 어느 정도를 가리키는가? 2주로 승부가 갈리는 회사도 있지만 그렇지 않은 회사도 있을 것이다.

0965

• How long before ___ deadline arrives does ___ company realize that it cannot meet it? When does ___ company discover that it cannot meet ___ deadline or that it will miss ___ milestone?

• 마감일이 오기 얼마 전에 이를 지키지 못할 거라는 점을 발견하는가? 마감일을 준수할 수 없다거나, 핵심단계를 지나쳤다는 사실은 언제 깨닫는가?

0966

• How long will it take to catch up or repair ___ damage caused by being late? When can this interval be estimated with any degree of ___ certainty?

• 업무 지연으로 발생한 손실을 만회하거나 회복하는 데 걸리는 시간은? 이 같은 인터벌을 예측하는 데 확신이 서는 시기는 언제인가?

0967

• Once ___ answers to these questions are known, how long will it be before this information is communicated to all ___ relevant parties? Will everyone be told at ___ same time? If not, how will ___ gap between ___ first and last to be notified be managed?

• 위 물음의 답을 알고 있다면 당사자들에게 전달되는 시간은 얼마나 걸리겠는가? 각자가 동시에 들을까? 그렇지 않다면 처음과 마지막의 격차는 어떻게 조정할 수 있는가?

0968

• Do ___ answers to ___ previous six questions depend on how long ___ parties have known each other? These intervals clearly matter.

• 앞선 여섯 가지 질문은 당사자가 서로 알고지낸 기간에 따라 답이 달라지는가? 인터벌은 분명 중요하다.

0969

I don't think they were omitted because they weren't important. I think they were omitted because it's easy to leave them out. Recall ___ "key in ___ door" experiment I described in ___ Introduction.

인터벌이 중요치 않아서 빼먹는다고는 생각지 않다. 그러기가 쉽기 때문에 빠뜨린다면 또 모를까. '문을 여는 열쇠' 실험을 다시금 떠올려보자.

0970

Our mind can jump ___ gaps in ___ time without noticing that it has done so. Another reason we tend to omit ___ critical intervals from our thinking is our assumption that high speed is ___ advantage.

사람의 두뇌는 시간적 간격을 건너뛰면서도 이를 깨닫지 못한다. 중요한 인터벌을 자주 빼먹는 또 다른 이유는 속도가 빠른 것이 무조건 유리하다는 고정관념 때문이기도 하다.

0971

For example, ___ researchers believed until recently that using ___ CT scans sooner and more often to detect ___ early-stage lung cancer would save many more lives. But that is not what ___ studies showed.

예컨대, 최근까지도 의료 전문가들은 CT 촬영을 좀더 일찍, 그리고 자주 해두면 조기 폐암을 진단할 수 있어 많은 생명을 살릴 거라고 확신한다. 그러나 연구 결과는 그렇지가 않다.

0972

To understand why ___ CT scans didn't improve ___ survival rates, we have to look at ___ problem more closely. According to ___ New York Times, more cancers were found and treated as ___ result of ___ CT scans, "but ___ death rate was ___ same … because screening led to ___ detection and ___ treatment of ___ cancers that did not need to be treated—they would not have grown enough in ___ person's lifetime to cause any harm.

CT 촬영이 생존율을 끌어올리지 못하는 까닭을 이해하려면 문제를 면밀히 살펴봐야 한다. 뉴욕타임스에 따르면, CT 촬영으로 암을 발견/치료하는 경우가 더 많아진 것은 사실이지만 "사망률에는 변화가 없다"고 한다. "… 애당초 치료하지 않아도 될 암환자를 검진하게 되기 [때문이다]. 즉, 생명에 지장을 줄만큼 암이 심각하게 전이되진 않을 거라는 이야기다.

0973

And many of ___ deadly cancers that were treated still ended up killing ___ patients. In this case, ___ research found that ___ extra surgeries, prompted by ___ additional screening, sometimes caused complications, such as ___ blood clots or ___ pneumonia, that were life threatening or fatal.

치명적인 암환자 중 다수는 치료를 받아도 결국에는 사망하고 말았다. 추가 촬영으로 수술을 남용하면 혈전이나 폐렴 등 치명적인 합병증을 일으킬 수 있다고 연구자들은 덧붙였다.

0974

These results contradicted ___ prior advice that suggested that "more than 80 percent of ___ lung cancer deaths could be prevented with ___ CT scans." That analysis—in assuming that anyone with ___ lung cancer would die of it without ___ treatment—failed to take into ___ account ___ three intervals.

이 연구 결과는 "폐암 사망자 중 80퍼센트 이상이 CT 촬영만 제때 했어도 목숨은 부지할 수 있었다"는 기존의 권고와는 대립된다. 그러나 '폐암 환자는 치료를 받지 않으면 사망하게 마련'이라는 분석은 세 가지 인터벌을 감안하지 않았다.

0975

Let's focus on ___ information systems business. ___ issues are real. Our company can leverage ___ powerful mix of ___ technologies for ___ information systems. Yet other subsidiary companies—___ parts suppliers, electronics companies, content providers, and ___ airtime providers—are all fighting for ___ dominant positions in ___ same space. Major growth in ___ information systems is certain—who will capture that growth is not atall clear. For our company, ___ information systems business represents ___ wonderful opportunity amidst great uncertainty and change. In ___ end, we must together define ___ core value at which our company excels, ___ currency that will cause ___ partners to sign up for this integrated business model to serve ___ consumer. To speed our company's race towards ___ marketplace, and to more clearly define ___ strategy, we will use ___ external interviews, internal interviews, and ___ objective data to establish ___ value that each type of ___ player brings at positions along ___ value chain.

정보시스템 비즈니스를 살펴볼까 합니다. 물론 실제 이야기입니다. 본사는 강력한 정보시스템 기술을 한 데 모아 수익을 끌어올릴 수 있습니다만, 부품업체를 비롯하여 전자회사, 콘텐츠 및 휴대폰 서비스업체 등의 자회사는 한 자리에서 주도권을 쟁취하려고 안간힘을 쓰고 있습니다. 불투명하고 변동이 심한 요즘, 본사의 입장에서는 정보시스템 비즈니스가 더할 나위 없이 좋은 기회를 제공하지 않을까 싶습니다만, 이를 위해서는 기업이 우위에 있는 주력가치를 분명히 밝혀내야 합니다. 이를테면, 제휴업체가 통합형 비즈니스 모델의 가맹점이 될 만한 가치 말입니다. 시장을 목표로 벌이는 경주에서 속도를 키우고, 전략을 좀더 분명히 규정하려면 사내⊠외 면접을 실시하고 객관적인 데이터를 활용하여 각 업체가 가치사슬에 기여할 가치를 정립해야 할 것입니다.

0976

This model is ___ vehicle for comparing ___ results of your company's valuation methodology with ___ historical share prices of other companies under ___ analysis. Previously, viewing ___ effect on share price tracking was laborious and time-consuming. Now, using this tool, your company can perform this analysis quickly. This model also allows analysis on ___ unlimited number of departments simultaneously, rather than one by one.

It is important to note that this model is designed for use with ___ financial services companies. Thus, ___ growth rates used to create spot valuations are those of equity, not assets, and ___ return measure is return on ___ equity, not return on ___ investment. Adapting ___ model for use with industrial companies should not be difficult, but in its present incarnation, it applies to ___ banks.

이 모델은 귀사의 평가 방법론 결과와 분석된, 타사의 역대 주가를 비교하는 툴입니다. 예전까지만 해도 주가 추적의 결과를 확인하려면 손도 많이 가고 시간도 많이 소요되었습니다만, 이 툴을 쓰면 분석하는 데 속도가 붙을 것입니다. 또한 하나가 아니라 여러 부서를 동시에 분석할 수도 있습니다.

그러나 이는 금융서비스사 전용으로 제작된 모델이라는 점이 중요합니다. 따라서 현장평가에 사용되는 증가율은 자산이 아닌 지분의 증가율이, 수익측정은 투자수익이 아닌 지분수익이 해당됩니다. 이 모델을 일반회사에 적용하는 것은 그리 어렵진 않지만 지금은 금융권에서만 활용하고 있습니다.

0977

Meg and Ed were fond of ___ countryside. They loved ___ fresh air, ___ lush foliage, and ___ smells and sounds of ___ outdoors. However, they were not fond of exercise, and therefore did not enjoy hiking. One sunny afternoon, they decided to take ___ drive through ___ country. They saw ___ sign advertising fresh produce and decided to pull over and buy vegetables for dinner. They got out of ___ car and went into ___ small store. Ten minutes later, Meg and Ed emerged with ___ cucumbers, tomatoes, peaches, and ___ pears. But when they reached their car, they discovered one of their tires was flat. ___ nearest gas station was ___ mile away. Not only did Meg and Ed purchase ___ delicious produce, they were also forced to take ___ hike in ___ country.

메그와 에드는 시골을 좋아했다. 그 둘은 상쾌한 공기와 우거진 잎과, 야외의 향기와 소리를 좋아했다. 그러나 운동을 싫어했기 때문에 산책은 하지 않았다. 어느 화창한 오후, 그들은 시골에서 드라이브를 즐기기로 했다. 신선한 농산물을 판다는 표지판을 본 그들은 차를 잠시 세워두고 저녁에 먹을 야채를 사기로 했다. 차에서 내린 후 작은 가게로 들어갔다. 10분 후, 메그와 에드는 오이와 토마토, 복숭아와 배를 들고 매점을 나왔다. 그런데 웬걸, 차에 와보니 한쪽 타이어에 펑크가 나있는 게 아닌가! 인근 주유소의 거리는 1마일 정도였다. 결국 메그와 에드는 맛깔스런 농산물도 사고, 어쩔 수 없이 시골길도 걸었다.

0978

Rhonda was fond of all ___ water sports. She enjoyed waterskiing, surfing, and sailing. But most of all, she loved to snorkel. On one vacation in ___ Caribbean, she joined ___ adventurous tour group that rented kayaks and paddled across to ___ small deserted island ___ mile away. She put on her mask and flippers and dove under ___ pale blue water. Rhonda was astonished at ___ wide variety of fish and at ___ beautiful array of colors surrounding her, so she swam out farther to continue exploring. She was even more astonished ___ hour later, when she swam back in and found her group had left without her. Rhonda began to panic. Her heart started to race. Was she left alone on ___ deserted island!? Suddenly, another group of kayaks came around ___ bend of ___ cove, and Rhonda remembered that there was ___ new tour group that set off from ___ hotel every hour.

론다는 물에서 즐기는 스포츠라면 뭐든 사족을 못 썼다. 이를테면, 수상스키와 서핑 및 뱃놀이를 즐겼는데, 무엇보다도 스노클을 좋아했다. 캐리비언에서 휴가를 즐기던 그녀는 모험을 찾아다니던 관광객과 합류하여, 빌린 카약으로 1마일 바깥 작은 섬에 도착했다. 그녀는 수중마스크와 오리발을 착용하고 하늘색 물밑에 들어갔다. 아주 다양한 고기와 형형색색 아름다운 주변광경에 감탄한 나머지 론다는 좀더 멀리 가기로 했다. 그러나 1시간 후, 제자리로 돌아왔을 때는 아까보다 훨씬 더 큰 충격을 받았다! 일행이 떠나버린 것이다! 그녀는 공황상태에 빠지고 말았다. 심장박동도 빨라지기 시작했다. 무인도에 홀로 남게 된 것일까? 마침 다른 카약 팀이 만곡부 주변에 나타났다. 그제야 론다는 그들이 호텔에서 1시간마다 출발하는 관광객이라는 사실을 깨달았다.

0979

Most insurers have suffered ___ impact of ___ depressed equity prices and of ___ low long-term yields. Even ___ best-prepared companies have had to reinforce their hedging strategies and are currently dealing with ___ unprecedented volatility in their stock prices. We are still in ___ phase where volatility is largely driven by ___ market's fears regarding solvency.

보험업계는 주가하락과 장기수익 저하로 몸살을 앓아왔습니다. 대비가 철저한 기업조차도 매매전략을 강화해야할 필요성을 느끼고 있으며, 지금은 이례적인 주가변동에 대응하고 있습니다. 지급능력을 둘러싼 시장의 불안감이 변동폭을 좌우하는 단계에 머물러 있다는 이야기입니다.

But looking beyond ___ immediate market volatility, it is clear that there is ___ "real economy" damage. This is already starting to have ___ impact on ___ insurance industry. We can predict with some certainty that ___ customer demand will decline sharply. ___ insurers will need to be clear about ___ markets and product areas that will continue to thrive and that deserve ___ strong investment, those that will decline temporarily, and those that present ___ opportunity for long-term share gains in exchange for short-term pain.

그런데 시장의 즉각적인 변동 너머로 시선을 돌리면 '실물경제'가 맞닥뜨린 위기가 분명히 보일 것입니다. 이는 보험업계에도 마수를 뻗고 있습니다. 조만간 수요가 급락하리라는 점은 어느 정도 예측할 수 있으므로, 보험회사는 수익창출을 이어가며 투자에 강세를 띨만하거나, 잠시 주춤하거나, 혹은 단기적인 손실을 감수하면 장기적인 지분수익을 노릴 수 있는 시장과 제품을 분명히 밝혀두어야 합니다.

___ recessions always create ___ opportunities to reshape ___ competitive landscape. ___ insurance industry is generally better prepared this time around. But ___ double impact of ___ financial crisis and ___ damage on ___ consumer demand mean that this downturn will be no exception.

지금껏 경기침체는 경쟁구도를 재편할 기회로 이어져왔습니다. 보험업계는 대개 이런 추세에 준비를 좀더 철저히 합니다만, 금융위기와 수요둔화라는 이중고는 이번 경기침체도 예외가 아니라는 방증이 될 것입니다.

0980

Today, when we produce more food than ever before in ___ human history, more than one in ten people on ___ Earth are hungry. ___ hunger of 800 million happens at ___ same time as another historical first: that they are out-numbered by ___ one billion people on this planet who are overweight.

여느 때보다 작물 수확량이 늘어나고 있는데도 열 명 중에 한 명은 여전히 배를 곯는다. 더 아이러니컬한 사실은 사상 최초로 과체중 인구(10억 명)가 기아에 허덕이는 인구(8억 명)를 앞질렀다는 것이다.

0981

___ global hunger and obesity are symptoms of ___ same problem and, what's more, ___ route to eradicating world hunger is also ___ way to prevent ___ global epidemics of ___ diabetes and heart disease, and to address ___ host of environmental and social ills. Overweight and hungry people are linked through ___ chains of production that bring ___ food from fields to our plate. Guided by ___ profit motive, ___ corporations that sell our food shape and constrain how we eat, and how we think about food. ___ limitations are clearest at ___ fast food outlet, where ___ spectrum of choice runs from McMuffin to McNugget. But there are hidden and systematic constraints even when we feel we're beyond ___ purview of ___ Ronald McDonald.

지구촌에서 벌어지는 기근과 비만사태는 동일한 문제에서 파생된 증상이다. 따라서 세계의 기아를 근절한다면 비만과 심장 질환을 예방하고, 수많은 환경/사회 문제를 해결할 수 있을 것이다. 과체중인 사람과 배를 곯는 사람들은 식품이 생산지에서 식탁으로 유통되는 과정인 '생산그물'에 얽혀 있다. 한편, 기업은 더 많은 수익을 챙길 요량으로 식품의 모양뿐만 아니라, 섭취방법과 사고방식까지도 통제하고 있다. 이는 맥머핀과 맥너겟에 이르기까지 다양한 선택의 폭을 자랑하는 패스트푸드 매장에서 극명하게 드러난다. 우리는 로널드 맥도널드보다 생각의 폭이 넓다고 여긴다. 그러나 현실에는 우리의 눈을 가리는 구조적인 요소가 숨어 있다.

0982

Even when we want to buy something healthy, something to keep ___ doctor away, we're trapped in ___ very same system that has created our 'Fast Food Nations'. Try, for example, shopping for ___ apples. At ___ supermarkets in North America and Europe, ___ choice is restricted to half ___ dozen varieties: Fuji, Braeburn, Granny Smith, Golden Delicious and perhaps ___ couple of others. Why these? Because they're pretty: we like ___ polished and unblemished skin. Because their taste is one that's largely unobjectionable to ___ majority. But also because they can stand transportation over long distances. Their skin won't tear or blemish if they're knocked about in ___ miles from ___ orchard to ___ aisle. They take well to ___ waxing technologies and compounds that make this transportation possible and keep ___ apples pretty on ___ shelves. They are easy to harvest. They respond well to pesticides and industrial production. These are ___ reasons why we won't find Calville Blanc, Black Oxford, Zabergau Reinette, Kandil Sinap or ___ ancient and venerable Rambo on ___ shelves. Our choices are not entirely our own because, even in ___ supermarket, ___ menu is crafted not by our choices, nor by ___ seasons, nor where we find ourselves, nor by ___ full range of apples available, nor by ___ full spectrum of ___ available nutrition and tastes, but by ___ power of food corporations.

소비자는 되도록 병원 신세를 지지 않으려고 건강보조식품을 선호하지만, 결국에는 '패스트푸드 제국(Fast Food Nations)'을 만들어낸 체제에 갇혀 옴짝달싹하지 못하는 꼴이 되고 만다. 사과를 예로 들어보자. 북미와 유럽 지역의 슈퍼마켓에는 브래번, 그래니 스미스, 골든 딜리셔스 등 사과 품종이 대략 6가지 정도로 압축된다. 왜 그럴까? 먹음직스럽기 때문이다. 소비자는 반질반질하고, 그럭저럭 먹을 만한 사과라면 괜찮다고 생각한다. 또 한 가지 이유는 장거리 운송에도 모양이 번질되지 않는다는 점이다. 과수원에서 매장 진열대까지 먼 길을 서로 부딪치며 달려와도 흠집이 안 생긴다. 이는 첨단 코팅기술과 화학약품의 '역작'이다. 따라서 진열된 사과는 탐스러울 수밖에 없다. 또한 살충제에 강하고 대량생산이 가능하기 때문에 수확하기도 편리하다. 그런 까닭에 칼빌 블랑이나 블랙 옥스퍼드, 자버고 라이너트, 칸딜 시냅 혹은 역사적으로 많은 사랑을 받아온 람보 제품은 찾아볼 수 없다. 매장에 들여놓는 식품의 '메뉴'는 우리의 기호나 수확기 혹은 사과 종류나 영양소에 따라 결정되는 것이 아니라 식품회사의 재량에 달렸다. 따라서 소비자는 슈퍼마켓에서도 선택의 주체가 되지 못한다.

0983

___ concerns of ___ food production companies have ___ ramifications far beyond what appears on supermarket shelves. Their concerns are ___ rot at ___ core of ___ modern food system. To show ___ systemic ability of ___ few to impact ___ health of ___ many demands ___ global investigation, travelling from ___ 'green deserts' of Brazil to ___ architecture of ___ modern city, and moving through history from ___ time of ___ first domesticated plants to ___ Battle of Seattle. It's ___ enquiry that uncovers ___ real reasons for famine in Asia and Africa, why there is ___ world-wide epidemic of ___ farmer suicides, why we don't know what's in our food any more, why black people in ___ United States are more likely to be overweight than white, why there are ___ cowboys in South Central Los Angeles, and how ___ world's largest social movement is discovering ___ ways, large and small, for us to think about, and live differently with, food.

실제로, 식품업계의 관심에 따라 슈퍼마켓에 진열되는 제품, 그리고 그 이상이 결정된다. 그런 와중에도 업계가 현대 식품 유통 체계의 '썩은 틈(rot)'만 노리고 있는 것이 현재의 실정이다. 소수의 구조적인 재량에 따라 다수의 건강이 영향을 받을 수 있다는 주장을 뒷받침하려면, 범세계적인 조사가 실행되어야 한다. 이를 위해서는 이른바 '녹색 사막'이라고 불리는 브라질부터 식품이 유통되는 도시 구석구석까지 살펴보아야 하며, 최초로 원예작물이 도입된 시기와 시애틀 사건(Battle of Seattle, 대규모 시위자들이 인간 사슬을 만들어 농업의 세계화를 반대한 사건)까지의 역사를 재조명해야 할 것이다. 그러면 철저한 연구를 통해 아시아와 아프리카에서 대규모 기아 사태가 발생하는 까닭과 전 세계적으로 농부의 자살률이 높은 이유, 소비자가 여전히 식품의 성분을 모르는 이유, 미국 내에서 흑인이 백인보다 과체중일 가능성이 높은 이유, 로스앤젤레스 남부에 목동이 편중된 이유, 그리고 대규모 사회 운동의 여파로—크든 작든— 식품에 대한 생각과 우리의 생활상이 달라지는 이유를 파악할 수 있을 것이다.

0984

___ alternative to eating ___ way we do today promises to solve ___ hunger and ___ diet-related disease, by offering ___ way of eating and growing ___ food that is environmentally sustainable and socially just. Understanding ___ ills of ___ way food is grown and eaten also offers ___ key to greater freedom, and ___ way of reclaiming ___ joy of eating. ___ task is as urgent as ___ prize is great.

오늘날에는 식생활 대체 수단, 즉 어떤 환경에도 꿋꿋이 살아남을 뿐만 아니라 사회적으로도 정당성을 인정받은 식량재배 및 식생활법을 통해 기근과 각종 영양 관련 질병을 해결할 수 있다. 따라서 작물 재배의 폐해를 이해한다면 더 큰 자유를 만끽할 수 있으며 식사 시간이 더욱 즐거워질 것이다. 이 일은 혜택이 큰 만큼 매우 시급한 일이다.

0985

In every country, ___ contradictions of ___ obesity, hunger, poverty and ___ wealth are becoming more acute. India has, for example, destroyed millions of tons of grains, permitting food to rot in silos, while ___ quality of food eaten by India's poorest is getting worse for ___ first time since Independence in 1947. In 1992, in ___ same towns and villages where malnutrition had begun to grip ___ poorest families, ___ Indian government admitted foreign soft drinks ___ manufacturers and ___ food multinationals to its previously protected economy. Within ___ decade, India has become home to ___ world's largest concentration of diabetics: people—often children—whose bodies have fractured under ___ pressure of eating too much of ___ wrong kinds of ___ food.

모든 나라마다 비만과 기근, 가난과 부의 편중이라는 대조적인 문제를 안고 있으며, 이는 날이 갈수록 점점 심화되고 있다. 예를 들어, 인도는 작물 수백만 톤을 창고에 둔 채 부패하도록 내버려두고 있다. 1947년 독립 이후 처음으로 인도 빈민층이 먹는 식량의 품질이 저하되고 있는데도 말이다. 1992년 도시와 촌락의 빈민층 사이에 영양실조가 창궐했을 때, 인도 정부는 해외 탄산음료 제조업체들과 다국적 기업에 자국의 보호 경제 정책을 솔직히 시인했다. 그러고 나서 채 10년도 지나지 않아 인도는 세계에서 당뇨병 환자가 가장 많은 국가로 떠올랐다. 특히 아이들은 불량 식품을 다량 섭취해 몸 상태가 말이 아니었다.

0986

India isn't ___ only home to these contrasts. They're global, and they're present even in ___ world's richest country. In ___ United States in 2005, 35.1 million people didn't know where their next meal was coming from. At ___ same time there is more diet-related disease like diabetes, and more food, in ___ US than ever before.

비단 인도만 그런 것이 아니다. 모순적인 구조는 전 세계에 만연해 있으며, 자타가 공인하는 선진국에도 존재한다. 2005년 미국에서는 3,510만 명이나 되는 사람들이 식품의 출처를 알지 못한 채 당뇨병 등의 질병을 앓았다.

0987

As ___ consumers, we're encouraged to think that ___ economic system based on individual choice will save us from ___ collective ills of hunger and obesity. Yet it is precisely 'freedom of choice' that has incubated these ills. Those of us able to head to ___ supermarket can boggle at ___ possibility of choosing from ___ fifty brands of ___ sugared cereals, from half ___ dozen kinds of ___ milk that all taste like ___ chalk, from shelves of bread so soaked in ___ chemicals that they will never go off, from aisles of products in which ___ principal ingredient is sugar. British children are, for instance, able to select from twenty-eight branded breakfast cereals ___ marketing of which is aimed directly at them. ___ sugar content of twenty-seven of these exceeds ___ government's recommendations. Nine of these children's cereals are 40 percent sugar. It's hardly surprising, then, that 8.5 per cent of six-year-olds and more than one in ten fifteen-year-olds in ___ UK are obese. And ___ levels are increasing. ___ breakfast cereal story is ___ sign of ___ wider systemic feature: there's every incentive for food producing corporations to sell ___ food that has undergone processing which renders it more profitable, if less nutritious. Incidentally, this explains why there are so many more varieties of ___ breakfast cereals on ___ sale than ___ varieties of apples.

소비자는 개인의 선택에 따라 좌우되는 경제 구조를 통해 기근과 비만을 비롯한 총체적 질환에서 구원을 받으리라고 생각할 것이다. 그러나 '선택의 자유' 야말로 이런 질병들을 키운 장본인이다. 슈퍼마켓에 가면 설탕옷을 입은 50가지 시리얼부터 백묵처럼 하얀 우유 25가지, 그리고 진열대에 오래 버티고 있는 화학물질로 흠뻑 적신 빵에 이르기까지 선택의 폭은 매우 넓다. 그런데 그 주요 성분은 하나같이 당분이다. 영국 아이들을 주요 소비자로 공략한 시리얼의 가짓수는 28가지나 된다. 그런데 당 27가지의 성분비는 정부가 권장한 수치를 초과하며, 그중에 9가지는 당분이 40퍼센트나 된다. 따라서 6세 어린이의 8.5퍼센트와 15세 어린이의 약 10퍼센트가 비만이라는 사실은 어쩌면 당연한 일이다. 또한 영국에서도 소아 비만 비율이 점점 증가하는 추세이다. 시리얼 이야기는 좀 더 광범위한 식품 유통의 구조적 특징을 보여주는 하나의 흔적이다. 즉, 이것은 영양가는 좀 떨어지더라도 돈이 되는 가공 처리 식품을 팔도록 제조업체들을 꼬드기는 '세력'이 어디에나 있음을 암시한다. 그런 이유로 판매대에 진열된 시리얼 종류가 사과 종류보다 더 많은 것이다.

0988

There are ___ natural limits to our choices. There are, for instance, only so many naturally occurring fruits, vegetables and animals that people are prepared to eat. But even here, ___ little advertising can persuade us to expand ___ ambit of our choices. Think of ___ kiwi fruit—once known as ___ Chinese gooseberry, but rebranded to accommodate Cold War prejudices by ___ New Zealand food company that marketed it to ___ world at ___ end of ___ 1950s. It's ___ taste no-one had grown up with, but which now seems as if it has always been there. And while new natural foods are slowly added to our menus, ___ food industry adds tens of thousands of new products to ___ shelves every year, some of which become ___ indispensable fixtures which, after ___ generation, make life unimaginable without them. It's ___ sign of how limited our gastronomic imaginations can be. And also ___ sign that we're not altogether sure how or where or why ___ certain foods end up on our plate.

소비자의 선택에도 한계가 있기 마련이다. 예를 들어, 햇과일과 야채, 그리고 마음 놓고 먹을 수 있는 육류까지 선택의 폭은 다양하다. 그런데 오늘날 현대인들은 몇몇 광고에 둘러싸여 시야를 넓히라는 유혹을 받고 있다. 키위를 생각해보라. 키위는 한때 '중국산 구스베리'로 알려졌지만, 1950년대 말 세계적으로 판로를 넓힌 뉴질랜드 식품업체가 냉전의 편견을 불식시키고자 브랜드 이름을 바꾼 것이다. 키위를 맛보며 자라진 않았지만 사람들은 키위가 기존 과일이라고 생각하는 듯싶다. 새로운 자연 식품이 서서히 메뉴에 추가됨에 따라 식품업계는 해마다 수만 가지 상품을 진열대에 올린다. 그중에는 한 세대를 지나면서 식탁에 꼭 올리게 되는 식품으로 자리매김한 것들도 있다. 이는 식품에 대한 소비자의 생각이 얼마나 짧으며, 특정 식품이 식탁에 올라와야 하는 까닭과 경위, 유통경로를 모른다는 방증이다.

0989

___ students sing ___ familiar tune 'Old MacDonald Had ___ Farm,' They identify goods on ___ farm and suggest services that Farmer MacDonald might have provided or wanted. Acting as farmers, they write ___ two new verses for their farm. ___ one verse identifies ___ good and ___ other identifies ___ service.

학생들은 '맥도널드 할배의 농장이 있었다'라는 익숙한 곡조를 부른다. 농장에서 키운 작물을 찾은 그들은 농부 맥도날드가 제공했거나 원했을지도 모를 서비스를 제안한다. 농부행세를 하며 농장을 노래하는 두 구절을 쓴다. 하나는 농산물을, 다른 구절은 서비스를 나타낸다.

0990

___ story of ___ food production to which most of us can admit, almost as ___ reflex, owes more to ___ fairy tales and ___ children's television programming than anything else. Without ___ reason to revisit ___ creation myths of ___ food we learned when young, we carry around unquestioned our received opinions of ___ pastoral bliss, of farmers planting ___ seeds in ___ ground, watering them and hoping that ___ sun will come out so that ___ plants can grow big and strong. This is certainly one description of how food is grown. It's just one that glosses over ___ most important parts.

식량생산에 얽힌 이야기는 대부분 아이들이 흔히 보는 텔레비전 방송이나 우화에서 비롯되었다. 소싯적에 배웠던 식품의 '창조신화'를 굳이 떠올리지 않더라도 씨앗을 심고 물을 주며 햇볕을 듬뿍 받고 작물이 왕성하게 자라길 바라는 농민은 누구라도 축복해주고 싶을 것이다. 흔히 그런 식으로 작물이 자라는 과정을 이야기하지만, 정작 전 세계 농촌빈민들은 관심에서 멀어지고 있다는 핵심은 놓치고 말았다.

관사
트레이닝
Final Test

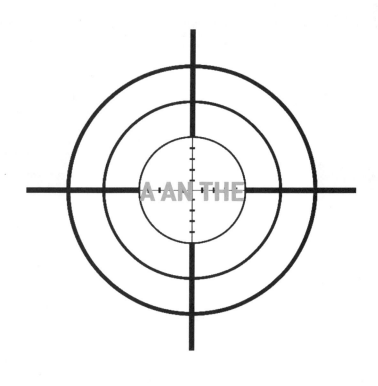

A AN THE

0991

In terms of ___ evolutionary biology, one theory to explain ___ modern obesity epidemic claims that ___ obesity was ___ beneficial trait that has become detrimental. Indeed, ___ obesity helped ___ humans to survive long ago during ___ famines by enabling more efficient storage of energy as fat. In ___ modern times, though, those that carried this advantageous gene would store this energy, but ___ famine would never come. As ___ result, people would save too much energy as fat, which would ultimately become ___ problem.

진화생물학에서 현대의 유행처럼 번지는 비만을 설명하는 한 이론은 비만이 원래는 이로운 특성이었는데 해롭게 되어 버렸다고 주장한다. 실제로 비만은 오래 전에는 기근이 찾아온 동안 사람들이 에너지를 지방 형태로 더 효과적으로 축적하도록 해 줌으로써 살아남을 수 있도록 도와주었다. 그러나 현대에는 이 이로운 유전자를 가진 사람들이 에너지는 축적 하려 하는데 기근은 일어나지 않는 것이다. 그 결과 사람들은 너무 많은 에너지를 지방으로 축적했고 결국 그것이 문제가 되었던 것이다.

in terms of ~면에서, ~에 관해서
epidemic (병의) 유행, 만연
famine 기근, 기아, 굶주림
beneficial 이로운, 유익한, 도움이 되는
trait 특징, 특질, 특색
detrimental 해로운, 이롭지 못한

0992

Multitasking has become routine, but it can have ___ surprising effects on our ability to perform ___ physical tasks. Researchers asked people to perform ___ various mental math problems while simultaneously engaging in simple physical exercise. Surprisingly, ___ scans revealed that this combination activated ___ part of ___ brain responsible for ___ physical movement more than ___ pure exercise did. They found that this could easily translate to reduced endurance. ___ research also showed that as ___ mental tasks increased in difficulty, physical speed slowed. This clearly demonstrates that it is not only our focus that is reduced through ___ multitasking.

멀티태스킹은 일상이 되었지만, 신체적인 일을 수행하는 능력에 놀라운 영향을 끼칠 수 있다. 연구자들은 사람들에게 단순한 신체 운동을 하면서 동시에 여러 정신적 수학 문제를 수행하도록 요청했다. 놀랍게도 뇌 스캔을 해 본 결과 이런 조합이 운동만 할 때보다 신체 활동을 관장하는 뇌의 부분을 더 많이 활성화하는 것으로 밝혀졌다. 연구자들은 이것이 지구력 감소로 쉽게 이어진다는 것을 발견했다. 또한 연구는 정신적 과제의 난이도가 높아질수록 신체의 운동 속도는 감소했다는 것을 보여주었다. 이것은 멀티태스킹을 통해 줄어드는 것은 집중력만이 아니라는 것을 확연하게 보여준다.

perform (임무 따위)를 행하다, 수행하다, 다하다
simultaneously 동시에, 일제히
engage in ~에 종사하다, 몰두하다
activate ~을 활성화하다, 촉진하다

0993

Before I came to ___ college I didn't realize how hard it would be to balance ___ academics and social life. In high school, everything was simple. I lived with my parents, and everything had ___ clear time and place. I knew when to study, do ___ extracurricular activities, or spend time with friends. But since I started living in ___ dorms, I've met ___ lot of new people who are constantly inviting me to various events. I don't want to refuse, but at ___ same time, I also have to make ___ time for studying.

대학교에 오기 전까지는 나는 학업과 사교생활의 균형을 맞추는 것이 얼마나 어려울지 몰랐다. 고등학교에서는 모든 것이 단순했다. 나는 부모님과 함께 살았고 모든 것은 명확한 시간과 장소가 있었다. 나는 언제 공부하고 방과후 활동을 하거나 친구들과 시간을 보낼지 알았다. 하지만 기숙사에서 지내기 시작한 이후 나는 새로운 사람들을 많이 만났고 그들은 지속적으로 나를 여러 행사에 초대하고 있다. 나는 거절하고 싶지는 않았지만 동시에 공부할 시간을 내야 한다.

extracurricular 정식 과목 이외의, 과외의, 방과후의
dorm 기숙사, dormitory의 준말
constantly 계속, 끊임없이
keep in touch 연락하다, 접촉을 유지하다

0994

When people think of ___ children's play, they often think of ___ physical activities that help develop ___ motor skills. But play can also include physically undemanding activities like pretending. Imaginative activities, such as playing house, help children develop their command of language, encouraging ___ use of complex grammatical structures. Pretending also allows children to practice controlling their emotions and regulating their own behavior. In this way, much like ___ physical play, ___ pretend play is essential to ___ child's development.

어린이들의 놀이에 대해 생각할 때, 사람들은 운동 능력 발달을 돕는 신체 활동들을 떠올리는 경우가 많다. 그러나 놀이에는 역할 놀이처럼 신체적으로 많이 움직이지 않는 활동들도 포함된다. 소꿉놀이 같은 상상력 활동은 복잡한 문법 구조의 사용을 북돋우면서 어린이들의 언어구사력 발달을 돕는다. 역할놀이 역시 어린이들이 자신의 감정을 조절하고 행동거지를 관리하는 연습을 할 수 있도록 해준다. 이렇게 신체 놀이와 마찬가지로 역할 놀이는 어린이의 발달에 꼭 필요하다.

motor skill: 운동능력
pretending: 흉내내기 놀이, 역할 놀이
pretend play: 역할극
playing house: 소꿉놀이[장난]
command of language: 언어 구사력

0995

Accused smuggler Lisa Bower was sentenced to ___ reduced sentence in Potterstown today because she helped police nab key players in ___ smuggling ring. After her arrest, Ms. Bower agreed to cooperate with ___ law enforcement officials. They say she was only ___ small player in ___ much larger organized smuggling ring. In ___ exchange for information leading to ___ arrest of high-ranking figures within ___ organization, Ms. Bower was promised leniency. ___ judge noted that she lived up to her end of ___ bargain by providing testimony central to several other convictions.

기소된 밀수업자 리사 바우어에게 오늘 포터스타운에서 감형된 형량이 선고되었는데, 그녀가 경찰이 밀수 조직의 핵심 인물들을 체포하도록 협조했기 때문이다. 체포 이후, 바우어씨는 경관들에게 협조하는 데 동의했다. 그녀가 훨씬 거대한 조직적 밀수 집단의 작은 행동대원에 지나지 않았다고 그들은 말한다. 조직 내 상층부 인물들의 체포로 이어진 정보의 대가로, 바우어 씨는 관대한 처벌을 약속 받았다. 판사는 그녀가 몇몇 다른 기소에 핵심이 되는 증언을 제공함으로써 거래에서의 자신의 몫을 다 한 것을 감안했다.

accused 기소된, 고발된, 고소된
smuggler 밀수업자
law enforcement official 법 집행관, 경관
ring (특히 비밀, 불법) 집단
leniency 관대함, 자비, 관용
conviction 유죄 판결, 유죄 선고
confess 자백하다, 고백하다
nab ~을 체포하다

0996

___ recent research on ___ body mass index(BMI) of ___ girls links body weight to ___ early onset of puberty in girls. ___ study of over 1,200 girls in three major US cities confirmed that girls are reaching puberty earlier than in previous decades, as other studies have shown that this is true for girls and boys alike. ___ study also revealed that overweight girls—those with ___ high BMI—are entering puberty up to ___ year-and-a-half earlier than those with ___ lower BMI. ___ scientists speculate that ___ extra body weight may be triggering this change.

소녀들의 신체질량지수에 대한 최근의 연구는 체중과 소녀들의 이른 사춘기가 관련이 있다고 본다. 미국의 세 대도시의 소녀들 1,200명 이상을 대상으로 한 연구는 소녀들이 과거 수십 년 전보다 일찍 사춘기에 접어들고 있음을 확인해 주었으며 다른 연구들도 이것이 소녀와 소년 모두에게 해당됨을 보여주었다. 그 연구는 또한 과체중 소녀들, 즉 체질량 지수가 높은 소녀들이 체질량 지수가 낮은 소녀들보다 최대 1년 반이나 먼저 사춘기가 시작된다는 것을 밝혀냈다. 과학자들은 과체중이 이런 문제를 야기하고 있다고 추측한다.

body mass index 신체질량지수(비만도 측정치)
puberty 사춘기, 청춘기
speculate 추측하다, 숙고하다
onset 시작, 개시, 착수

0997

___ government has rolled out ___ new plan to deal with ___ ongoing drought by investing in new clean-water infrastructure. Entering its second year, ___ drought shows no signs of abating. ___ residents have made massive cuts in personal water use, but more water is needed. ___ plan includes building ___ desalinization plant next to Purdue Bay to convert ___ seawater into ___ freshwater. Additional facilities will be constructed to capture ___ wastewater and render it fit for ___ use by ___ residents. These measures will take time to implement but should provide ___ long-term solution.

정부에서 새 담수 인프라에 투자함으로써 계속되고 있는 가뭄을 해결할 새 계획을 내놓았다. 2년째에 접어든 가뭄은 누그러질 기미가 전혀 보이지 않는다. 주민들은 개인 물 사용을 엄청나게 삭감했으나 더 많은 물이 필요한 상태다. 그 계획은 퍼듀 만 옆에 담수화 공장을 건설해서 바닷물을 담수로 바꾸는 것을 포함한다. 하수를 모아서 주민들이 사용하기에 적당하게 바꾸는 추가 시설들이 건설될 것이다. 이런 조치들은 실행하는 데 시간이 걸리기는 하겠으나, 장기적인 해결책을 제공할 것이다.

roll out: ~을 양산하다, 대량으로 만들어내다
abate: 악해지다, 덜해지다
desalinization: 담수화, 염분 제거
convert: 전환하다, 변환하다, 개조하다
freshwater: 담수(의)
render: ~을 (…으로) 되게 하다, 만들다
run-down: (장소 등이) 황폐한, 낡은
infrastructure: 인프라, 기반시설

0998

When I started ___ Falcon Airways 15 years ago, I wanted to provide ___ completely different customer experience. One thing I did to ensure that ___ company put ___ customers first was hire virtually all ___ flight attendants with ___ zero experience. I didn't want them to come to ___ job with ___ bad habits or mindsets from other airlines. By training them in-house, I could ensure they were fully committed to our way of doing things. Our success as ___ airline shows that giving solid training beats hiring staff with ___ experience.

15년 전 팔콘항공을 시작했을 때, 저는 완전히 다른 고객 경험을 제공하고 싶었습니다. 제 회사가 고객들을 최우선으로 하도록 하기 위해 제가 했던 한 가지는 사실상 모든 승무원들을 경험이 전혀 없는 사람들로 뽑은 것입니다. 저는 그들이 다른 항공사에서 기른 나쁜 습관이나 태도를 가진 채 회사에 오기를 원하지 않았습니다. 그들을 사내에서 훈련시킴으로써, 저는 그들이 저희의 일 처리 방식에 완전히 전념하도록 할 수 있었습니다. 항공사로서 저희의 성공은 알찬 훈련을 시키는 것이 경력자 직원을 고용하는 것보다 낫다는 것을 보여줍니다.

flight attendant (비행기의) 승무원
mindset (흔히 바꾸기 힘든) 사고 방식, 태도
in-house 조직 내에서, 사내에서
be committed to ~에 헌신하다, 전념하다
top-notch 최고의, 일류의
beat 더 낫다, 능가하다, 이기다

0999

It may seem self-evident, but all people are unique, and ___ babies are no different. They develop at ___ different paces, some reaching ___ certain milestones early, and others taking their time. Consequently, it is not only impossible, but also futile to try to prescribe ___ fixed timeline of ___ development. Sooner or later they all catch up, and who said their first word or took their first step will all seem trivial in ___ long run.

뻔한 말 같지만, 모든 사람들은 독특하며, 아기들도 결코 다르지 않다. 아기들은 서로 다른 속도로 발달하기에 어떤 중요한 시점에 일찍 도달하는 아기들도 있고 시간이 걸리는 아기들도 있다. 따라서, 딱 정해진 발달 시간표를 처방하려는 것은 불가능할 뿐 아니라 쓸 데 없는 일이기도 하다. 조만간 아기들은 모두 따라 잡으며, 누가 처음으로 말을 했거나 처음으로 걷기 시작했는지는 장기적으로 보면 모두 별 것 아닌 것으로 보일 것이다.

self-evident 자명한, 뻔한
milestone (역사, 인생의) 중요한 시점, 획기적인 사건, 이정표, 마일 표석
take one's time 천천히 하다, 늑장 부리다
prescribe 규정하다, 처방하다, 지시하다
consequently 따라서, 그 결과로서
otherwise 그렇지 않다면
on the other hand 다른 한편으로

1000

Humans have developed ___ coping mechanisms to create ___ pockets of ___ privacy within crowded modern cities. Sociologist Erving Goffman characterized one of these mechanisms as ___ "civil inattention." When practicing ___ civil inattention, city-dwellers acknowledge ___ presence of others around them, while discouraging conversation or interaction. For example, someone practicing ___ civil inattention on ___ public bus might look up from their phone or book to make ___ brief eye contact with ___ stranger entering ___ bus before looking back down again.

인간들은 붐비는 현대 도시에서 사생활 공간을 만들기 위해 대응기제를 발전시켰다. 사회학자 어빙 고프만은 이 기제들 중 한 가지를 "시민적 무관심"이라고 정의했다. 시민적 무관심을 실천할 때, 도시 거주자들은 자기 주변의 사람들의 존재는 인정하지만 대화나 상호 작용은 거부한다. 예를 들어 공공 버스 안에서 시민적 무관심을 실천하는 사람은 버스에 올라 탈 때 전화기나 책에서 잠시 눈을 들어 낯선 사람과 눈을 마주친 후 다시 고개를 숙일 것이다.

pocket: (주변과는 이질적인 작은) 집단, 지역
coping mechanism: 대응 기제.
civil inattention: 시민적 무관심.
interaction: 상호작용, 교류
practice: 실천하다, 실행하다

Answer Key

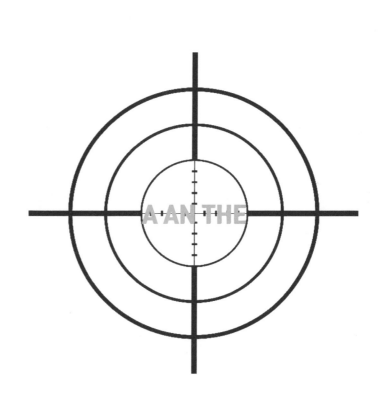

A AN THE

0001
(×) Sam Wyche was the right coach at the wrong time for the Bucs.
샘 와이키는 벅스 코치로는 적절하지만 시기가 좋진 않다.

Tip 중간개념 없이 양분된 right/wrong(맞다/틀리다) 앞에는 대개 관사를 붙인다.

0002
Is (×) healthcare a right or a privilege?
건강관리는 권리인가 특권인가?

Tip 가산명사로 일반적인 권리나 특권을 지칭한다.

0003
According to (×) research, here's what's likely to happen in the '20s.
조사에 따르면, 20년대에 벌어질 법한 일이 있다고 한다.

Tip research에는 관사를 붙이지 않는다. 'the 1920s=1920~1929년까지'를 가리킨다.

0004
A research article published last month in the Journal of the American Medical Association (JAMA) offers hope for the pain-and opioid-crises.
美의학협회저널 연구논문은 통증 및 오피오이드 사태에 대한 희망을 준다.

Tip 무슨 사태인지 쓰는 사람이나 읽는 미국 사람은 다 안다.

0005
The United States will continue to take all (×) necessary action to protect our people and our interests wherever they are around the world.
미국은 자국민이 전 세계 어디에 있든 그들을 보호하기 위해 필요한 모든 조치를 끊임없이 강구할 것이다.

Tip 지금 존재하는 '세상'이나 '세계'에는 정관사를 붙인다.

0006

As 2020 dawns, a better world is implausible, not impossible.
2020년이 밝아오고 나니 더 나은 세상은 불가능은 아니지만 그렇다고 실현될 성싶지도 않다.

Tip 아직 실현되지 않은 '세상'에는 부정관사를 붙인다.

0007

Scientists have for the first time linked (×) human-induced climate change and (×) global daily weather patterns in a new study. the study also suggests that (×) measurements analyzing humankind's role in producing incidents such as (×) heat waves and (×) floods could underestimate the contribution people make to such (×) extreme weather events.
과학자들은 연구를 통해 처음으로 인간이 유발한 기후변화와 전 세계의 기후패턴을 연관시켰다. 연구에 따르면, 폭염과 홍수 같은 사태를 발생시키는 인간의 역할을 분석하는 측정결과는 인간이 그런 극단적인 기후사태의 원인이 된다는 것을 과소평가할 수 있다는 점을 암시하기도 했다.

Tip 서수(first, second, third, fourth …)에는 정관사를 붙인다.

0008

The study, by (×) researchers at the University of (×) Manchester, looked at (×) 500,074 participants taking part in the long-term UK Biobank study, which includes (×) genomic data on more than half a million UK residents.
맨체스터대학의 연구원들이 실시한 연구는 장기적인 영국바이오뱅크연구에 참여한 50만 74명의 참가자를 조사했다. 여기에는 50만이 넘는 영국 주민에 대한 게놈데이터도 포함한다.

Tip research에는 관사가 붙지않지만 researcher(연구원)은 셀 수 있는 명사로 관사를 붙이거나 복수형이 가능하다.

9~46 the Little Pear Girl

0009

Once upon a time, a peasant worked hard to make a living from his land.
옛날 옛적, 한 농부는 자기 땅에서 생계를 잇기 위해 열심히 일했다.

Tip make a living 생계를 잇다

0010

Every year his pear tree produced (×) four basketfuls of fruit which had to be given to the king, a greedy ruler who grew rich at the expense of the poor.
매년 배나무 생산량은 과일 네 바구니였는데 이는 왕에게 바쳐야 했다. 그는 가난한 사람들의 피와 땀을 이용하여 부를 축적해온 탐욕스러운 통치자였다.

Tip at the expense of ~을 희생시키며

0011

One year, (×) part of the pear harvest went bad and the peasant was able to pick only three and a half baskets of (×) fruit.

일부 배수확량이 저조해지자 농부는 과일을 바구니로 세 개 반만 딸 수 있었다.

Tip 'the peasant'는 앞서 언급한 농부를 가리키므로 정관사를 붙여야 한다.

0012

The poor man was beside himself with (×) fear, for the king refused to take less than (×) four basketfuls, and the peasant would be cruelly punished.

그 가난한 사람은 두려움에 이성을 잃었다. 네 바구니 미만은 왕이 받지 않았으므로 농부는 잔인한 처벌을 받게 될 상황이었다.

Tip 'poor man'도 앞에서 나온 농부를 가리킨다.

0013

All he could do was put his youngest daughter into one of the baskets and cover her with a layer of pears, so that the basket looked full.

그는 바구니가 풍성해 보이도록 막내딸을 바구니 중 하나에 넣고는 배로 아이를 가렸다.

Tip 무슨 바구니인지 읽는 사람은 다 안다.

0014

The king's servants took away the four baskets without ever noticing the trick, and the little girl found herself all alone in the pantry, under the pears.

왕의 종은 속임수를 눈치채지 못한 채 네 바구니를 가져갔고, 이때 어린 딸은 홀로 저장실 배 밑에 있었다.

Tip 복수형 'pears'에 관사를 붙이는 이유는 바구니에 든 배를 가리키기 때문이다.

0015

One day, the cook went into the pantry and discovered her.

하루는 요리사가 저장실에 들어와 아이를 발견했다.

Tip cook은 요리사로 셀 수 있는 명사다.

0016

Nobody could understand where on (×) earth she had come from, and not knowing what to do with her, it was decided she should become a maid in the castle.

아이가 어디서 왔는지 누구도 알 길이 없었고 아이를 어떻게 해야 할지도 몰라 그들은 성 내의 시녀를 삼기로 했다.

Tip on earth는 의문사 where을 강조한다(도대체)

0017

(×) Folk called her Violetta, for her eyes reminded them of the color of (×) violets.

사람들은 아이를 비올레타라 불렀다. 아이의 눈이 보랏빛을 떠올렸기 때문이다.

Tip people이나 folk는 관사 없이 그 자체로 '사람들'을 가리킨다.

0018

(×) Violetta was a pretty girl, sweet and generous.

비올레타는 어여쁜 아이로 착하고 아량이 넓었다.

Tip 주인공(비올레타)을 처음 설명하는 대목에서는 부정관사를 붙이고 다음부터는 정관사를 붙인다.

0019

One day, as she was watering the flowers in the royal gardens, she met the king's son, a youth of her own age, and the two became friends.

어느 날, 왕실 정원에서 꽃에 물을 주고 있을 때 그녀는 동년배인 왕자를 만났고 그 둘은 친구가 되었다.

Tip 'king'은 앞에서 나왔으니 정관사, 아들은 처음 등장하니 부정관사.

0020

The other maids, jealous of (×) Violetta's beauty and of the affection many people in the castle felt for the girl, did everything they could to get her into (×) trouble, by spreading (×) nasty rumours about her. One day, the king sent for her and said severely:

비올레타의 미모도 그렇지만, 성 내의 많은 사람들이 느끼는 애정에 질투심이 난 다른 시녀들은 비올레타를 곤경에 빠뜨리기 위해 고약한 소문을 냈다. 하루는 왕이 그녀를 불러 호되게 꾸짖었다.

Tip 나머지 시녀 전체를 가리킬 때는 정관사를 붙여 'the other maids.'

0021

"I'm told you boast of being able to steal the witches' treasure trove. Is that true?"

"마녀의 보고를 훔칠 수 있다며 자랑을 늘어놓았다던데 그게 사실이더냐?"

Tip '마녀의 보고'는 처음 등장했는데 왜 정관사인가? 본문은 인용문이고 이를 말하는 사람은 왕이다. 따라서 왕은 마녀의 존재를 이미 알고 있다.

0022

Violetta said 'no,' but the king refused to believe her and drove her out of his kingdom.

비올레타는 아니라고 했지만 왕은 그녀를 믿으려 하지 않았다. 결국 그녀는 왕국에서 쫓겨나고 말았다.

Tip 앞으로도 왕king 앞에는 정관사를 붙인다. 여기서 'a king'을 쓰면 다른 왕이 등장한 것.

0023

"You may return only when you have laid hands on the treasure," he said.

"보고를 손에 넣는다면 다시 와도 좋으니라." 왕이 말했다.

Tip 말하는 사람은 보고의 존재를 이미 알고 있다.

0024

All Violetta's fondest friends, including the prince, were sorry to hear of the king's decision, but could do nothing to stop her going.

왕자를 비롯한 비올레타의 친구들은 왕의 결정에 그녀를 동정했지만 이를 막을 수는 없었다.

Tip 왕자도 왕도 이미 등장한 터라 정관사를 붙여야 옳다.

0025

The girl wandered through the forest and, when she came to a pear tree, she climbed into its branches and fell asleep.

비올레타는 숲을 떠돌다 어느 배나무에까지 와서는 가지에 올라 잠이 들었다.

Tip 'a forest'도 틀린 표현은 아니지만 한 문장에 있는 '배나무(a bear tree)'와 연결된 명사에는 주로 정관사를 쓴다. 배나무는 처음 등장하기 때문에 부정관사.

0026

She was wakened at (×) dawn by an old woman calling her: "What are you doing up there, all by yourself?" Violetta told the old woman her tale.

동이 틀 무렵 비올레타는 어느 노파의 부름에 잠이 깼다. "거기서 혼자 무얼 하고 있느냐?" 비올레타는 노파에게 자초지종을 털어놓았다.

Tip 노파도 첫 등장인데 이를 재차 언급할 때는 정관사the를 붙였다.

0027

She offered to help the little girl, gave her some round loaves, a broom, a little oil and some good advice, and the girl again set off.

노파는 어린 아가씨를 위해 둥근 빵과 빗자루 및 약간의 기름을 주며 조언도 들려주었다. 비올레타는 다시 길을 떠났다.

Tip 'and'로 연결되어 병렬관계로 'a'를 붙일 것 같지만 'advice'에는 'some'을 붙였다. 관사를 붙이지 않기 때문이다.

0028

She reached a clearing with a large wood stove and saw (×) three women tearing their hair, using it to sweep the ashes from the stove.

장작난로가 있는 빈터에 이르자 세 여성이 눈에 띄었다. 그들은 머리카락을 뜯어 난로에서 나온 먼지를 쓸고 있었다.

Tip 난로에서 나온 먼지이므로 정관사를 썼다.

0029

Violetta offered them the broom and the women pointed out the way to the witches' palace.

비올레타가 빗자루를 건네자 그녀들은 마녀의 집에 가는 길을 일러주었다.

Tip 빗자루와 여성은 이미 언급된 적이 있다.

0030

Suddenly, (×) two hungry mastiffs blocked her path.

배를 곯던 마스티프 개 두 마리가 돌연 길을 막아섰다.

Tip 개 두 마리는 첫 등장이라 정관사를 쓰면 어색하다

0031

Violetta threw them the loaves, the dogs ate them and let her pass.

비올레타가 빵을 주자 개들은 이를 먹고 나서 길을 터주었다.

Tip 앞서 나온 대상을 다시 가리키고 있다.

0032

Then she came to the bank of a river in (×) flood, but remembering the old woman's advice, she sang:

Clear sparkling river
Let me cross over,

그 후 범람한 강의 둑에 이르자 노파의 조언이 생각나 노래를 불렀다.
부글거리는 강을 거두어
지나가게 하소서

Tip 'a river'와 연결된 명사에는 정관사를 붙일 수 있다. 따라서 'the bank.'

0033

The minute her song wafted into the air, the water stopped flowing.

노랫소리가 허공에 퍼지자마자 강은 멈추었다.

Tip 'the minute'는 관용적으로 붙어진 표현(~하자마자)

0034

Violetta thus crossed the river and at last reached the witches' palace.

비올레타는 강을 건너 마침내 마녀의 궁에 도착했다.

Tip 강과 마녀는 이미 언급된 바 있다.

0035

The door was unlocked, but Violetta could not push it open for the hinges were rusted.

문은 열려있었지만 경첩에 녹이 슬어 도저히 열 수가 없었다.

Tip 문과 경첩은 당연히 궁에 있는 대상일 테니 정관사.

0036

So she rubbed on a little oil and the door swung open.
기름을 조금 바르자 문이 열렸다.

Tip 'a little'은 분리할 수 없는 표현(조금)

0037

The little girl walked through the empty halls till she came to a splendid room in which lay a magnificent coffer full of jewels.
비올레타가 텅 빈 복도를 가로지르자 호화로운 방이 나왔다. 여기에는 보석이 가득한 큼지막한 금고가 있었다.

Tip 'empty halls'는 복수지만 궁 안에 있는 복도로 한정되어 있으므로 정관사.

0038

Holding the coffer under her arm, Violetta made for the door, but the coffer, being enchanted, cried out:
비올레타는 금고를 겨드랑이에 끼고는 문 쪽으로 걸어갔는데 이때 마법에 걸린 금고가 외쳤다.

Tip 모두 이미 언급했던 대상들이다.

0039

"Door! Don't let her out!" However, the door did open, for Violetta had oiled the hinges. Down at the river, the coffer cried out.
"문아! 나갈 틈을 줘선 안 된다." 하지만 문은 열렸다. 비올레타가 경첩에 기름을 발라두었기 때문이다. 강에 이르자 금고가 또 소리를 질렀다.

Tip 이미 언급했던 대상을 또 가리킬 때는?

0040

But the river did not stop the little girl from crossing; the two mastiffs did not attack and the three strange women did not burn her in their stove.
그러나 강은 비올레타를 저지하지 않았고 두 마리의 개도 공격하지 않았으며 세 여인도 그녀를 난로에 넣지 않았다.

Tip 'in their stove'와 같이 관사가 헷갈릴 때는 소유격으로 마무리하라!

0041

For each, in its own way, repaid the girl's courtesy.
각자가 저 나름대로 비올레타의 은혜에 보답한 것이다.

Tip 'girl'은 비올레타를 가리킨다.

0042

Back at the king's palace again, the prince ran happily to meet Violetta, telling her: "When my father asks you what you want as a reward, ask him for the basket of pears in the pantry!" And this Violetta did.
왕자는 왕궁에서 비올레타를 기쁘게 맞이하며 말했다. "아버님이 상급으로 무엇을 바라는지 물으실 테니 창고에 있는 배바구니를 달라고 해주시오." 비올레타는 그렇게 했다.

Tip '보상reward' 빼고는 모두가 전에 언급된 대상이다.

0043

Pleased at paying such a modest price, the king instantly ordered the humble basket to be brought.
왕은 소박한 대가를 치르는 데 흡족해 하며 바구니를 가져오라고 즉각 명령했다.

Tip 'such a'는 굳어진 표현이다.

0044

But nobody ever imagined for a minute that underneath the pears lay the prince.
하지만 바구니에 왕자가 있으리라고는 누구도, 한순간도 예상치 못했다.

Tip 'for a minute'과 비슷한 용례는 'Wait a minute(잠깐만 기다려봐).'

0045

The young man came out of his hiding place, swore he was in (×) love with Violetta and that he wanted to marry her.
왕자는 바구니를 나와 비올레타에게 사랑을 고백하며 청혼했다.

Tip love는 셀 수 없는 명사. '(fall) in love with' = 사랑하고 있다(사랑에 빠지다)

0046

In this way, the king was forced to give his consent. Violetta brought her family to court and they all began a new and happy life.

왕은 어쩔 수 없이 왕자의 뜻에 동의했다. 비올레타는 가족을 왕궁에 데려왔고 그들은 새롭고도 행복한 인생을 시작했다.

Tip 지금 시작한 인생이므로 부정관사.

0047

(×) NATO—the North Atlantic Treaty Organization—was established in 1949 to safeguard (×) freedom, democracy and mutual security in (×) Western Europe in the face of (×) Soviet expansionism after (×) World War Two.

나토—북대서양조약기구—는 2차 대전 후인 1949년, 소련의 대외확장정책에 맞서 서유럽의 자유와 민주주의 및 상호안보를 수호하기 위해 설립되었다.

Tip 나토는 '엔에이티오NATO'라고 읽었다면 정관사를 붙였을 것이다. 'in the face of'는 굳어진 표현.

0048

(×) U.N. Secretary-General Antonio Guterres on (×) Friday called again for an immediate cease-fire in Libya and a return to (×) talks by all the warring parties.

안토니오 구테헤스 유엔 사무총장은 즉각적인 리비아 휴전과 전쟁당사국들의 회담복귀를 금요일에 재차 요구했다.

Tip 직함에는 관사를 붙이지 않고 전쟁당사국은 숫자가 정해져 있으므로 정관사.

0049

The U.N. chief warned in a statement from his deputy spokesman that "any foreign support to the warring parties will only deepen the ongoing conflict and further complicate efforts to reach a peaceful and (×) comprehensive political solution."

유엔 사무총장은 부대변인의 성명을 통해 "외국에서 전쟁당사국을 지원하면 진행 중인 갈등을 심화시킬 뿐 아니라, 평화적이고 포괄적인 정치적 해결을 위한 노력을 더 복잡하게 만들 것"이라고 경고했다.

Tip 'peaceful'과 'comprehensive'는 '접속사and'로 연결되어 부정관사를 따로 쓸 필요가 없다.

0050

In an interview with (×) NBC News Friday, (×) Iran's ambassador to the United Nations called the assassination of (×) Gen. Qassem Soleimani "an illegitimate action" and "an act of aggression" in (×) violation of (×) international law.

유엔주재 이란대사는 18일 NBC 뉴스와의 인터뷰에서 카셈 솔레이마니 장군을 암살한 사건을 가리켜 국제법을 위반한 "불법행위"이자 "침략행위"라 규정했다.

Tip 이미 벌어진 암살사건이므로 정관사를 붙였다.

0051

(×) President Donald Trump and the Pentagon have pointed to Iran as the source of attacks against (×) U.S. servicemen and the U.S. Embassy in (×) Baghdad late last month, and stated that Soleimani had (×) imminent plans for (×) additional attacks against (×) U.S. interests in the Middle East.

도널드 트럼프 대통령과 국방부는 지난달 말 미군과 바그다드주재 미대사관을 공격한 주체로 이란을 지목하며, 중동에 대한 미국의 이권을 솔레이마니가 추가적으로 공격할 계획이 임박했다고 밝혔다.

Tip 국방부는 공식적으로 정해져 있는 국가기관이므로 정관사. 바그다드주재 美대사관은 특정 대사관이므로 정관사를 붙인다.

0052

At (×) last year's United Nations climate change talks in (×) Poland, not many people knew who (×) Greta Thunberg was.

지난해 폴란드에서 열린 유엔 기후변화회의에서 그레타 툰버그가 누구인지 아는 사람은 많지 않았다.

Tip 사람 이름에는 관사를 붙이지 않는다.

0053

(×) UNESCO is the United Nations' agency for (×) education, culture, and science.

유네스코는 교육과 문화 및 과학을 담당하는 유엔기구이다.

Tip 국제기구의 약칭에는 관사를 쓰지 않더라도 공식명칭에는 꼭 정관사를 붙여야 한다.

0054

The last decade was the second hottest in the past 100 years in the UK, with (×) eight new high-temperature records set.

지난 10년은 영국 100년사 중 두 번째로 더운 해로 8개의 기록을 세웠다.

Tip '지난 10년,' '둘째로 덥다'는 의미상 관사를 쓰지 않으면 혀에 가시가 돋는다.

0055

For the first time, the World Health Organization projects that the number of males using (×) tobacco is on the decline, indicating a powerful shift in the global tobacco epidemic.

세계보건기구는 담배를 피우는 남성이 처음으로 감소하고 있어 전 세계로 전염되는 흡연에 큰 변화가 있다는 점을 암시했다.

Tip the number of ~의 숫자 / a number of 수많은

0056

A rapid spread of (×) African Swine Fever(ASF) is wiping out (×) pig herds in (×) China, the UN's Food and Agriculture Organization(FAO) said on Thursday, and the killer disease has led to a drop in (×) world meat production for the first time in more than 20 years, with (×) other global staples also facing new threats.

아프리카돼지열병(ASF)의 급속한 확산으로 중국에서는 돼지떼가 살처분 당하고 있다. 유엔 식량농업기구가 3일 밝힌 바에 따르면 전 세계 육류생산량은 ASF로 20여년 만에 감소했고 다른 육류도 위기에 봉착했다고 한다.

Tip 식량농업기구(FAO)뿐 아니라 국제기구의 공식명칭에는 모두 정관사를 붙인다.

0057

We have the biggest gap in (×) pay in the OECD.

OECD(경제협력개발기구) 중 임금격차가 가장 크다.

Tip 철자를 하나씩 읽는 기구(오이씨디)와 최상급에는 정관사를 붙인다.

0058

A New York City education official is facing (×) child pornography charges after (×) federal officials say he planned to meet with an undercover agent he thought was a 14-year-old boy.

뉴욕시의 어느 교육관계자는 아동포르노 혐의를 받고 있다. 연방관리들은 그가, 14세 사내아이인 줄 알았던 비밀요원을 만날 계획이었기 때문이라고 한다.

Tip '비밀요원undercover agent'은 글을 쓰거나 말하는 사람이 모르는 존재다.

0059

David A. Hay, 39, was arrested December 29 on (×) charges of using a computer to attempt to persuade, induce, or entice a minor to engage in (×) unlawful sexual activity and (×) possession of (×) child pornography, according to a news release from the US Attorney's Office.

데이비드 a 헤이(39)는 불법성행위 및 아동음란물을 소지할 요량으로 미성년자를 설득/유도 혹은 유인하기 위해 컴퓨터를 사용한 혐의로 12월 29일 검거되었다고 美연방지방검찰청이 밝혔다.

Tip 복수형은 수효가 정해지지 않았거나 나머지 전체가 아니라면 정관사를 붙이지 않는다.

0060

The studies are positive: Looking on the bright side of (×) life really is good for you.

연구결과는 낙관적이다. 즉, 인생의 밝은 면을 봐야 좋다는 것이다.

Tip 'side' 앞에 수식어가 붙으면 정관사를 붙일 수 있다.

0061

In (×) fact, a 2019 study found people with the most positive outlook had the greatest odds of living to (×) 85 or beyond.
사실, 2019년 연구에 따르면 긍정적인 시각을 가진 사람이 85세 이상 살 가능성이 가장 높다고 한다.

Tip 최상급 앞에는 정관사를 붙인다. '사실'은 'in fact.'

0062

(×) North Korean leader Kim Jong Un has warned his country about a difficult economic future.
북한의 김정은 위원장은 경제적 미래가 험난할 것이라고 자국에 경고했다.

Tip '직함 앞에는 무관사. 아직 실현되지 않은(불확실한) 미래는 부정관사 a(n)를 붙인다.

0063

There are about (×) 6,000 languages in the world at (×) present.
현재 전 세계 언어는 6,000개 정도 된다.

Tip 복수형은 특정하지 않으면 관사를 붙이지 않는다. 현재/과거/미래는 무관사.

0064

(×) Experts say that (×) half of the world's languages will have disappeared by (×) 2050.
전문가에 따르면 2050년께는 전 세계 언어 중 절반이 사라질 거란다.

Tip '절반half'는 무관사. 연도도 관사를 쓰지 않는다.

0065

(×) Languages are becoming extinct at twice the rate of (×) endangered animals!
언어는 멸종위기동물보다 2배 더 빨리 사라진다.

Tip '배수사+정관사the+명사'는 배수를 나타내는 패턴.

0066

Thousands of years ago, a mathematician named Hero designed a simple steam engine.
수천 년 전, 수학자 헤로는 간단한 증기엔진을 설계했다.

Tip 처음 소개하는 수학자이므로 부정관사 a(n), 증기엔진도 처음 꺼내는 이야기.

0067

When Jonathan was in (×) fourth grade, his class learned about the Appalachian region of (×) Virginia.
조나단이 4학년이었을 때 버지니아 애팔래치아 지역을 배운 적이 있다.

Tip 학년을 나타낼 때는 무관사. 버지니아는 지명으로 무관사지만 애팔래치아는 산맥으로 정관사.

0068

The sun is the center of (×) our solar system.
태양은 태양계의 중심이다.

Tip 달은 정관사. 소유격 our 앞에는 관사를 쓸 수 없다.

0069

A solar system is a group of (×) planets that revolves around one common star, the Sun.
태양계는 공통별인 태양을 중심으로 공전하는 행성무리를 뜻한다.

Tip '태양' 앞에는 정관사를 붙인다.

0070

They believe that (×) Pluto is too small to be considered a planet.
그들은 명왕성이 너무 작아 행성으로 간주할 수 없다고 생각한다.

Tip 명왕성은 고유명사로 관사를 붙이지 않는다.

0071

Kim expressed a new, tougher approach to the United States.
김(정은)은 새롭고 (전보다) 거친 방책을 미국에 전했다.

Tip '주나 섬이 합쳐진 국가에는 정관사를 붙인다. 예시 the philippines, the United States.

0072

Within 10 years, nearly (×) half of (×) American adults will be obese—or very overweight—a new report predicts.
한 소식통에 따르면, 미국 성인의 절반 정도가 10년 안에 비만(혹은 과체중)에 걸린다고 한다.

Tip half 앞에는 무관사. 특정하지 않은 복수형에는 관사를 붙이지 않는다.

0073

The failure of the February 2019 meeting in Hanoi, Vietnam, with (×) U.S. President Donald Trump may have hurt his influence at (×) home.
2019년 2월 베트남 하노이 회담이 결렬되자 도널드 트럼프 대통령은 자국에서의 영향력에 타격을 입었을지도 모른다.

Tip '역사적 사건이므로 정관사the가 붙었다. 직함에는 관사를 붙이지 않는다.

0074

Kim called for a campaign against the small, private markets that have been growing during the last 20 years.
김(정은)은 지난 20년간 성장해온 군소민간시장(장마당) 근절 운동을 종용했다.

Tip 전에 없던 새로운 운동에는 부정관사 a(n). 장마당은 전부터 있던 시장이므로 정관사.

0075

She says (×) North Korea will now try to become a nuclear and economic power.
그녀에 따르면, 북한은 핵/경제 강국이 되기 위해 노력할 것이라고 한다.

Tip 북한은 지명이므로 무관사. 핵강국은 실현되지 않은 대상이므로 부정관사.

0076

The first step in getting better in (×) English is to study at the same time each day.
영어실력을 높이기 위한 첫 단계는 매일 같은 시간에 공부하는 것이다.

Tip first, second 등, 서수 앞에는 정관사.

0077

Choose a time to study (×) English (×) every day or every week.
매일 혹은 매주, 영어공부 시간을 선택하라.

Tip '시간'을 나타낼 때는 관사를 붙이고(a time, the time) '여유'는 무관사(time).

0078

A good way to learn is to study with a friend or a family member.
효과적인 학습법은 친구나 가족과 함께 공부하는 것이다.

Tip 셀 수 있는 명사는 부정관사a(n)나 정관사the 혹은 복수형(~s) 중 하나를 선택해야 한다.

0079

(×) One of the most important steps to learn (×) English is to set a goal.

영어를 배우기 위한 가장 중요한 단계 중 하나는 목표를 정하는 것이다.

Tip 'one of the+명사'는 굳어진 패턴.

0080

A Google artificial intelligence system was as good as (×) expert radiologists at discovering which women had (×) breast cancer in a new study.

구글 인공지능시스템이 유방암에 걸린 여성을 방사선 전문의 못지않게 판별해낼 수 있다는 연구결과가 나왔다.

Tip '구글'에는 관사를 붙이지 않지만 여기서는 시스템이라는 가산명사가 핵심.

0081

The American Cancer Society says (×) radiologists miss about 20 percent of (×) breast cancers in (×) mammograms.

미국암학회에 따르면, 방사선 전문의는 X선 촬영에서 20퍼센트의 유방암은 발견하지 못하는 것으로 나타났다.

Tip '학회Society'는 정관사를 붙인다.

0082

(×) Scientists say they have discovered (×) new details about (×) young Tyrannosaurus rex dinosaurs.

과학자들에 따르면 어린 티렉스 공룡에 대해 새로운 사실을 발견했다고 한다.

Tip 특정하지 않은 복수형 명사에는 관사를 붙이지 않는다.

0083

(×) Researchers examined (×) fossilized skeleton samples from (×) two small Tyrannosaurus rexes— also known as T. rexes.

연구자들은 '티렉스'로도 알려진 두 마리의 어린 티라노사우르스 렉스에서 채취한 화석골격표본을 관찰했다.

Tip 샘플도 특정하지 않은 복수형이므로 무관사. 티렉스 두 마리 역시 특정하지 않은 개체.

0084

India has announced (×) plans to land an unpiloted space vehicle on the moon in 2020.

인도는 2020년 무인우주선을 달에 보내겠다는 계획을 발표했다.

Tip '무인우주선unpiloted space vehicle'을 앞에서 소개했다면 정관사the를 써야 옳다.

0085

In 2013, (×) doctors expected Wu Yi to live only a few more years. He was only 26 years old at the time.
2013년 의사들은 우이가 몇 년 못 살 거라고 생각했다. 당시 그는 고작 26살이었다.

Tip a few 2~3개 정도 / few 거의 없다

0086

After six months of (×) unending pain, Wu says, a doctor at the Sun Yat-sen University Cancer Center in (×) Guangzhou, China, tried to make him feel better.
우에 따르면, 끊임없는 고통 속에 6개월이 지나자 중국 광저우에 있는 중산대 부속 암센터 전문의가 회복을 위해 노력했다고 한다.

Tip '고통pain'은 셀 수 없어 무관사. '센터'에도 정관사를 붙인다. 불특정한 의사 한 명이므로 부정관사a(n).

0087

America's space agency is nearing (×) completion of a vehicle that will search for (×) evidence of (×) past life on (×) Mars.
미(항공)우주국은 화성에 생명체가 서식했다는 증거를 찾기 위해 탐사선을 조만간 완성할 예정이다.

Tip 'completion'은 완성으로 셀 수 없는 명사(무관사). 화성은 고유명사로 무관사.

0088

(×) NASA recently showed off its Mars 2020 rover.
나사(미항공우주국)는 최근 2020년형 화성탐사선을 과시했다.

Tip "나사NASA"로 읽으면 무관사, "엔에이에스에이NASA"라 읽으면 정관사.

0089

(×) Robots have become common in (×) warehouses across (×) America.
로봇은 미국 전역의 창고에서 흔히 볼 수 있게 되었다.

Tip 미국은 고유명사(지명)로 무관사.

0090

2019 was a big year for (×) major space discoveries and events related to (×) worldwide climate change.
2019년은 우주탐사뿐 아니라 지구촌의 기후변화와 관련하여 큰 결실을 맺은 해였다.

Tip '어떤 해였다'는 수식어가 붙으면 부정관사a(n). 기후변화climate change는 무관사.

0091

Our warranty service is very comprehensive and includes all (×) costs associated with (×) maintenance service as well as the parts required for (×) repair work.

보증서비스는 범위가 매우 포괄적이라 관리서비스뿐 아니라 수리에 필요한 부품에 관련된 비용도 포함되어 있다.

Tip 수리가 필요한 부품이므로 정관사를 붙인다. 'part'가 '~의 일환'일 때는 붙이지 않는다.

0092

This computer is just as fast as the one that was replaced due to the larger amount of (×) random-access memory.

이 컴퓨터는 용량이 큰 랜덤액세스 메모리 때문에 교체된 모델만큼 빠르다.

Tip 컴퓨터를 지칭하는 **one**은 관계대명사가 한정적으로 설명하고 있으므로 정관사를 붙인다.

0093

The dispatch center ensures that all (×) products are delivered promptly without (×) exception.

파견센터는 모든 제품이 예외 없이 신속히 배송되도록 최선을 다하고 있다.

Tip 'exception'은 셀 수 있는 명사이므로 'an/the'도 맞지만 'without'과 만나면 관용적으로 관사를 쓰지 않는다.

0094

(×) Four of the five designs were rejected, but the client is seriously considering the other.

다섯 디자인 중 넷은 거절되었지만 의뢰인은 나머지 하나를 진지하게 고려하고 있다.

Tip 'other'는 혼자 쓰지 않는다.

0095

If you read your policy in (×) detail, you will be aware that we are not responsible for (×) damages that occur after the one year coverage period.

정책을 자세히 읽어보면 보증기간인 1년이 지나면 배상책임이 없다는 점을 알게 될 것이다.

Tip 'in detail(구체적으로)'은 자주 쓰이는 관용표현이다. **damage**가 피해일 때는 관사를 붙이지 않지만 뜻이 달라지면 관사를 붙이거나 복수형을 만든다.

0096

Our overseas branch office is scheduled to open in (×) Taipei next month.
해외지사는 다음 달 타이베이에 오픈할 예정이다.

Tip 고유한 지명에는 관사를 붙이지 않는다.

0097

When making a long distance call, please use the phones in the designated conference room.
장거리전화를 걸면 지정회의실 전화를 이용해주시기 바란다.

Tip (지정된) 회의실과 그 안에 있는 전화는 서로 연결된 개념이므로 정관사를 붙인다.

0098

Mr. Wilrose can repair (×) most machines in the factory, which will be an asset in his position as (×) assembly line manager.
윌로스가 공장기계를 대부분 수리할 수 있다는 점은 조립라인 관리자로서의 자산이 될 것이다.

Tip 직책에는 관사를 붙이지 않는다.

0099

(×) Marketers must avoid making (×) promises (they can't keep) while they demonstrate the quality of their product or service.
마케터는 제품이나 서비스의 품질을 증명할 때 (지키지 못할) 약속은 피해야 한다.

Tip 제품이나 서비스와 연결된 품질이므로 정관사를 붙인다.

0100

We apologize for the delay and any inconvenience caused during the final stage of this construction work.
건설작업 중 최종단계가 지연되어 불편을 드린 점 죄송하게 생각합니다.

Tip 말하는 사람은 무엇이 지연된 것인지 이미 알고 있다.

0101~0118 Dear Ann Landers(앤 랜더스 여사께)

0101
A great man died today.
한 위인이 오늘 세상을 떠났습니다.

Tip 누군지 아직 밝히지 않았다.

0102
He wasn't a world leader or a famous doctor or a war hero or a sports figure or a business tycoon.
그는 세계적인 리더나 유명한 의사, 전쟁 영웅, 스포츠 선수 혹은 재계의 거물도 아니었습니다.

Tip 'sports(스포츠)'는 'figure(인물)'와 결합해 한 단어로 단수 취급.

0103
But he was a great man.

하지만 고인은 훌륭한 분이셨습니다.

Tip 'great man'은 의미상 미지의 위인이므로 부정관사

0104
He was (×) my father. He didn't get his picture in the paper for heading up (×) committees.
그분은 제 아버지십니다. 위원회 총수를 지냈다는 이유로 신문에 사진이 게재된 적도 없습니다.

Tip 'paper'가 신문일 때는 관사를 붙일 수 있지만 종이일 때는 붙이지 않는다.

0105
I guess you might say he was a person who never cared for (×) credit or (×) honors.
그렇기에 명성이나 명예에는 관심이 없었던 사람이라고 생각할지도 모르겠습니다.

Tip 'credit'은 칭찬이나 명성 따위인지라 직관적으로도 관사의 유무를 추정할 수 있다.

0106

He did corny things—like pay his bills on (×) time, go to (×) church on Sunday, and hold an office in the P.T.A.

고인은 주로 진부한 일을 하셨습니다. 이를테면, 공과금을 제때 납부하는가하면 주일에는 교회에 가셨고, 학부모/교사협회에서 직책을 맡기도 하셨습니다.

Tip go to church는 교회의 목적인 예배하러 갈 때, 관사를 붙이면 예배와는 다른 목적으로 갈 때.

0107

He helped his kids with their homework and drove his wife to the shopping center to do the grocery buying on (×) Thursday night.

자녀의 숙제를 도와주었고, 목요일 저녁에는 아내가 장보는 것을 돕고 싶어 쇼핑센터까지 그를 태워주기도 했습니다.

Tip 쇼핑센터가 어디인지 화자는 알고 있다.

0108

He enjoyed hauling his kids and their friends to and from (×) football games.

뿐만 아니라, 자녀와 학급 친구를 풋볼경기장까지, 혹은 집에까지 바래다주기도 했습니다.

Tip 복수형은 특정하지 않으면 관사를 붙이지 않는다.

0109

He enjoyed (×) simple things—a picnic in the park, (×) country music, mowing the grass, and running with the dog.

고인은 공원에 소풍을 가고 컨트리음악을 들으며, 잔디를 깎으며, 개를 데리고 달리는 등, 소박한 일을 즐겨 하셨습니다.

Tip 화자는 잔디와 개가 어떤 대상을 지칭하는지 알고 있다.

0110

Tonight is the first night of my life without him. I don't know what to do with myself, so I am writing to you.

그분을 여의고 첫 밤을 보냅니다. 아직도 어찌할 바를 몰라 이렇게 편지를 씁니다.

Tip 서수 앞에는 정관사. 평생 이번이 처음이기 때문이다.

0111

I am sorry now for the times I didn't show him the proper respect.

아버지를 공경하지 못했던 때를 생각하니 죄송하단 생각이 듭니다.

Tip 수식하는 문장이 'times'를 한정시켜 관사를 붙였다.

0112

But I am thankful for (×) many things. I am thankful that I was able to let him know how much I loved him.

하지만 고마운 점도 많이 있습니다. 내가 얼마나 사랑했는지 말씀드릴 수 있어서 감사합니다.

Tip 'many'와 관사는 같이 쓸 수 없다.

0113

He died with a smile on his face.

아버지는 미소를 머금은 채 돌아가셨습니다.

Tip '미소'는 가산명사.

0114

He knew he was a success as a husband and a father, a son, a brother and a friend.

성공한 남편이자, 아버지, 아들, 형제 그리고 친구였다는 사실을 아셨을 것입니다.

Tip 고인의 (앞서 언급하지 않은) 다른 역할을 열거하고 있다.

0115

I wonder how many millionaires can say that. Thanks for listening, Ann Landers. You've been a great help. — His Daughter

그렇다고 단언할 수 있는 백만장자가 과연 몇이나 될까요? 읽어주셔서 감사합니다. 앤 랜더스 여사님. 여사님은 큰 힘이 되어주셨습니다. —고인의 딸

Tip 도움이나 지원을 가리키는 **help**는 불가산이라 관사를 쓰지 않지만 사람을 지칭할 때는 도움 자체가 아니라 '도움이 되는 존재'로 확장된다. 관사가 필요한 이유다.

0116

To the families of those we've lost; to all who called them friends; to the students of this university, the public servants gathered tonight, and the people of Tucson and Arizona:

유가족을 비롯하여 세상을 떠난 이들의 친구와 본 대학 학생들, 오늘 저녁 여기 모인 공직자 및 투산과 아리조나 주민 여러분.

Tip 우리가 잃은 고인의 가족이므로 정관사를 붙인다.

0117

I have come here tonight as an American who, like all (×) Americans, kneels to pray with you today, and will stand by you tomorrow.

저는 여느 국민과 마찬가지로 오늘은 여러분과 함께 무릎을 꿇고 기도하고, 내일은 여러분의 편에 설 미국인으로서 이 자리에 섰습니다.

Tip 한 명의 미국인으로서 자리에 섰다.

0118

There is (×) nothing I can say that will fill the sudden hole torn in your hearts.

어떤 말로도 급작스레 찢긴 마음의 구멍은 채울 길이 없을 것입니다.

Tip '-thing'이 조합된 단어와 관사는 어울리지 않는다.

0119

But know this: the hopes of a nation are here tonight.

그러나 국가의 희망이 오늘 저녁 이 자리에 있다는 점은 꼭 명심하시기 바랍니다.

Tip '희망'이라는 추상적인 개념이 아니라 희망을 주는 어떤 대상을 가리킬 때는 관사를 붙인다.

0120

We mourn with you for the fallen. We join you in your grief. And we add our faith to yours that (×) Representative Gabrielle Giffords and the other living victims of this tragedy pull through.

우린 여러분과 함께 망자를 애도하고 여러분의 슬픔에 동참할 뿐 아니라, 가브리엘 기퍼즈 하원의원을 비롯한 부상자들이 이 하루 속히 회복하리라는, 여러분의 믿음에 보탬이 되고자 합니다.

Tip 정관사+pp(분사)에서 분사는 형용사과 같으므로 'the+형용사'로 봄직하다. 즉, 복수명사인 망자들로 풀이할 수 있다.

0121

(×) Judge John Roll served our legal system for nearly 40 years. a graduate of this university and its law school, (×) Judge Roll was recommended for the federal bench by John McCain twenty years ago, appointed by (×) President George H. W. Bush, and rose to become (×) Arizona's chief federal judge.
존 롤(John Roll) 판사는 약 40년간 법조계에 몸담은 분입니다. 본 대학에서 학사 및 석사과정을 마친 롤 판사는 20년 전 존 맥케인의 추천으로 연방법원판사로 내정되었고, 조지 H. W. 부시 대통령의 임명 하에 애리조나 연방대법원 부장판사까지 지낸 바 있습니다.

Tip 직함에는 관사를 붙이지 않는다.

0122

His colleagues described him as the hardest-working judge within the Ninth Circuit. He was on his way back from attending Mass, as he did every day, when he decided to stop by and say hi to his Representative.
동료들은 그가 美고등법원The Ninth Circuit Court 판사 중 가장 근면했다고 이야기합니다. 늘 그랬듯이 그는 일일 미사를 마치고 오는 길에 안부인사차 하원의원을 찾았다고 합니다.

Tip 글자대로라면 '아홉 번째 순회법원' 몇 번째를 가리킬 때는 관사를 붙인다.

0123

John is survived by his loving wife, (×) Maureen, his three sons, and his five grandchildren.
존은 사랑하는 아내 모린과 세 아들 및 다섯 손자를 남겨두고 세상을 떠났습니다.

Tip 사람 이름에는 관사를 붙이지 않는다.

0124

George and Dorothy Morris—"Dot" to her friends—were (×) high school sweethearts who got married and had (×) two daughters.
조지와 도로시 모리스 부부는 — 친구들은 '도트Dot'라고 불렀습니다 — 고등학교 친구로 만났다가 결혼하여 슬하에 두 딸을 두었습니다.

Tip 첫 등장하는 두 딸이라면 복수형만으로 충분하다.

0125

They did everything together, traveling the open road in their RV, enjoying what their friends called a 50-year honeymoon. (×) Saturday morning, they went by the Safeway to hear what their Congresswoman had to say.
모든 일을 함께 해온 그들은 RV 차량(레저용 승용차)을 타고 개방도로를 다니며 '50주년 기념 신혼여행'을 즐기기도 했습니다. 토요일 오전에는 가브리엘 의원의 연설을 듣기 위해 세이프웨이(the Safeway, 식료품점)를 찾았습니다.

Tip 요일이나 시간 개념에는 관사를 붙이지 않는다.

0126

When (×) gunfire happened, George, a former Marine, instinctively tried to shield his wife. Both were shot. Dot passed away.

총격이 벌어지자, 해병대 출신인 조지는 본능적으로 아내를 방어하려했습니다. 결국엔 둘 다 총상을 입었으나 도로시는 끝내 숨지고 말았습니다.

Tip 왕년에는 한 명의 해병이었다.

0127

And then there is nine year-old Christina Taylor Green. Christina was an a student, a dancer, a gymnast, and a swimmer.

아홉 살배기 크리스티나 테일러 그린도 세상을 떠났습니다. 초등학생인 크리스티나는 무용과 체조 및 수영을 잘했습니다.

Tip 처음 소개하는 크리스티나의 특기를 열거하고 있다.

0128

She often proclaimed that she wanted to be the first woman to play in the major leagues, and as the only girl on her Little League team, no one put it past her.

사상 최초로 메이저리그 선수가 되고 싶다던 아이는 리틀리그팀Little League team에서도 유일한 여자아이였으니 크리스티나를 능가한 소녀는 없었습니다.

Tip 어떤 메이저리그인지는 화자도 독자도 다 안다.

0129

She showed an appreciation for (×) life uncommon for a girl her age, and would remind her mother, "We are so blessed. We have the best life."

또한 삶을 두고 감사하는 마음을 가졌기에 또래와는 사뭇 다른 아이였습니다. "우린 축복받았어요. 최고의 삶을 누리고 있으니까요." 크리스티나가 어머니께 고백한 말입니다.

Tip 추상적인 '감사(불가산)'를 보여준 것이 아니라 '감사의 표현'을 보여준 것이다.

0130

And she'd pay those blessings back by participating in a charity that helped children who were (×) less fortunate.

뿐만 아니라, 크리스티나는 가난한 아이를 돕는 자선행사에 참여하여 자신이 누리는 축복을 반납하기도 했습니다.

Tip 추상적인 자선이 아니라 '자선행사'이므로 가산명사.

0131

My brother thinks that there is a path through the thicket.
동생은 숲을 빠져나갈 길이 있을 거라고 생각한다.

Tip 'a path'와 연결된 개념인 'thicket'에는 정관사.

0132

Kathleen's father was from the north; her mother was from the south.
캐슬린의 아버지와 어머니는 각각 북부와 남부출신이었다.

Tip 방위를 가리키는 어구에는 정관사를 붙인다.

0133

Be thankful that there are no thunderstorms in the weather forecast.
일기예보에 천둥을 동반한 폭우 소식이 없다는 데 감사해라.

Tip 어떤 일기예보인지 모르는 사람은 없다.

0134

After (×) surgery, Matthew recovered with (×) thorough physical therapy.
수술 후, 매튜는 철저한 물리치료로 회복되었다.

Tip 수술과 치료는 무관사.

0135

A scathing theater review left Thaddeus seething.
연극을 두고 혹평이 이어진 탓에 새디어스는 번민했다.

Tip 핵심어는 가산명사인 'review.'

0136

The three ruthless thieves were thwarted through (×) stealthy means.
세 명의 무자비한 도둑의 계획은 은밀한 수단으로 좌절되었다.

Tip 세 명의 도둑은 필자가 알고 있는 도둑일 것이다.

0137

Use a thesaurus to strengthen (×) vocabulary choices throughout your thesis.
논문 쓸 때 어휘선택을 강화하고 싶다면 동의어사전을 사용하라.

Tip 일반적인 '어휘선택'을 가리킨다.

0138

An arthritic knee prevented the athlete from running the marathon.
그 선수는 무릎에 관절염이 있어 마라톤 경주에 출전할 수 없었다.

Tip '관절염'에는 부정관사를 붙였지만 이와 연결된 가산명사에는 모두 정관사를 붙였다.

0139

Anthony took a luxurious full-time position as a tourist in Europe.
앤서니는 유럽 관광객으로서 초호화 정규직을 얻었다.

Tip 앤서니를 처음 소개할 때는 부정관사로 열거한다.

0140

Something about the uncouth youth was enthralling.
무례한 청년에 대한 어떤 면에 마음이 끌렸다.

Tip 화자는 어떤 청년인지 알고 있다.

0141

Theoretically, (×) sympathy and empathy produce (×) cathartic results.
이론상, 동정심과 감정이입은 카타르시스를 불러일으킨다.

Tip '동정'과 '감정이입'에는 관사를 붙이지 않는다. 직관적으로도 알 수 있을 것이다.

0142

At three-thirty on Thursday, Timothy will graduate with a degree in (×) anthropology.
티모시는 목요일 3시 30분에 인류학 학위를 받고 졸업할 것이다.

Tip 과목이나 학문에는 관사를 붙이지 않는다.

0143

(×) Heather chose a gothic theme for her twentieth birthday party.
헤더는 20번째 생일파티를 위해 고딕풍 식당을 선택했다.

Tip 어느 식당인지 구체적으로 밝히진 않았다.

0144

The woman put extra sugar in the cookie and (×) pudding recipes.
그 여성은 쿠키와 푸딩에 설탕을 좀더 첨가했다.

Tip 특정한, 화자가 빤히 알고 있는 '여성'과 '쿠키'라면?

0145

Is the author of the logarithm an authority in (×) mathematics?
로그를 쓴 저자는 수학의 권위자인가?

Tip 어떤 로그인가? 그렇다. 수학에서 배우는 로그 맞다.

0146

Theodora received (×) thunderous applause for her thrilling theater performance.
테오도라는 멋진 공연으로 박수갈채를 받았다.

Tip '박수'는 셀 수 없는 명사.

0147

The clothing line featured (×) leather and (×) thin synthetic fabric.
그 의류는 주로 가죽과 얇은 합성섬유로 제작되었다.

Tip 가죽과 섬유는 불가산명사이다.

0148

Elizabeth and Jonathan thrived with (×) enthusiastic thought.
엘리자베스와 조나단은 열정적인 생각으로 가득했다.

Tip 생각은 셀 수 없는 명사. 직관적으로도 그렇다.

0149

Thousands gathered in a threatening throng outside the cathedral.
수천 명이 성당 밖에서 엄청난 인파를 이루었다.

Tip 무슨 성당인가? 수천 명의 군중과 연결된 성당이다.

0150

Can an argument be both ethical and pathetic?
논쟁이 윤리와 감동을 다 충족시킬 수 있을까?

Tip 일반적인 논쟁을 두고 하는 말이다.

0151

The word 'farther' pertains to (×) distance; further describes (×) depth.
'farther'은 거리에, 'further'은 정도에 어울리는 말이다.

Tip '거리'와 '깊이'는 추상적인 개념이므로 셀 수 없다.

0152

Do (×) deer prefer to teethe on (×) weeds or (×) seeds—or neither?
사슴은 잡초를 즐겨 먹는가, 씨앗을 즐겨 먹는가? 아니면 둘 다 먹지 않는가?

Tip 본문에서 '사슴deer'은 복수형으로 종족을 대표하고 있다.

0153

Kathy, do you like (×) Nathan's new tan-colored bathing suit?
캐시, 네이선이 새로 산 황갈색 수영복이 마음에 드니?

Tip 소유격(Nathan's)과 관사는 같이 쓰지 않는다. 'suit'는 가산명사.

0154

In the department store, boots were sold in booths on the fourth and fifth floors.
백화점에서 부츠는 4, 5층 부스에서 판매했다.

Tip 몇 번째 층에는 관사를 붙인다. 특정한 층을 가리키기 때문.

0155

The unorthodox thesis was too wordy, but worthy nevertheless.
정설이 아닌 가설은 너무 장황하지만 그래도 가치는 있다.

Tip 특정한 가설을 두고 하는 말이다.

0156

Riding a roller coaster made three-year-old Tammy writhe with (×) enthusiasm.
세 살배기 태미는 롤러코스터를 타자 짜릿한 쾌감에 온몸을 뒤흔들었다.

Tip 쾌감은 직관적으로 봐도 관사가 붙을 것 같진 않다.

0157

The anesthesia allowed the patient to doze throughout the procedure.
환자는 그 마취제를 투여한 까닭에 수술 내내 잤다.

Tip 화자는 대상을 알고 있다.

0158

(×) Tom's team fought for (×) fourth place in the healthy bread dough contest.
톰의 팀은 웰빙 도우 콘테스트에서 4위를 놓고 경쟁을 벌였다.

Tip 일반적인 랭킹을 나타낼 때는 관사를 붙이지 않는다.

0159

There's a birdbath next to the dense thicket on the nature trail.
산책길에 난 빽빽한 수풀 근방에는 새목욕통이 있다.

Tip '새목욕통'과 연결된 명사에도, '수풀'과 연결된 명사에도 정관사를 붙인다.

0160

The thorns tore the dainty thread in the thin cloth.
그 가시는 얇은 천의 화려한 실을 꿰뚫었다.

Tip 특정한 명사가 서로 연결되어 있다. 화자가 알고 이야기하는 대상들이다.

0161

I thought she taught three days, then took the fourth day off.
내 생각에 그녀는 사흘은 가르치고 나흘째 날은 쉰 것 같다.

Tip 3일 다음날을 가리키므로 정관사.

0162

My cat, Theophilus, followed the trail of bird feathers down the path.
내 고양이 테오필러스는 길에 놓인 깃털의 자취를 따라갔다.

Tip 화자는 대상을 알고 있다.

0163

Is it true that (×) therapy can summon both (×) soothing and (×) truthful thoughts?
치료를 받으면 느긋하고 정직한 생각을 하게 된다는 것이 사실인가?

Tip 구체적인 치료가 아니라면 관사를 붙이지 않는다.

0164

I'm curious—did you have the butcher's assurance of the meat's purity?
궁금해서 그러는데, 혹시 정육점 주인이 육류의 순도를 장담하던가요?

Tip 화자는 어떤 정육점 주인을 가리키는지 알고 있다. 상대방이 갔던 정육점 주인일 것이다.

0165

(×) Thrifty Matthew thinks (×) tattered clothing is rather trendy.
검소한 매튜는 너덜너덜한 옷이 더 유행이라고 생각한다.

Tip 매튜는 고유한 이름이므로 관사를 붙이지 않는다.

0166

The paucity of (×) thought inherent in that (×) theological argument challenged the faithful.
그러한 신학논쟁에서 이어온 사상이 부족한 탓에 신도들은 난관에 부딪쳤다.

Tip 정관사+형용사의 의미는 '복수명사.'

0167

An authentic synthesis of (×) various theories allowed (×) deft design themes to thrive.
다양한 이론을 실제로 융합하면 그럴듯한 디자인 주제가 우후죽순으로 늘어난다.

Tip 복수명사는 특정한 대상을 지칭하지 않으면 굳이 관사를 붙이지 않는다.

0168

I dreaded the drive through the thick width and breadth of the trash dump.
승용차를 타고 너비와 폭이 널찍한 쓰레기 매립장을 나오려니 내심 무서웠다.

Tip 화자는 알고 있는 대상을 서술하고 있다.

0169

The coach shouldn't have pushed the rookie football player during (×) training.
훈련 중에는 코치라도 신인 풋볼 선수를 밀지 말았어야 했다.

Tip 특정한 코치와 신인을 가리킨다.

0170

You'll be thinner if (×) dinners include (×) healthy vegetables and no synthetic substances.
합성물질은 빼고, 건강에 이로운 야채를 식사에 곁들인다면 체중이 감소할 것이다.

Tip 복수명사는 특정한 대상을 지칭하지 않으면 굳이 관사를 붙이지 않는다.

0171

The program director created (×) revenue without raising (×) prices.
프로그램 담당자는 가격을 올리지 않고도 수익을 창출했다.

Tip '수익'은 관사를 붙이지 않는다. 셀 수 없는 명사라는 뜻.

0172

Will the crowd pay tribute to the courageous hero?
민중은 용감한 영웅에게 경의를 표할까?

Tip 일반적인 군중에는 정관사를 붙인다. 이때 화자가 모르는 '영웅'은 아닐 것이다.

0173

(×) Crime level contributes dramatically to a country's tourism industry.
범죄율은 한 국가의 관광산업에 크게 기여한다.

Tip 한 국가의 관광산업, 즉 특정하지 않은 일반적인 관광산업을 일컫는다.

0174

(×) Branches of the frozen tree broke off and struck the trailer.
얼어붙은 나뭇가지들이 꺾여 트레일러에 부딪쳤다.

Tip 현장에 있는 '나뭇가지'와 '트레일러'를 직접 보며 서술했다고 상상해보라. 정관사는 어렵지 않게 나온다.

0175

I really hate driving through (×) rush-hour traffic!
러시아워에는 정말 운전하기가 싫다!

Tip '교통'을 뜻하는 'traffic'은 셀 수 없는 명사로 교통수단의 움직임이나 흐름을 뜻한다.

0176

The children rarely rested during (×) spring break.
아이들은 봄방학 때 거의 쉬질 않는다.

Tip 모든 아이들이 거의 쉬지 않는 것이 아니다. 화자가 염두에 두고 있는 아이들을 가리킨다.

0177

(×) Precision in preparation precedes (×) growth and (×) improvement.
준비가 정확해야 성장과 발전을 기대할 수 있다.

Tip '정확성'이라든가 '성장'과 '발전'은 직관적으로도 관사의 유무를 알 수 있다.

0178

Rita and Rick have a travel tradition: a road trip through the countryside.
리타와 릭에게는 여행을 떠나는 전통이 있다. 이를테면, 승용차로 시골을 달리곤 했다.

Tip 여행에 대한 일반적인 전통이라 새로울 것이 없다. 전치사 'through'가 '공간적인(통과 혹은 공간 안에서의 이동)' 의미일 때는 정관사를 쓴다.

0179

The entrepreneur reserved a private room at a reputable restaurant.
그 기업가는 유명한 레스토랑의 특실을 예약했다.

Tip 특정한 기업가지만 레스토랑과 특실은 잘 모르는 곳이다.

0180

(×) Rice isn't rich in (×) complete protein, but provides (×) nutrients.
쌀은 단백질이 아주 풍부하진 않지만 여러 영양소를 제공한다.

Tip 쌀이나 밥은 셀 수 없는 명사, 단백질 또한 그러하다.

0181

(×) Tristan's professor remarked, "Resist (×) propaganda, but promote (×) reform!"
트리스탄의 교수는 "선전은 저항하되 개혁은 장려하라!"라고 말했다.

Tip '선전'과 '개혁'은 셀 수 없는 명사이므로 관사를 붙이지 않는다.

0182

(×) Research recommends (×) recreation to rejuvenate and reduce (×) stress.
연구결과는 활기를 되찾고 스트레스를 억제하기 위해 레크리에이션을 권한다.

Tip '연구research'는 셀 수 없는 명사로 관사를 붙이지 않는다. 매우 헷갈리는 어구니 꼭 각인해두라.
특히 뉴스나 기사에서 사용빈도가 매우 높다. 앞으로 자주 보게 될 것이다.

0183

A strategic response can transform (×) trouble into (×) triumph.
전략적으로 대응하면 난관을 승리로 이끌 수 있다.

Tip 난관과 승리는 추상적인 개념이다.

0184

Andrew was not ready to retire, so he resisted the pressure.
앤드류는 사직할 준비가 아직 안 되어 압박을 견뎌냈다.

Tip 어떤 압박일지 짐작이 간다.

0185

The preventative treatment required a rather tricky procedure.

예방치료에는 좀 까다로운 절차가 요구된다.

Tip 일반적인 예방치료가 아니라 특정한 예방치료다. 예방치료가 다 까다로운 건 아니기 때문.

0186

(×) Provisions for (×) breakfast included (×) bread and (×) dried fruit.

아침에 먹을 식량에는 빵과 말린 과일도 있다.

Tip 'provisions'가 식량일 때는 복수형으로 굳어져 있다. 단수로는 쓰지 않는다.

0187

I presume the precious mineral rocks could be crafted into (×) refined jewelry.

귀중한 광석은 섬세한 보석으로 세공될 수 있을 것이다.

Tip 'jewelry'는 셀 수 없는 명사다.

0188

Can the agreement bring (×) relief to the strained relationships?

합의하면 어색한 관계가 좀 나아질까?

Tip 잘 모르겠다면 역으로, 관사를 빼놓고 생각해보라. 아마 어색할 것이다.

0189

An enticing bull market can make many investors overlook (×) good judgment.

관심을 끄는 강세시장 탓에 많은 투자자들이 정확한 판단을 간과한다.

Tip '판단'은 셀 수 없는 명사인 반면 '시장'은 당연히 가산명사다.

0190

(×) Rough terrain surrounded the trail that stretched along the marine.

거친 지형이 바다를 따라 뻗은 길을 둘러쌌다.

Tip 'trail'은 관계대명사절이 수식으로 뜻을 한정하기 때문에 정관사를 붙였다.

0191

My rambunctious feline, (×) Riley, thrived on (×) approval and (×) treats.
정신이 사나운 고양이 라일리는 인기와 대접을 한 몸에 받았다.

Tip 고양이 이름도 불가산명사. 'treats'는 '간식'에 가까운 복수명사.

0192

The Brooklyn attorney hoped the jury understood his argument.
브루클린 변호사는 배심원이 자신의 논증을 이해하기를 바랐다.

Tip 정황을 알고 있는 화자라면 정관사, 그렇지 않으면 부정관사를 썼을 것이다.

0193

Is their proposal practical, considering (the) substantial monetary sacrifices?
그들은 적잖은 금전적 손실을 감안한 실용적인 제안인가?

Tip 정관사를 쓸 경우는 손실내역을 구체적으로 밝혔을 때 가능하다. 막연한 손실이라면 쓰지 않는 것이 맞다.

0194

Relax—a salary raise looks increasingly probable!
임금이 인상될 듯싶으니 안심하라구!

Tip 'raise'는 가산명사.

0195

The diplomatic struggle illustrated the inherent problems of an elementary solution.
외교적인 고충은 근본적인 해결책의 고질적인 병폐를 잘 보여준다.

Tip 화자는 외교적인 고충이 무엇인지 잘 알고 있다.

0196

Reed reluctantly facilitated (×) delivery of the critical material for the trial procedure.
리드는 마지못해 재판상의 결정적 자료를 제출토록 유도했다.

Tip 'delivery'는 가산과 불가산명사 모두 가능하나 본문의 어구는 아직 '실현되지 않은' 내용이므로 무관사가 더 어울린다.

0197

The elaborate ruse was ridiculously convoluted and resulted in (×) failure.
정교한 계략이 어처구니없이 엉켜 결국에는 실패하고 말았다.

Tip 'ruse'는 속임수나 행동을 표현하는 가산명사다.

0198

A less than brilliant conclusion explains (×) Lon's and Ron's losing (×) control of the project.
썩 바람직하지 않은 결과는 론과 론이 프로젝트를 제어하지 못했다는 점을 보여준다.

Tip '특정한' 프로젝트를 통제해야 논리상 옳다.

0199

(×) Rain in (×) spring produced (×) luscious growth in the roses on the trellis.
봄비덕분에 울타리의 장미가 풍성히 자랐다.

Tip '봄spring'은 '가산'과 '불가산' 모두 가능하지만 특별히 한정하는 어구가 없으면 대체로 관사를 붙이지
않는다. We've had a rainy spring / the spring of 1984

0200

(×) Industrial-strength cleaning supplies are crucial for thoroughly cleaning the residence.
고성능 청소도구는 주택의 환경미화에 매우 중요하다.

Tip 'residence'는 주거하는 '상태'라면 셀 수 없는 명사이고, 주거하는 '곳'이라면 셀 수 있는 명사가 된다.

0201

Jack works in a bank.
잭은 은행 직원이다.

Tip 무슨 은행인지 잘 모른다면? 정관사를 붙이면 화자가 아는 은행이다.

0202

Can I ask a question?
질문 있습니다.

Tip '질문'은 가산명사이므로 관사나 복수형 중 하나를 꼭 써야한다

0203

I don't have a laptop computer.

난 노트북 컴퓨터가 없다.

Tip 일반적인 노트북 컴퓨터

0204

I'm going to buy a hat and an umbrella.

모자와 우산을 살 것이다.

Tip 모자와 우산을 각각 하나씩

0205

There was an interesting program on (×) TV last night.

어젯밤에 텔레비전에서 재미있는 방송을 했다.

Tip 텔레비전 방송에는 관사를 붙이지 않는다

0206

The sun is a star.

태양은 별이다.

Tip '태양'에는 정관사를 붙인다

0207

(×) Football is a game.

풋볼은 게임이다.

Tip 종목에는 무관사

0208

(×) Dallas is a city in (×) Texas.

댈러스는 텍사스 도시이다.

Tip 고유한 지명에는 관사를 붙이지 않는다

0209

A mouse is an animal. It's a small animal.
쥐는 동물이다. 몸집은 작다.

Tip 부정관사가 종족을 대표할 때도 있다. 한 마리만 이야기하는 것은 아니다.

0210

Joe is a very nice person.
조는 아주 친절한 사람이다.

Tip 단수명사인 '사람person'은 셀 수 있는 명사.

0211

Picasso was a famous painter.
피카소는 유명한 화가이다.

Tip 피카소는 셀 수 없지만 화가는 가산명사.

0212

Rebecca works in an office.
리베카는 사무직 직원이다.

Tip 'office'가 직책이나 직위를 뜻한다면 관사를 붙이지 않는다.

0213

Jane wants to learn a foreign language.
제인은 외국어를 배우고 싶어 한다.

Tip 외국어를 '하나' 배우고 싶다.

0214

Michael lives in an old house.
마이클은 오래된 주택에 산다.

Tip 오래된 주택 한 채.

0215
Tom never wears a hat.
톰은 모자를 쓰지 않는다.

Tip 일반적인 모자.

0216
A lot of people speak English.
영어를 구사하는 사람은 많다.

Tip 'a lot of'는 '많다'는 숙어.

0217
I like the people here. They are very friendly.
이곳 사람이 마음에 듭니다. 아주 친절하네요.

Tip 여기에 있는 사람으로 한정.

0218
The police want to talk to anybody who saw the accident.
경찰은 사고를 목격한 사람과 이야기하고 싶어 한다.

Tip '경찰'에는 정관사를 관용적으로 붙인다.

0219
Do you wear (×) glasses?
안경 끼시나요?

Tip '복수형'에 관사를 붙일 경우는 특정한 안경일 때.

0220
Where are the scissors? I need them.
가위는 어디에 있습니까? 지금 써야 해서요.

Tip '가위'에는 정관사를 붙인다.

0221

I need a new pair of (×) jeans.
청바지 한 벌 사야겠다.

Tip '청바지(진)' 자체는 불가산명사에 속한다.

0222

We can't get into the house without a key.
열쇠가 없으면 집에 들어갈 수 없다.

Tip 무슨 집을 가리키는지 '우리we'가 알면 정관사.

0223

(×) Money isn't (×) everything.
돈이 전부는 아니다.

Tip 돈은 셀 수 없는 명사.

0224

Do you like (×) cheese?
치즈 좋아하세요?

Tip '치즈'는 셀 수 없는 명사.

0225

I need a new car.
새 차 한 대 뽑아야겠다.

Tip '한' 대에 가산명사 '차car'니까 부정관사를 쓴다.

0226

Would you like an apple?
사과 드실래요?

Tip 가산명사 사과에 모음으로 시작했다. 문자 'a'가 중요한 것이 아니다.

0227
Would you like a piece of (×) cheese?
치즈 먹을래?

Tip '치즈'는 불가산명사로 이를 셀 때는 'piece(two pieces)'를 붙인다.

0228
Nicole bought a hat, some shoes, and some perfume.
니콜은 모자와 신발 그리고 향수를 샀다.

Tip 특정한 명사가 아니기 때문에 부정관사나 'some'을 썼다.

0229
I read a newspaper, made some phone calls, and listened to some music.
신문을 읽고 전화를 몇 통 걸고 나서 음악을 들었다.

Tip 가산명사에는 부정관사를, 불가산명사에는 'some'을 붙였다. 'music'도 셀 수 없는 명사.

0230
I want (×) something to read. I'm going to buy a paper.
읽을 게 필요하니 신문을 사야겠군요.

Tip '-thing'과 결합된 어구에는 관사를 붙이지 않는다. 'paper'가 '종이'일 때는 불가산명사.

0231
Sylvia has (×) very long hair.
실비아는 머리가 길다.

Tip 부정관사를 붙이면 머리카락이 한 '올' 있다는 뜻.

0232
It's (×) nice weather today.
오늘 날씨가 화창하군요.

Tip '일기예보report'나 '오늘 날씨(today를 쓰지 않을 때)'일 때는 관사를 쓰고 일반적인 날씨일 때는 관사를 붙이지 않는다.
We'll take a look at the weather right after this commercial break.
광고 후 일기예보를 보겠습니다.

0233
A: Do you like your job?
B: Yes, but it's (×) hard work.
A 직업에 만족하십니까?
B 예, 고달프지만요.

Tip '일work'에는 관사를 붙이지 않지만 '작품'이나 '교량' 따위의 구조물일 때는 붙일 수 있다.

0234
I've got a new job.
드디어 취업했다.

Tip 특정한 직업이 아니라 그냥 '취업'이다.

0235
I'm going to wash the car tomorrow.
내일 세차해야겠다.

Tip 누구 차인지 '나'는 안다. 내 차일 것이다.

0236
Can you repeat the question, please?
질문이 뭐라고요?

Tip 앞서 질문을 했으니까 정관사를 붙였다.

0237
We enjoyed our vacation. the hotel was very nice.
휴가 잘 다녀왔고, 호텔도 근사하더라.

Tip 우리가 휴가 때 간 호텔을 가리키는 말.

0238
Paris is the capital of (×) France.
파리는 프랑스의 수도이다.

Tip 프랑스는 불가산, 수도는 가산, '자본'은 불가산명사.

0239

Lisa is the youngest student in her class.
리사는 반에서 가장 어린 학생이다.

Tip 최상급 앞에는 정관사를 붙인다.

0240

Turn off the light and close the door.
불 끄고 문도 좀 닫아줘.

Tip 무슨 불인지, 무슨 문인지 화자는 알고 있다.

0241

Do you live far from the airport.
공항에서 먼 곳에 삽니까?

Tip 어떤 공항인지는 정황으로도 알 수 있지만, 공항을 비롯하여 은행이나 극장, 우체국, 정류장에는 입버릇처럼 정관사를 붙인다.

0242

I'd like to speak to the manager, please.
매니저와 이야기하고 싶습니다.

Tip 정황상으로 누군지 가늠할 수 있다. 현장(매장이든 어디든)의 매니저일 것이다.

0243

In the United States, children start (×) school at the age of five.
미국에서 아이들은 다섯 살에 입학한다.

Tip '주'나 '섬'이 이룬 국가에는 정관사를 붙인다.

0244

There were a lot of people at the station waiting for the train.
역에서 기차를 기다리는 사람이 많더라.

Tip 무슨 기차인지는 정황으로 대번 알 수 있다.

0245

I called you last night, but you weren't at (×) home.
어젯밤에 전화했는데 집에 없더라.

Tip 'at home'은 굳어진 표현이다. '안락하다, 편하다'는 뉘앙스도 있다.
She feels at home on the stage.
그녀는 무대공포증을 느끼지 않는다.

0246

I'm going to (×) bed now. Good night!
난 지금 잘 거야. 잘 자!

Tip 잠자리에 들 때 'bed'에는 관사를 붙이지 않는다. 수면 외의 목적이라면 관사를 붙일 수 있다.

0247

I'm going to the post office to get some stamps.
우표 사러 우체국에 갈 거야.

Tip 화자는 어느 우체국인지 알고 있다. 분명 근처에 있는 우체국일 것이다.

0248

If you want to see a movie, you go to the movies.
영화를 보고 싶다면 영화관에 간다.

Tip 'go to the movies(= see a movie)'가 입버릇처럼 쓰인다.

0249

If you are tired and you want to sleep, you go to (×) bed.
피곤해서 자고 싶으면 침대로 간다.

Tip 잠자리에 들 때 'bed'에는 관사를 붙이지 않는다. 수면 외의 목적이라면 관사를 붙일 수 있다.

0250

If you rob a bank and the police catch you, you go to (×) jail.
은행을 털고 나서 경찰에게 잡히면 감옥에 간다.

Tip 투옥의 개념이라면 '감옥'에 관사를 붙이지 않고 '면회' 개념이면 관사를 붙인다.

0251

If you have a problem with your teeth, you go to the dentist.
치아상태가 안 좋으면 치과에 간다.

Tip 'dentist'는 의사가 아니라 병원일 때 'go to+정관사'를 붙인다.

0252

If you want to study after you finish (×) high school, you go to (×) college.
고교를 졸업한 후 공부를 계속하고 싶으면 대학에 간다.

Tip 공부하러 다니는 곳이라면 관사를 붙이지 않는다. 다만, 가는 목적이 공부가 아닐 때는 관사를 붙인다.

0253

If you are badly injured in an accident, you go to the hospital.
= You are taken to the hospital.
사고를 당해 심각한 부상을 입으면 병원에 간다.

Tip 병원이나 공항, 은행, 극장, 우체국, 정류장에는 입버릇처럼 정관사를 붙인다.

0254

If you want to catch a plane, you go to the airport.
비행기를 타고 싶다면 공항에 간다.

Tip 공항이나 은행, 극장, 우체국, 정류장에는 입버릇처럼 정관사를 붙인다.

0255

I need to get some money. I have to go to the bank.
돈이 필요하니, 은행에 가야겠다.

Tip 공항이나 은행, 극장, 우체국, 정류장에는 입버릇처럼 정관사를 붙인다.

0256

David goes to (×) school on (×) weekdays.
데이비드는 평일에 등교한다.

Tip 일반적인 평일이므로 복수명사에 관사를 붙일 이유는 없다.

0257

What is the name of this street?

이 길은 이름이 뭡니까?

Tip '이름'이 여럿인데 그중 하나를 묻는다면 부정관사를 붙였을 것이다.

0258

Who is the best player on your team?

팀의 에이스는 누구인가요?

Tip 최상급 앞에는 정관사를 붙인다. '베스트'는 하나뿐이니까.

0259

Can you tell me the time, please?

몇 시인가요?

Tip '시각'은 정관사, '여유'는 불가산명사.
Do you have time? 시간 있으세요?

0260

My office is on the first floor.

사무실은 1층이다.

Tip 서수(first, second, third, fourth …) 앞에는 정관사를 붙인다.

0261

Do you live near the airport?

공항 근처에 삽니까?

Tip 공항이나 은행, 극장, 우체국, 정류장에는 입버릇처럼 정관사를 붙인다.

0262

Excuse me, where is the nearest bank?

실례합니다만, 가장 가까운 은행 위치 좀 가르쳐주세요.

Tip 가장 근방에 있는 은행으로 범위가 좁아졌다. 최상급 앞에는 기본적으로 정관사를 붙인다.

0263

We live on the same street.

우리는 번지수가 같다.

Tip (무엇과) 같으니까 정관사를 붙인다. 'the same'을 암기해두라.

0264

The sky is blue and the sun is shining.

하늘은 청명하고 태양은 밝게 빛난다.

Tip 해와 하늘은 정관사를 붙인다.

0265

Do you live in a city or in the country?

도시에 삽니까, 시골에 삽니까?

Tip 일반적인 도시에는 부정관사(특정한 도시라면 정관사를 붙였을 것이다), '시골country'에는 정관사를 붙여 구분한다.

0266

My brother is a soldier. He's in the army.

우리형은 군인이다. 소속은 육군이다.

Tip 육군army은 육지에서 고생하는 군인 전체를 아우르며 정관사를 붙인다.

0267

What do you think of the police? Do they do a good job?

경찰에 대해 어떻게 생각합니까? 성과가 있습니까?

Tip 'the police'는 경찰 전체를 나타내는 관용어. 'a policeman'과 비교해보라.

0268

Write your name at the top of the page.

페이지 상단에 이름을 쓰시오.

Tip 꼭대기와 끝은 어딘지 확실히 알 수 있다.

0269
My house is at the end of this block.
우리집은 이 블록 끝에 있다.

Tip 꼭대기와 끝은 어딘지 확실히 알 수 있다.

0270
The table is in the middle of the room.
테이블은 방 중앙에 있다.

Tip 오른쪽right, 왼쪽left, 가운데middle 등의 방향에는 정관사를 붙인다.

0271
Do you drive on the right or on the left in your country?
당신 나라에서는 차가 오른쪽 도로로 갑니까, 왼쪽 도로로 달립니까?

Tip 오른쪽, 왼쪽, 가운데 등의 방향에는 정관사를 붙인다.

0272
Paula is learning to play the piano.
폴라는 피아노를 배우고 있다.

Tip 악기를 연주할 때는 악기에 정관사를 붙인다.

0273
I listen to the radio a lot.
나는 라디오를 많이 듣는다.

Tip 라디오 방송(프로그램)에는 정관사를 붙이고 '전파'를 뜻할 때는 불가산명사.

0274
Do you use the Internet much?
인터넷을 많이 씁니까?

Tip '인터넷'에는 관습적으로 정관사를 붙인다.

0275

I watch (×) TV a lot.
텔레비전을 자주 봅니다.

Tip 텔레비전 방송에는 관사를 붙이지 않는다.

0276

What's on (×) television tonight?
오늘밤에 하는 방송은 뭐니?

Tip 텔레비전 방송에는 관사를 붙이지 않는다.

0277

Can you turn off the television?
텔레비전 좀 꺼줄래?

Tip 텔레비전 방송이 아니라 '기기'를 나타낼 때는 관사를 붙인다.

0278

What did you have for (×) breakfast?
아침에는 뭘 먹었나요?

Tip 아침breakfast, 점심lunch, 저녁식사dinner에는 관사를 붙이지 않는다.

0279

(×) Dinner is ready.
저녁 준비 다했다.

Tip 아침, 점심, 저녁식사에는 관사를 붙이지 않는다.

0280

I'm not working (×) next week.
다음 주는 비번입니다.

Tip 수식어(next/last)를 붙여 부사적으로 쓸 때는 관사를 붙이지 않지만 가산명사이므로 내용에 따라 관사를 붙이기도 한다.
A week later, he woke up screaming.
일주일이 지나자 그는 비명을 지르며 일어났다.

0281

Did you take (a/×) vacation last summer?

작년 여름에 휴가 다녀왔니?

Tip 관사를 붙여도 되고, 안 붙여도 된다. 단, '전치사 on' 다음에는 무관사(on vacation).

0282

Bye, I'm going to (×) work now.

잘 가, 난 일하러 가야돼.

Tip '직장'은 무관사.

0283

I finish (×) work at 5:00 every day.

매일 5시에 퇴근한다.

Tip '업무'도 무관사.

0284

What did you learn at (×) school today?

오늘은 학교에서 뭘 배웠니?

Tip 공부하는 학교에는 관사를 붙이지 않는다.

0285

Some children don't like (×) school.

어떤 아이들은 학교를 싫어한다.

Tip 배우러 가는 교육기관에는 관사를 붙이지 않는다.

0286

Helen wants to go to (×) college when she finishes (×) high school.

헬렌은 고등학교를 졸업하고 대학에 진학할 생각이다.

Tip 교육기관에는 관사를 붙이지 않는다. 단 공부 외에 다른 목적으로 갔다면 관사를 붙였을 것이다.

0287

What did you study in (×) college?
대학에서 무엇을 공부했나요?

Tip 대개는 관사를 붙이지 않지만 수식어가 붙으면 관사를 붙이기도 한다.

> **She teaches art at** a **local college.**
> 그녀는 지방대에서 미술을 가르친다.
> **He graduated from one of** the **country's best colleges.**
> 그는 명문대학 중 하나를 졸업했다.

0288

I can't talk now. I have to go to (×) class.
지금은 말할 시간이 없네요. 수업에 들어가야 해서요.

Tip 수업이면 'class'에 관사를 붙이지 않는다. '학생들 a group of students'을 지칭할 때는 관사를 붙인다.

0289

Why is he in (×) prison? What did he do?
그가 왜 투옥된 거죠? 무슨 짓을 했는데요?

Tip 옥과 관련된 일이면 'prison'에 관사를 붙이지 않는다. 면회라면 관사를 붙일 것이다.

0290

David usually goes to (×) church on (×) Sundays.
데이비드는 보통 일요일마다 교회에 간다.

Tip 예배하러 교회 갈 때는 '교회'에 관사를 붙이지 않는다. '일요일마다'에 관사를 붙일 이유는 없다.

0291

I'm tired. I'm going to (×) bed.
피곤하다. 그만 자야겠다.

Tip 수면에 관계된 일에 대해서는 'bed'에 관사를 붙이지 않는다.

0292

A: Where's Jane?
B: She's in (×) bed.
A: 제인은 어디 있죠?
B: 침대에 누워있습니다.

Tip 침대의 제 기능인 수면에 관계된 일을 두고는 'bed'에 관사를 붙이지 않는다.

0293

I'm tired. I'm going (×) home.
피곤하다. 집에 가야겠다.

Tip 'home'은 부사로 '집으로/에'라는 뜻이다.

0294

Are you going out tonight, or are you staying (×) home?
오늘 저녁에 나가니? 아니면 집에 있니?

Tip 'home'에는 부사적인 기능이 있어 전치사나 관사를 따로 쓰지 않는다.

0295

I never go to the theater, but I go to the movies a lot.
연극은 안 보지만 영화는 자주 본다.

Tip '영화 보러 간다go to the movies'는 굳어진 표현이다. 이때 'the movies'는 극장이나 영화업계를 의미한다.

0296

A: Are you going to the bank?
B: No, to the post office.
A: 은행에 가니?
B: 아니요, 우체국에요.

Tip 정황상 어느 은행인지, 어느 우체국인지 짐작할 수 있다.

0297

The number 5 bus goes to the airport; the number 8 goes to the train station.
5번 버스는 공항에 가고, 8번 버스는 기차역에 간다.

Tip 교통수단에 탑승하기 위해 대기하는 공항이나 역에는 정관사를 붙인다. 숫자에도 정관사.

0298

You're not well. Why don't you go to the doctor?

안색이 안 좋은데 병원에 가지 그래?

Tip 'doctor'에 정관사를 붙이면 '의사'가 아니라 병원을 가리킨다.

0299

I have to go to the dentist tomorrow.

내일 치과에 가야겠다.

Tip 'dentist'에 정관사를 붙일 때는 의사가 아니라 치과병원이다.

0300

I like (×) music, especially (×) classical music.

음악 중에서 특히 클래식을 좋아한다.

Tip '음악'에는 관사를 붙이지 않는다.

0301

We don't eat (×) meat very often.

고기를 자주 먹는 편은 아니다.

Tip 중량 단위로 사고파는 육류는 불가산명사다.

0302

(×) Life is not possible without (×) water.

물이 없으면 살 수 없다.

Tip 생명과 물은 셀 수가 없다. 'water'를 복수형으로 쓰면 해수가 있는 지역을 가리킨다.

0303

I hate (×) exams.

시험이라면 질색이다.

Tip 특정한 시험(예컨대, 토익, 텝스, 토플을 콕 집어 가리킬 때가 아니라면)과는 달리 일반적인 시험이라면 관사를 쓸 이유가 없다.

0304

I'm not very good at writing (×) letters.
편지를 아주 잘 쓰는 편은 아니다.

Tip 일반적인 편지를 가리킨다.

0305

My favorite sports are (×) tennis and (×) skiing.
테니스와 스키를 가장 좋아한다.

Tip 스포츠 종목에는 관사를 붙이지 않는다.

0306

Do you think (×) English is difficult?
영어가 어렵다고 생각하니?

Tip 언어 명칭도 관사를 붙이진 않지만 'language'를 붙이면 이야기가 달라진다(the English language).

0307

Tom's brother is studying (×) physics and (×) chemistry.
톰의 형은 물리학과 화학을 공부하고 있다.

Tip 학문(과목)도 관사를 붙이지 않는다. 참고로 'physics'는 단수.

0308

I love your garden. the flowers are beautiful.
정원이 마음에 듭니다. 꽃도 멋지고요.

Tip 정원에 있는 꽃이므로 정관사를 붙인다.

0309

The weather isn't very good today.
오늘 날씨가 그리 좋진 않네요.

Tip 오늘 날씨를 가리킬 때는 정관사를 쓰고 일반적인 날씨에는 무관사.

0310

We had a great meal last night. the fish was excellent.
우리는 어젯밤에 포식했다. 생선이 끝내주더라.

Tip 식사에 나온 생선요리를 특정하므로 정관사를 붙였다. 일반적인 생선에는 관사를 붙이지 않는다.

0311

Do you know much about the history of your country?
국가의 역사에 대해 많이 알고 있니?

Tip 네 나라your country의 역사를 가리키므로 정관사를 붙인다.

0312

Are you interested in (×) history?
역사 좋아하니?

Tip 과목에는 관사를 붙이지 않는다.

0313

We don't eat (×) fish very often.
생선은 자주 먹지 않는다.

Tip 먹거리로 쓰는 생선에는 관사를 붙이지 않는다. 일반적인 물고기라면 가산명사.

0314

I don't like (×) cold weather.
추운 날씨가 싫다.

Tip 일반적인 날씨에는 관사를 붙이지 않는다.

0315

Quebec is a province of Canada.
퀘벡은 캐나다의 주(행정구역)다.

Tip 캐나다의 주가 여럿 있는데 그 중 하나가 퀘벡이라면?

0316

(×) Chiang Mai is not the capital of (×) Thailand.
치앙마이는 태국의 수도가 아니다.

Tip 수도는 하나이기 때문에 정관사를 붙인다.

0317

(×) Peru is in (×) South America.
페루는 남아메리카에 있다.

Tip 지명에는 관사를 붙이지 않는다.

0318

Kevin lives on (×) Central Avenue.
케빈은 센트럴 애비뉴에 산다.

Tip 애비뉴, 스트리트, 광장, 빌딩 등에는 관사를 붙이지 않는다.

0319

Where is (×) Main Street, please?
메인 스트리트는 어디에 있습니까?

Tip 애비뉴, 스트리트, 광장, 빌딩 등에는 관사를 붙이지 않는다.

0320

(×) Times Square is in (×) New York.
타임스 스퀘어는 뉴욕에 있다.

Tip 고유한 지명에는 관사를 붙이지 않는다

0321

The Atlantic is between (×) Africa and (×) America.
대서양은 아프리카와 아메리카 사이에 있다.

Tip 대양에는 관사를 붙인다

0322

(×) Sweden is a country in (×) northern Europe.
스웨덴은 북유럽에 있는 국가다.

Tip 고유한 나라 이름에는 무관사

0323

The Amazon is a river in (×) South America.
아마존은 남아메리카에 있는 강이다.

Tip 강이나 바다에는 정관사를 붙인다

0324

(×) Asia is the largest continent in the world.
아시아는 세계에서 가장 큰 대륙이다.

Tip 최상급에는 관사를 붙인다

0325

The Pacific is the largest ocean.
태평양은 가장 큰 대양이다.

Tip 오대양에는 관사를 붙인다

0326

The Rhine is a river in (×) Europe.
라인은 유럽에 있는 강이다.

Tip 강이나 바다에는 정관사를 붙인다

0327

Kenya is a country in (×) East Africa.
케냐는 동아프리카에 있는 국가다.

Tip 'the country'는 시골

0328
The United States is between (×) Canada and (×) Mexico.
미국은 캐나다와 멕시코 사이에 있다.

Tip 여러 주가 통합된 국가에는 관사를 붙인다

0329
The Andes are (×) mountains in (×) South America.
안데스는 남아메리카에 있는 산이다.

Tip 산맥에는 관사를 붙인다

0330
Bangkok is the capital of Thailand.
방콕은 태국의 수도이다.

Tip 태국의 수도이므로 정관사를 붙인다.

0331
The Alps are (×) mountains in (×) central Europe.
알프스는 중유럽에 있는 산이다.

Tip '산맥'에는 관사를 붙인다.

0332
The Red Sea is between (×) Saudi Arabia and (×) Africa.
홍해는 사우디아라비아와 아프리카 사이에 있다.

Tip 강과 바다에는 관사를 붙인다.

0333
Jamaica is an island in the Caribbean.
자메이카는 캐리비언에 있는 섬이다.

Tip '만bay'에는 정관사를 붙인다.

0334

The Bahamas are a group of islands near (×) Florida.
바하마는 플로리다 인근의 군도다.

Tip 군도에는 관사를 붙인다

0335

Have you ever been to (×) China?
중국에 가본 적이 있습니까?

Tip 국가 이름에는 관사를 붙이지 않는다

0336

Have you ever been to the Philippines?
필리핀에 가본 적이 있나요?

Tip 군도로 이루어진 국가에는 관사를 붙인다

0337

Have you ever been to the south of France?
프랑스 남부에 간 적이 있나요?

Tip 동부나 서부에는 관사를 붙인다

0338

Can you tell me where the Washington Monument is?
워싱턴 기념관은 어디에 있습니까?

Tip 호텔hotel, 박물관museum, 기념관monument, 극장theater에는 관사를 붙인다.

0339

Can you tell me where (×) Hollywood Boulevard is?
할리우드대로는 어디에 있습니까?

Tip '대로Boulevard'는 무관사

0340

Can you tell me where the Museum of Art is?

예술박물관은 어디에 있나요?

Tip 박물관에는 정관사

0341

(×) Europe is bigger than (×) Australia.

유럽은 오스트레일리아보다 더 크다.

Tip 대륙 지명에는 관사를 붙이지 않는다

0342

Belgium is smaller than the Netherlands.

벨기에는 네덜란드보다 더 작다.

Tip 군도로 이루어진 국가에는 정관사를 붙인다

0343

Which river is longer, the Mississippi or the Nile?

미시시피강과 나일강 중 어느 쪽이 더 긴가요?

Tip 강에는 정관사를 붙인다

0344

Did you go to the National Gallery when you were in (×) Washington?

워싱턴에 있을 때 내셔널갤러리에 가봤나요?

Tip 지명에는 관사를 붙이지 않는다

0345

We stayed at the Park Hotel near (×) Central Park.

우리는 센트럴파크 근방에 있는 파크호텔에 묵었다.

Tip '호텔'에는 관사를 붙인다

0346

How far is it from (×) Times Square to (×) Kennedy Airport?
타임스스퀘어에서 케네디공항까지 얼마나 멉니까?

Tip '공항'은 무관사

0347

The Rocky Mountains are in (×) North America.
로키산맥은 북아메리카에 있다.

Tip '산맥'은 관사를 붙인다

0348

(×) Texas is famous for (×) oil and (×) cowboys.
텍사스는 석유와 카우보이로 유명하다.

Tip 지명은 무관사

0349

I hope to go to the United Kingdom next year.
내년에는 영국에 가고 싶다.

Tip 영국은 잉글랜드, 웨일즈 등의 영토가 통합된 나라로 관사를 붙인다

0350

Mary comes from the west of Ireland.
메리는 아일랜드 서부 출신이다.

Tip '방위'에도 관사를 붙인다

0351

Alan is a student at the University of (×) Michigan.
앨런은 미시건대 학생이다.

Tip 대학 공식명칭에는 관사를 붙인다

0352

The Panama Canal joins the Atlantic Ocean and the Pacific Ocean.
파나마운하는 대서양 및 태평양에 합류한다.

Tip 운하에는 관사를 붙인다

0353

This, in the simplest definition, is a promise enforceable by (×) law.
가장 단순하게 정의해본다면, 이는 법이 집행할 수 있는 약속이다.

Tip 관사를 붙여야 최상급이 성립된다. 일반적인 법 시스템을 가리킬 때는 무관사.

0354

It was a beautiful Friday afternoon and the weekend was about to begin, but Rob had a lot on his mind.
화창한 금요일 오후에 주말이 막 시작하려고 했으나 롭은 신경 쓸 일이 많았다.

Tip 금요일과 관련된 주말이므로 정관사를 붙였다.

0355

Upon receiving your last letter, I rushed to look up the word 'flattering' in the dictionary.
네가 지난번에 보낸 편지를 받자마자 사전에서 '플래터링flattering'을 찾았다.

Tip 내가 찾아본 사전일 테니 정관사를 붙였다.

0356

While awaiting the birth of a new baby, North American parents typically furnish a room as the infant's sleeping quarters.
북미에 사는 부모들은 대개 아기가 태어나기를 기다리는 동안 아이가 잠자는 거처로 쓸 방을 준비한다.

Tip 아기가 탄생하기 때문에 관사를 붙였고, '아기infant'는 앞서 말한 'a new baby'를 가리키므로 정관사.

0357

While (×) manned space missions are more costly than (×) unmanned ones, they are more successful.
유인우주임무는 무인우주임무보다 비용이 더 많이 들긴 하지만 성공할 확률은 더 높다.

Tip 유인우주임무가 복수인데 일반적인 임무이므로 관사를 붙일 이유가 없다.

0358

Most of you experience (×) urges when trying to break a habit and these can be hard to resist unless you find something else to do instead, and (×) best of all, something that uses the same part of the body—even the same muscles.

사람들은 대부분 습관을 고치려 할 때 충동을 경험하는데 대신할 수 있는 활동이나, (가장 바람직한 것은) 동일한 신체부위, 혹은 동일한 근육을 사용하는 활동을 찾지 못한다면 충동은 견디기 힘들 것이다.

Tip 일반적인 뜻을 가진 명사의 복수형은 특정한 내용이 아니면 건드리지 않는 것이 좋다.

0359

In this modern world, (×) people are not used to living with (×) discomfort.
요즘 세상에서는 불편하게 사는 것이 익숙지가 않다.

Tip 불편은 직관적으로도 불가산명사임을 쉽게 알 수 있다.

0360

The goal of (×) medicine as it is currently practiced is to develop (×) procedures and (×) drugs that work equally well on all (×) patients, regardless of (×) gender, age, or genetics.
현행 의학의 목적은 성별과 나이 및 유전형질과 관계없이 모든 환자에게 동일한 효능을 발휘할 수 있는 시술과 약을 개발하는 것이다.

Tip 의학(학문)에는 관사를 붙이지 않는다. 성과 연령, 유전은 전체를 아우르는 내용이다.

0361

For the most part, we like things that are familiar to us.
대체로 우리는 친숙한 것을 좋아한다.

Tip '대체로for the most part'는 입버릇처럼 굳어진 표현이다.

0362

A psychologist named Richard Warren demonstrated this particularly well.
리처드 워렌이라는 심리학자는 특히 이 점을 명쾌히 입증했다.

Tip 심리학자가 여럿인데 그 중에서 '워렌'이라는 심리학자를 가리킨다.

0363

Not all (×) authors trusted that the theater audience would automatically understand their plays in the intended manner.

작가라고 해서 관객이 그들의 의도대로 작품을 이해할 거라고 믿는 것은 아니다.

Tip 작가를 한정하지 않고 있다.

0364

After (×) dinner he built a fire, going out into the weather for (×) wood he had piled against the garage.

저녁식사를 마친 그는 불을 피우고는 궂은 날씨에도 아랑곳하지 않고 차고에 쌓아둔 나무를 가지러 나갔다.

Tip 'weather'가 궂은 날씨를 가리킬 때는 이에 정관사를 붙인다.

0365

(×) Figures a and B demonstrate how (×) dew point is measured by a dew point hygrometer.

도표 A와 B는 이슬점 습도계가 이슬점을 어떻게 측정하는지 보여준다.

Tip 표와 도표는 각각 'Table'과 'Figure'라 하며 관사를 붙이지 않는다.

0366

(×) Responses to (×) survey questions are influenced by (×) events, and we should consider this when reviewing the results of a survey.

설문조사에 대한 응답은 사건이 영향을 주게 마련이니 조사결과를 검토할 때 이를 감안해야 할 것이다.

Tip 특정한 대상이 아닐 경우에는 복수형에 관사를 붙이지 않는다.

0367

War seems to be (×) part of the history of (×) humanity.

전쟁은 인류역사의 일부인 듯하다.

Tip '인류'의 역사이므로 정관사를 붙였다. 'part'는 부품을 가리키거나 수식어가 붙을 때는 가산명사로 봄직하다.
This is the best part of the movie(영화의 베스트 씬).

0368

Imagine that you are in a meeting. Your party and the other party are sitting across a(the) table.

회의에 참여하고 있다고 상상해보라. 당신 편과 상대편이 탁자를 사이에 두고 마주앉아 있다.

Tip 가상적인 회의라면 부정관사를 붙여야 맞다. 두 편 중 나머지 편에는 정관사를 붙인다.

0369

A forest fire in Brazil affects the weather in Moscow by creating (×) huge dust clouds that eventually float over Russia.

브라질에서 발생한 산불은 결국 러시아 상공을 떠다니는 거대한 먼지구름을 일으켜 모스크바 기상에 영향을 줄 것이다.

Tip 'fire'이 원소를 나타내는 '불'일 때는 관사를 붙이지 않지만 눈에 보이는 화재사건이라면 관사를 붙여야 한다.

0370

The graph above shows the growth rate of total output in the U.S. from 1960 to 1999.

위의 그래프는 1960년부터 1999년까지의 미국 총생산량의 증가율을 보여준다.

Tip 위 도표에 있는 그래프를 가리키므로 정관사.

0371

Like its largemouth cousin, the smallmouth bass is a native of the Mississippi drainage, which makes it a true heartland fish.

작은입배스도 사촌격인 큰입배스와 마찬가지로 원산지가 미시시피강 유역인데 이곳 덕분에 작은입배스는 중심지에서 서식하는 어류가 되었다.

Tip 강에는 정관사를 붙인다(the Nile River).

0372

Starting in the 1960s, people began flooding into Chattanooga, a former factory town, to explore its caves, rivers, and cliffs. Before long more than 3,800 caves surrounding the city had been discovered.

1960년대 이후, 사람들은 동굴과 강과 절벽을 탐사하기 위해 공단도시였던 차타누가로 모여들었다. 얼마 후 도시를 둘러싼 3,800개 남짓 되는 동굴이 발견되었다.

Tip 'the 1960s'는 10년 단위의 구체적인 연대를 지칭하므로 정관사를 붙인다(=1960, 61, 62 … 69).

0373

In (×) practical situations where there is no room for (×) error, we have learned to avoid (×) vagueness in (×) communication.

실수가 허용되지 않는 실제상황에서는 소통이 애매해서는 안 된다고 배웠다.

Tip 특정한 명사의 복수가 아니라면 여기에는 관사를 붙이지 않는다. 추상적인 명사도 대개는 불가산명사.

0374

Although a speech can be effective, all the words in the world cannot measure up to the example of a leader, especially in communicating (×) new behaviors and values.

말이 귀감을 줄 수는 있지만, 세상의 말이 다 지도자의 본보기에 부합하는 것은 아니며 새로운 행동이나 가치를 전달할 때는 더더욱 그러하다.

Tip 'words'는 'speech'와 관련된 어구이므로 정관사를 붙였다.

0375

Now, as always, (×) cities are desperate to create the impression that they lie at the center of something or other.

항상 그렇듯, 요즘 도시도 무언가의 중심에 있다는 인상을 주기 위해 안간힘을 쓴다.

Tip 'that'이하라는 '인상'이므로 정관사를 붙였다. '왼쪽, 중간, 오른쪽'에는 정관사를 붙인다.

0376

(×) Young children rarely think of their art as (×) personal property. Often they throw it away or give it away.

어린이는 대개 자신의 작품을 재산으로 생각하지 않는다. 때문에 종종 버리거나 거저주곤 한다.

Tip 일반적인 어린이(복수)이므로 관사를 붙일 이유가 없다.

0377

The age of 3 1/2 is not without its charm. One of the more amusing aspects of this age is the child's often vivid imagination, expressed most strikingly in his enjoyment of (×) imaginary companions.

3.5세가 특징이 없는 나이는 아니다. 비교적 재미있는 측면 중 하나는 아이가 종종 상상력을 발휘한다는 것인데 이는 상상 속의 친구들과 놀 때 확연히 드러난다.

Tip 'one of the +복수명사'는 '~중 하나'로 특정한 대상 중 하나를 지칭하니 정관사.

0378

(×) Rosalyn's parents did everything possible to avoid favoring (×) one child over the others, and this resulted in her feelings being hurt.

로잘린의 부모님은 아이를 편애하지 않기 위해 안간힘을 썼지만, 그녀는 되레 상처를 입고 말았다.

Tip 나머지 전부를 가리킬 때는 정관사를 붙인다.

0379

How can you create (×) closeness when the two of you are hundreds of miles apart?

수백 마일이나 떨어져 있는 두 사람이 어떻게 가까워질 수 있을까?

Tip 지칭하는 대상이 '너희 둘'이라면 정관사를 쓰는 것이 합리적이다.

0380

Many years ago, (×) psychologists performed an experiment in which they put a number of people in a room, alone except for a ring toss set.

수년 전, 심리학자들은 실험의 일환으로 고리던지기 세트만 둔 방에 수많은 사람들을 들여보냈다.

Tip 몇 해 전에 실시했던 실험을 처음 소개하므로 부정관사를 붙였다.

0381

On the wall of our dining room was a framed quotation: "Let me live in a house by the side of the road and be a friend to (×) man."

우리집 부엌에 단 액자에는 이런 글귀가 적혀있었다. "길가에 지은 집에 살며 사람들의 친구가 되게 하소서."

Tip 일반적인 사람을 가리킬 때는 무관사 'man'이다.

0382

A friend of mine and his wife were in Hawaii, standing on a beach, watching a beautiful sunset—hardly able to believe how magnificent the sight was.

친구가 아내와 함께 하와이 해변에 서서 아름다운 노을을 보고 있었는데 그건 정말 믿을 수 없을 정도의 장관이었다.

Tip 절친한 친구는 'my friend,' 덜 친한 친구는 'a friend of mine(내 친구 중 하나)'이라 한다.

0383

This is different from all (×) other markets in that (×) people do not buy (×) things here such as (×) clothes, shoes, or cars.

이는 옷이나 신발, 혹은 자동차 등의 제품을 여기서 구매하지 않으므로 다른 시장과는 다르다.

Tip 일반적인 복수명사에는 관사를 붙이지 않는다.

0384

Flying over (×) rural Kansas in an airplane one fall evening was a delightful experience for (×) passenger Walt Morris.

어느 가을 저녁, 월트 모리스는 비행기를 타고 기분 좋게 캔자스 시골을 지나갔다.

Tip 어느 가을 저녁one fall evening, 시간부터 명확하지가 않다.

0385

If you are worrying about (×) money when you are away, your enjoyment will suffer.

해외에 있어도 돈이 걱정된다면 (여행이) 즐겁진 않을 것이다.

Tip 우리는 돈money을 세진 않는다. 다만 'bill(지폐)'나 'coin(동전)'을 셀 뿐이다.

0386

Many social scientists have believed for some time that (×/the) birth order directly affects both (×) personality and (×) achievement in (×) adult life.

많은 사회과학자들은 출생순서가 성인 이후의 성격과 학력에 직접적으로 영향을 준다고 믿은 적이 있다.

Tip 성격personality이나 학력achievement 혹은 인생life은 직관으로도 불가산명사임을 알 수 있다. 출생순서는? 가산/불가산명사 모두 가능하다. 구글링하면 둘 다 고루 나온다.

0387

You may think that moving a short distance is so easy that you can do it in no time with (×) little effort.

가까운 데로 이사하는 건 아주 쉽기 때문에 별 노력 없이도 순식간에 끝낼 수 있다고 생각할지 모른다.

Tip 'a little(약간은 있다)'은 긍정, 'little은 부정어(거의 없다)' 다.

0388

(×) Roman doll-makers continued to use (×) technology developed by the Egyptians and (×) Greeks, but in (×) line with the artistic sensibilities of their culture, they were constantly trying to make (×) dolls more elegant and beautiful.

로마의 인형제작자들은 이집트인과 그리스인이 개발한 기술을 계속 활용하면서도 문화가 갖는 예술적 감성에 걸맞도록 좀더 우아하고 아름다운 인형을 만들기 위해 노력했다.

Tip '기술(불가산명사)'을 개발한 사람이 이집트인 전부는 아닐 것이다.

0389

For example, (×) Van Gogh's paintings have been reproduced endlessly on (×) posters, postcards, coffee mugs, and (×) T-shirts.

예컨대, 반 고흐의 그림은 포스터와 우편엽서, 커피 머그잔 및 티셔츠에 끊임없이 복제되어왔다.

Tip 반 고흐가 아니라 '그림들paintings'이 핵심어다.

0390

I think it is rather unfair to decide our children's career paths based on the results of an aptitude test taken when they are 11 or 12 years old.

11~12세에 치르는 적성검사 결과에 아이들의 진로를 결정하는 것은 좀 부당하다고 본다.

Tip 다름 아닌 적성검사의 결과이므로 정관사를 붙였다.

0391

I try to stay away from (×) houses or (×) barns that have (×) unusual angles of the roof, or (×) objects that look incorrect in (×) size, perspective, or (×) design.

지붕의 각도가 특이한 집이나 헛간, 혹은 크기나 원근법이나 설계가 정확하지 않은 물체는 가까이 하지 않는다.

Tip 포괄적인 복수명사에는 굳이 관사를 붙이지 않는다.

0392

The first appearance of a shining star in a darkening evening sky can take you out into the universe if you combine what you see with the twin facts that the star is merely one of the closest of the galaxy's 200 billion stars and that its light began traveling decades ago.

어두운 저녁하늘에 반짝이는 별이 처음 모습을 드러낸다면 당신은 시야를 우주에까지 넓힐 수 있을 것이다. 다만 그것이 은하계에 존재하는 2천억 개의 별 중 가장 가까운 별이라는 것과, 별빛이 수십 년 전에 이동하기 시작했다는 두 가지 사실을 안다면 말이다.

Tip 은하수에 있는 2천억 개의 별 중 가장 가까운(최상급) 별이므로 정관사.

0393

A violin creates tension in its strings and gives each of them an equilibrium shape: a straight line.

바이올린은 현에 텐션을 주었다가 직선인 평형으로 되돌린다.

Tip 특정한 바이올린이 아니라 일반적인 대상이다.

0394

The first experiments in (×) television broadcasting began in France in the 1930s, but the French were slow to employ the new technology.

텔레비전방송의 첫 실험은 1930년대 당시 프랑스에서 시작되었지만 정작 프랑스인들은 이 신기술을 도입하는 데 더뎠다.

Tip 서수(first, second, third, fourth …)에는 관사를 붙이고 'the French(형용사)'는 복수명사로 프랑스인들을 일컫는다.

0395

Her nerves were hurting her. She looked automatically again at the high, uncurtained windows.

그녀는 신경통을 앓았다. 시선은 커튼이 없는 높은 창으로 갔다.

Tip 그녀는 어떤 창인지 알고 있다.

0396

(×) Sheets of paper exist almost entirely for the purpose of carrying (×) information, so we tend to think of them as (×) neutral objects.

종이는 거의 전적으로 정보를 전달할 요량으로 존재하기 때문에 중립적인 대상일 거라 간주하곤 한다.

Tip '정보information'나 '조사research'에는 관사를 붙이지 않는다.

0397

(×) Many people believe that they will be free of their anger if they express it, and that their tears will release their pain.

많은 사람들은 분노를 표출하면 그에서 자유로워지고 눈물이 고통을 덜어줄 거라고 믿는다.

Tip 'many, much'와 관사는 양립할 수 없다.

0398

Knowing when (×) something happened is important. Understanding why (×) historic events took place is also important.

사건이 언제 벌어졌는지를 아는 것도 중요하지만, 역사적 사건이 왜 발생했는지를 이해하는 것 또한 중요하다.

Tip '-thing'을 조합해서 만든 단어(something, nothing, everything …)에는 관사를 붙이지 않는다.

0399

Nowadays, we can enjoy (×) athletic competition of (×) every kind without leaving our homes.
오늘날 우리는 집을 나오지 않고도 온갖 종류의 운동경기를 즐길 수 있다.

Tip 'every'는 특정하지 않은 수식어이므로 관사를 붙이지 않는다.

0400

The above graph shows (×) changes in (×) school enrollment rates of the population ages 3~19 by (×) age group from 1970 to 2006.
위 도표는 1970년에서 2006년까지 3세~19세 연령 인구의 취학률이 달라진 추이를 보여준다.

Tip 무슨 도표인지 안다면? 관사를 붙인다.

Intermediate

0401

The RPC, founded in 1996, describes itself as a progressive organization fighting for (×) social change.
RPC는 1996년에 설립된 것으로, 자칭 사회변화를 위해 싸우는 진보단체다.

Tip '일종'의 진보단체니 부정관사가 어울린다.

0402

A water plant called the sacred lotus regulates its temperature in order to benefit (×) insects that it needs to reproduce.
'세이크리드 로터스'라는 수생식물은 자신의 번식에 필요한 곤충을 이롭게 하기 위해 온도를 조절한다.

Tip 수생식물 중 하나인 '세이크리드 로터스'로 보면 부정관사.

0403

(×) Old Hawk gestured up at the tall, old cottonwood. It was so large that a grown man could not put his arms around it.
올드 호크는 키가 크고 오래된 사시나무를 몸짓으로 가리켰다. 나무는 너무 커서 장정도 팔로 안을 수 없었다.

Tip 일반적인 장정이라는 점이 힌트.

0404

The specific combinations of (×) foods in a cuisine and the ways they are prepared constitute a deep reservoir of (×) accumulated wisdom about (×) diet and (×) health and (×) place.
요리법에서 어떤 음식의 조합과 요리하는 방법은 식단과 건강 및 장소에 대한 지혜를 깊이 담아둔 저장소와 같다.

Tip '특정하지specific' 않은 명사에는 부정관사를 붙이거나 관사를 붙이지 않았다.

0405

Now many kinds of (×) superior coffee beans are being decaffeinated in (×) ways that conserve (×) strong flavor.
종류가 다양한 고급 커피콩은 이제 디카페인도 맛이 강하다.

Tip 맛flavor은 무관사.

0406

Processing a TV message is much more like the all-at-once processing of the ear than the linear processing of the eye reading a printed page.
TV 메시지를 처리하는 방식은 인쇄면을 읽는 눈의 선형처리과정보다는 귀의 일괄처리과정이 훨씬 더 가깝다.

Tip 일반적인 명사를 가리킨다면 부정관사를 써야 옳다.

0407

(×) Most people have a vase or two in a cupboard, but (×) lots of things can be turned into (×) stylish containers for a flower arrangement, so before you rush out to buy anything, look around your own home.
사람들은 대부분 찬장에 한두 개의 꽃병을 두지만 많은 꽃병이 멋진 꽃꽂이 용기가 될 수 있으니 무얼 사려고 서둘러 나가기 전에 집주변부터 살펴보라.

Tip 일반적인 꽃병을 가리키므로 부정관사가 맞다.

0408

In Pamplona, a white-walled, sun-baked town high up in the hills of Navarre, is held in the first two weeks of July each year the World's Series of bull fighting.
사방이 하얀 성벽으로 둘러싸여있고 햇살이 따가운 도시인 팜플로나는 나바레 언덕 높은 곳에 자리 잡고 있으며 매년 7월 첫 두 주간 월드시리즈 소싸움이 열린다.

Tip 서수(first, second …)에는 정관사가 어울린다.

0409

Whether their grandchildren have (×) special needs or not, (×) grandparents shouldn't overlook the value of (×) incidental learning experiences.
손주가 특별히 필요한 것이 있든 없든, 조부모들은 간접적인 학습경험의 가치를 간과해서는 안 된다.

Tip 불특정한 조부모를 가리킨다면? 복수형만으로도 충분하다.

0410

Everywhere in the world, the issue of how to manage (×) urban growth poses the highest stakes, (×) complex policy decisions, and (×) strongly heated conflicts in the public area.

세계 도처에서 도시성장을 관리하는 방법에 대한 문제는 공공영역에서 가장 높은 위험부담뿐 아니라 복잡한 정책 결정과 가열찬 갈등도 벌어질 것이다.

Tip 최상급 앞에는 정관사를 붙인다.

0411

One Saturday during the summer, I asked my father if he would go down to the schoolyard and play (×) basketball with me.

여름철 어느 토요일, 학교 운동장에서 같이 농구하자고 아버지께 말했다.

Tip 경기종목에는 관사를 붙이지 않지만 운동장은 관사를 붙인다. 무슨 운동장인지 아버지도 알기 때문.

0412

Some scientists have shown the practical power of looking at the world through (×) 'could-be' eyes.

어떤 과학자들은 '가능성'이라는 시야로 세상을 보는 것의 실질적인 위력을 증명했다.

Tip 우리가 아는 세상에는 정관사를 붙인다.

0413

A world without this is almost unimaginable. This plays an essential role in (×) various scientific fields and in (×) industry.

이것이 없는 세상은 거의 상상할 수가 없다. 이는 다양한 과학 및 산업분야에서 중요한 역할을 하기 때문이다.

Tip 우리가 아는 세상이 아닌, 가정의 세상에는 부정관사를 붙인다.

0414

The first true piece of (×) sports equipment that (×) man invented was the ball.

인간이 발명한 최초의 운동장비는 공이었다.

Tip man에 관사를 붙이지 않으면 포괄적인 인간을 가리키게 된다.

0415

It is my great pleasure to inform you that your sons and daughters have completed all the academic requirements over the last three years of (×) study at (×) Hutt High School.

귀하의 자녀가 지난 3년간 허트 고교에서 필수과정을 이수했음을 알려드리게 되어 기쁩니다.

Tip 고교가 정한 필수과정이므로 정관사.

0416

The first thing I notice upon entering this garden is that the ankle-high grass is greener than that on the other side of the fence.

정원에 들어오자마자 알아차린 것은 발목높이의 풀이 울타리 반대편 풀보다 더 푸르다는 것이다.

Tip 정원에 있는 풀을 지칭하므로 정관사.

0417

In (×) general, (×) one's memories of any period necessarily weaken as (×) one moves away from it.

대개 어떤 시기에 겪은 기억은 그로부터 멀어질수록 희미해지게 마련이다.

Tip 소유격은 관사와 같이 쓸 수 없다

0418

Over the years various systems of grading (×) coins have been developed by (×) antique coin specialists.

수년에 걸쳐 동전에 등급을 매기는 다양한 방식은 옛날 돈 전문가들이 개발해왔다.

Tip 종류가 다양한 일반적인 동전이므로 복수형을 쓴다

0419

A clean sheet of paper is lying in (×) front of you, and you have to fill it up.

깨끗한 종잇장이 앞에 있고 당신은 그걸 채워야 한다.

Tip 종잇장은 특정한 것이 아니다.

0420

What is the most prevalent and perhaps most important prefix of our times?

이 시대에 가장 널리 퍼져 있는 데다 가장 중요할 것 같은 접두사는 무엇인가?

Tip 최상급에는 정관사를 붙이되 접속사 다음에는 붙이지 않아도 된다.

0421

(×) Night diving is obviously less simple than (×) diving during the day, but when properly organized, it is relatively straightforward.

야간잠수는 주간잠수보다 좀더 까다롭긴 하지만 준비를 적절히 하면 비교적 수월해진다.

Tip 스포츠 종목은 무관사.

0422

There are (×) few people who do not react to (×) music to (×) some degree. the power of (×) music is diverse and people respond in (×) different ways.

어느 정도라도 음악에 반응하지 않는 사람은 거의 없다. 음악의 힘은 다양하며 사람들은 다르게 반응한다.

Tip 'a few(조금 있다)'는 긍정 'few(거의 없다)'는 부정어다.

0423

(×) Object identification rarely occurs in (×) isolation. Face perception seems to work the same way.

물체식별이 독립적으로 이루어지는 경우는 거의 없다. 안면인식도 그런 듯싶다.

Tip '식별'이나 '독립'은 셀 수 없는 명사로 관사를 붙이지 않는다.

0424

A boy entered a coffee shop where I worked as a waitress.

종업원으로 일하는 커피숍에 사내아이 하나가 들어왔다.

Tip 어떤 사내아이이므로 부정관사.

0425

(×) One key social competence is how well or poorly (×) people express their own feelings.

중요한 사교능력은 자신의 감정을 얼마나 잘 표현하느냐 여부로 결정된다.

Tip one = 부정관사a(n)

0426

We have to ask ourselves a question. What kind of (×) world will our children have to live in?

우리는 자문해봐야 한다. "우리 아이들은 어떤 세상에서 살게 될까?"라고 말이다.

Tip 한 가지 질문(가산명사)이니 부정관사를 쓴다.

0427

There is (×) healing power in (×) flowers-and in (×) trees, fresh air, and (×) sweet-smelling soil.

꽃과 나무, 신선한 공기와 좋은 향이 나는 토양에는 치유력이 있다.

Tip 치유력은 추상명사이므로 관사를 붙이지 않는다.

0428

Most of us buy our food from (×) supermarkets. In (×) fact, many of us don't even get as far as the supermarket but make our choices at the click of a mouse.

우리는 대개 슈퍼마켓에서 식료품을 구매한다. 사실 슈퍼마켓에 가지 않고 마우스를 클릭해서 구매하는 사람도 많다.

Tip 일반적인 슈퍼마켓인 데다 복수형이므로 굳이 관사를 붙이진 않는다.

0429

Located 1,100 feet above the tiny coastal town of (×) Amalfi, Ravello has been described as closer to (×) heaven than to the sea.

아말피라는 작은 해안도시에서 1100피트 위에 자리 잡은 라벨로는 바다보다 천국에 더 가까운 곳으로 알려졌다.

Tip 바다에는 정관사를 붙이지만 천국에는 붙이지 않는다. '티어스 인 헤븐Tears in Heaven'을 떠올리면 된다.

0430

(×) Recreational tree climbing is an evolving sport.

나무타기놀이는 계속 진화하고 있는 스포츠다.

Tip 스포츠 종목에는 관사를 붙이지 않지만 '스포츠sport' 자체는 가산명사다.

0431

A status symbol is something, usually an expensive or rare object, that indicates a high social status for its owner.

지위의 상징물은 대개 값어치가 높거나 희귀한 것으로, 주인의 고귀한 사회적 지위를 암시한다.

Tip 일반적인 가산명사에는 부정관사를 붙인다.

0432

The ability to sympathize with (×) others reflects the multiple nature of the human being, his potentialities for many more selves and kinds of (×) experience than any one being could express.

타인과의 공감능력은 인간의 복합적인 본성, 이를테면 인간이 나타낼 수 있는 것보다 더 많은 인간상과 각종 경험에 대한 잠재력을 반영한다.

Tip 남과 공감할 수 있는 능력이므로 정관사를 붙였다.

0433

Since (×) people generally like what they are good at, I propose that our children focus on (×) areas in which they excel.

사람들은 대개 자신 있는 일을 좋아하기 때문에 아이들에게도 남보다 잘하는 분야에 집중하라고 말한다.

Tip 일반적인 사람을 가리킬 때 'people'에는 관사를 붙이지 않는다.

0434

Newton was the first to point out that (×) light is colorless, and that consequently (×) color has to occur inside our brains.

빛은 색상이 없으므로 색상은 뇌에서 빚어지는 현상이라는 점을 뉴턴은 처음으로 지적했다.

Tip 본문의 '빛'과 '색상'은 직관적으로 보더라도 불가산명사로 쓰였다.

0435

If we want to describe our society in terms of (×) age, we may come up with (×) four age groups—(×) childhood, adolescence, maturity, and (×) old age.

나이를 기준으로 사회집단을 설명한다면 유년기와 청년기, 장년기 및 노년기라는 4개의 연령집단을 제시할 것이다.

Tip 연령age에 대해서는 본문을 유심히 관찰하라. 구체적인 나이를 나타낼 때는 관사를 붙인다(at the age of 14).

0436

I knocked at the door and was told to enter. I found myself in a large room, where the curtains were closed to allow no daylight in, and the candles were lit.

문을 두드리자 들어오라는 말이 들렸다. 나는 커다란 방에 있었고 그 방에는 커튼이 드리워져 햇빛이 전혀 들어오지 않았지만 촛불은 켜 있었다.

Tip 무슨 문을 두드렸는지 나는 알고 있다. 방은 낯선 방이라 부정관사를 붙였지만 커튼은 그 방에 있는 것이므로 정관사를 붙였다.

0437

One of the toughest parts of isolation is a lack of an expressive exit. With (×) anger, you can get mad at someone and yell.

고립이 가장 힘든 이유 중 하나는 표현할 출구가 없다는 것이다. 화가 나면 누군가에게 화를 내고 소리를 지를 것이다.

Tip 최상급 앞에는 정관사를 붙이는 것이 원칙이다.

0438

With the rise of the social sciences, and especially the anthropology of the 1930s and thereafter, (×) words like 'savage' and 'primitive' began to disappear from the vocabulary of cultural studies, along with the notion that the people who had once borne these labels represented a biologically less evolved form of (×) humanity.

사회과학 중 특히 1930년대 이후 인류학이 발전함에 따라 '야만적'이나 '원시적'이라는 어구는 문화연구 어휘에서 사라지기 시작했다. 한때 이런 꼬리표를 달았던 사람들은 생물학적으로 덜 진화된 인류를 대표한다는 생각도 아울러 사라졌다.

Tip 인류학 중에서도 1930년대의 '인류학'을 지칭하므로 정관사를 붙였다.

0439

"There is a good reason to make this trip to the Island of Paradise," (×) Captain Koppe told himself as he stepped out of the elevator car into the covered rooftop hangar of his house.

코페 선장은 엘리베이터카를 나와 지붕이 덮인 격납고에 들어가며 중얼댔다. "파라다이스섬에 가야 하는 이유가 있지."

Tip '섬'에는 정관사를 붙이고 직함에는 관사를 붙이지 않는다.

0440

In (×) ordinary life, you can be very comfortable with (×) modern technology.

현대기술 덕분에 일상도 아주 편해질 것이다.

Tip 일반적인 '생활'과 '기술'에는 관사를 붙이지 않는다.

0441

The latest devices are fun to use for many tasks like browsing (×) cyber space, but it is important to keep your distance from them as well.

최신 기기는 사이버공간을 검색하는 등의 수많은 작업을 처리할 수 있어 재미가 있지만 거리를 두는 것도 중요하다.

Tip 특정 목적으로 쓰는 공간이 아니라 일반적인 사이버공간이므로 관사를 붙이지 않았다.

0442

Nothing can be checked out or renewed without it. If you reside in this area, you may get it free of (×) charge.

이것이 없다면 대출이나 갱신이 불가능하다. 하지만 이 지역에 살고 있다면 무료로 얻을 수 있다.

Tip 수식어구가 있으면 관사를 붙이고 그렇지 않으면 관사를 쓰지 않는다(a delivery charge for the refrigerator냉장고 배송비 / a monthly charge월부 / an admission charge at the fair입장료).

0443

Not only does the 'leaf fish' look like a leaf, but it also imitates the movement of a drifting leaf underwater.
리프피시는 나뭇잎처럼 보이기도 하지만 물속에 떠다니는 잎의 움직임을 흉내 내기도 한다.

Tip 특정한 종을 이야기하므로 정관사를 붙였다.

0444

When (×) one group borrows something such as (×) ideas, values, foods, or (×) styles of (×) architecture from (×) another group, (×) change occurs through (×) diffusion.
한 집단이 사상이나 가치관, 음식, 혹은 건축양식을 다른 집단에게서 차용할 때 변혁이 확산을 통해 일어난다.

Tip 참고로 'one, another' 외에 다른 그룹도 존재한다.

0445

Thank you for sending your poems to this publishing house. I have had the opportunity to look them over, and I feel that they show (×) considerable promise, despite your youth and lack of (×) experience in this genre.
귀하의 시를 출판사에 보내주셔서 감사합니다. 작품을 훑어보니 나이도 어리고 운문 경험도 없지만 작품은 상당히 유망하다 봅니다.

Tip 'promise'는 '약속'이 아니라 '전망'이므로 관사를 붙이지 않았다. '경험'에는 관사를 붙이지 않는다.

0446

I was five years old when my father introduced me to (×) motor sports.
아빠가 모터스포츠를 소개한 것은 내가 다섯 살 때였다.

Tip 모터스포츠는 특정한 종목이 아니다. 경주용 차량, 모터사이클, 스노모빌, 수상모터사이클 등과 같은 동력 차량을 운전하는 것이 특징인 스포츠를 두고 하는 말이다.

0447

To be a mathematician you don't need an expensive laboratory.
수학자가 되는 데는 고가의 실험실이 필요하진 않다.

Tip 수학자와 실험실은 일반적인 대상을 가리킨다

0448

Walking down the street, you may not even notice the trees, but, according to a new study, they do a lot more than give (×) shade.

거리를 거닐 때 나무을 인식하지 못할 수 있으나, 연구에 따르면 나무는 그늘을 제공하는 것보다 더 많은 일을 하는 것으로 나타났다.

Tip 어떤 길인지, 어떤 나무인지 화자는 뻔히 알고 있다.

0449

Suppose you mention the name of your new neighbor to a friend.

이웃의 이름을 친구에게 이야기했다고 가정해보라.

Tip 이웃의 이름이므로 정관사를 붙였다.

0450

A common mistake in talking to (×) celebrities is to assume that they don't know much about anything else except their occupations.

셀럽과 대화할 때 흔히 저지르는 실수는 그들이 본업 말고는 잘 모를 거라는 편견이다.

Tip '흔하다common'는 단어에 이미 '일반적'이라는 뉘앙스가 배어있다.

0451

Upon entering a record store, (×) one encounters a wide variety of (×) genres from easy listening to (×) jazz and classical music. (×) Jazz and classical music have a number of things in (×) common.

음반가게에 들어가면 쉽게 들을 수 있는 음악에서 재즈와 고전음악에 이르는 다양한 장르를 만나게 된다. 재즈와 고전음악은 공통점이 많다.

Tip 'music'은 수식어를 붙이더라도 관사를 쓰지 않는다. 'have something in common'은 공통점이 있다는 뜻이다.

0452

Our guest arrived in the broadcasting studio, and I opened my show at 11:05 with a brief introduction about his background.

게스트가 방송국 스튜디오에 도착하자, 나는 11시 5분에 그의 경력을 간단히 소개함으로써 방송을 시작했다.

Tip 어떤 방송국 스튜디오인지 나는 알고 있다.

0453

Of all the ways that (×) automobiles damage the urban environment and lower the quality of life in (×) big cities, (×) few are as maddening and unnecessary as (×) car alarms.
자동차가 도시환경을 해치고 대도시에서 삶의 질을 떨어뜨리는 양상 중 자동차 도난방지경보기가 가장 화를 돋우고 불필요하다.

Tip 'few'는 부정어이고 'a few'는 긍정어인데 본문은 최상급 표현을 위해 부정어를 앞에 썼다. 'few as a as B/B만큼 A한 것은 거의 없다'는 식으로.

0454

A/The Nambawi is one of the oldest traditional winter hats in (×) Korea.
남바위는 한국에서 가장 오래된 전통 겨울모자 중 하나다.

Tip 토종문화인 '남바위'를 가리킬 때는 두 관사가 다 옳다. 단, 최상급oldest 앞에는 관사를 붙인다.

0455

Although (×) most people recognize it as a jewel, the diamond most directly affects our daily lives as a tool.
다이아몬드는 대부분 보석이라 여기지만 실은 도구로서 일상에 가장 직접적으로 영향을 준다.

Tip 'it'이 가리키는 것이 다이아몬드이므로 정관사를 붙였다.

0456

All (×) travellers should ensure they have (×) adequate travel insurance before they depart.
관광객은 모두 출발하기 전에 적합한 여행보험에 가입했는지 확인해야 한다.

Tip '보험'은 셀 수 없는 명사라 관사를 붙이지 않지만 여기에 관사를 붙이면 '보험금'을 뜻하기도 한다. What's the monthly insurance on your car?(보험료 한 달에 얼마나 나가요?)

0457

Every society needs (×) heroes, and every society has them. Some heroes shine in the face of (×) great adversity, performing (×) amazing deeds in (×) difficult situations; (×) other heroes do their work quietly, unnoticed by most of us, but making a difference in the lives of other people.
모든 사회는 영웅이 필요하고 모든 사회에는 영웅이 있다. 어떤 영웅은 큰 역경과 마주할 때 빛이 나고 난관 속에서도 놀라운 일을 이루어낸다. 반면 어떤 영웅은 대다수의 눈에는 띄지 않고 조용히 자신의 일을 해내면서도 타인의 삶에 영향을 준다.

Tip 'in the face of'는 관용적으로 굳어진 표현이다

0458

(×) Design and styling cannot be fully understood (×) outside of their social, economic, political, cultural, and (×) technological contexts.

디자인과 스타일링은 사회/경제/정치/문화 및 기술적인 맥락을 떠나서는 충분히 이해할 수가 없다.

Tip 소유격their이 있으면 관사는 붙이지 않는다.

0459

In the above chart, the five items in the middle show the environment-friendly improvements made by a company from 2001 to 2005.

위 도표에서 가운데의 다섯 항목은 한 회사가 2001년에서 2005년까지 달성한 친환경 관련성과를 보여준다.

Tip 위에 있는 특정한 도표이므로 관사를 붙였다.

0460

Dominique-Jean Larrey was born on July 8, 1766, in (×) France. Larrey began his medical studies in (×) Toulouse.

도미니크장 라리는 1766년 7월 8일 프랑스에서 태어났다. 라리는 툴루즈에서 의학을 공부하기 시작했다.

Tip 지명에는 관사를 붙이지 않는다.

0461

(×) Floppy Barrow is a game invented by Phil and Alan Grace, and Tim Inglis in (×) South Australia.

플로피 배로우는 남호주에 사는 필과 앨런, 그레이스 및 팀 잉글리스가 창작한 게임이다.

Tip 게임이름도 '셀 수 없는 명사'이므로 관사를 붙이지 않았다.

0462

Over the past twenty years, I've asked (×) thousands of people, "Where are you when you get your best ideas?"

지난 20년에 걸쳐 수천 명에게 물었다. "기발한 아이디어는 어디 있을 때 떠오릅디까?"

Tip 'thousands of'는 막연히 많다는 뜻이므로 관사를 붙이진 않는다.

0463

Every mother and father wants to raise a child with a strong moral character.

부모라면 자녀를 아주 예의바른 아이로 기르고 싶을 것이다.

Tip 아직 다 기르진 않았다.

0464

(×) Footwear has a history which goes back thousands of years, and it has long been an article of (×) necessity.

신발의 역사는 수천 년을 거슬러 올라가며, 필수품이 된 지도 꽤 되었다.

Tip 'article'은 셀 수 있는 명사로 특정 종류의 대상을 가리킨다.

0465

The story starts in the world of Homer, where the stormy skies and the dark seas were ruled by the mythical gods.

스토리는 호머가 살던 세상에서 출발한다. 당시 폭풍우가 몰아치는 하늘과 어두운 바다는 신화에 등장하는 신들이 다스렸다.

Tip 하늘과 바다를 다스리는 신은 특정하다고 본다. 호머가 살던 구체화된 세상에는 단연 관사를 붙인다.

0466

Most of us believe that we can trust in (×) technology to solve (×) our problems.

대다수는 문제를 해결하는 데 기술을 믿을 수 있다고 생각한다.

Tip 기술에는 관사를 붙이지 않고 소유격our 앞에도 관사를 붙일 수 없다.

0467

After the snowstorm came (×) thick fog, and in that fog, (×) Fredrick's men soon lost their way on an ice river with (×) hundreds of (×) big holes in it.

눈보라가 지나간 후 짙은 안개가 찾아왔고 안개 속에서 프레드릭의 대원들은 수백 개의 커다란 구멍이 뚫린 얼어붙은 강에서 길을 잃었다.

Tip 'hundreds of'는 막연히 많다는 뜻이므로 관사를 붙이지 않는다.

0468

In the early 1960s, London Bridge was in (×) trouble. (×) Cars, trucks, and buses were too heavy for it, and the bridge was sinking into the Thames river.

1960년대 초 런던 브릿지에서 사고가 났다. 승용차와 트럭 및 버스가 너무 많이 다닌 탓에 교량이 템즈강 아래로 가라앉고 있었던 것이다.

Tip 10년 단위를 지칭하는 연대(1960s)에는 정관사를 붙인다. 강 이름에는 고정적으로 정관사를 붙이는데 본문의 'bridge'는 런던대교를 가리키므로 관사를 붙였다.

0469

(×) People who run (×) sports camps think of the children first. They do their best to create (×) enjoyable and protective environments in which the children feel comfortable and safe.
스포츠 캠프를 운영하는 사람들은 아이를 가장 먼저 생각한다. 그들은 아이들의 안락과 안전을 느낄 수 있도록 즐겁고도 든든한 환경을 조성하기 위해 최선을 다한다.

Tip 'people'에 관사를 붙이면 민족이나 족속의 개념으로 바뀐다.

0470

They all reached the beach two hours later, exhausted but safe. At that time, the non-swimmer thanked (×) Margo for saving his life, and he asked why she had been so insistent about going slowly and quietly.
두 시간 후 그들은 모두 기진맥진했지만 무사히 해안에 도착했다. 이때 수영을 못했던 친구가 마고에게 생명을 구해주어 고맙다고 말하고는 시종일관 입을 다물고 천천히 가라고 시킨 이유를 물었다.

Tip 어떤 해변인가? 그들이 두 시간 뒤에 도착한 인근 해안일 것이다. 이때 수영을 못하는 사람이 딱 하나 있었는데 그를 특정하므로 정관사를 붙였다.

0471

Most people agree that (×) fruit is a valuable, healthy food. Nonetheless, they usually throw away a very nutritious part of the fruit.
과일이 귀한 데다 건강에도 좋은 농산물이라는 데는 대부분 동의한다. 그럼에도 영양소가 아주 풍부한 껍질은 버린다.

Tip 본디 음식은 '셀 수 없는 명사'지만 여기에 수식어를 붙여 특정한 먹거리를 지칭하게 되면 가산명사가 될 수 있다.

0472

Personally, I don't like the bitter taste and (×) roughness of fruit peel, though I understand that it has some nutritious value and contains (×) dietary fiber.
과일껍질에 영양소와 식이섬유가 있다는 것은 알지만 껍질의 쓸쓸한 맛과 거친 느낌은 개인적으로 좋아하지 않는다.

Tip 'taste'가 맛을 나타낼 때는 관사를 붙이지만 '까칠한 촉감roughness'은 직관적으로 보더라도 불가산명사가 분명하다.

0473

One myth tells how a group of gods had a meeting to decide where to hide the "truth of the universe" from (×) people.

신화에 따르면, 신들은 '우주의 진리'를 어디에 감출지 결정하기 위해 회의를 소집했다고 한다.

Tip 직관적으로는 '진리/진실'이 불가산명사처럼 보여도 팩트에 입각한 정확한 사실은 'truth'에 정관사를 붙인다.

0474

Usually, (×) filmmakers shoot more film than is needed. an uncut movie might last four or five hours.

영화제작자들은 대부분 필요한 것보다 더 많은 컷을 촬영한다. 삭제하지 않은 영화의 러닝타임은 네다섯 시간 정도 될 것이다.

Tip 특정하지 않은 영화제작자이므로 복수형에 관사를 붙일 이유가 없다.

0475

On (×) most subway trains, the doors open automatically at (×) each station. But when you are on the Metro, the subway in (×) Paris, things are different.

대부분의 지하철 문은 정거장에서 자동으로 열린다. 하지만 파리의 지하철인 메트로를 타면 방식이 다르다.

Tip 복수명사 앞에 쓰이는 '대다수'에는 관사를 붙이지 않는다.

0476

I wonder how many people give up just when (×) success is almost within (×) reach.

손만 뻗으면 성공이 거의 닿을 때까지 와놓고 포기하는 사람들이 정말 놀라우리만치 많다.

Tip 흔히 말하는 '성공'은 직관적으로도 관사를 붙이기가 어렵다.

0477

You can certainly make (×) bad quality wine from (×) good quality grapes, but you cannot make (×) good quality wine from (×) bad quality grapes.

품질이 좋은 포도로 나쁜 포도주를 제조할 수는 있지만, 품질이 나쁜 포도로 좋은 포도주를 만들 수는 없다.

Tip '와인'은 음식 중 하나로 셀 수 없고 포도는 복수형이므로 굳이 관사를 붙일 필요가 없다.

0478

Someone who reads only (×) newspapers and (×) books by (×) contemporary authors looks to me like a near-sighted person.

요즘 기자와 작가가 쓴 신문과 책만 읽는 사람은 근시안적인 사람처럼 보인다.

Tip 일반적인 신문은 셀 수 있지만 복수형일 때는 관사를 붙이지 않는다.

0479

The United States remains an underdeveloped country when it comes to (×) language skills. (×) Immigrants are importing their mother tongues at (×) record rates.

언어기술면에서 미국은 저개발국가다. 이민자들이 엄청난 속도로 모국어를 반입하고 있으니 말이다.

Tip '미국US'에는 정관사를 붙인다. 단 'America'는 고유한 대륙명이므로 붙이지 않는다.

0480

The introduction of (×) unique products alone does not guarantee (×) market success. (×) Another vital factor is increasing one's responsiveness to the markets by providing (×) products suited for the local communities that make up the market.

독특한 제품만 도입한들 시장의 성공을 보장할 수는 없다. 시장을 구성하는 지역사회에 걸맞은 상품을 제공하여 시장에 대한 반응을 끌어올리는 것도 중요하다.

Tip '도입' 중에서도 독자적인 제품을 도입하는 것이므로 정관사를 붙인다. 'the introduction of something'은 자주 쓰니 암기해두라.

0481

Learning to ski is one of the most humbling experiences an adult can undergo (that is (×) one reason to start young).

스키 강습은 성인의 자존심을 크게 자극하는 교육 중 하나다(그래서 다들 어릴 때 시작한다)

Tip one = a(n). 최상급 앞에는 정관사를 붙인다.

0482

The most common mistake made by (×) amateur photographers is that they are not physically close enough to their subjects.

아마추어 사진작가들은 피사체에 가까이 가지 않는 실수를 흔히 저지른다.

Tip 아마추어 사진작가가 복수형이니 굳이 관사를 붙일 필요는 없다.

0483

Darwin was the first to propose that (×) long necks evolved in (×) giraffes because they enabled the animals to eat the treetop leaves.

다윈은 기린의 목이 길게 발달한 이유를 가리켜 나무꼭대기의 잎사귀를 먹을 수 있게 하기 위해서라고 처음 주장했다.

Tip 복수형은 대개 관사를 붙이지 않지만 본문의 'animals'는 기린을 가리키므로 관사를 붙였다.

0484

If you connect a primitive digital camera to your PC and aim it at a happy face, your computer might perceive the image as it appears on the right-hand side of the given drawing.

재래식 디지털 카메라를 컴퓨터에 연결하여 웃음 짓는 얼굴에 맞추어보면 컴퓨터는 주어진 그림의 오른편에 보이는 것처럼 이미지를 인식할 것이다.

Tip 이미지는 웃음 짓는 얼굴을 가리키기 때문에 정관사를 썼다.

0485

The room was warm and clean, the curtains drawn, the two table lamps lit—hers and the one by the empty chair opposite.

방은 따뜻하고 깨끗했으며 커튼이 드리워져 있었고 두 개의 테이블 램프는—그녀의 것과 맞은편 빈 의자 옆에 있는 램프는—불이 켜져 있었다.

Tip 화자는 방과 커튼, 테이블이 무엇을 가리키는지 알고 있고 램프가 둘이니 나머지 하나에는 정관사를 붙여야 맞다.

0486

One summer night a man stood on a low hill overlooking a wide expanse of (×) forest and (×) field.

어느 여름밤 한 사내가 낮은 언덕 위에 서서 숲과 들판이 드넓게 펼쳐진 곳을 내려다보고 있었다.

Tip 여느 여름밤이다. 날짜부터 특정하지 않았다.

0487

(×) Disharmony enters our relationships when we try to impose our values on (×) others by wanting them to live by what we feel is "right," "fair," "good," "bad," and so on.

우리가 '옳고' '공평하고' '선하고' '나쁘다' 등으로 판단하는 바에 따라 타인이 살기를 바라며 그들에게 우리의 가치관을 강요한다면 대인관계에 불협화음이 생길 것이다.

Tip 불협화음은 불가산명사로 관사를 붙이지 않고, '나머지 전부'가 아니라면 'others'에 관사를 붙일 수 없다.

0488

(×) Villagers heard a deer barking in the distance, but they were not the only ones to hear it.

주민들은 멀리서 사슴이 우는 것을 들었지만 그들만 들은 것은 아니었다.

Tip '사슴'은 가산명사로 단복수형이 같다. 단수일 때는 관사를 붙일 수 있다.

0489

Most helpful to the calm and peaceful atmosphere that the two-year-old child needs but cannot produce for himself/herself is the presence of (×) comforting music, in almost (×) any form.

두 살배기에게 필요하지만 아이가 스스로 만들 수 없는, 조용하고 평화로운 분위기를 조성하는 데 가장 도움이 되는 것은 어떤 형태든 마음을 편하게 해주는 음악이다.

Tip 특정한 두 살배기 아이를 콕 집어서 이야기할 때는 정관사를 붙이되 일반적인 두 살배기라면 부정관사를 붙일 것이다.

0490

Everyone has (×) instincts, and listening to your inner voice is always a good idea. But when you're making a decision, following your instincts is necessary but not sufficient.

사람이라면 누구나 직관이 있고 내면의 소리를 들어서 손해 볼 일은 없다. 하지만 의사를 결정할 때 직관을 따르는 것은 필요하긴 하지만 다 좋은 것은 아니다.

Tip 특정한 본능이 아니라면 복수명사에 관사를 붙일 이유는 없다.

0491

When you clean out your storage room, don't throw out any "junk" until you determine its potential as a collectible.

창고를 청소할 때 보유할 만한 물건인지 결정하기 전에는 어떤 '쓰레기'도 버리지 마라.

Tip 형태는 형용사지만 가산명사로도 쓸 수 있다. 수집가가 소중히 여기는 것.

0492

The breadfruit is a round or oval fruit that grows on the tropical islands in the Pacific Ocean.

빵나무 열매는 태평양 열대섬에서 자생하는 둥글거나 타원 모양의 과일이다.

Tip 태평양에 있는 열대섬이므로 정관사를 썼다. '대양'과 '강' 이름에는 정관사를 붙인다.

0493

(×) Researchers at (×) Solar Impulse in (×) Lausanne, Switzerland, are developing a solar-powered, single-pilot aircraft that they hope will fly around the globe in 2010.

스위스 로잔에 위치한 '솔라 임펄스' 연구원들은 2010년 지구를 공전하는 유인 태양력 우주선을 개발하고 있다.

Tip '글로브globe'는 무엇인지 빤하니 정관사를 붙인다.

0494

The most satisfying and expressive drawing is done with the active engagement of the entire body.
가장 만족스럽고 표현력이 탁월한 그림은 전신이 능동적으로 관여해야 완성된다.

Tip 최상급 앞에는 정관사를 붙인다. 전신이 능동적으로 관여한다는 점에서 (전신과 관여가) 서로 연결되므로 정관사를 썼다.

0495

The old Sumerian cuneiform could not be used to write (×) normal prose but was a mere telegraphic shorthand, whose vocabulary was restricted to (×) names, numerals and (×) units of measure.
고대 수메르의 쐐기문자는 어휘가 이름과 숫자 및 측정단위에 국한된 까닭에 단순한 소식을 전하기 위한 속기일 뿐 평범한 산문을 쓰는 데는 사용되지 않았다.

Tip 산문 자체는 셀 수 없는 명사.

0496

(×) Environmental psychologists have long known about the harmful effects of (×) unpredictable, high-volume noise.
환경심리학자들은 난데없이 들리는 굉음이 해롭다는 사실을 오래전부터 알고 있었다.

Tip 노이즈는 가산과 불가산이 공존하지만 주체가 명확하지 않은 노이즈에는 관사를 붙이지 않는다.

0497

An Eskimo once told (×) European visitors that the only true wisdom lives far from mankind, out in the great loneliness, and can be reached only through (×) suffering.
옛날 옛적 한 에스키모인은 자신을 찾아온 유럽인에게 "유일한 참지혜는 인류에게서 멀리 떨어진 채 엄청난 고독 속에 살고 있으며 고행을 통해서만 이를 수 있다"고 말했다.

Tip 에스키모의 정체가 중요하진 않다. 알 수도 없고 …

0498

There are many everyday misunderstandings which are classified as (×) "folk" understandings.
일상의 숱한 오해가 '민간'상식으로 구분된다.

Tip 일상적인 것이므로 특정한 오해는 아니다. 아울러 복수형을 썼으니 굳이 관사를 붙일 이유는 없다.

0499

With Robert Laurent and William Zorach, (×) direct carving enters into the story of (×) modern sculpture in the United States.

디렉트 카빙은 로버트 로렌트와 윌리엄 조락과 함께 미국에서 현대조각의 역사에 편승했다.

Tip 조각술(관사를 붙이면 조각품이 된다)과 조각품(구체적인 수식어나 설명이 없는 한)은 셀 수 없는 명사로 관사를 붙이지 않는다.

0500

(×) Birds that feed in (×) flocks commonly retire together into (×) roosts. the reasons for roosting communally are not always obvious, but there are some likely benefits.

흔히 무리를 지어 먹이를 먹는 새는 함께 보금자리로 돌아간다. 공동으로 서식하는 이유가 항상 뚜렷한 것은 아니지만 유리한 점은 있을 성싶다.

Tip '무엇에 대한 이유들'은 여러 이유 중 공동서식하는 이유로 한정되기 때문에 형태는 복수지만 정관사를 붙인다(the reasons for를 한 단어처럼 암기하고 영작에 적용. 한국인의 사고방식으로는 나오기 어려운 표현이다).

0501

Before the mid-nineteenth century, people in the United States ate (×) most foods only in (×) season.

19세기 중엽 이전, 미국인들은 음식을 대부분 제철에만 먹었다.

Tip '시즌season'은 가산과 불가산이 가능하지만 제철(반대말은 'out of season')을 나타내는 어구에는 관사를 붙이지 않는다.

0502

The ability of (×) falling cats to right themselves in (×) midair and land on their feet has been a source of (×) wonder for (×) ages.

공중에서 자신의 몸을 바로잡고 발을 디디며 낙하하는 고양이의 능력은 수년간 화젯거리였다.

Tip 특정한 능력을 가리키므로 정관사를 붙였다.

0503

The changing profile of a city in the United States is apparent in the shifting definitions used by the United States Bureau of the Census.

미국에서 한 도시가 변모하는 양상은 인구조사국이 내리는 정의가 달라진다는 점에서 뚜렷이 나타난다.

Tip 인구조사국은 바꾸어 말하면 'The United States Census Bureau'이다.

0504

It is commonly believed in the United States that school is where (×) people go to get an education.
미국의 통념에 따르면, 학교는 사람이 교육을 받으러 가는 곳이라 한다.

Tip 교육기관에서 습득하는 기술이나 지식을 가리킬 때는 관사를 붙일 수 있다(a college education).

0505

The hard, rigid plates that form the outermost portion of (the/×) Earth are about (×) 100 kilometers thick.
지구의 가장 바깥 부분을 이루고 있는 단단하고 굳은 지각은 두께가 100킬로미터 정도 된다.

Tip '지구Earth'는 관사를 붙일 수도 있고 그러지 않을 수도 있다. 최상급에는 단연 관사를 붙인다.

0506

In the United States in the early 1800's, (×) individual state governments had (×) more effect on the economy than did the federal government.
1800년대 초, 미국에서는 연방정부보다 주정부가 경제에 더 많은 영향을 주었다.

Tip 특정하지 않은 복수명사에는 관사를 붙이지 않는다.

0507

(×) Life originated in the early seas less than a billion years after (×/the) Earth was formed.
생명은 지구가 형성된 지 약 10억년 후 초기의 바다에서 기원했다.

Tip 생명은 셀 수 없지만 동사 live와 결합하면 관사를 붙이기도 한다(live a happy life).

0508

What we today call (×) American folk art was, indeed, (×) art of, by, and for ordinary, everyday   folks who, with (×) increasing prosperity and leisure, created a market for (×) art of all (×) kinds, and especially for (×) portraits.
오늘날 이른바 '미국민간예술'이라는 것은 물질적/시간적 여유가 늘어남에 따라, 초상화를 비롯한 모든 예술작품을 매매하는 시장을 조성한 민간인이 민간인을 위해 민간인을 그린 작품을 두고 한 말이었다.

Tip 미술이나 예술은 셀 수 없는 명사다.

0509

Around the year 1500, (×) hunting people occupied the entire northern third of (×) North America.
서기 1500년경 사냥꾼들은 북미 북쪽의 1/3을 점령했다.

Tip 1/3 '전체'를 차지했으므로 정관사를 붙였다.

0510

(×) Social parasitism involves (×) one species relying on (×) another to raise its young.
'사회적 기생'이란 동물의 한 종이 다른 종에게 새끼를 맡기는 것을 말하기도 한다.

Tip 'one,' 'another' 외에 또 다른 종도 있다.

0511

The Winterthur Museum is a collection and a house. There are many museums devoted to the decorative arts and many house museums, but rarely in the United States is a great collection displayed in a great country house.
윈터터 박물관은 박물관이자 집이기도 하다. 장식미술을 전시하는 박물관도 많고 주택박물관도 많이 있지만 미국에서 큰 시골집에 소장품이 대거 전시되는 곳은 드물다.

Tip 박물관은 고유한 이름이라도 정관사를 붙인다.

0512

The modern comic strip started out as (×) ammunition in a newspaper war between (×) giants of the American press in the late nineteenth century.
현대만화는 19세기말 미국의 메이저 신문사들이 일으킨 신문전쟁에서 탄약 역할을 했다.

Tip 19세기는 따지고 보면 '19번째 세기'이므로 정관사를 붙인다.

0513

(×) Every drop of (×) water in the ocean, even in the deepest parts, responds to the forces that create the tides. No other force that affects the sea is so strong.
바닷물을 이루는 모든 물방울은 가장 깊은 부분에 있는 것까지도 조수를 만들어내는 힘에 반응한다. 바다에 영향을 주는 어떤 힘도 그렇게 강하진 못하다.

Tip 대양과 바다는 특정하지 않아도 정관사를 붙인다.

0514

(×) Hotels were among the earliest facilities that bound the United States together.
호텔은 미국을 하나로 묶어준 최초 시설 중 하나다.

Tip 최상급 앞에는 정관사를 붙인다.

0515

(×) Beads were probably the first durable ornaments (×) humans possessed, and the intimate relationship they had with their owners is reflected in the fact that (×) beads are among the most common items found in (×) ancient archaeological sites.
구슬은 인간이 소유한 최초의 내구재 장식이었을 것이다. 구슬과 주인의 사이가 돈독했다는 것은 구슬이 고고학 발굴지에서 가장 흔하게 발견되는 아이템이었다는 사실로 미루어 알 수 있다.

Tip 일반적인 복수명사에는 관사를 붙이지 않는다.

0516

In the world of birds, (×) bill design is a prime example of (×) evolutionary fine-tuning.
조류계에서 부리의 디자인은 진화에 따른 미세조정의 주요한 사례다.

Tip 상품이나 웹디자인 등은 관사를 붙이지 않는 불가산명사다(She is studying furniture/Web design).

0517

If you look closely at some of the early copies of the Declaration of Independence,
beyond the flourished signature of John Hancock and the other 55 men who signed it, you will also find the name of (×) one woman, Mary Katherine Goddard.
독립선언문의 초기 판본 중 몇몇을 자세히 살펴보면, 존 핸콕을 비롯한 55명의 화려한 서명 외에 '메리 캐서린 고더드'라는 여인의 이름도 발견할 것이다.

Tip 초기 판본은 많더라도 수가 한정되어 있어 정관사.

0518

(×) Galaxies are the major building blocks of the universe. a galaxy is a giant family of many millions of (×) stars, and it is held together by its own gravitational field.
은하계는 우주의 주요 구성단위다. 은하계는 수백만 개의 별로 이루어진 거대한 집합체로 중력장이 이를 유지하고 있다.

Tip 우주와 연결된 어구가 주요 구성단위major building blocks이므로 정관사를 붙였다.

0519

A distinctively American architecture began with Frank Lloyd Wright, who had taken to (×) heart the admonition that (×) form should follow (×) function, and who thought of (×) buildings not as (×) separate architectural entities but as (×) parts of an organic whole that included the land, the community, and the society.

미국양식이 두드러진 건축은 프랭크 로이드 라이트와 함께 시작되었다. 그는 형태가 기능을 따라야 한다는 충고를 가슴 깊이 새겼고, 건물을 별개의 건축물로 치부하기보다는 대지와 공동체 및 사회를 아우르는 유기체의 일부로 간주했다.

Tip 어떤 충고인지 접속사(that) 이하가 수식하고 있어 정관사를 붙였다. 막연한 사회가 아니라 현 사회를 가리킨다면 정관사를 붙여야 한다.

0520

There are (×) two basic types of glaciers, those that flow outward in (×) all directions with (×) little regard for any underlying terrain and those that are confined by (×) terrain to a particular path.

빙하는 본디 두 종류가 있다. 첫째는 밑에 깔려있는 지형에 관계없이 사방으로 흐르는 것이요, 둘째는 지형이 경로를 한정하는 것이다.

Tip '관계가 없다'는 말은 부정적인 뉘앙스이므로 'little'에 관사를 붙이지 않는다.

0521

(×) Tools and (×) hand bones excavated from the Swartkrans cave complex in (×) South Africa suggest that a close relative of (×) early humans known as Australopithecus robustus may have made and used (×) primitive tools long before the species became extinct 1 million years ago.

남아프리카의 스와트크란 동굴에서 발굴된 도구와 손뼈를 보면 '오스트랄로피테쿠스 로부스투스'로 알려진 초기 인류의 근친이 100만 년 전 멸종되기 훨씬 이전에 원시도구를 만들어 사용했을 가능성이 있다는 점을 암시한다.

Tip '종species'는 복수처럼 보이지만 단수로 초기 인류를 가리키므로 정관사를 붙였다.

0522

The first two decades of this century were dominated by the microbe hunters.

금세기 첫 20년은 미생물헌터가 장악했다.

Tip '미생물헌터'는 과학책 『Microbe Hunters』에 등장하는 파스퇴르를 비롯한 미생물학자를 두고 하는 말이다.

0523

In the mid-nineteenth century, the United States had tremendous natural resources that could be exploited in (×) order to develop (×) heavy industry.

19세기 중엽 미국은 중공업을 발전시키는 데 활용할 수 있는 천연자원이 어마어마했다.

Tip 공업(산업)industry에는 관사를 붙이지 않는다.

0524

The concept of obtaining (×) fresh water from the iceberg that are towed to (×) populated areas and (×) arid regions of the world was once treated as a joke more appropriate to (×) cartoons than (×) real life.

인구가 많은 지역과 건조한 지역으로 빙산을 끌어다 민물을 얻겠다는 아이디어는 현실보다는 만화에나 더 어울릴 법한 농담으로 치부했다.

Tip 콘셉트는 전치사(of) 이후가 구체적으로 설명하고 있어 정관사를 붙였다.

0525

Surrounding Alaska on all but (×) one side are (×) two oceans and a vast sea, giving this state the longest coastline in the United States.

두 대양과 하나의 큰 바다가 알래스카의 한쪽 면을 제외한 모든 면을 둘러싸고 있기 때문에 알래스카는 미국에서 해안선이 가장 길다.

Tip 최상급에는 정관사를 붙인다.

0526

The ocean bottom—a region nearly 2.5 times greater than the total land area of the Earth—is a vast frontier that even today is largely unexplored and uncharted.

육지면적의 2.5배 정도로 큰 해저는 지금까지도 탐사한 사람이 거의 없는 미개척지다.

Tip 아직 탐사하지 않은 미개척지이므로 부정관사가 어울린다.

0527

Basic to any understanding of Canada in the 20 years after the Second World War is the country's impressive population growth.

인구가 두드러지게 폭증했다는 점은 2차 대전이 종식된 후 20년간의 캐나다를 이해하는 기본이 된다.

Tip 2차 대전은 역사에 기록된 전쟁이므로 정관사를 붙인다.

0528

Are (×) organically grown foods the best food choices? the advantages claimed for such foods over (×) conventionally grown and marketed food products are now being debated.

유기농이 가장 좋은 먹거리인가? 재래식으로 재배/유통되는 농산물보다 유기농이 낫다는 주장이 되레 논란을 키우고 있다.

Tip 복수형이라도 최상급 형용사가 수식할 경우에는 정관사를 붙인다.

0529

There are many theories about the beginning of (×) drama in (×) ancient Greece. the one most widely accepted today is based on the assumption that (×) drama evolved from (×) ritual.

고대 그리스 드라마의 기원을 두고는 이론이 적지 않다. 드라마가 종교의식에서 발전했다는 가설에 근거를 둔 이론이 정설로 인정받고 있다.

Tip 드라마가 희곡(구체적인 작품)이라면 관사를 붙이지만 문학 장르의 성격이 강하다면 관사를 붙이지 않는다.

0530

(×) Staggering tasks confronted the people of the United States, (×) North and South, when the Civil War ended.

남북전쟁이 종식되자 남/북부 미국인 모두에게 난관이 찾아왔다.

Tip 북미와 남미의 국민을 강조하고 있다.

0531

In (×) science, a theory is a reasonable explanation of (×) observed events that are related.

과학에서 이론이란 서로 연관된 사건을 관찰하여 이를 합리적으로 풀이한 것을 두고 하는 말이다.

Tip 학문에는 관사를 붙이지 않는다.

0532

By the mid-nineteenth century, the term "icebox" had entered the American language, but (×) ice was still only beginning to affect the diet of (×) ordinary citizens in the United States.

'아이스박스'는 19세기 중엽쯤에 쓰이기 시작했지만 '얼음'은 이제야 일반인의 식단에 영향을 주기 시작했다.

Tip 사람이나 동물 등이 먹는 음식diet에는 관사나 복수형이 가능하다.

0533

Aside from perpetuating itself, the sole purpose of the American Academy and Institute of Arts and Letters is to "foster, assist and sustain an interest" in (×) literature, music, and (×) art.

지속적인 운영 외에, 美문예예술원의 유일한 목적은 문학과 음악 및 미술에 관한 관심을 육성/지원하고 지속시키는 것이다.

Tip 유일한 목적이라면 단연 정관사를 붙여야 맞다.

0534

(×) Archaeological records—(×) paintings, drawings, and (×) carvings of (×) humans engaged in (×) activities involving the use of hands—indicate that (×) humans have been predominantly right-handed for more than 5,000 years.

고고학 기록—손을 활용한 활동, 이를테면 회화와 그림 및 조각 등—을 보면 인간은 5,000년 동안 주로 오른손을 써왔다는 것을 알 수 있다.

Tip 일반적인 사람을 가리키므로 복수형 'humans'에 관사를 붙일 이유는 없다.

0535

(×) Plants are subject to (×) attack and (×) infection by a remarkable variety of symbiotic species and have evolved a diverse array of (×) mechanisms designed to frustrate the potential colonists.

식물은 공생관계에 있는 종들이 공격/감염시키기 때문에 혹시 모를 외래종을 물리치기 위해 다양한 메커니즘을 진화시켜왔다.

Tip 다양하다라는 뜻의 어구는 'a (형용사) variety of'를 암기해두자.

0536

Another early Native American tribe in what is now the southwestern part of the United States was the Anasazi.

현재의 미국 남서부지역에 거주하던 다른 원주민 부족은 아나사찌족이었다.

Tip 방위가 수식하는 명사에는 관사를 붙일 수 있다(the northern part of the state).

0537

Accustomed though we are to speaking of the films made before 1927 as "silent," the film has never been, in the full sense of the word, silent.

우리는 1927년 이전에 제작된 영화를 '무성영화'라 부르는 데 익숙하지만 엄밀히 말해 영화가 '무성'인 적은 없었다.

Tip 1927년 이전에 제작된 영화를 가리키므로 복수임에도 정관사를 붙였다.

0538

(The/×) Earth comprises (×) three principal layers: the dense, iron-rich core, the mantle made of (×) silicate rocks that are semimolten at depth, and the thin, solid-surface crust.

지구는 3개의 층, 즉 밀도가 높고 철이 풍부한 핵과, 깊은 곳에서 반쯤 녹아있는 규사질 암석으로 된 맨틀, 그리고 고체표면의 얇은 지각으로 이루어져 있다.

Tip 핵과 맨틀은 유일무이한 대상이므로 정관사를 붙인다.

0539

Coincident with (×) concerns about the accelerating loss of (×) species and habitats has been a growing appreciation of the importance of biological diversity, the number of species in a particular ecosystem, to the health of (the/×) Earth and (×) human well-being.

종과 서식지가 점차 소멸되어가는 가운데 생물의 다양성(특정 생태계에 속한 종의 개체수)이 지구와 인간의 웰빙에 중요하다는 인식이 확산되고 있다.

Tip 'the number of ~의 숫자 / a number of A 많은 A'로 구분하라.

0540

What geologists call the Basin and Range Province in the United States roughly coincides in its northern portions with the geographic province known as the Great Basin.

미국에서 지질학자들이 분지/산맥지역이라고 부르는 곳은 '대분지'로 알려진 지역의 북부와 대체로 일치한다.

Tip 그레이트 베이슨Great Basin은 '거대한 분지'로 고정적으로 관사를 붙이는 지명이다.

0541

Before the 1500's, the western plains of (×) North America were dominated by (×) farmers.

1500년대 이전, 북미의 서부 평원은 농부들이 장악했다.

Tip 방위가 수식하는 명사는 복수형이라도 정관사를 붙일 수 있다.

0542

The elements other than (×) hydrogen and (×) helium exist in such small quantities that it is accurate to say that the universe is somewhat more than 25 percent helium by (×) weight and somewhat less than 75 percent hydrogen.

수소와 헬륨 외의 원소는 양이 아주 적기 때문에 우주는 무게로 따졌을 때 대략 25퍼센트보다 약간 넘는 헬륨과 대략 75퍼센트에 약간 못 미치는 수소로 되어있다고 보는 것이 정확하다.

Tip 원소는 관사를 붙이지 않는다(셀 수 없는 명사)

0543

In (×) colonial America, (×) people generally covered their beds with (×) decorative quilts. resembling those of the lands from which the quilters had come.

미국 식민지 시대 사람들은 퀼트 직공들이 고국에서 제작한 것과 유사한 장식퀼트로 침대를 덮었다.

Tip 앞선 장식퀼트decorative quilts와 연결된 직공quilters인지라 복수형임에도 정관사를 붙였다.

0544

Growing tightly packed together and collectively weaving a dense canopy of branches, a stand of red alder trees can totally dominate a site to the exclusion of almost everything else.

붉은오리나무가 이룬 숲은 빽빽이 밀집해있는 데다 상부를 덮은 가지가 얽히고설켜 다른 것은 거의 제외한 채 한 지역만 장악해 버린다.

Tip 작가는 익숙지 않은 주변상황을 관찰하듯 풀이하고 있다.

0545

In taking up a new life across the Atlantic, the early European settlers of the United   States did not abandon the diversions with which their ancestors had traditionally relieved the tedium of (×) life.

미국에 정착한 초기 유럽인들은 대서양을 건너 새로운 인생을 맞이하면서도 선조들이 일상의 지루함을 덜어주던 오락을 포기하지 않았다.

Tip 미국에 정착한 초기 유럽인에 한정되므로 복수형이라도 정관사를 썼다. 오대양에는 정관사를 붙인다.

0546

In the 1500's when the Spanish moved into what later was to become the southwestern United States, they encountered the ancestors of the modern-day Pueblo, Hopi, and Zuni peoples.

스페인 사람들은 훗날 미국의 남서부가 될 지역으로 이주한 1500년대 당시 현재의 푸에블로와 호피 및 주니 부족의 조상을 만났다.

Tip 세 부족의 조상에 한정되므로 정관사를 붙였다.

0547

(×) Barbed wire, first patented in the United States in 1867, played an important part in the development of American farming, as it enabled the settlers to make (×) effective fencing to enclose their land and keep cattle away from their crops.

1867년 미국에서 처음으로 특허를 받은 철조망은 미국 농업이 발달하는 데 중요한 역할을 했다. 철조망 덕분에 정착민들이 만든 울타리는 가축의 접근을 효과적으로 막을 수 있었다.

Tip 'first'는 '특허를 받은'을 수식하는 부사로 본다. 'play a (형용사) part in(~에 중요한 역할을 하다).'

0548

Under certain circumstances, the human body must cope with (×) gases at (×) greater-than-normal atmospheric pressure.

어떤 환경에서 인간의 신체는 정상보다 기압이 높은 기체에 대처해야 한다.

Tip 익히 알고 있는 신체이므로 정관사를 붙였다.

0549

Each advance in (×) microscopic technique has provided (×) scientists with (×) new perspectives on the function of (×) living organisms and the nature of (×) matter itself.

현미경 기술이 발달하자, 과학자들은 살아있는 유기체의 기능과 물질의 본질에 대해 새로운 관점을 갖게 되었다.

Tip 기능과 본질은 각각 전치사 'of' 이하로 한정되어 정관사를 붙였다.

0550

Perhaps the most striking quality of (×) satiric literature is its freshness, its originality of (×) perspective. (×) Satire rarely offers (×) original ideas.

풍자문학에서 가장 두드러진 특징은 참신성, 즉 독창적인 관점일 것이다. 풍자는 대개 독창적인 아이디어를 제시하진 않는다.

Tip 문학은 셀 수 없는 명사지만 '가장 두드러진 특징'은 최상급이므로 정관사를 붙였다.

0551

(×) Video games have become a pervasive form of (×) entertainment in the 1990s.

비디오 게임은 1990년대 당시 가장 널리 보급된 오락이 되었다.

Tip 복수형 연대는 특정한 기간(10년)을 가리키므로 정관사를 쓴다.

0552

(×) Fairy tales have traditionally been told by (×) old women in (×) various countries to their grandchildren.

여러 나라를 살펴보면 동화는 대대로 할머니가 손주에게 들려주었다.

Tip 특정하지 않은 복수명사에는 관사를 쓰지 않는다.

0553

The public face of (×) scientific genius tends to be old and graying.
대중에게 비쳐지는 천재과학자의 용모는 주름이 지고 백발이 무성하다.

Tip '대중public'에는 관용적으로 관사를 붙인다.

0554

(×) Extinctions threaten the balance of (×) nature.
멸종은 자연의 균형을 위협한다.

Tip 자연에는 관사를 쓰지 않는다.

0555

Nearly one quarter of (×) American children younger than age 3 already watch at least 3 hours of (×) television on a typical weekday, according to a recent national survey presented by (×) two young pediatricians.
최근 젊은 소아과의사 두 명이 전 국민을 대상으로 실시한 조사에 따르면, 3살 미만의 미국 아이 중 약 1/4은 평일에 텔레비전을 최소 3시간은 본다고 한다.

Tip 텔레비전 방송일 때는 관사를 붙이지 않는다. 텔레비전 제품은 관사를 쓴다.

0556

Each day, (×) SAL Airlines moves thousands of pieces of (×) baggage all across the world.
SAL 항공사는 매일 수천 개의 수화물을 전 세계로 배송한다.

Tip 항공사 이름에는 관사를 붙이지 않는다.

0557

A recent study on (×) centenarians found that living to 100 and beyond often ran in (×) families.
나이가 100세 이상인 사람을 대상으로 연구한 조사에 따르면, 100세 이상의 장수는 종종 집안 내력이라고 한다.

Tip 순수한 연구는 셀 수 없지만 'study'가 '보고서'나 '실험'을 가리킬 때는 관사를 붙일 수 있다.

0558

The most recent debate over (×) gun control gained (×) momentum after the April 20, 1999 shooting at (×) Columbine High School in Littleton, Colorado.
최근 총기규제를 둘러싼 논쟁은 1999년 4월 20일 콜로라도 리틀턴의 콜럼바인 고교에서 벌어진 총기난사사건 이후 다시금 가열되었다.

Tip 날짜 자체가 중요한 것이 아니라 '총기난사사건shooting'이 핵심명사이다.

0559

(×) Beethoven's life as a musician is inseparable from his father's influence.
음악가인 베토벤의 일생과 부친의 영향력은 떼려야 뗄 수가 없다.

Tip '인생life'에는 관사를 붙이지 않는다.

0560

Today 48 percent of (×) American homes have (×) computers.
오늘날에는 미국 가정의 48퍼센트가 컴퓨터를 보유하고 있다.

Tip 일반적인 복수형에는 관사를 붙이지 않는다.

0561

(×) Cubism was developed between about 1908 and 1912 in a collaboration between Pablo Picasso and Georges Braque.
큐비즘은 1908년에서 1912년 사이 파블로 피카소와 조르쥬 브라크의 협력으로 발전했다.

Tip 미술사조는 셀 수 없는 명사인데 '~즘sm'으로 끝나면 대개가 그렇다(tourism).

0562

A new study suggests that (×) women who don't get enough vitamin C may be prone to (×) gallbladder disease.
연구에 따르면 비타민 C가 부족한 여성은 쓸개질환에 취약할 수 있다고 한다.

Tip 구체적인 질환에는 관사를 붙이지 않는다(Thousands die of heart disease each year/잇몸/간질환gum/liver disease)

0563

Inspired by the power of the human mind, the fragility of the natural world, and the magic of (×) advanced technology, the people of Green car Inc. are defining (×) new ways to design and build cars which are friendly to the environment.
정신의 위력과 자연계의 취약성, 그리고 놀라운 첨단기술에 귀감을 얻은 그린카 임직원은 친환경차를 설계/디자인하는 방식을 재정의하고 있다.

Tip 그린카에 소속된 임직원에 한정하기 위해 정관사를 붙였다.

0564

We all need a certain amount of (×) stress in our lives, but when it restricts our daily life it can become a problem and affect our health.

사람은 누구나 스트레스가 어느 정도는 필요하지만, 스트레스 때문에 일상에 제약이 따른다면 문제가 될 뿐 아니라 건강에도 악영향을 줄 수 있다.

Tip 'a certain amount'는 셈의 개념(셀 수 없는 명사의 수량을 표현할 때)이므로 전치사 다음의 스트레스에는 관사를 붙이지 않는다.

0565

Many tourists have dreamed of owning a small house in a foreign country perhaps on a—stretch of (×) lonely coast—to which they could return year after year to enjoy the sun and the ocean.

많은 관광객들은 해외에 조그마한 집을 갖는 것이 꿈이다. 그러면 매년 한적한 해변 같은 곳에서 선탠과 해수욕을 즐길 수 있을 테니까.

Tip '해외foreign'는 특정한 국가를 가리키는 것이 아니다.

0566

According to Borkin and Reihnhart, the expression I'm sorry, although usually referred to as an expression of (×) apology in (×) English, is not necessarily used to apologize at all.

보르킨과 라인하트에 따르면, 영미권에서는 "실례합니다"가 사과의 표현으로 알고 있지만 꼭 그렇지만은 않다고 한다.

Tip '실례합니다'라는 특정 표현이므로 정관사를 붙였다.

0567

(×) New parents often rush in to soothe a crying baby without trying to figure out what the baby is trying to say.

아이를 낳은 지 얼마 안 된 부모는 아기가 울면 무작정 달래기부터 한다. 아이가 무엇을 말하려는지 살피지도 않고 말이다.

Tip 처음에는 부정관사로 시작했다가 같은 아기를 가리키는 두 번째 'baby' 앞에는 정관사를 붙였다.

0568

(×) Dinosaur enthusiasts have been raised on (×) images of (×) gigantic dinosaurs gracefully elevating their snake like (×) necks to munch on (×) treetops or rearing back to intimidate (×) predators.

공룡에 열광하는 사람은 거대한 공룡이 우아하게 뱀 같은 목을 들어 나무 윗동을 우적우적 씹거나 육식동물을 위협하기 위해 등을 세우는 이미지에 길들여져 왔다.

Tip 특정한 명사가 아니라면 복수형에 관사를 붙이지 않는다.

0569

The American Language Program at (×) Wilson University is searching for a director with a strong background in ESL program management and (×) significant skills in (×) personnel management, financial management, and (×) program development.
월슨대학 미국어학프로그램은 ESL 프로그램 관리에 경력이 있으며 인사관리와 재무관리 및 프로그램 개발에 상당한 기술을 보유한 관리자를 구하고 있다.

Tip 대학에서 실시하는 특정 어학프로그램이므로 정관사를 붙였다.

0570

Do you have (×) upper abdominal pain or (×) discomfort? (×) Bloating, (×) nausea?
복부가 아프거나 불편한가요? 배가 부풀어 오르거나 구역질이 나진 않습니까?

Tip 통증이나 증상을 나타내는 명사(pain, discomfort, bloating, nausea)에는 관사를 붙이지 않는다.

0571

According to a survey conducted by (×) Professor Morita at (×) Osaka University, fourteen percent of 11- to 15-year-olds said that they had been bullied during the last term alone.
오사카대학의 모리타 교수가 실시한 설문에 따르면, 11~15세의 청소년 중 마지막 학기에만 14퍼센트가 괴롭힘을 당했다고 한다.

Tip 직함에는 관사를 붙이지 않는다. the University of Osaka = Osaka University.

0572

Most futurists predict that (×) today's workers will have (×) multiple careers before (×) retirement, unlike (×) past generations when (×) firms and college graduates made lifetime commitments.
대다수 미래학자의 예측에 따르면, 요즘 직장인들은 회사나 대학원생이 일이나 연구에 평생을 매달렸던 과거 세대와는 달리 은퇴 전에 다양한 직업을 갖게 될 거라고 한다.

Tip 특정하지 않은 복수명사에는 관사를 붙이지 않는다.

0573

(×) Freedom from (×) pain in the body and from (×) trouble in the mind is the goal of a happy life.
육체의 고통과 마음의 고뇌에서 벗어나는 것이 행복한 생활의 목표다.

Tip '생활'이나 '인생'에는 관사를 붙이지 않지만 수식어가 붙으면 관사를 붙일 수 있다.

0574

When it comes to (×) human cloning, there seems to be very little opposition to the banning of it among the general public.

인간복제는 대중이 금기시하는 데 이를 두고는 이견이 거의 없는 듯하다.

Tip 일반대중에는 정관사를 붙인다. 'clone(I am not a clone [=duplicate] of my father. He and I are very different people.)'은 가산명사지만 '복제cloning'는 불가산명사다.

0575

A trend among the affluent shows that a growing number of (×) married women with (×) professional careers are dropping out of the full-time work force to stay home with their children.

아이와 함께 집에 있으려고 전업직장을 그만두는 전문직 기혼여성이 늘고 있다는 것이 부유층의 트렌드이다.

Tip 정관사+형용사(the affluent)는 복수명사로 풀이할 수 있다.

0576

The competition to enter (×) prestigious universities has been very steep in the last few years, but its seeds were planted in the 1980's, as (×) colleges saw a dip in the number of (×) high school seniors.

명문대 입학경쟁은 최근 몇 년간 매우 격렬해졌는데 이는 1980년대 대학들이 고교 졸업예정자의 숫자가 감소하고 있다는 사실을 깨달았을 때부터 이미 예견된 일이었다.

Tip 특정한 명문대가 아니므로 복수형에 관사를 붙이지 않았다. 아이비리그였다면 정관사를 붙였을 것이다.

0577

When (×) people travel to (×) foreign countries, they must change their money into (×) foreign currencies.

해외로 떠날 때는 외화로 환전해야 한다.

Tip 일반적인 명사에는 관사를 붙이지 않는다.

0578

(×) Experts at (×) Duke University have shown that to read well, the brain has only a few thousandths of a second to translate (×) each symbol into its proper sound.

듀크대학 전문연구팀에 따르면, 글을 읽을 때 뇌가 기호를 정확한 소리로 바꾸는 데는 수천 분의 1초밖에 걸리지 않는다고 한다.

Tip 'a few(긍정, 약간 있다)' 'few(부정, 거의 없다).' 따라서 'thousandths' 앞에 부정어는 어울리지 않는다.

0579

(×) Childhood obesity among (×) American children has been increasing in (×) recent years.
최근 몇 년 간 미국에서는 소아비만이 증가해왔다.

Tip 비만 등의 질병에는 관사를 붙이지 않는다.

0580

America is facing a slow-motion crisis in the workplace as the baby boomers edge toward (×) retirement.
미국은 베이비붐 세대의 은퇴시기가 바짝 다가옴에 따라 직장이 서서히 위기를 맞고 있다.

Tip 베이비붐 세대는 1950년대에 태어난 사람들을 가리키는 특정 어구다.

0581

Like all (×) living things, (×) trees are subject to (×) disease, decay, and (×) death.
나무도 모든 생물과 마찬가지로 병들고 부패하다 죽는다.

Tip '질병'과 '부패'와 '죽음'은 불가산명사임을 직관적으로도 알 수 있다.

0582

The report from the Third International Math and Science Study in 1999 came as a letdown to a number of (×) educators in the U.S.
수많은 미국 교육자들은 1999년 제3차 국제수학/과학연구회가 내놓은 보고서에 실망을 감추지 못했다.

Tip '3차 연구회'라면 특정한 대상으로 볼 수 있다.

0583

When you think you've spotted a UFO, ask yourself the following questions.
UFO를 봤다고 생각한다면 다음을 자문해보세요.

Tip 미확인비행물체UFO는 완전한 모음이 아니므로 부정관사 an을 쓰지 않는다.

0584

A heart attack occurs when the arteries that supply (×) blood to the heart muscle become blocked.
심장마비는 심장근육에 피를 공급하는 동맥이 막힐 때 벌어진다.

Tip 심근에 혈액을 공급하는 동맥이므로 특정한 동맥으로 풀이할 수 있다.

0585

Winston Churchill was the century's paragon of how (×) individuals can shape (×) history rather than being shaped by it.

윈스턴 처칠은 역사가 개인을 만드는 것이 아니라 개인이 역사를 조성해 가는 경위를 보여준 산 증인이었다.

Tip 학문적인 역사나 과거의 사건을 표현하는 역사에는 관사를 붙이지 않는다.

0586

Some people seem to have been born with an unfailing sense of (×) direction.

어떤 사람은 방향감각을 타고난 것처럼 보인다.

Tip 방향감각은 'a sense of direction.'

0587

Train (×) employees not to rush into (×) unknown situations but to remain calm on all (×) occasions.

직원이 경솔하게 돌발사태를 일으키지 않고 어떤 경우든 의연히 대처할 수 있도록 교육시키라.

Tip 알려지지 않은 돌발상황이라면 관사를 붙일 이유가 없다.

0588

If (×) fuel costs rise significantly, the terms of our contract may have to be renegotiated.

연료비가 폭증하면 계약조항을 다시 협상해야 할지도 모른다.

Tip 계약조항은 여럿이라 항상 복수형을 쓴다.

0589

Like other international companies, (×) Betterlife Insurance has a policy of hiring a certain percentage of (×) employees from the local job market.

여느 국제기업과 마찬가지로 베터라이프보험도 직원의 일정 비율을 현지 노동시장에서 고용해야 한다는 방침이 있다.

Tip 보험사와 관련된 현지 노동시장을 가리킨다면?

0590

We at Edu.com are proud to invite the students of your department to (×) monthly guest lectures.

에듀닷컴은 매월 실시하는 초청강연에 학부생을 초대해 뿌듯하다.

Tip 특정한 학부생을 가리킨다면?

0591

At the end of each shift, all (×) workers must sign their names and initial their time cards.
근무시간이 끝나면 모든 직원들은 이름 난에 서명하고 시간기록지에 이니셜을 써야 한다.

Tip 특정하지 않은 복수명사에는 관사를 붙이지 않는다.

0592

No amount of (×) money was going to stop her from revealing the company's policy regarding (×) waste disposal.
그녀는 천금을 줘도 회사의 쓰레기 처리방침을 폭로할 것이다.

Tip 돈은 셀 수 있는 명사가 아니다. 지폐bills와 동전coins을 셀 뿐.

0593

Keeping (×) customer complaints to a minimum is the job of everyone who works in the store.
매장에 근무하는 직원이라면 누구든 컴플레인을 최대한 줄이기 위해 노력해야 한다.

Tip 어떤 매장인지 화자는 알고 있다.

0594

(×) Dealers who generate more than $1billion in (×) annual sales should meet with (×) suppliers more frequently.
연매출 10억 달러를 돌파한 딜러라면 공급업체를 좀더 자주 만날 것이다.

Tip 일반적인 딜러와 연매출을 가리킨다.

0595

Mr. Shaw has spent the last two years working on the Inner City Development Project.
쇼 씨는 지난 2년간 이너시티 개발 프로젝트를 진행했다.

Tip 지난 2년은 특정 기간이다.

0596

The Remy department store will be closing early to allow its employees to take (×) special half day off.
레미백화점은 직원의 특별휴가를 위해 영업을 조기에 마칠 예정이다.

Tip 백화점은 고유한 이름이라도 고정적으로 관사를 붙인다.

0597

An extensive survey of (×) baby foods has found that they have (×) worrying levels of (×) disease-causing microbes.
유아식을 대대적으로 조사해보니 질병을 일으키는 병원체가 우려할만한 수준이었다.

Tip 특정하지 않은 복수명사에는 관사를 붙이지 않는다.

0598

Our complete convention center service offers a wide variety of services, which cater to a broad array of (×) business functions.
컨벤션센터 서비스는 폭넓은 비즈니스 영역을 충족시키고자 다양한 서비스를 제공한다.

Tip 'a (형용사) variety of / a (형용사) array of'는 빈출어휘니 암기해두라.

0599

(×) Costs for (×) building materials, such as (×) cement, steel, and (×) wood, rose sharply last quarter, lowering the profits of (×) most construction companies.
지난 분기에 시멘트와 강철 및 목재 등, 건축자재 값이 폭증한 결과 건설회사의 수익은 감소했다.

Tip 건축자재는 셀 수 없는 명사로 관사를 붙이지 않는다.

0600

Due to the immense workload from his latest project, Joe Vuarez drank too much (×) coffee last night so he had (×) difficulty sleeping.
조 부아레즈는 최근 프로젝트의 과도한 업무량으로 어젯밤 커피를 들입다 마셨다. 그래서 잠을 설치고 말았다.

Tip 커피는 셀 수 없는 명사다(a cup of coffee).

0601

Ritch Eich has captured the essence of (×) leadership in his book, Real Leaders Don't Boss.
리치 아이크는 『리더는 갑질을 하지 않는다』에서 리더십의 본질을 포착했다.

Tip 정수나 본질을 나타내는 '에센스'에는 정관사를 붙이고 주요 성분을 뜻할 때는 관사를 붙이지 않는다 (essence of peppermint/lemon).

0602

Ritch has a strong passion for the principles, morals, and (×) ethics that make (×) great leaders.
리치는 위대한 리더로 만드는 원칙과 도덕과 윤리의식에 남다른 열정을 보인다.

Tip 정관사가 접속사 다음 어구에도 영향을 준다.

0603

(×) Readers will learn from (×) bosses who have led (×) important organizations to places worthy of the deep personal commitment of those who have followed them.

독자는 대기업을 이끄는 보스를 비롯하여 부하 임직원이 깊은 열정을 발휘할만한 기업에서 교훈을 배울 것이다.

Tip '열정commitment'은 가산과 불가산명사가 모두 가능하지만 수식어구가 붙으면 가산명사로 관사를 붙일 수 있다.

0604

Real Leaders Don't Boss—a 'must read.' Ritch has continued his fervent commitment to share with (×) university students all the leadership skills he has mastered throughout his very successful career.

『리더는 갑질을 하지 않는다』는 필독서로 손색이 없다. 리치는 경험을 통해 마스터한 리더십 기술을 대학에 전파하는 데 열렬히 전념해왔다.

Tip '필독서must read'는 가산명사이므로 관사를 붙일 수 있다.

0605

Most books on (×) leadership are not worth reading because they are long on the theory of leadership, but miss the heart of leadership.

리더십 책은 대부분 읽을 가치가 없다. 진부한 이론만 들먹여 리더십의 본질을 놓치기 때문이다.

Tip '에센스essence'와 '하트heart'는 본질이나 정수를 나타낼 때 정관사를 붙인다.

0606

I've read many leadership books and must say that Real Leaders Don't Boss was a refreshing and recommendable read that offers (×) inspiring insights on being a leader at any level.

리더십 책을 숱하게 읽었지만 『리더는 갑질을 하지 않는다』만큼 리더에게 귀감을 주는, 신선하고 권하고픈 경영서는 찾기가 어렵다.

Tip '책read'은 가산명사로 관사를 붙일 수 있다. 항상 핵심어를 파악하는 것이 중요하다. refreshing and recommendable은 핵심어가 아니다.

0607

(×) Leadership is not a gimmick. It does not come from (×) weekend seminars or strictly from (×) guidebooks.

리더십은 속임수가 아니다. 주말 세미나라든가 지침서에서 비롯된 것도 아니다.

Tip '속임수gimmick'는 가산명사로 관사를 붙일 수 있다(a marketing gimmick).

0608

(×) True leaders know how to make (×) ethical judgments in the face of real-world challenges. They recognize what it takes to win (×) loyalty and (×) respect, to motivate through (×) passion, to develop (×) positive relationships, to enhance (×) open communication, and to nurture (×) leadership skills in (×) others.

진정한 리더는 일상에서 위기를 만날 때마다 윤리적인 판단력을 발휘할 줄 안다. 상대가 그를 존중하고 신뢰하며, 열정으로 의욕을 끌어올리며, 대인관계를 돈독히 하며, 원활한 커뮤니케이션을 도모하는가 하면 리더십 기술을 전수하는 데 무엇이 필요한지 그들은 깨달았다.

Tip '직면하다'는 'in the face of'로 굳어진 표현이다. 일반적인 복수명사에는 관사를 붙이지 않는다.

0609

(×) Job satisfaction today is at its lowest level in two decades. (×) CEOs are worried about developing (×) new leaders for the future.

오늘날 직업 만족도는 20년 만에 최저를 기록했다. 최고경영자들은 미래를 이끌어갈 리더를 발굴할 수 있을지 우려하고 있다.

Tip '과거' '현재' '미래'에는 정관사를 붙인다.

0610

Real Leaders Don't Boss is a simple-to-understand, practical resource that helps build (×) leaders in the workplace and in (×) life. This book can help almost anyone grasp what it takes to inspire and lead.

『리더는 갑질을 하지 않는다』는 이해하기 쉬운 실용서로, 직장과 가정에서 리더를 양산해내는 데 도움이 될 뿐 아니라, 동기를 불러일으키고 리더십을 발휘하는 데 갖춰야 할 자질이 무엇인지 일깨워줄 것이다.

Tip 리더가 있는 직장 혹은 리더와 연결된 직장이므로 정관사를 붙인다. 즉, 정황상 알 수 있는 가산명사에는 정관사를 붙인다.

0611

Put away the textbook definitions with (×) lists of leadership "styles," be they transactional, trans-motivational, or charismatic.

이제 거래나 동기쇄신 혹은 카리스마를 운운하며 리더십의 '스타일'을 강조하는 교과서식 정의는 버려라.

Tip 교과서에 나오는 정의를 특정하므로 정관사를 붙였다.

0612

As a student of real leadership for the past four decades, I believe I know firsthand what it takes to be a real leader. I have studied the philosophies and fundamentals of (×) true leaders across a wide range of businesses and industries, as well as in the public sector.

지난 40년간 리더십을 연구해온 필자는 진정한 리더가 갖추어야 할 자질이 무엇인지 몸소 터득했고 민간 및 공공 업계에서 활약하는 리더의 철학과 근본적인 원칙을 배웠다고 자부한다.

Tip 지난 40년은 특정한 기간이므로 정관사를 붙였다.

0613

My leadership has been recognized by the U.S. Senate, the U.S. Navy and Army, and many nonprofit and business groups. I have served on (×) five Congressional leadership committees for (×) U.S. Senators and (×) members of the House of Representatives.

나만의 리더십은 상원과 육/해군 및 영리/비영리 기업에서 높이 평가해왔다. 필자는 미 상/하원의 의회 리더십위원회와 기업 및 대학 이사회 및 다수의 상임이사회에서 활동하기도 했다.

Tip 미 상원이나 육해군은 특정한 명칭이므로 정관사를 붙인다. 단, 구성원인 의원은 특정하지 않으면 관사를 붙이지 않는다.

0614

Today, I am (the/a) California-based founder and (×) president of Eich Associated, a strategic leadership, branding, marketing, communications, and (×) management coaching firm, as well as an adjunct professor at (×) California Lutheran University, a frequent speaker and blogger on (×) leadership and (×) marketing, and a contributor to (×) various business and professional publications.

지금은 캘리포니아에 본사를 두고 전략적 리더십과 브랜딩, 마케팅, 커뮤니케이션 및 경영컨설팅을 제공하는 아이크 어소시에이티드 창립자겸 대표이사로서 캘리포니아 루서란 대학에서는 겸임교수로 재직 중이며 리더십/마케팅 강연과 블로깅 활동에, 글도 기고하고 있다.

Tip 창립자나 대표라면 부정관사도 좋지만 이를 특히 강조할 때는 정관사를 쓰기도 한다("I saw Julia Roberts when I was in L.A." "You saw the Julia Roberts, the famous actress?")

0615

My academic background includes a doctoral degree in (×) organizational behavior and communication from the University of Michigan, a master's degree in (×) personnel administration from (×) Michigan State University, and a baccalaureate degree in (×) communication from (×) Sacramento State College.

아울러 미시건 대학에서는 조직행동 및 커뮤니케이션을 전공하여 박사학위를, 미시건 주립대와 새크라멘토 주립대학에서는 각각 인사행정 석사와 커뮤니케이션 학사학위를 취득했다.

Tip 미시건대학교 = Michigan University = the University of Michigan.

0616

In the following pages, I will share the thoughts, observations, and experiences that have helped me recognize what makes a great leader.

무엇이 위대한 리더를 창출하는지 깨닫게 해준 경험과 철학 및 관찰결과는 본문에서 독자에게 공개할 것이다.

Tip 다음 페이지는 특정한 대상이므로 정관사를 붙였다.

0617

In the following pages, I will examine what it takes and how to achieve (×) real leadership.

필자는 알짜배기 리더십을 발휘하는 데 필요한 자질과 그 비결을 차차 살펴볼 것이다.

Tip 리더십은 직관적으로 보더라도 불가산명사이므로 관사를 붙이지 않는다.

0618

Joining the U.S. military before I graduated from (×) college was pivotal in helping me learn about the right and wrong ways of (×) leadership.

대학을 졸업하기 전, 자원입대한 군대에서 리더십의 옳고 그름을 많이 배웠다.

Tip 옳고right 그름wrong은 중간이 없는 개념이라 수식을 받는 명사에는 정관사를 붙인다.

0619

In the corporate sector, I have been fortunate to cross (×) paths with many of the best leaders in the world and to observe them in (×) action, especially how they inspire others to (×) greatness—and how the pseudo-leaders don't.

기업부문에서는 세계적으로 각광받는 리더를 면밀히 관찰하여 의욕을 극대화하는 그들의 노하우와 사이비 리더가 몰락하는 경위를 엿볼 수 있었다.

Tip 현 세계는 정관사를 붙이지만 미지의 세계나 아직 실현되지 않은 세계에는 부정관사를 붙인다.

0620

So get ready to improve your work, your life, and the lives of those around you as you learn to understand and embrace the concepts that foster (×) real and true leadership.

알짜배기 리더십 개념을 배우고 포용하려면 기업에서의 실적과, 개인 및 이웃의 삶을 개선할 각오부터 새롭게 다져라.

Tip 특정 사람들(주변 이웃)의 삶life은 가산명사로 정관사를 붙일 수 있다.

0621

(×) Real leaders are rare in (×) today's fast-moving, financially driven world. In their place are fast-track wannabes and imposters, intent on (×) instant gratification in the form of quick (and unsustainable) bottom-line results.

오늘날처럼 변화의 속도가 빠른 데다 돈을 중심으로 돌아가는 세상에서 진정한 리더를 찾기란 쉽지가 않다. 고공행진에 눈이 멀었거나 속임수로 한몫 챙기려는 작자들이 잠깐의 희열을 맛본답시고 (언젠가는 대가를 치르겠지만) 기업의 순익을 부당한 방법으로 부풀리는 사례가 비일비재하니 말이다.

Tip 돈이 동력이 되는 세계라면 현세를 뜻하므로 정관사를 붙여야 하지만 소유격(today's)이 있어 그럴 수 없다. 소유격과 정관사를 중복해서 쓸 수 없다.

0622

Today's realities, especially with the rocky economic environment and the growing numbers of Millennials (also known as (×) Generation Y, those workers born somewhere between 1980 and 2000) joining the workforce, calls for (×) leadership done right.

경제가 불안하고, 밀레니엄 세대(Y세대라고도 하며, 1980~2000년에 태어난 노동자를 일컫는다)가 직장에 대거 합류하는 작금의 현실은 진정한 리더십을 절실히 요구하고 있다.

Tip the number of ~의 숫자 / a number of 수많은

0623

Even (×) strong companies must learn to become more adept at handling (×) marketplace turbulence faster and more skillfully, or their leaders will risk losing their edge, and the company its strength, over the competition.

튼실한 기업조차도 동요하는 시장에 좀더 신속하고 능숙하게 대처하는 법을 배워야 한다. 그러지 않으면 리더는 유리한 입지를 상실하고 기업은 경쟁에서 힘이 밀릴 것이다.

Tip 동요turbulence는 불가산명사이다.

0624

The leadership gap today is painfully evident. (×) Workers are dissatisfied with their jobs.

오늘날 리더십의 부재는 확연히 눈에 띈다. 직원은 업무에 대해 불만을 토로한다.

Tip 리더십이 아니라 '갭(gap, 구멍, 틈)'이 핵심어이므로 정관사를 붙였다. 리더십이 핵심어라면 관사를 붙일 수 없다.

0625

(×) Employee job satisfaction is at an all-time low. It's not a cyclical phenomenon or simply the result of (×) downside economics.

직원의 만족도는 최저수준을 기록하고 있다. 딱히 주기가 있다거나 경기침체의 결과로 보기는 어렵다.

Tip 만족도satisfaction는 불가산명사로 관사를 붙이지 않는다.

0626

(×) Talent—more specifically, leadership development—is among the major challenges cited by (×) corporate chiefs today.

오늘날 경영자의 주요 과제로는 역량(구체적으로 말하자면 리더십 계발)을 꼽는다.

Tip 난관을 뜻하는 '챌린지challenge'는 가산명사로 관사를 붙인다.

0627

(×) General Motors, prior to its U.S. government bailout in 2009, was a prime example of (×) leadership failure. the giant automaker was spiraling downward.

제너럴 모터스는 2009년 미국 정부가 구제금융을 실시하기 전에도 리더십이 마비되었다는 것을 단적으로 보여준 사례였다. 공룡기업인 제너럴 모터스는 나락으로 빠지고 있었다.

Tip 회사의 고유한 명칭에는 관사를 붙이지 않는다. '공룡 자동차업체giant automaker'는 앞선 제너럴 모터스를 가리키므로 정관사를 붙여야 한다.

0628

A leader is anyone in a decision-making capacity, formal or informal, who advances the strategic goals of the organization, who contributes mightily to (×) institutional performance, and who treats (×) people fairly, honestly, and compassionately.

리더란 공식과 비공식을 떠나 의사를 결정하고 기업의 전략적 목표를 내놓으며 기업의 실적에 기여하며 직원을 배려하고 공정히 대접하는 인물을 일컫는다.

Tip 정황상 리더가 몸담고 있는 기업일 테니 정관사를 붙였다.

0629

There are many "leaders" today who manifest some of these traits; a few demonstrate all of them. the great differentiator, though, is that real leaders embrace all of these principles all of the time.

앞선 자질 중 몇 가지를 겸비한 '리더'는 많으나 이를 전부 함양한 리더는 소수에 불과하다. 결정적인 지표가 있다면 위대한 리더는 이 원칙을 항상 포용한다는 것이다.

Tip 지표differentiator는 가산명사로 몇 가지 자질traits과도 관련된 결정적 특징을 가리키므로 정관사를 붙였다. '항상all of the time'은 'all the time'과 같은 표현이다.

0630

President Obama, in a March 2011 speech about the military crisis in Libya, offered an interpretation of (×) leadership in (×) practice.

2011년 5월, 오바마 대통령은 리비아 군사위기사태를 두고 실제적인 리더십을 재해석했다.

Tip 2011년 3월에 여러 번 연설했는데 그중 하나.

0631

True and real leadership is a way of life that can and does make (the/a) difference in (×) corporate bottom lines (both in (×) good economic times and in (×) bad), in (×) competitive environments, and in the face of external or internal personnel challenges.

알짜배기 리더십은 경기가 좋든, 나쁘든 기업의 매출을 끌어올리고, 경쟁력을 발휘할 수 있는 환경을 조성하며 사내/외의 인사문제를 효과적으로 처리해 내는 생활양식을 일컫는다.

Tip 'make a difference'는 중요하다는 뜻인데 여기에 정관사를 쓰면 의미를 한층 더 강조할 수 있다.

0632

Vicki Arndt, (×) principal of the California-based Eagleson Arndt Financial Advisors. Arndt is a leader who inspires by her high degree of integrity, incredible personality and (×) sense of humor, knowledge, and her deep sense of service as manifested in (×) many ways she shows she cares about people.

비키 아른트는 캘리포니아에 본사를 둔 이글슨 아른트 자산관리사 대표로, 성실성과 믿음직한 성품, 유머감각, 지식 및 서비스 정신으로 의욕을 끌어올리는가 하면 여러모로 사람을 배려한다는 인상을 주기도 한다.

Tip 'sense of humor'만 놓고 보면 부정관사가 어울리겠지만 앞선 'her high degree of'에 걸리기 때문에 관사를 붙이지 않았다.

0633

David Robinson, (×/a) retired basketball star, (×) NBA Hall of Famer, and (×) one of the greatest basketball centers of all (×) time.

데이비드 로빈슨은 NBA 명예의 전당에 입성했을 뿐 아니라 최고의 센터 중 하나였던 퇴역 농구스타이다.

Tip 데이비드 로빈슨을 소개하는 '은퇴한 농구스타retired basketball star'에는 부정관사와 무관사가 모두 통용된다.

0634

Pat Riley is a New Yorker, a legendary NBA coach, and the current president of the Miami Heat.

뉴욕 시민인 팻 라일리는 전설적인 NBA 코치로 지금은 마이애미 히트 대표이다.

Tip 뉴욕 시민이라든가 전설적인 NBA 코치는 막연한 감이 있지만 현직 대표라면 특정한 인물이므로 정관사가 어울린다(대표성을 띤 경우에는 생략하기도 하지만 부정관사와 구분된다는 뜻에서 정관사를 붙인다).

0635

Richard Rush, (×/the) president of California State University. As a leader, Rush fosters (×) remarkable optimism among (×) faculty, students, and the community, despite a constant onslaught of (×) budget cuts by the California legislature.

리처드 러시는 캘리포니아 주립대 학장이다. 러시는 캘리포니아 의회가 예산을 삭감해왔음에도 리더답게 교직원과 학생 및 지역사회에 낙관론을 심어주었다.

Tip 유일한 직책(president)을 나타낼 때는 정관사를 쓰지만 생략되는 경우도 더러 있다.

0636

Susan Murata, currently (×/the) executive vice president of (×) Silver Star Automotive Group in (×) Southern California.

수전 무라타는 남부 캘리포니아의 실버스타 자동차그룹의 수석 부사장이다.

Tip 유일한 직책(president)을 나타낼 때는 정관사를 생략키도 하지만 통일성을 위해 앞에서 썼다면 여기에도 동일하게 관사를 붙이는 것이 바람직하다.

0637

The logic behind my Eight Essentials of Effective Leadership is deceptively simple. Many of us in (×) business have heard it before: treat people right and do what's right for them, and the business will prosper.

'리더십 8계명'의 논리는 생각과는 달리 단순하다. 예컨대, 직원을 공정하게 상대하고 그의 적성을 살리면 기업이 번창할 거라는 이야기는 자주 들었을 것이다.

Tip 'in business'는 업계에 종사하고 있다는 뜻으로 굳어진 표현이다. 두 번째 비즈니스는 정황상 가늠할 수 있는 비즈니스이므로 정관사를 붙였다.

0638

(×) Real leaders don't dodge (×) opportunities to impact (×) change.

알짜리더는 변화에 영향을 줄 기회를 피하지 않고 정면으로 부딪친다.

Tip 변화change는 불가산명사로 관사를 붙이지 않는다.

0639

Paul Levy, (×/a) former CEO of Boston's Beth Israel Deaconess Medical Center, also inspired his employees with his actions.

보스턴 베트 이스라엘 디코니스 의료센터의 전 CEO인 폴 레비도 직원에게 몸소 귀감을 주는 인물이었다.

Tip 전직 최고경영자는 관사를 생략할 수 있다. '사람 이름, 직책(현직이든 전직이든), 동사' 패턴이라면 그냥 관사를 생략하라.

0640

(×) Real-life leaders such as Zumwalt, Mulally, and Levy embrace (×) effective leadership, the nature of which inspires others.

줌월트와 멀렐리 및 레비 등의 리더는 본질적으로 타인에게 귀감이 되는 성공적인 리더십을 포용했다.

Tip 본질nature이나 정수essence에는 정관사를 붙인다.

0641

Beyond (×) bottom lines, (×) poor or non-existent leadership can be hazardous to (×) employees' health.
기업의 수익을 떠나, 부실하거나 유명무실한 리더십은 직원의 건강을 해칠 수도 있다.

Tip 리더십과 건강은 불가산명사로 관사를 붙이지 않는다.

0642

A Swedish study involving (×) researchers from (×) Stockholm University and (×) Karolinska Institute, as well as (×) University College London and the Finnish Institute of Occupational Health, found that a bad boss can create (×) unnecessary and debilitating stress among (×) employees.
스톡홀름 대학과 카롤린스카 협회, 칼리지 런던 대학 및 핀란드 직장의료협회가 참여한 연구에 따르면, 악덕 보스는 쓸 데 없이 스트레스를 일으켜 직원을 무기력하게 만든다고 한다.

Tip 연구를 통해 나온 보고서study에는 관사를 붙일 수 있다.

0643

(×) Great leaders can be born into a culture of (×) leaders—the Kennedys, for example—but (×) birthright is no guarantee that someone will become the real deal.
위대한 리더는 케네디 일가와 같이, 리더를 이어온 가정에서 태어날 수도 있으나 태생이 탁월한 리더로 직결된다는 보장은 없다.

Tip 케네디 '가문'이나 '부부'를 가리킬 때는 이름의 복수형에 관사를 붙인다.

0644

Whether (×) leaders are made or born is "an old question that has dogged (×) academicians and practitioners alike for (×) centuries," says Michael Bradbury.
"리더가 '타고나느냐,' '길러지느냐'를 둘러싼 해묵은 물음은 학자와 현역 리더를 수세기간 괴롭혀왔다"고 마이클 브래드베리는 말한다.

Tip 일반적인 가산명사의 복수형에는 관사를 붙이지 않는다.

0645

The answer is they are born and also made. We have all heard the stories of (×) natural leaders who, after an undistinguished career, emerge a hero in (×) combat environments by leading their men out of (×) danger or to take an objective.
"타고나기도 하지만 길러지기도 하는 듯싶다. 별 볼일 없다가도 전시만 되면 동료를 사지에서 구해내거나 목표를 달성해내는 천부적인 리더 이야기를 들어본 적이 있을 것이다.

Tip 'in danger(위험에 처한)'의 반대는 'out of danger(위험에서 건짐).'

0646

Most real leaders aren't born with some innate ability transforming them into (×) magnets that attract (×) others to follow them.

위대한 리더는 선천적인 역량으로 타인의 마음을 끄는 자석이 되는 일이 거의 없다.

Tip 나머지 혹은 타인others 전부를 가리키지 않는다면 관사를 붙이지 않는다.

0647

Honing those leadership skills can happen outside the workplace, too. One of the many leadership "laboratories" helpful to me was my college fraternity, Sigma Phi Epsilon.

직장 밖에서도 리더십을 계발할 수 있다. 예컨대, 대학 동아리인 '시그마 피 엡실론σφε'도 리더십 '양성소' 중 하나로 매우 도움이 되었다.

Tip 정황상 직장은 리더가 몸담고 있는 특정한 직장이다.

0648

Being chosen by my peers to be (×) captain of a varsity sports team was also an important learning experience for me. As (×) captains are normally chosen to help inspire and energize a team, I saw this opportunity as a test of my leadership skills.

아울러 대학 스포츠 대표 팀 주장으로 뽑힌 점도 리더십을 학습할 기회로 삼았다. 주장은 대개 팀의 사기를 높이고 의욕을 끌어올리기 위해 지명하므로 이를 리더십의 시험대로 삼기로 했다.

Tip 직책 앞에는 관사를 대개 생략한다.

0649

(×) Amway co-founder and (×) NBA Orlando Magic owner Rich DeVos, whom I got to know while I was (×) senior vice president of a large Midwestern hospital, knew what he was talking about when he wrote in his book Ten Powerful Phrases for Positive People(Center Street, 2008), "(×) Leadership is what you do at home."

암웨이 공동창업주이자 NBA 올랜도 매직 구단주인 리치 디보스는 내가 중서부소재 병원에서 부원장으로 재직할 때 알고 지냈던 인물이다. 그는 『사람을 움직이는, 세상에서 가장 강력한 10가지 말(센터 스트리트, 2008년)』에서 "리더십은 가정에서 하는 일"이라고 했다.

Tip 본문을 쓴 작가는 직책 앞의 관사를 모두 생략했다.

0650

Howdy Holmes demonstrated his considerable sense of (×) leadership skill long before rejoining the family business.

그는 가업을 잇기 훨씬 전부터 탁월한 리더십 기술을 입증했다.

Tip 하우디 홈즈의 가업을 가리키므로 정관사를 붙였다.

0651

It was an evening I shall never forget. Within a few minutes, Howdy Holmes had captivated the group, and they began sliding on their haunches across the gym floor to get closer to him.
그날 저녁은 평생 잊을 수가 없을 것 같다. 그들의 시선은 불과 몇 분 안에 하우디 홈즈에게 고정되었다. 하우디를 가까이서 보겠답시고 엉덩이를 질질 끌며 기를 쓰고 달려드는 사람도 있었다.

Tip 어느 날 저녁이므로 부정관사를 썼다.

0652

Today's workplace is a far cry from the insular corporate environment of workplaces of the past.
요즘 직장은 과거의 편협한 기업환경과는 사뭇 다르다.

Tip 'a far cry from'(The movie is a far cry from the book)은 '사뭇 다르다'는 뜻의 고정된 표현이다.

0653

"That doesn't, however, mean the qualities that always have distinguished (×) true leaders don't still hold true," says (×) attorney Bradbury.
"그렇다고 리더다운 리더를 구별해온 자질이 지금은 통하지 않는다는 말은 아니다"라고 브래드베리 검사는 이야기한다.

Tip 직함에는 관사를 붙이지 않는다. 자질qualities은 리더를 가늠하는 특정한 자질이므로 정관사를 붙였다.

0654

(×) Leaders today must understand that they can no longer simply rely on (×) "gut feelings" and doing it the way it was always done.
오늘날 리더는 모름지기 '직감'에 의존하거나 매너리즘에 빠져선 안 된다는 것을 깨달아야 한다.

Tip 'gut'은 형용사로 가산명사인 'feelings'를 수식한다.

0655

Unfortunately, not all (the/×) developments and changes in (×) today's workplace are for the better.
안타까운 사실은 요즘 직장의 동향과 변화가 다 긍정적으로 볼 수만은 없다는 것이다.

Tip 오늘날 직장의 여러 가지 변화를 강조하려면 정관사를 붙일 수 있다. 'better'는 엄밀히 형용사이므로 이를 명사로 바꾸려면 정관사가 필요하다.

0656

The younger workforce—including (×) growing numbers of (×) Millennials—is far less enamored of (×) traditional organizations, according to (×) author Ron Alsop.
저자 론 알솝에 따르면, 젊은 인력(급증하는 밀레니엄 세대를 비롯하여)은 기존의 조직에 별로 정을 느끼지 못한다고 한다.

Tip 기성 인력과 대비되는 젊은 인력이므로 정관사를 붙였다.

0657

The General Motors bailout and takeover is a prime example of the chasm between (×) boardrooms, line employees, and (×) market realities.
제너럴 모터스의 구제금융 및 인수 방침은 이사회와 생산라인 직원 및 시장의 격차를 잘 보여준다.

Tip 핵심어는 제너럴 모터스가 아니라 구제금융bailout 및 인수takeover이므로 정관사를 썼다.

0658

The challenges of the 21st century aren't insurmountable. They are simply new and different, and require (×) real, enlightened leadership to step up and take the helm.
21세기의 과제는 무엇이든 극복할 수가 있다. 과제가 이례적인 만큼 깨어있는 경영진이 나서서 회사의 키를 쥐어야 할 것이다.

Tip '키를 쥐다take the helm'는 굳어진 표현이다.

0659

Keeping a company and its staff afloat in (×) tough economic times requires (×) special leadership. To maintain the forward momentum is an even greater challenge, even for (×) real leaders.
경제가 불안할 때 기업과 직원을 꾸려나가려면 특별한 리더십이 필요하다. 아무리 날고 기는 리더라 해도 추진력을 유지하는 건 훨씬 힘이 들기 때문이다.

Tip 'the even greater challenge'라면 비교하는 대상이 있어야 한다. 둘을 비교할 때 'the+비교급'이 가능하다 (Which is the taller of the two?).

0660

Strategically plotting (×) Limoneira's course through an extremely treacherous economic downturn has tested me.
극심한 경기침체 가운데 리모네이라의 진로를 구상하는 것은 시험대와도 같았다.

Tip 핵심어는 (특정하지 않은) '침체downturn'다.

0661

Being able to display the courage and confidence in (×) specific ventures while making the difficult decisions to exit (×) others (sometimes at a loss) while moving the hearts and minds of Limoneira's board, its managers, and its shareholders forward toward greater shareholder value has been the challenge.

궁지에 몰렸을 때 용기와 자신감을 보여준다는 것은 쉽지가 않았다. 특히 리모네이라의 이사회와 경영진 및 주주의 감성과 지성을 좀더 큰 가치에 두도록 유도하면서 다른 난관을 벗어나기 위해(때로는 어찌할 바를 모르기도 하지만) 힘든 결정을 내리기란 정말 어려웠다.

Tip '감성과 지성the hearts and minds of somebody'은 굳어진 표현이다.

0662

Through all of these challenges, Edwards has remained a leader who demonstrates a tremendous confidence, positive image, and (a/×) real gift for building (×) consensus among (×) different groups involved in his operation.

이러한 난관에도 에드워즈는 자신감과 긍정적인 인상을 비롯하여, 집단의 합의를 유도해내는 재능을 몸소 보여주었다.

Tip 원칙에 충실하라. 일반적인 복수명사는 그대로 두고 불특정한 가산명사에는 부정관사를 붙인다.

0663

All (×) types of (×) leaders are tested by the economic realities of today. Some survive—and even thrive—while (×) others do not.

오늘날, 리더라면 예외 없이 '경제적 현실'이라는 시험대에 오르게 마련이다. 몇몇은 생존하겠지만 그러지 못하는 리더도 더러 있을 것이다.

Tip 'some'과 'others'는 서로 호응관계지만 나머지 전부를 지칭할 때는 'the others'가 맞다.

0664

Perhaps one of the simplest ways to better understand the power of (×) real leadership is to consider what you like and what you don't like in a leader.

리더십의 위력을 가늠할 수 있는 간단한 방법은 리더에 대해 좋아하는 점과 싫어하는 점을 생각해보는 것이다.

Tip 'one of the+최상급'은 패턴으로 알아두자.

0665

Now ask yourself, "What is it I truly dislike about the trait and why?" Is it because of the attitude it conveys, the approach that the leader takes, or simply the content of the message?

이제는 "내가 정말 싫어하는 점과 이를 선택한 이유는 무엇인지" 자신에게 물어볼 차례다. 태도 탓인가, 리더의 접근법이나 메시지의 내용 탓인가?

Tip 자문하라는 화자 입장에서는 정황상 '특징trait'을 막연한 명사로 보진 않을 것이다.

0666

Consider one of the 20th century's greatest leaders, (×) President Franklin Delano Roosevelt, who led our country through one of its most difficult times despite his own personal ill health.
20세기가 낳은 위대한 리더, 프랭클린 D. 루즈벨트 대통령은 좋지 않은 건강에도 리더십을 발휘하여 국가의 위기를 극복해냈다.

Tip 직함은 관사를 생략한다.

0667

To develop your own servant leadership potential, practice the art of sacrifice for (×) others rather than thinking of having (×) subordinates or (×) followers.
서번트 리더십을 계발하고 싶다면 부하나 추종자를 거느릴 생각은 버리고 남을 섬기는 연습부터 시작하라.

Tip 예술은 무관사, 기술은 관사를 붙일 수 있다(She studied the art of drawing/painting/dance).

0668

(×) Real leaders make (×) profound differences in the lives of those around them, they help others achieve greatness in the workplace and in (×) life spaces, and they boost (×) professional and personal bottom lines in the process.
리더의 삶은 일반인의 것과는 차원이 다르다. 리더는 타인이 직장이나 가정에서 원대한 포부를 성취하도록 도우며 생업이나 개인의 성과를 끌어올린다.

Tip 특정 사람들(주변 이웃)의 삶life은 가산명사로 정관사를 붙일 수 있다.

0669

Today's leadership gap is very real. (×) Employee satisfaction with its leaders is at an all-time low, middle managers aren't satisfied with their bosses, and (×) leaders admit their own behavior often is lacking.
오늘날 리더의 격차는 실로 크다. 리더에 대한 직원의 만족도는 바닥을 치고 있으며 중간관리자는 보스가 마음에 들지 않는다며 아우성이다. 리더조차도 자신의 부족함을 시인하고 있는 실정이다.

Tip 여느 때보다 낮다/여느 때보다 높다an all-time low/an all-time high도 굳어진 표현이다(The price of gasoline has hit an all-time high. [=the price is higher than it has ever been])

0670

(×) Real leaders do not seek the limelight. Rather, they embody the true qualities of effective leadership; they are always available, are never too busy to help others, and always go the extra mile.
리더는 세인의 이목을 끌려고 하지 않는다. 다만 성공적인 리더십을 구현하기 위해 노력할 뿐이다. 이를테면 시간을 내어 타인을 돕는다거나 오리를 가달라면 항상 십리를 동행해준다.

Tip "부탁한 것보다 더 베풀다go the extra mile" 역시 굳어진 패턴이다.

0671

(×) Bosses certainly are not in (×) short supply; (×) real leaders are the elusive commodity. In the workplace and throughout (×) life, each of us encounters (×) leadership behaviors or (×) organizational policies that we like or admire, and that we may try to adapt to our own business situations and lives.
보스는 세상에 널렸지만 리더는 눈에 잘 띄지 않는다. 직장이나 가정에서 마음에 쏙 들거나 존경스런 리더의 품행이나 조직의 방침을 보면 자신도 이를 적용해봐야겠다는 생각이 들 때가 있다.

Tip '숫자가 부족하다in short supply(Doctors are in short supply[=there are not enough doctors])'는 굳어진 표현이다.

0672

Follow-through on that statement, however, may be (×) another matter. We are usually taught to boss, not to lead, and in (×) many cases, bosses are the most prevalent role models.
물론 다짐을 지키는 것은 별개의 문제일지도 모른다. 우리는 대부분 리더가 아니라 보스 행세를 하라고 배웠다. 즉, 보스라는 롤모델이 사회에 만연해 있다는 이야기다.

Tip 'another' 앞에는 관사를 붙이지 않는다. a(n)+other = another

0673

Unfortunately, many self-professed and corporate-appointed "leaders" are little more than (×) bosses. Some have a few hours of (×) instant leadership training.
안타깝게도 기업이 지명한 자칭 '리더'는 보스와 거의 같다. 그들을 살펴보면 두서 시간 정도 배운 초고속 리더십 교육'이 전부인 사람이 더러 있다.

Tip 'few(거의 없는, 부정) / a few(약간 있는, 긍정)'

0674

Throughout my four-decade-long career in a variety of sectors reporting to all types of (×) decision-makers, I have seen all (×) kinds of (×) chief executives—good and bad—in (×) action.
아주 다양한 직종에서 좋든 나쁘든, 별의별 경영자에게 보고하며 약 40년을 지내왔다.

Tip 'a variety of(다양한)'도 굳어진 표현이다.

0675

Consider how the approach and behavior of a real leader differs from that of a boss when it comes to a few key workplace issues.
직장에서 벌어지는 주요 문제에 대해 진정한 리더가 대처하는 접근법 및 행동이 (갑질하는) 보스와는 어떻게 다른지 생각해보라.

Tip 일반적인 보스와 리더이므로 단수 앞에는 부정관사를 붙인다.

0676

As Dave drove to his first delivery of the day, the uneasy feeling that had been nagging him returned, and he wasn't quite sure what was causing it.
데이브가 첫 배송을 시작할 무렵, 전부터 마음을 뒤숭숭하게 했던 불안감이 다시 엄습했지만 딱히 이유는 알 수 없었다.

Tip 전부터 뒤숭숭했던 불안감이므로 정관사를 붙였다.

0677

A sense of foreboding came over him when he saw in the distance a flashing red and blue glow cutting through the morning fog.
아침안개 사이로 번쩍이는 빨갛고 파란 빛이 멀리서 보이자 왠지 불안해졌다.

Tip 당일 아침 안개이므로 정관사를 붙였다.

0678

(×) Decades of (×) work by many different researchers have confirmed the destructive power of the Communication Danger Signs we cover here.
커뮤니케이션에 켜진 적색경보의 위력은 이미 수많은 연구자들이 수십 년간 연구한 끝에 밝혀졌다.

Tip 'decades'는 (막연한) 수십 년을 가리킨다.

0679

We cover (×) danger signs so early in the book because we know that (×) couples who have a lot of these negative behaviors find it hard to do many of the positive things we will recommend in the rest of the book.
위험신호를 미리 밝힌 이유는 '삐딱선'을 타는 부부라면 책에서 권하는 긍정적인 행동을 하기가 어렵다는 점을 잘 알기 때문이다.

Tip '책book'은 작가가 쓴 책을 가리킨다.

0680

OK, we don't really wear (×) white lab coats. But we're talking about (×) serious research here. (×) Research where (×) couples, all (×) volunteers are videotaped as they talk about (×) issues in their relationships.
필자가 흰 실험복을 걸쳤다는 이야기는 아니다. 진지한 연구결과를 이야기하려고 꺼낸 말이다. 연구진은 자원한 부부들이 직접 털어놓은 바를 비디오카메라에 담고는 이를 면밀히 분석했다.

Tip '연구(조사)research'는 셀 수 없는 명사라는 점 거듭 강조한다.

0681

We'll try not to say this too often, but it's very important to keep in (×) mind: when we talk about (×) research findings, we are talking about (×) differences that are true more often than not, but there will also be many exceptions.

자주 거론하진 않겠지만 그래도 명심해야 할 점이 있다. 연구결과를 이야기할 때는 주로 사실을 이야기하겠지만 예외도 많다는 것이다.

Tip '명심하다keep in mind'는 굳어진 표현이다.

0682

You might think as you read on that we're moving into some pretty negative topics right off the bat in this book.

읽다보면 우리가 너무 빨리 암울한 주제를 파는 것은 아니냐 생각할지도 모르겠다.

Tip '단번에right off the bat'도 관용적인 패턴이다(I could tell it was fake right off the bat[=right away]).

0683

Before talking about the Communication Danger Signs, we are going to give you the opportunity to think about the negative patterns you see in your own relationship.

커뮤니케이션의 적신호를 거론하기에 앞서, 독자 여러분에게 '몹쓸' 습성이 있는지부터 살펴보자.

Tip 적신호는 몇 가지로 정해져있다. '부정negative/긍정positive'가 붙는 명사에는 정관사를 붙인다.

0684

In part of the survey, we asked (×) questions geared toward the danger signs discussed in this chapter. Because we also asked (×) questions about things like (×) happiness, friendship, fun, sensual connection, and (×) commitment in (×) marriage, we were able to get a good sense of how answers to these questions related to other aspects of the people's relationships.

설문은 이 장에서 논의한 위험신호를 반영하여 작성했으며, 행복감과 부부의 정, 즐거움, 성관계 및 헌신 등과 관련된 질문은 대인관계의 또 다른 면과도 관계가 있다.

Tip 이 챕터에서 논의한 위험신호라면?

0685

Ted: (sarcastically) You 'd think you could put the cap back on the toothpaste.

Wendy: (equally sarcastically) Oh, like you never forget to put it back.

Ted: As a matter of fact, I always put it back.

Wendy: Oh, I forgot just how compulsive you are. You are right, of course!

Ted: I don 't even know why I stay with you. You are so negative.

Wendy: Maybe you shouldn't stay. No one is barring the door.

Ted: I 'm not really sure why I do stay any more.

테드: (빈정대며) 치약 뚜껑도 닫을 줄 몰라?
웬디: (맞받아친다) 그러게요, 당신이라면 그러지 않았겠죠.
테드: 물론이지.
웬디: 아차, 당신이 강박증 환자라는 걸 잊고 있었네요. 지당하신 말씀이에요.
테드: 내가 왜 당신과 살아야하는지 모르겠군. 매사에 삐딱한 당신하고 말이야.
웬디: 꼭 그럴 필요는 없어요. 문 막고 있는 사람은 없다구요.
테드: 정말이지 같이 살아야 할 이유를 모르겠군.

Tip 무슨 치약을 말하는지 둘은 알고 있다.

0686

One of the most damaging things about arguments that are escalating out of (×) control is that people say (×) things that threaten the very lifeblood of their marriage, things not easily taken back.
쌍방이 감정에 휘둘려 갈등이 고조되는 가운데 빚어지는 가장 위험한 패턴 중 하나는 부부생활의 활력소를 위협하는 말을 하는 것인데 이는 쉽게 돌이킬 수가 없다.

Tip 명사를 강조할 때는 'the very'를 붙인다.

0687

Although (×) partners can say the meanest things during escalating arguments, such reckless remarks often don't reflect what each really most often thinks and feels about the other.
배우자는 홧김에 야박한 말을 서슴지 않지만 그렇다고 이를 상대방에 대한 감정으로 오해해서는 안 된다.

Tip '각자each'의 '상대방other'은 배우자이므로 정관사를 붙여야 한다.

0688

There are many studies that show a link between (×) stress and how (×) marriages are doing. It is clear that (×) stress leads to (×) difficulties in (×) marriage and that difficulties in (×) marriage can be (×) major stressors that can lead to (×) depression.
스트레스와 부부생활의 상관관계를 규명한 연구가 많이 진행돼왔다. 스트레스는 부부생활의 적이며 원만하지 못한 부부생활은 우울증으로 이어진다고 한다.

Tip 감정과 관련된 명사 스트레스, 우울증에는 관사를 붙이지 않는다.

0689

(×) Invalidation is a pattern in which (×) one partner subtly or directly puts down the thoughts, feelings, or character of the other.
인밸리데이션은 남편(혹은 아내)의 생각이나 감정 혹은 인격을 직/간접적으로 경멸하는 패턴이다.

Tip 둘을 나열할 때는 'one / the other'이다.

0690

(×) Negative interpretations occur when (×) one partner consistently believes that the motives of the other are more negative than is really the case.

부정적인 해석은 상대의 동기를 부정적인 것으로 마냥 비약하는 것을 가리킨다.

Tip 실제로 벌어진 사건을 나타낼 때는 'the case(= what actually exists or happens)'라 쓴다.

0691

Margot and David have been married twelve years, and they are generally happy with their relationship. Yet their discussions at times have been plagued by a specific negative interpretation.

마고트와 데이비드는 12년차 부부로 별 탈 없이 그럭저럭 잘 지내왔다. 하지만 부정적인 해석으로 서로가 트집을 잡으며 티격태격한 적도 가끔 있었다.

Tip 수식어가 붙은 해석interpretation은 부정관사를 붙인다(a literal/loose interpretation of the law법을 글자대로/느슨하게 해석).

0692

When (×) relationships become more distressed, the negative interpretations mount and help create an environment of (×) hopelessness and (×) demoralization.

대인관계가 소원해지면 부정적인 해석은 희망과 사기를 크게 떨어뜨리는 분위기를 조성할 것이다.

Tip '부정negative/긍정positive'가 붙는 명사에는 정관사를 붙인다.

0693

In the positive examples, there is (×) ownership of (×) feelings, (×) respect for each other's character, and an emphasis on (×) validation.

긍정적인 사례는 여러 가지 감정으로 상대의 인격을 존중하고 검증을 강조한다.

Tip '부정negative/긍정positive'가 붙는 명사에는 정관사를 붙인다.

0694

We are not advocating some kind of (×) unrealistic "positive thinking"; simply put, glossing over (×) serious problems in (a/×) marriage will not work.

필자는 현실과 동떨어진 '긍정적인 사고'를 지양한다. 간단히 말해, 부부금슬을 깨는 갈등을 긍정적으로 '세탁한들' 사태가 호전될 리는 없기 때문이다.

Tip marriage는 가산/불가산명사가 모두 가능하다.

0695

First, you have to open yourself to the possibility that you might be being overly negative in your interpretation of (×) things your partner does.
첫째, 남편(혹은 아내)의 행동이 늘 못마땅하진 않았는지 반성해야 한다.

Tip 화자는 'that' 이하라는 가능성을 "수용해야open yourself to" 한다고 역설하고 있다. 이때 '가능성' 앞에 수식어가 붙으면 관사가 달라질 수도 있다.
There is a strong/real/remote/faint possibility that I will not be chosen for the job.
Have you considered the possibility that you may be wrong?

0696

(×) Withdrawal and (×) avoidance are (×) different manifestations of a pattern in which (×) one partner shows an unwillingness to get into or stay with (×) important discussions.
차단과 회피는 어느 한쪽이 중요한 이야기를 꺼내고 싶지 않거나, 계속 잇고 싶지 않은 감정을 표출하려는 패턴이 다르게 구현된 것을 두고 하는 말이다.

Tip 하나의 패턴이 서로 다르게 구현된 것이다.

0697

Let's look at this pattern as played out in a discussion between Paula, a twenty-eight-year-old realtor, and Jeff, a thirty-two-year-old loan officer.
부동산 중개인 폴라(28세)와 대부업체 간부 제프(32세)의 대화에 나타난 패턴을 살펴보자.

Tip 화자는 폴라와 제프를 잘 모른다.

0698

After many years of (×) research, John Gottman has begun emphasizing something that we find very compelling. Some years ago, he determined that how (×) couples begin talks about (×) issues determines 96 percent of the subsequent course of the conversation.
수년의 연구 끝에 존 가트만은 모두에게 귀감을 주는 연구결과를 강조하기 시작했다. 몇 년 전, 그는 부부가 입을 여는 순간 대화의 방향이 96퍼센트 가량 결정된다고 밝힌 것이다.

Tip 어떤 대화인지 작가는 알고 있다.

0699

When you have a disagreement or argument, what typically happens? Think about the patterns we've talked about in this chapter in answering this question.
서로의 입장이 다를 때 분위기는 어떻게 달라지는가? 앞서 언급한 패턴을 중심으로 답을 생각해보자.

Tip 이 챕터에서 우리가 언급했던 특정 패턴들이므로 정관사를 붙였다.

0700

Which partner in your marriage tends to pursue (×) relationship issues? Think about why this happens—because the person is worried about the relationship, because the person wants more intimacy, or for some other reason?

대인관계에 관심이 많은 쪽은 누구인가? 왜 그렇다고 생각하는가(관계가 소원해질까 걱정되거나 상대와 가까워지고 싶어서 등등)?

Tip 'person'은 단연 대인관계를 중시하는 배우자를 가리킬 것이다.

Advanced

0701

The Nobel Prize in (×) Literature may be the world's most important literary award, but not everyone who wins can make it to the ceremony.

노벨문학상은 세계에서 가장 중요한 문학상이지만 수상자가 모두 시상식에 참석할 수 있는 것은 아니다.

Tip 노벨상 시상식이라는 것은 정황으로 알 수 있는 사실이므로 정관사를 붙였다.

0702

It is estimated that up to (×) 90 percent of the pesticides we use never reach their intended targets. Many beneficial organisms are poisoned unintentionally as a result.

우리가 쓰는 살충제의 90퍼센트는 정확한 목표물에 이르지 못하는 것으로 추정된다. 유익한 유기체들이 의도치 않게 독살되고 만다는 이야기다.

Tip 우리가 사용하는 살충제로 한정되므로 정관사를 붙였다.

0703

By the 1920s, America was a society in which many men and women (although not, of course, all) could afford not merely the means of (×) subsistence, but a considerable measure of (×) additional, discretionary goods and services; a society in which people could buy items not just because of (×) need but for pleasure.

1920년대까지 미국은 많은 남녀(물론 모두가 그렇진 않겠지만)가 생계수단뿐 아니라 브랜드 상품/서비스도 감당할 수 있는 사회였다. 즉, 사람들은 필요와 여가를 위해 물건을 구매할 수 있는 사회였다는 것이다.

Tip 20년대 당시 미국은 이런 사회였다. 요즘 사람은 잘 모르는 사회를 설명하고 있다.

0704

The "family tree" is a commonly used metaphor in the classification of (×) languages. Like (×) human families, some language families are larger than (×) others; some families stick together for long periods of time while (×) others drift apart; and some families are mobile while (×) others stay put.

'언어계통도'는 언어를 분류할 때 흔히 쓰는 은유적 표현이다. 인간의 가계처럼 어떤 언어계통은 다른 언어계통보다 규모가 더 크고, 어떤 계통은 오랫동안 서로 끈끈한 반면 서로 멀어지는 계통도 더러 있으며, 어떤 계통은 이동해 떨어지는 반면 어떤 계통은 한 곳에 안주하기도 한다.

Tip '패밀리트리'는 가계도인데 본문에서는 인용부호를 써서 원래의 의미와는 다른 '패밀리트리'를 거론하고 있다.

0705

If there is (×) one requirement of (×) architecture, it's that the structure must remain upright. (×) Architects would be out of a job if their buildings continually failed to meet this one test.

건축이 요구하는 한 가지가 있다면 구조는 직립을 유지해야 한다는 것이다. 건물이 이 한 가지 테스트를 계속 통과하지 못한다면 건축가들은 실업자가 될 것이다.

Tip 'one'을 썼으므로 부정관사를 쓸 수 없다. '건축architecture'은 불가산명사.

0706

Lennox Honychurch wrote the book on (×) Dominica. Born on this small, mountainous island in the Windward Antilles in 1952, he first published the Dominica Story in 1975.

레녹스 호니처치는 도미니카에 관한 책을 썼다. 그는 1952년 윈드워드 앤틸리스에 있는 조그맣고 산이 많은 섬에서 태어나 1975년 '도미니카 스토리'를 처음 출간했다.

Tip 책은 도미니카에 관한 것으로 한정되고 있다.

0707

If you're in the path of a hurricane or another natural disaster, what's the one thing you should always do? We asked (×) survivors: Here's what they said.

허리케인이나 여타 자연재해를 감내하고 있다면 일일수칙은 무엇일까? 생존자들에게 묻자 그들은 이렇게 말했다.

Tip 길은 허리케인이나 다른 자연재해의 '길path'로 한정되고 있다.

0708

Miles Davis is one of the most famous Jazz musicians in America. Born in 1926 into a prosperous black family just outside (×) East St. Louis, he arrived in New York in 1944.

마일스 데이비스는 미국에서 가장 유명한 재즈음악가 중 하나다. 그는 1926년 이스트 세인트 루이스 외곽, 유복한 흑인가정에서 태어나 1944년 뉴욕으로 건너갔다.

Tip 'one of the+최상급' 패턴이다.

0709

What Americans consider (×) "medical treatment" is actually a fairly new approach to (×) health care. Before the nineteenth century, any number of people might be called upon to treat a sick person: (×) herbalists, druggists, midwives, even (×) barbers (in the middle ages, (×) barbers became skilled at bloodletting).

미국인들이 '의학적 치료'라고 생각하는 것은 상당히 획기적인 의료접근법이다. 19세기 이전에는 많은 사람들이 환자치료에 투입되었을 성싶다. 이를테면, 약초사와 약사, 산파, 심지어 이발사(중년으로 사혈에 일가견이 있는 이발사)도 예외는 아니었으리라.

Tip 19세기는 열아홉 번째 세기를 가리킨다.

0710

Soon after an infant is born, many mothers hold their infants in such a way that they are face-to-face and gaze at them.

갓난아기가 태어난 직후 엄마들은 대개 얼굴을 맞대고 볼 정도로 아기를 가까이 안는다.

Tip 일반적인 갓난아기를 두고 하는 말이다.

0711

For the long centuries of the Middle Ages(500-1350 AD) the canon of (×) scientific knowledge had experienced little change, and the Catholic Church had preserved (×) acceptance of a system of (×) beliefs based on the teachings of the ancient Greeks and Romans which it had incorporated into (×) religious doctrine.

과학지식의 규범은 오랜 중세시대(500-1350 AD)를 거치면서도 거의 변하지 않았고 가톨릭교회는 교리에 편입된 고대 그리스 및 로마인의 가르침에 근거한 신조를 그대로 수용해왔다.

Tip 중세는 기간이 정해진 편이라 복수형임에도 정관사를 썼다.

0712

(×) Excavations here date from the late 19th century after a botanist spied the tips of (×) sculpted stone monuments jutting from the ground.

여기서 발굴된 것은 어느 식물학자가 땅에 튀어나온 비문 끝을 탐사한 19세기 후반으로 거슬러 올라간다.

Tip 본문에서 'excavations'은 복수형으로 미루어 발굴이라기보다는 '발굴된 유물'로 봄직하다.

0713

(×) Machines won't bring about the economic robot apocalypse—but greedy humans will, according to (×) physicist Stephen Hawking. In a recent seminar, the scientist predicted that (×) economic inequality will skyrocket as more jobs become automated and the rich owners of (×) machines refuse to share their fast-proliferating wealth.

물리학자 스티븐 호킹에 따르면 기계보다는 탐욕스런 인간이 경제적 로봇의 종말을 불러일으킬 거라고 한다. 그는 최근 세미나에서 자동화된 일자리가 증가하고 기계를 소유한 부자들이 급속도로 증가하는 부를 나누지 않기 때문에 경제적 불평등이 급증할 거라고 내다봤다.

Tip '경제적 로봇의 종말'은 스티븐 호킹만의 지론이다.

0714

The ancient Greeks, whose Olympiads can be traced back to 776 B.C., didn't give out (×) medals but rather bestowed (×) olive wreaths upon their victors.

고대 그리스인들은(올림피아드는 기원전 776년까지 거슬러 올라간다) 메달을 수여하지 않고 오히려 우승자에게 올리브화환을 주었다.

Tip 국민이나 민족을 가리킬 때는 복수형에 정관사를 붙이는 것이 원칙이다. 'the French(프랑스인),' 'the Chinese(중국인)'

0715

(×) Viruses are nothing but a set of genes. As small as 20 nanometers in length, they average perhaps a hundredth the size of an average body cell—and consist merely of a few strands of nucleic acid(their total genetic material), surrounded by a simple protein coat.

바이러스는 유전자집합일 뿐이다. 길이가 20나노미터에 불과한 바이러스는 평균 체세포의 100분의 1 정도 밖에 안 되며 단순 단백질 코트로 둘러싸인 핵산 몇 가닥으로 구성되어 있다.

Tip 배수사(~times)+the size/number of 패턴을 학습할 것.

0716

(×) Heat is everywhere. It's (×) raw energy, and it boils down to (×) matter in (×) motion. (×) Atoms and (×) molecules, the building blocks of everything around us including ourselves, move constantly and randomly; the faster they move, the warmer the substance they make up.

더위는 어디에나 있다. 더위는 천연 에너지이자 결국에는 움직이는 물질로 귀결된다. 우리를 비롯한 주변 만물의 구성원인 원자와 분자는 무작위로 끊임없이 움직인다. 원자와 분자가 빠르게 움직일수록 그것이 구성하는 물질은 더 따뜻해진다.

Tip 물질이나 열은 불가산명사로 관사를 붙이지 않는다.

0717

(×) Heat always travels in whatever direction tends to equalize (×) temperatures; that is, from (×) region of (×) high thermal energy and relative warmth to (×) colder areas.

열은 온도를 같게 하는 방향으로 이동한다. 이를테면, 열에너지가 높거나 상대적으로 온기가 있는 곳에서 온도가 낮은 곳으로 이동한다는 것이다.

Tip 'from region to region(colder areas)' 전치사로 연결될 때 관사를 붙이지 않는 경우가 있다.

0718

Many a good book of (×) essays has grown out of a collection of (×) "commonplaces," pithy generalizations or (×) memorable sayings copied from (×) different authors.

훌륭한 에세이 중 다수는 다른 작가의 작품을 베낀 명언이나, 간결하면서도 '진부한' 일반론을 집대성한 작품으로 부터 성장해왔다.

Tip 복수명사는 특정한 경우가 아니면 관사를 붙이지 않는다.

0719

I contend, quite bluntly, that marking up a book is not an act of (×) mutilation but of (×) love.

솔직히 말했다. 책에 무언가를 표시하는 것은 훼손이 아니라 사랑의 행위라고.

Tip 훼손과 사랑은 불가산명사이므로 관사를 붙이지 않았다.

0720

Even when a willing storyteller was available, an hour or so a day was more time than most children spent ensconced in the imagination of others.

이야기꾼이 있더라도, 매일 한 시간은 대다수 아이들이 남의 상상력에 몰입하며 보내는 시간보다는 더 길다.

Tip 특정하지 않은 (일반적인) 이야기꾼을 가리킨다.

0721

The firm he heads, which he joined straight out of (×) high school, has the requisite pedigree: it is the oldest bicycle manufacturer in the Bicycle Kingdom.

고등학교를 바로 졸업한 그가 이끄는 회사에는 필수적인 족보가 있다. 이를테면, 자전거 업계의 최장수 제조업체 랄까.

Tip 그가 이끌고 있는 회사로 특정한 대상이다.

0722

(×) Calvin Klein's ad for (×) Calvin Klein fragrance for men is a perfect contemporary rendition of the classical myth of (×) Narcissus.

캘빈 클라인의 남성용 향수 광고는 나르시스의 고전신화를 현대적으로 완벽하게 재해석한 것이다.

Tip 고유한 상표명(회사명)에는 관사를 붙이지 않는다.

0723

The prodigal expenditure on (×) military budget during a time of peace created a stir in the Cabinet.

평화로운 시기에 국방예산을 흥청망청 써댄 탓에 내각이 발칵 뒤집혔다.

Tip (다름 아닌) 국방예산을 흥청망청 썼으므로 정관사를 붙였다.

0724

The degree of education evinced in my language irritated him; my punctuality, industry, and accuracy fixed his dislike, and gave it the high flavour and poignant relish of envy.

교육수준이 짐작되는 말투 탓에 그가 화를 냈다. 발음과 말씨를 또박또박 정확하고 유창하게 고치자 분노는 사그라졌다. 내 말에 고매하고 통렬한 질투심이 묻어났다.

Tip 나의 교육수준을 가리키므로 정관사를 붙였다.

0725

(×) Critics of (×) Bitcoin say it will eventually plummet from a bubble of (×) epic proportions.

비트코인을 비판하는 사람들은 그것이 엄청난 거품에서 곤두박질칠 거라고 말한다.

Tip 특정하지 않은 복수명사에는 관사를 붙이지 않는다.

0726

To some people, (×) art is the depictions of an object—a painting or sculpture of a person, for example. For (×) others, art may be a blank canvas, or a piece of (×) chalk.

어떤 사람들에게 미술은 사람이 그린 그림이나 조각 같은 대상을 가리키지만 어떤 사람들에게는 빈 캔버스거나 하나의 분필일 수도 있다.

Tip 예술/미술은 셀 수 없는 명사. 대상을 묘사하는 방법에는 그림이나 조각 등으로 한정되어 있으므로 정관사를 붙였다.

0727

Helen valued people who behaved as if they respected themselves; nothing irritated her more than an excessively obsequious salesclerk.
헬렌은 자신을 존중하듯 행동하는 사람을 높이 평가했다. 지나치게 아부하는 점원이 가장 못마땅했다.

Tip 특정한 점원은 아니다.

0728

In Jamaica, most British and American people encounter (×) tourism as (×) consumers-of (×) culture, good weather, beautiful buildings, or any of the other things that people travel in (×) search of.
자메이카에서 영미인 대다수는 그들이 찾는 문화와 맑은 날씨, 아름다운 빌딩 등을 소비하는 사람으로서 관광을 마주하게 된다.

Tip '관광tourism'은 셀 수 없는 명사다.

0729

Jusczyk said (×) new research shows that reading to children at such an early age, even if they don't seem to understand, can start the process of learning (×) language.
쥬스지크가 말하기를, 연구에 따르면 나이가 너무 어려 이해하지 못할 성싶더라도 아이들에게 책을 읽어주면 언어를 본격적으로 배울 수 있을 거라고 한다.

Tip '리서치'는 수식어구가 붙어도 셀 수가 없다.

0730

(×) Politics cannot be suppressed, whichever policy process is employed and however sensitive and respectful of (×) differences it might be. In other words, there is no end to (×) politics.
정치를 억압해서는 안 된다. 어떤 정책과정을 도입하든, 차이에 민감하든 이를 얼마나 존중하든 관계없이 말이다. 달리 말해 정치는 끝이 없다는 이야기다.

Tip 정치나 정치학은 관사를 붙이지 않는다.

0731

It seems clear that the forte of (×) motion pictures is in their emotional effect. This is to be expected since in the last analysis they are a form of art-even though popular art-and their appeal and their success reside ultimately in the emotional agitation which they induce.
영화의 강점은 영화가 가진 정서적인 효과에 있는 것이 분명한 듯싶다. 지난 분석에서 영화는 예술(대중예술일지라도)의 한 형태인 동시에 호소력과 성공이 궁극적으로 영화가 불러일으키는 정서적 호소력에 있기 때문에 그렇다고 본다.

Tip 전치사나 관계대명사로 명사의 범위를 한정하면 정관사를 붙일 수 있다.

0732

As more and more literature continues to emerge from (×) America's ongoing Global War on Terror, it has become apparent that the cultural legacy of the Vietnam War has yet to wane within (×) US military circles.

미국이 진행 중인 '테러와의 전쟁'으로부터 문헌이 속출하고 있다는 점으로 미루어 미군 내 베트남전의 문화적 유산은 아직 쇠퇴하지 않은 듯하다.

Tip 베트남전의 문화적 유산, 즉, 특정한 유산을 가리키므로 관사를 붙였다.

0733

A second basic type of (×) interference is (×) proactive inhibition. (×) Proactive inhibition occurs when (×) prior learning interferes with (×) later learning.

두 번째 기본적인 간섭유형은 사전억제이다. 선행학습이 후행학습을 방해할 때 사전억제가 벌어진다.

Tip 서수(second)를 썼음에도 정관사가 아니라 부정관사를 썼다. 기본적인 유형이 정해져 있지 않을 때는 부정관사를 쓸 수 있다. 유형이 3가지 혹은 4가지만 있다면 정관사를 붙였을 것이다.

0734

Recently, as the British doctor Lord Robert Winston took a train from London to Manchester, he found himself becoming steadily enraged.

최근 영국 의사인 로버트 윈스턴 경이 런던에서 맨체스터로 가는 기차에 올랐을 때 분노는 사그라질 줄 몰랐다.

Tip 이름을 밝힌 특정한 영국 의사이므로 정관사를 붙였다.

0735

(×) Studies have shown that (×) rudeness spreads quickly and virally, almost like the common cold. Just witnessing (×) rudeness makes it far more likely that we, in turn, will be rude later on.

연구에 따르면, 무례한 언동은 흔한 감기처럼 널리 그리고 빠르게 확산된다고 한다. 무례한 행동을 보기만 해도 무례하게 될 가능성이 훨씬 높아진다는 것이다.

Tip 흔히 알려진, 누구나 걸리는 감기로 특정한 대상이다.

0736

(×) Sports facilities built in the late 1970s, 80s, and early 90s were routinely designed to enhance (×) in-facility experiences but routinely ignored the potential for harnessing (×) associated economic activity that could take place on (×) adjacent real estate.

1970년대 및 80년대 후반과 90년대 초반에 건설된 스포츠시설은 시설 내 교육을 강화할 요량으로 설계되었지만 인근 지역에서 벌어질 수 있는 경제활동을 활용할 가능성은 무시했다.

Tip 10년 단위로 끊는 연대(1970s)에는 관사를 붙인다.

0737
New Yorker short stories often include (×) esoteric allusions to obscure (×) people and (×) events.
뉴요커 단편소설에는 종종 모호한 사람과 사건을 둘러싼 난해한 암시가 담겨있다.

Tip 특정하지 않은 복수명사에는 관사를 붙이지 않는다.

0738
Her growing bitterness was exacerbated by her professional rivalry with her sister, whose (×) fortunes rose while her own declined.
안 그래도 기분이 더러웠는데 동생과의 직업경쟁으로 더 속이 타들어갔다. 동생의 재산은 늘어난 반면 그녀의 재산은 줄어들었기 때문이다.

Tip 소유격 관계대명사 다음에는 바로 명사를 써야 한다.

0739
(×) Wendy's negotiations with an unfamiliar and often threatening world should be excruciating to watch.
익숙지도 않은 데다 종종 위협적이기까지 한 세상을 상대로 웬디가 담판을 지어야 하니 보는 것도 고통일 게 빤하다.

Tip '익숙지 않다unfamiliar'는 어구로 미루어 익히 알고 있는 세상과는 다른 세상이다.

0740
(×) Military advisors were upbraided for presenting (×) global reductions in (×) nuclear stockpiles as (×) progress.
군사보좌관들은 핵무기가 전 세계적으로 감소하는 것을 진전이라 밝힌 탓에 비난을 받았다.

Tip 특정하지 않은 복수명사에는 관사를 붙이지 않는다.

0741
People expected (×) Winston Churchill to take his painting lightly, but (×) Churchill, no dilettante, regarded his artistic efforts most serious indeed.
사람들은 윈스턴 처칠이 자신의 그림을 가볍게 볼 거라 예상했지만 처칠은 호사가가 아닌지라 작품을 아주 진지하게 평가했다.

Tip 사람 이름에는 관사를 붙이지 않는다. 관사가 붙었다면 다른 뜻이다.

0742
The President's job is to abrogate any law that fosters (×) inequality among (×) citizens.
대통령의 본무는 시민의 불평등을 조장하는 법을 폐지하는 것이다.

Tip 우리가 알고 있는 대통령이라면 정관사를 붙여야 맞다.

0743

(×) Kristin's dedication to her job is laudable, but she doesn't have the necessary skills to be a good executive officer.

크리스틴은 칭찬을 받을 만큼 직업에 헌신하지만 훌륭한 행정관이 되는 데 필요한 기술은 없다.

Tip 화자는 필요한 기술이 뭔지 알고 있다.

0744

(×) Mandy's performance on the Math test was hampered because her attention was focused on the party she was attending on that weekend.

맨디는 주말에 참석할 파티에 정신이 집중된 탓에 수학시험을 제대로 보지 못했다.

Tip 핵심어는 '수학Math'이 아니라 '시험'이다. 맨디가 치른 수학시험을 가리킨다.

0745

(×) High performance textiles are basically (×) functional textiles that provide (×) added value to the textiles in addition to (×) common attributes of (×) clothing materials.

하이퍼포먼스 섬유는 기본적으로 일반적인 의류 속성과 아울러 섬유에 부가가치를 제공하는 기능성 섬유를 가리킨다.

Tip 화자는 무슨 섬유인지 알고 있다.

0746

A surgical technique known as (×) 'keyhole surgery' has become more common in (×) recent years. This technique eliminates the need for (×) surgeons to make (×) large incisions.

'키홀수술'이라고 알려진 수술 테크닉은 최근 몇 년 더 흔해졌다. 이 기술을 활용하면 의사들은 크게 절개할 필요가 없어진다.

Tip 수술 테크닉이 여럿 있는데 그중 하나인 기술을 일컫는다.

0747

(×) Genus Homo's position in the food chain was, until recently, solidly in the middle. For millions of years, (×) humans hunted (×) smaller creatures and gathered what they could, all the while being hunted by (×) larger predators.

먹이사슬에서 제너스 호모의 위치는 최근까지만 해도 중간에 굳게 자리를 잡고 있었다. 수백만 년 동안 큼지막한 포식자들에게 쫓기는 동안 인간은 몸집이 작은 생물을 수렵/채집하며 살았다.

Tip 먹이사슬food chain은 우리가 익히 알고 있는 특정 개념이다.

0748

There are several different ways to measure the prevalence of overweight in the population. the National Center for Health Statistics (NCHS) uses (×) body mass index(BMI) to determine if a person is overweight.

인구의 과체중 확산 정도를 측정하는 방법이 몇 가지 있다. 국립보건통계센터는 신체질량지수를 사용하여 비만 여부를 결정한다.

Tip 우리가 알고 있는 '인구'에는 정관사를 붙인다.

0749

The scientific consensus on (×) global warming comes from the Intergovernmental Panel on Climate Change(IPCC).

지구온난화에 대한 과학적 합의는 기후변화에 관한 정부간 협의체에서 나온 것이다.

Tip 정부간 협의체를 비롯한 기구의 공식명칭에는 정관사를 붙인다.

0750

(×) Ethics may be profoundly affected by an adoption of the scientific point of view; that is to say the attitude that (×) men of science, in their professional capacity, adopt towards the world.

윤리학은 과학적 관점을 채택하면 크게 영향을 받을 수 있다. 이는 과학자가 직능적으로 세계에 대한 태도를 채택한다는 것을 의미한다.

Tip 윤리학을 비롯한 학문에는 관사를 붙이지 않는다.

0751

(×) Democracy has another merit. It allows (×) criticism, and if there isn't (×) public criticism there are bound to be (×) hushed-up scandals.

민주주의에 또 다른 장점이 있다. 민주주의는 비판을 허용하는데, 혹시라도 대중이 비판하지 않는다면 은밀한 스캔들이 벌어질 공산이 크다.

Tip 민주주의와 비판은 셀 수 없는 명사다.

0752

Whereas (×) family relationships usually constitute a child's first experience with (×) group life, (×) peer-group interactions soon begin to make their powerful socializing effects felt.

대개 가족은 아이가 처음 겪는 집단생활이지만 머지않아 또래집단생활에 맞닥뜨리게 되면 강력한 사회화 효과를 느끼기 시작할 것이다.

Tip 생활은 수식어구가 붙어도 관사를 붙이지 않는다.

0753

There is a whole category of people who are "just" something. To be "just" anything is the worst. It is not to be recognized by (×) society as having much value at all, not now and probably not in the past either.
'그저' 아무개인 사람이라는 범주가 있다. '그저' 아무개가 된다는 것은 최악인 대상이다. 아무개는 사회가 가치를 알아주지 않기 때문이다. 지금도 그렇고 과거에도 그랬을 것이다.

Tip 일반적인 과거, 현재, 미래에는 정관사를 붙인다.

0754

(×) Scientists today are studying (×) ocean currents more and more intensely. Most do it using (×) satellites and (×) other high-tech equipment.
오늘날 과학자들은 대양해류를 점차 집중적으로 연구하고 있다. 대개는 위성이나 첨단기술장비를 활용하여 연구한다.

Tip 'other'이 수식하고는 있지만 '장비equipment'는 복수형을 쓸 수 없다.

0755

(×) Professor Iyengar of Columbia University conducted an experiment in which she set up a tasting booth with a variety of (×) exotic gourmet jams at an upscale grocery store.
한 실험에서 콜롬비아 대학의 아인거 교수는 고급 식료품점에서 이국적인 맛이 나는 다양한 잼을 시식대에 두었다.

Tip 직함에는 관사를 붙이지 않는다.

0756

(×) Ethnocentrism is the view that one's own culture is better than all others; it is the way all people feel about themselves as compared to (×) outsiders.
자민족중심주의란 자신의 문화가 다른 문화보다 더 우월하다고 생각하는 시각인 동시에 모든 사람이 타민족과 비교할 때 자신에 대해 느끼는 감정이기도 하다.

Tip '-ism'으로 끝나는 어구는 셀 수 없는 명사다.

0757

(×) History has long made a point of the fact that the magnificent flowering of (×) ancient civilization rested upon the institution of (×) slavery, which released opportunity at the top for the art and literature which became the glory of (×) antiquity.
고대문명이 융성했던 데는 노예제도가 기초를 이루고 있었다는 사실을 역사는 오랫동안 강조해왔다. 노예제도는 고대의 영광이 된 예술과 문학에 대한 최고의 기회를 귀족에게 제공했다.

Tip 접속사(that) 이하가 구체적으로 설명하는 '팩트'이므로 정관사를 붙였다.

0758

How and why did studying the career trajectories of (×) star football players give you a window on (×) better management of (×) business organizations and careers?

스타축구선수의 이력을 연구하면 기업조직 및 경력을 더 잘 관리할 수 있다는 경위와 이유는 무엇일까?

Tip 전치사(of)가 이력을 스타선수의 것에 한정하기 때문에 정관사를 붙였다.

0759

The term "globalization" has been snatched away by the powerful to refer to a specific form of (×) international economic integration, one based on (×) investor rights, with the interests of people incidentally neglected.

'세계화'는 국제경제통합이라는 특정한 형태를 일컫기 위해 강국이 가로챈 용어로 투자자의 권익에 근거한 탓에 국민의 권익은 외면당하기 일쑤다.

Tip 세계화라는 용어(셀 수 있는 명사)이므로 정관사를 썼다.

0760~0800 The State of the Union Address(2018 연두교서)

0760

Less than one year has passed since I first stood at this podium, in this majestic chamber, to speak on (×) behalf of the American people and to address their concerns, their hopes, and their dreams.

이 장엄한 곳의 단상에서 미국 국민을 대표하여 연설하고 그들의 희망과 꿈과 걱정을 밝히기 위해 처음 선 지가 1년이 좀 안 된다.

Tip '~대신에'는 'on behalf of'라고 쓴다.

0761

Over the last year, we have made (×) incredible progress and achieved (×) extraordinary success. We have faced (×) challenges we expected, and (×) others we could never have imagined.

지난 한 해 우리는 놀라운 발전을 이루었고 놀라운 성공을 거두었다. 우리가 부딪친 난관 중에는 예견한 것도 있었지만 전혀 예상치 못한 것도 더러 있었다.

Tip 작년은 특정한 해이므로 정관사를 붙였다.

0762

Each test has forged (×) new American heroes to remind us who we are, and show us what we can be.

시험은 새로운 미국의 영웅을 만들어냈고, 우리가 누구인지 일깨워주었으며 우리가 어떤 사람이 될 수 있는지도 보여주었다.

Tip 새로운 영웅의 숫자가 몇 명으로 정해져 있었다면 정관사를 붙였을 것이다.

0763

We saw the volunteers of the Cajun Navy, racing to the rescue with their fishing boats to save people in the aftermath of a totally devastating hurricane.

무시무시한 허리케인의 여파로 위기에 빠진 사람들을 구하기 위해 어선과 함께 자원하여 구조작업을 벌인 케이준 해군들을 보았다.

Tip 육해공군(대문자)에는 정관사를 붙인다. 직관적으로도 알 수 있다.

0764

We saw (×) strangers shielding strangers from a hail of gunfire on the Las Vegas strip.

라스베이거스에서 빗발친 총성에 일면식도 없는 사람들이 어떤 이를 몸으로 감싸고 있는 것을 보았다.

Tip 핵심어는 라스베이거스가 아니라 스트립strip이다. 어떤 스트립인지 대통령은 알고 있다.

0765

We heard (×) tales of Americans like (×) Coast Guard Petty Officer Ashlee Leppert, who is here tonight in the gallery with Melania. Ashlee was aboard one of the first helicopters on the scene in Houston during the Hurricane Harvey. Through 18 hours of (×) wind and rain, Ashlee braved (×) live power lines and (×) deep water to help save more than 40 lives. Ashlee, we all thank you. Thank you very much.

해안경비대의 애슐리 레퍼트 경관과 같은 미국인들이 겪은 실화를 듣기도 했다. 그는 오늘 저녁 멜라니아 여사와 함께 갤러리에 있다. 애슐리는 허리케인 하비 때 휴스턴 현장에서 첫 헬리콥터에 탑승, 18시간의 비바람을 뚫고 40명 여명의 생명을 구하기 위해 전선과 깊은 수위를 무릅쓰고 용기를 발휘했다. 애슐리, 모두가 고마움을 전한다. 정말 감사드린다.

Tip 허리케인 하비가 불어닥친 휴스턴 '현장'이라면 정관사를 붙여야 한다.

0766

We heard about (×) Americans like firefighter David Dahlberg. He's here with us also. David faced down (×) walls of (×) flame to rescue almost (×) 60 children trapped at a California summer camp threatened by those devastating wildfires.

데이비드 달버그 소방관 같은 미국인들 소식도 들었다. 그도 여기에 우리와 함께 있다. 데이비드는 엄청난 산불로 위협받고 있는 캘리포니아 하계캠프에 갇힌 60여명의 아이들을 구하기 위해 화염의 벽을 허물었다.

Tip 화자가 들은 일화를 이야기하고 있다.

0767

To everyone still recovering in (×) Texas, Florida, Louisiana, Puerto Rico, and the Virgin Islands—everywhere—we are with you, we love you, and we always will pull through together, always.

텍사스와 플로리다, 루이지애나, 푸에르토리코 및 버진아일랜드뿐 아니라 어디에서든 회복 중인 모든 사람에게 우리는 당신과 함께 있고, 항상 함께 하리라는 것을 일러두는 바이다.

Tip 섬island에는 정관사를 붙인다.

0768

Thank you to David and the brave people of California. Thank you very much, David. (×) Great job.

데이비드를 비롯하여 캘리포니아의 의인들에게 감사드린다. 데이비드 정말 고맙고 수고 많았다.

Tip 대통령(화자)은 캘리포니아의 용감한 사람들이 누구인지 알고 있다.

0769

Some trials over the past year touched this chamber very personally. With us tonight is one of the toughest people ever to serve in this House—a guy who took a bullet, almost died, and was back to work three and a half months later: the legend from Louisiana, (×) Congressman Steve Scalise. I think they like you, Steve.

개인적인 이야기지만, 지난 1년 동안 이곳에서 난관이 찾아온 적이 있다. 공직자 중 가장 힘든 고난을 겪은 사람 중 하나가 우리와 함께 있다. 총을 맞고 거의 죽을 뻔했음에도 3개월 반 만에 복귀한 루이지애나의 전설, 스티브 스칼리스 의원을 두고 하는 말이다. 스티브, 고난이 당신을 좋아하는 것 같다.

Tip 직함(직책+이름)에는 관사를 붙이지 않는다. 전설legend은 전설적인 '인물'을 가리킨다.

0770

We are incredibly grateful for the heroic efforts of the Capitol Police officers, the Alexandria Police, and the doctors, nurses, and (×) paramedics who saved his life and the lives of many others; some in this room.

의사당 경찰과 알렉산드리아 경찰 및 그와 많은 이들의 목숨을 구해준 의사와 간호사 및 구급대원들의 영웅적인 노고에 감사드린다.

Tip 의사당 경찰과 알렉산드리아 경찰 및 의료진은 목숨을 구한 사람들로 한정된 대상이다.

0771

In the aftermath of that terrible shooting, we came together, not as (×) Republicans or (×) Democrats, but as (×) representatives of the people. But it is not enough to come together only in (×) times of (×) tragedy.

끔찍한 총격사건의 여파로 우리는 공화당원이나 민주당원이 아니라 국민의 대표로 뭉쳤다. 물론 비극이 닥칠 때만 뭉쳐서는 역부족일 것이다.

Tip '~의 여파로'는 'in the aftermath of'를 암기해두라.

0772

Tonight, I call upon all of us to set aside our differences, to seek out (×) common ground, and to summon the unity we need to deliver for the people. This is really the key. These are the people we were elected to serve.

오늘밤 나는 모두에게 이견은 제쳐두고 공통점을 찾아냄으로써 국민을 위해 우리가 이룩해야 할 단결을 촉구한다. 이것이 진정한 해결책이며 이들은 선출된 우리가 섬겨야 할 사람들이다.

Tip 공통된 견해common ground에는 관사를 붙이지 않는다.

0773

Over the last year, the world has seen what we always knew: that no people on (×/the) Earth are so fearless, or daring, or determined as (×) Americans. If there is a mountain, we climb it.

지난 1년 동안 세상은 으레 알고 있는 것을 목도해왔다. 이를테면, 지구상에서 미국인만큼 두려움을 모르거나 대담하거나 단호한 사람은 없다는 것이다. 산이 있으면 우리는 오르고야 만다.

Tip 우리가 살고 있는 '세상'에는 정관사가 붙는다.

0774

If there is a frontier, we cross it. If there's a challenge, we tame it. If there's an opportunity, we seize it.

국경이 있다면 우리는 건너야 한다. 난관이 찾아온다면 우리는 이를 길들일 것이다. 기회가 오면 잡을 것이다.

Tip 국경과 난관, 기회는 모두 셀 수 있는 명사다.

0775

So let's begin tonight by recognizing that the state of our Union is strong because our people are strong. And together, we are building a safe, strong, and proud America.

그럼 오늘 저녁은 미합중국이 강하다는 사실을 인정하자. 우리는 안전하고 강하고 자랑스러운 미국을 함께 건설하고 있다.

Tip 미합중국은 어떤 국가state인가?

0776

Since the election, we have created 2.4 million new jobs, including (×) 200,000 new jobs in manufacturing alone. (×) Tremendous numbers. After years and years of (×) wage stagnation, we are finally seeing (×) rising wages.

선거 이후 제조업에서만 20만 개의 일자리를 만드는 등, 240만 개의 일자리가 늘었다. 엄청난 숫자다. 수년간의 동결 끝에 결국에는 임금이 인상되고 있다.

Tip 어떤 선거인지 화자는 알고 있다.

0777

(×) Unemployment claims have hit a 45-year low. It's something I'm very proud of. (×) African American unemployment stands at the lowest rate ever recorded. And (×) Hispanic American unemployment has also reached the lowest levels in (×) history.

실업수당 청구 건수가 45년 만에 최저치를 기록했다. 내가 아주 자랑스러워하는 대목이다. 아프리카계 미국인의 실업률도 사상 최저 수준이고 히스패닉계 미국인 실업률도 역사상 가장 낮은 수준에 이르렀다.

Tip 다음 예문을 잘 관찰하라.
Prices are at an all-time/record low.
물가는 최저치를 기록했다.

0778

(×) Small-business confidence is at an all-time high. the stock market has smashed (×) one record after another, gaining $8 trillion, and more, in value in just this short period of (×) time. the great news for Americans' 401(k), retirement, pension, and (×) college savings accounts have gone through the roof.

소기업 신뢰도는 사상 최고를 기록했다. 주식시장은 이 짧은 기간 8조 달러 이상의 성과를 거두며 잇따라 기록을 깼다. 미국인의 401k(기업연금)와 퇴직, 연금, 대학 저축을 둘러싼 희소식이 극에 달했다.

Tip 'go through the roof' 극에 달하다(지붕을 뚫었다).

0779

And just as I promised the American people from this podium 11 months ago, we enacted the biggest tax cuts and (×) reforms in (×) American history.

아울러 11개월 전 이 단상에서 국민에게 약속한 것처럼 우리는 미국 역사상 최대 규모의 감세안과 개혁안을 단행했다.

Tip 사상 최대 규모라면 단연 정관사를 붙여야 한다.

0780

Our massive tax cuts provide (×) tremendous relief for the middle class and (×) small business. To lower (×) tax rates for (×) hardworking Americans, we nearly doubled the standard deduction for everyone.

대규모 감세로 중산층과 중소기업은 엄청난 안도감을 느낄 것이다. 열심히 일하는 미국인에 대한 세율을 낮추기 위해 우리는 표준공제를 거의 두 배로 늘렸다.

Tip 정관사는 중산층과 소기업 각각에 걸린다. 비즈니스는 사업(활동)에는 무관사, 기업이나 조직이라면 관사를 붙일 수 있다.

0781

Now, the first $24,000 earned by a married couple is completely tax-free. We also doubled the child tax credit. a typical family of four making $75,000 will see their tax bill reduced by $2,000, slashing their tax bill in (×) half.

결혼한 부부의 첫 수입 2만 4000달러는 완전히 비과세다. 아동 세액공제도 2배로 늘렸다. 전형적인 4인 가족이 벌어들인 7만 5천 달러는 세금이 2천 달러가 줄어 세금고지서가 반토막이 날 것이다.

Tip 부부가 최초로 벌어들인 수입이므로 정관사를 붙였다.

0782

In (×) April, this will be the last time you will ever file under the old and very broken system, and (×) millions of Americans will have more take-home pay starting next month—a lot more.

올 4월, 망가져버린 구닥다리 시스템 하에서 세금고지서를 통보하는 건 이번이 마지막이 될 것이며, 수백만의 미국인들은 다음 달부터 실수령 임금이 더 많아질 것이다. 훨씬 더.

Tip 각 월(January, April, December …)에는 관사를 붙이지 않는다.

0783

We eliminated an especially cruel tax that fell mostly on Americans making less than $50,000 a year, forcing them to pay (×) tremendous penalties simply because they couldn't afford (×) government-ordered health plans. We repealed the core of the disastrous Obamacare. the individual mandate is now gone. Thank heaven.

연간 5만 달러 이하의 수입을 올리는 미국인을 대상으로 부과되는 잔혹한 세금정책은 폐지되었다. 정부가 명령한 의료개혁을 감당할 수 없다는 이유만으로 강행한 페널티를 두고 하는 말이다. 우리는 참담한 오바마케어를 철저히 물리쳤으니 이제 개인적인 의무조항은 사라져 버렸다. 다행이다.

Tip 화자뿐 아니라 미국인이라면 오바마케어가 무엇인지 알고 있을 것이다.

0784

We slashed the business tax rate from 35 percent all the way down to 21 percent, so (×) American companies can compete and win against anyone else anywhere in the world. These changes alone are estimated to increase (×) average family income by more than $4,000. a lot of money.

사업세율도 35퍼센트에서 21퍼센트로 인하했으니 미국 기업들은 세계의 어떤 기업과도 경쟁에서 패배하지 않을 것이다. 이 같은 변화만으로도 가계소득은 평균 4,000달러 이상 증가할 것으로 추정된다. 적지 않은 액수다.

Tip 'all the way down to' 큰 폭으로 인하했다는 점을 강조한 표현이다.

0785

(×) Small businesses have also received a massive tax cut, and can now deduct (×) 20 percent of their business income.

소상공인도 대규모 감세 혜택을 적용하면 사업소득의 20퍼센트를 공제할 수 있을 것이다.

Tip 같은 비즈니스라도 '사업(활동)'은 셀 수 없는 명사, 기업이나 조직은 셀 수 있는 명사다.

0786

Here tonight are Steve Staub and Sandy Keplinger of Staub Manufacturing, a small, beautiful business in Ohio. They've just finished the best year in their 20-year history.

오하이오에 있는, 멋지고 단촐한 스타웁 매뉴팩처링의 스티브 스타웁과 샌디 케플링거도 이곳에 참석했다. 그들은 20년 기업 역사상 최고의 한 해를 마쳤다.

Tip 역사상 최고의 해라면 단연 정관사를 붙여야 한다.

0787

One of (×) Staub's employees, Corey Adams, is also with us tonight. Corey is an all-American worker. He supported himself through (×) high school, lost his job during the 2008 recession, and was later hired by Staub, where he trained to become a welder.

스타웁의 직원 중 하나인 코리 애덤스도 함께 자리했다. 코리는 미국이 꼽은 최고의 노동자다. 그는 혼자 힘으로 고등학교를 졸업했고, 2008년 불황 때는 직장을 잃었지만 이후에는 스투브에 채용되어 용접공 교육을 받았다.

Tip 본연의 뜻(학업)과 관련된 고교라면 관사를 붙이지 않는다.

0788

Since we passed (×) tax cuts, roughly 3 million workers have already gotten (×) tax cut bonuses—many of them thousands and thousands of dollars per (×) worker. And it's getting more every month, every week. (×) Apple has just announced it plans to invest a total of $350 billion in America, and hire another 20,000 workers.

감세안이 통과된 후 대략 300만 명의 근로자들이 이미 감세 보너스를 받았다. 그중 많은 근로자들은 1인당 수천 달러를 받았다. 아울러 보너스는 다달이 매주 증가하고 있다. 예컨대 애플은 미국에 총 3500억 달러를 투자하고 2만 명의 직원을 더 고용할 계획이라고 발표했다.

Tip per은 '~당'으로 부정관사(a/an)의 역할을 하므로 관사를 따로 쓰지 않는다.

0789

This, in fact, is our new American moment. There has never been a better time to start living the American Dream.

사실 지금이 미국인에게는 중요한 때가 아닐 수 없다. 아메리칸 드림을 이룩하기에 더 좋은 시기는 여태 없었다.

Tip 우리가 익히 알고 있는 아메리칸 드림(미국에 오면 성공할 수 있다)을 가리킨다.

0790

So to every citizen watching at (×) home tonight, no matter where you've been, or where you've come from, this is your time. If you work hard, if you believe in yourself, if you believe in (×) America, then you can dream anything, you can be anything, and together, we can achieve absolutely anything.

오늘 저녁 집에서 연설을 지켜보고 있는 모든 시민들에게, 당신이 어디에 있고 어디서 왔든, 지금은 당신이 기회를 잡을 때다. 열심히 일하고 자신의 역량과 미국을 믿는다면 무엇이든 꿈꿀 수 있고 무엇이든 될 수 있을 것이다. 함께라면 우리는 무엇이든 이룰 수 있다.

Tip '집에서'는 'at home.'

0791

Tonight, I want to talk about what kind of (×) future we are going to have, and what kind of a nation we are going to be. All of us, together, as (×) one team, (×) one people, and (×) one American family can do anything.

오늘 저녁, 나는 우리가 어떤 미래에 살고 어떤 나라가 될 것인지 이야기하고 싶다. 우리는 모두가 한 팀이고, 한 민족이자, 하나의 가정으로서 무엇이든 할 수 있을 것이다.

Tip 'future'와 'nation'의 특징을 관찰할 필요가 있다. 가산과 불가산명사가 가능한 'future'와는 달리 'nation'은 가산명사이므로 관사를 붙이거나 복수형을 만들어야 한다.

0792

We all share the same home, the same heart, the same destiny, and the same great American flag.

우리는 고향과 마음과 운명뿐 아니라, 위대한 국기도 같다.

Tip 'same'에는 정관사를 붙인다.

0793

Together, we are rediscovering the American way. In America, we know that (×) faith and family, not (×) government and bureaucracy, are the center of American life. the motto is, "In (×) God We Trust."

우리는 미국의 방식을 재발견하고 있다. 미국에 있는 우리는 통치나 관료주의가 아니라, 믿음과 가정이 아메리칸 라이프의 중심이라는 것을 잘 알고 있다. "우리는 신을 믿는다"라는 모토 하에 말이다.

Tip 어떤 모토를 말하는지 화자는 알고 있다.

0794

Here tonight is (×) Preston Sharp, a 12-year-old boy from Redding, California, who noticed that (×) veterans' graves were not marked with (×) flags on (×) Veterans Day. He decided all by himself to change that, and started a movement that has now placed (×) 40,000 flags at the graves of our great heroes. Preston, a job well done.

캘리포니아 레딩 출신의 12세 소년 프레스톤 샤프도 여기에 와있다. 그 아이는 참전용사의 날인데도 국립묘지에 깃발이 없다는 것을 눈치채고는 이를 몸소 바꾸기로 결심했다. 위대한 영웅의 묘지에 4만개의 깃발을 꽂는 운동을 시작한 것이다. 프레스톤, 수고 많았다.

Tip 본문에서 소개하고 있는 프레스톤 샤프는 화자가 잘 모르는 아이다.

0795

(×) Preston's reverence for those who have served our nation reminds us of why we salute our flag, why we put our hands on our hearts for the Pledge of Allegiance, and why we proudly stand for the National Anthem.

우리나라를 위해 복무해 온 군인을 향한, 프레스톤의 존경심은 왜 우리가 국기에 경의를 표하고 국기에 대한 경례를 위해 가슴에 손을 얹는지, 그리고 왜 애국가를 부르기 위해 자랑스레 서있는지 일깨워준다.

Tip '국기에 대한 경례Pledge of Allegiance'나 애국가National Anthem는 특정한 어구이므로 관사 여부를 직관적으로 알 수 있다.

0796

Americans love their country, and they deserve a government that shows them the same love and loyalty in (×) return. For the last year, we have sought to restore the bonds of trust between our citizens and their government.

미국인들은 조국을 사랑하므로, 같은 사랑과 충성심을 보여주는 정부를 누릴 자격이 있다. 지난 1년간 우리는 시민과 정부가 서로 신뢰하는 유대감을 회복하기 위해 노력해왔다.

Tip '보답으로in return'에는 관사를 붙이지 않는다.

0797

Working with the Senate, we are appointing (×) judges who will interpret the Constitution as written, including a great new Supreme Court justice, and more circuit court judges than any new administration in the history of our country.

상원과의 공조 하에 위대한 대법관을 비롯하여 성문헌법을 해석할 판사를 임명하고 있으며, 우리나라 역사상 어떤 정부보다 순회법원 판사를 더 많이 임명하고 있다.

Tip 상/하원은 둘 뿐이므로 관사를 붙인다.

0798

And I will not stop until our veterans are properly taken care of, which has been my promise to them from the very beginning of this great journey.

아울러 나는 이 위대한 여정의 시작부터 그들에게 약속했던 바와 같이, 참전용사들이 합당한 대우를 받을 때까지 멈추지 않을 것이다.

Tip 명사를 강조하는 'very' 앞에는 정관사를 붙인다.

0799

So, tonight, I call on (×) Congress to empower every Cabinet Secretary with the authority to reward (×) good workers and to remove (×) federal employees who undermine the public trust or fail the American people.

오늘 저녁, 열심히 일하는 근로자들에게 보상할 권한을 모든 각료에 부여하고, 대중의 신뢰를 저해하거나 국민을 실망시키는 연방 공무원은 과감히 해임할 것을 의회에 촉구한다.

Tip 대문자로 시작하는 美의회Congress에는 관사를 붙이지 않는다.

0800

In our drive to make (×) Washington accountable, we have eliminated more regulations in our first year than any administration in the history of our country. We have ended the war on (×) American energy, and we have ended the war on (×) beautiful clean coal. We are now very proudly an exporter of energy to the world.

우리는 정부(워싱턴)가 책임을 다할 수 있도록 미국 역사상 어떤 정부보다 더 많은 규제를 폐지해왔다. 우리는 에너지와의 전쟁을 종식시켰고 아름다운 청정 석탄과의 전쟁도 끝냈다. 그리하여 미국은 에너지를 자랑스레 전 세계로 수출하게 된 것이다.

Tip 화자는 무슨 전쟁인지 알고 있다(실전이 아니라 비유적인 전쟁). 현실세계에는 정관사를, 가상 혹은 미지의 세계에는 부정관사를 붙인다.

0801~0823 The Status of Women in 2020
2020년에 본 여성의 지위

0801

By 2020, (×) women will have gained more rights and freedoms—in terms of (×) education, political participation, and work force equality—in (×) most parts of the world, but (×) UN and World Health Organization data suggest that the gender gap will not have been closed even in the developed countries and still will be wide in (×) developing regions.

2020년께는 세계 대다수 지역에서 여성의 권리와 자유—교육과 정치참여 및 노동력 평등 차원에서—가 신장될 전망이다. 그러나 유엔과 세계보건기구의 자료에 따르면, 성차별은 선진국에서도 좁아지지 않거니와 개도국에서는 더욱 벌어진다고 한다.

Tip 불특정 복수는 무관사이고 'data'는 'datum'의 복수형이므로 무관사

0802

Although (×) women's share in the global work force will continue to rise, (×) wage gaps and regional disparities will persist.

글로벌 고용시장에서 여성의 점유율은 계속 상승하겠지만 지역 간 격차는 지속될 것으로 보인다.

Tip 'share'는 셀 수 없는 명사이므로 무관사, 'work force'는 가산명사이므로 관사를 붙인다

0803

• Although the difference between (×) women's and men's earnings narrowed during the past 10 years, (×) women continue to receive less pay than (×) men. For example, a UN study in 2002 showed that in (×) 27 of 39 countries surveyed—both in (×) OECD and developing countries—(×) women's wages were 20 to 50 percent less than (×) men's for (×) work in manufacturing.

• 지난 10년간 남녀의 소득격차는 감소했지만 여성은 여전히 남성보다 적은 임금을 받고 있는 것으로 나타났다. 예컨대, 2002년 유엔의 연구에 따르면, 조사에 응한 39개국 중 27개국에서—OECD와 개발도상국—여성의 임금은 제조업에 종사하는 남성보다 20~50퍼센트 정도 낮은 것으로 나타났다.

Tip 패턴 'the difference between a and B'을 익혀두자

0804

(×) Certain factors will tend to work against (×) gender equality while (×) others will have a positive impact.

일부 요인은 성평등에 불리하게 작용하겠지만 긍정적인 변수가 아주 없는 것은 아니다.

Tip '복수형은 특정하지 않으면 관사를 붙이지 않는다

0805~0812 Factors Impeding Equality
성평등을 저해하는 요인

0805

In (×) regions where (×) high youth bulges intersect with (×) historical patterns of patriarchal bias, the added pressure on (×) infrastructure will mean (×) intensified competition for (×) limited public resources and an increased probability that (×) females will not receive (×) equal treatment.

대대로 가부장적인 사회패턴과 높은 청년층이 교차하는 지역에서 인프라에 대한 압력이 가중되면 한정된 공공자원을 둘러싼 경쟁이 심화되어 여성이 평등한 대우를 받지 못할 가능성이 높아진다.

Tip 인프라는 무관사(셀 수 없는 명사)

0806

For instance, if (×) schools cannot educate all, (×) boys are likely to be given (×) first priority. Yet (×) views are changing among the younger generation.

예컨대, 학교가 남녀 중 한쪽을 선택해서 가르쳐야 한다면 사내아이에게 우선권을 줄 공산이 크다는 것이다. 그러나 신세대의 시각은 달라지고 있다.

Tip '신세대the younger generation'는 구세대와 대비되므로 정관사를 붙인다

0807

In the Middle East, for example, (×) many younger Muslims recognize the importance of (×) educated wives as (×) potential contributors to (×) family income.

이를테면, 중동의 젊은 무슬림들은 아내도 가계소득에 일조할 수 있기 때문에 아내의 교육이 중요하다는 점을 새삼 깨닫고 있다.

Tip '중동the Middle East'은 정관사를 붙인다

0808

In (×) countries such as China and India, where there is a pervasive "son preference" reinforced by (×) government population control policies, (×) women face increased risk not only of (×) female infanticide but also of kidnapping and smuggling from (×) surrounding regions for the disproportionately greater number of (×) unattached males.

정부의 인구 억제 정책 탓에 '남아선호사상son preference'이 더욱 만연해있는 중국과 인도 같은 국가에서 여성은 여아 살해뿐 아니라, 납치와 인신매매(미혼 남성이 비대한 인근 지역에서) 의 표적이 될 가능성이 높아지고 있다.

Tip '만연해있는 현상(남아선호사상)'에는 부정관사a(n)인데 앞에서 이미 언급했다면 정관사를 붙였을 것이다

0809

Thus far, the preference for (×) male children in China has led to an estimated shortfall of 30 million women.

중국은 남아선호사상 때문에 약 3,000만 명의 여성이 부족한 것으로 나타났다.

Tip '앞에서 언급한 'a preference'를 가리키므로 정관사를 붙인다

0810

Such (×) statistics suggest that the global female trafficking industry, which already earns an estimated $4 billion every year, is likely to expand, making it the second most profitable criminal activity behind (×) global drug trafficking.

통계에 따르면, 전 세계에 기승을 부리고 있는 여성인신매매업은 이미 연간 40억 달러를 벌어들인 것으로 추산, 앞으로 좀더 확대되면 글로벌 마약밀매를 이어 둘째가는 범죄가 될 공산이 크다고 한다.

Tip such(~as)에는 관사가 붙지 않는다

0811

The feminization of HIV/AIDS is (×) another worrisome trend. (×) Findings from the July 2004 Global AIDS conference held in Bangkok reveal that the percentage of HIV-infected women is rising on (×) every continent and in (×) every major region in the world except Western Europe and Australia.

HIV/AIDS에 감염된 여성이 증가하고 있는 것도 우려할 만한 추세다. 2004년 7월 방콕에서 개최된 글로벌 에이즈 컨퍼런스Global AIDS conference의 자료에 따르면, HIV에 감염된 여성의 비율은 서유럽과 호주를 제외한 거의 모든 대륙 및 지역에서 증가하고 있는 것으로 나타났다.

Tip 'another,' 'every'에는 관사를 붙이지 않는다

0812

(×) Young women comprise 75 percent of those between the ages of 15 to 24 who are infected with (×) HIV globally.

전 세계에서 HIV에 감염된 15~24세 연령층 중 젊은 여성은 75퍼센트를 차지했다.

Tip HIV는 무관사이며 이를 풀어쓸 때도 관사를 붙이지 않는다(Human Immunodeficiency Virus는 고유명사)

0813~0820 Factors Contributing to Equality
성평등에 기여하는 요인

0813

A broader reform agenda that includes (×) good governance and (×) low unemployment levels is essential to raising the status of women in many countries.

수많은 국가에서 여성의 지위를 격상시키는 데 가장 중요한 변수는 건실한 지배구조와 낮은 실업률을 포함한 개혁 아젠다이다.

Tip 'agenda'는 단수형 가산명사이므로 관사를 붙여야 한다

0814

(×) International development experts emphasize that while (×) good governance need not fit a Western democratic mold, it must deliver (×) stability through (×) inclusiveness and accountability.

국제개발 전문가들은 건실한 지배구조가 서방국가의 민주주의 틀에 맞출 필요가 없다면 포용과 책임을 통해 안정을 유도해야 한다고 강조한다.

Tip '안정stability'은 셀 수 없는 추상명사이므로 무관사

0815

Reducing (×) unemployment levels is crucial because (×) countries already unable to provide (×) employment for (×) male job-seekers are not likely to improve (×) employment opportunities for (×) women.

실업수준을 줄이는 것이 중요한 까닭은 남성 구직자에게 일자리를 제공할 수 없는 국가가 여성에게 고용기회를 늘릴 수 있을 거라는 기대는 어불성설이기 때문이다.

Tip '고용employment'도 셀 수 없는 명사

0816

The spread of (×) information and communication technologies(ICT) offers great promise. According to (×) World Bank analysis, increases in the level of (×) ICT infrastructure tend to improve (×) gender equality in (×) education and employment.

정보통신기술(ICT)이 확산된다면 전망은 밝을 것이다. 세계은행이 분석한 결과에 따르면, ICT 기반의 인프라 수준을 높인다면 교육과 고용 면에서 남녀평등에 대한 문제를 개선할 수 있다고 한다.

Tip '성평등gender equality'도 무관사(셀 수 없는 명사)

0817

(×) ICT also will enable (×) women to form (×) social and political networks. For (×) regions suffering political oppression, particularly in the Middle East, these networks could become a 21st century counterpart to the 1980s' Solidarity Movement against the Communist regime in Poland.

또한 ICT는 여성이 사회/정치적 네트워크를 조성하는 데 보탬이 될 것이다. 정치탄압을 겪고 있는 지역(특히 중동)이라면 이 같은 네트워크는 1980년대 당시 폴란드의 공산주의 정권에 대항한 자유연대운동Solidarity Movement과 같은 역할을 감당할 수 있을 것이다. 이를테면, 21세기판 자유연대운동이랄까.

Tip '폴란드의 공산정권'은 특정한 대상이므로 정관사

0818

(×) Women in (×) developing regions often turn to (×) nongovernmental organizations (NGOs) to provide (×) basic services. (×) NGOs could become even more important to the status of (×) women by 2020 as (×) women in (×) developing countries face (×) increased threats and acquire (×) IT networking capabilities.

개도국 여성들은 '기초서비스(basic service, 미국 연방 통신 위원회FCC에서 규제 상 새로운 개념을 확립하기 위해 설정한 통신망 서비스 구분의 하나—옮긴이)'를 제공하는 비정부기구NGO에 의존할 때도 더러 있다. 개도국에서는 신변의 위협을 느끼는 여성과, IT 네트워킹 기술을 습득하는 여성이 늘고 있어 2020년께는 NGO가 여성의 지위를 결정하는 데 매우 중요한 기관이 될 것이다.

Tip '~의 지위status'는 가산명사이므로 관사를 붙인다

0819

The current trend toward (×) decentralization and (×) devolution of power in (×) most states will afford (×) women (×) increased opportunities for (×) political participation.

대다수 국가의 권력이 이양/분권화되고 있는 추세인지라 여성의 정치참여 기회는 확대될 전망이다.

Tip '복수명사'는 특정하지 않은 이상 관사를 붙이지 않는다

0820

Despite only (×) modest gains in the number of (×) female officeholders at the national level—women currently are (×) heads of state in only (×) eight countries—female participation in (×) local and provincial politics is steadily rising and will especially benefit (×) rural women removed from the political center of a country.

여성 공직자 수는 전국적으로 소폭 증가하고 있지만—국가원수가 여성인 나라는 현재 8개다—지방 정치에 참여하는 여성의 비율은 꾸준히 증가하고 있어, 앞으로는 국가의 정치 중심지에서 배제된 지방 여성들도 정치적 혜택을 누리게 될 것이다.

Tip '~의 숫자'는 the number of, '수많은'은 a number of

0821

The stakes for achieving (×) gender parity are high and not just for (×) women. a growing body of (×) empirical literature suggests that (×) gender equality in (×) education promotes (×) economic growth and reduces (×) child mortality and malnutrition.

남녀평등의 실현을 두고는 득실이 큰데 이는 비단 여성의 문제만은 아닐 것이다. 경험을 토대로 기술한 논문에 따르면, 남녀가 평등한 교육은 경제성장을 촉진시키고 아동사망률과 영향실조를 감소시킨다고 한다.

Tip '득실이나 이해관계'를 나타내는 'stakes'는 단복수형 모두 관사를 붙인다

0822

At the Millennium Summit, (×) UN leaders pledged to achieve (×) gender equity in (×) primary and secondary education by the year 2005 in (×) every country of the world.

밀레니엄 회담에서 유엔 회원국 정상들은 2005년까지 전 세계 모든 나라에서 초/중등교육의 성평등을 이루겠다고 약속한 바 있다.

Tip '정상회담'에는 정관사를 붙인다

0823

• By 2005, the 45 countries that are not on (×) course to meet the UN targets are likely to suffer 1 to 3 percent lower GDP per capita growth as a result.

• 2005년까지 유엔의 목표를 달성하지 못하는 45개국은 결과적으로 1인당 GDP가 1~3% 감소될 공산이 크다.

Tip '45개국'은 'that' 이하가 수식하므로 특정한 국가로 봄직하다

0824

The biotechnological revolution is at a relatively early stage, and (×) major advances in the biological sciences coupled with (×) information technology will continue to punctuate the 21st century.

생체기술혁명은 아직 걸음마 수준이지만, 정보기술과 아울러 장족의 발전을 이룬다면 21세기를 더욱 돋보이게 할 것이다.

Tip 서수(first, second, third … 20th, 21st) 앞에는 정관사

0825

(×) Research will continue to foster (×) important discoveries in (×) innovative medical and public health technologies, environmental remediation, agriculture, biodefense, and (×) related fields.

혁신적인 의학/공공보건기술과 환경개선, 농업 및 생체방어 등 관련 분야는 연구를 통해 주요 성과가 계속 육성될 전망이다.

Tip '연구research'에는 관사를 붙이지 않는다

0826

On the positive side, (×) biotechnology could be a "leveling" agent between (×) developed and developing nations, spreading (×) dramatic economic and healthcare enhancements to the neediest areas of the world.

긍정적인 측면에서 보면 생체기술은 선진국과 개발도상국의 격차를 '해소하는' 변수가 되며 획기적인 경제/보건기술을 가장 열악한 지역에 보급하는 역할을 할 것이다.

Tip 'the positive side'는 'the negative side'와 대비되는 개념이므로 정관사를 붙여야 한다

0827

• (×) Possible breakthroughs in (×) biomedicine such as an antiviral barrier will reduce the spread of HIV/AIDS, helping to resolve the ongoing humanitarian crisis in (×) Sub-Saharan Africa and diminishing the potentially serious drag on (×) economic growth in (×) developing countries like India and China.

• 항바이러스장벽을 비롯한 생체의학의 혁신은 HIV/AIDS의 확산을 감소시켜 사하라 이남 아프리카에서 불거진 인도주의적 위기를 해결하는 데 도움이 될 뿐 아니라, 인도와 중국 등 개도국의 경제성장을 가로막는 걸림돌을 감소시킬 것이다.

Tip 의학분야를 나타내는 '생체의학'은 셀 수 없는 명사로 관사를 붙이지 않는다

0828

(×) Biotechnology research and innovations derived from (×) continued US investments in (×) Homeland Security—such as (×) new therapies that might block a pathogen's ability to enter the body—may eventually have (×) revolutionary healthcare applications that extend beyond protecting the US from a terrorist attack.

미국 정부가 국토안보부에 자금을 투입, 생체기술 연구 및 혁신—이를테면, 세균이 체내에 침투하는 것을 차단하는 새로운 치료법—을 이뤄낸다면 테러 공격으로부터 미국을 보호하는 것 외에도 혁신적인 의료 프로그램을 가동시킬 수 있을 것이다.

Tip '아직 일어나지 않은(발생할지 모를) 테러공격은 부정관사 a(n)

0829

• More developing countries probably will invest in (×) indigenous biotechnology developments, while (×) competitive market pressures increasingly will induce (×) firms and research institutions to seek technically capable partners in (×) developing countries. However, even as the dispersion of (×) biotechnology promises a means of improving the quality of life, it also poses a major security concern. As (×) biotechnology information becomes more widely available, the number of people who can potentially misuse such (×) information and wreak widespread loss of life will increase. an attacker would appear to have an easier job—because of the large array of (×) possibilities available—than the defender, who must prepare against them all. Moreover, as (×) biotechnology advances become more ubiquitous, stopping the progress of (×) offensive BW programs will become increasingly difficult. Over the next 10 to 20 years there is a risk that advances in (×) biotechnology will augment not only (×) defensive measures but also (×) offensive biological warfare(BW) agent development and allow the creation of advanced biological agents designed to target (×) specific systems—(×) human, animal, or crop.

• 개도국들은 독자적인 생체기술개발에 투자하겠지만, 시장의 경쟁이 점차 치열해지면 기업과 연구소는 또 다른 개발도상국에서도 유능한 파트너를 찾을 것이다. 생체기술이 보급되면 삶의 질은 향상되겠지만 보안을 걱정해야 할 수도 있다. 생체공학 정보가 널리 확산된다면 이를 악용하여 목숨을 빼앗으려는 사람도 증가할 것이기 때문이다. 이때 공격하는 쪽이 방어하는 쪽보다는 유리할 것으로 보인다(수많은 가능성 중 하나만 활용해도 되는 공격과는 달리 방어는 이를 모두 대비해야 한다). 게다가 생체기술이 좀더 보편적으로 발전하는 탓에 BW(세균전)의 공격 프로그램은 막기가 훨씬 어려울 것이다. 향후 10~20년간 생체기술이 발전하면 방어뿐 아니라 공격용으로 쓸 세균도 '업그레이드'되어, 인간이나 동물 혹은 농작물을 살상하는 첨단작용제가 개발될 것이다.

Tip '정보 information'도 무관사

0830

Lastly, some biotechnology techniques that may facilitate (×) major improvements in (×) health also will spur (×) serious ethical and privacy concerns over such (×) matters as (×) comprehensive genetic profiling; (×) stem cell research; and the possibility of discovering DNA signatures that indicate (×) predisposition for disease, (×) certain cognitive abilities, or (×) anti-social behavior.

끝으로, 건강을 개선시킬 수 있는 생체기술 또한 윤리성과 프라이버시를 둘러싼 논란을 증폭시킬 것이다. 예컨대, 포괄적인 유전자분석 genetic profiling과 줄기세포연구를 비롯하여, 질병이나 인지력 혹은 반사회적 성향을 암시하는 'DNA 서명 DNA signitures'에 대한 가능성을 두고 하는 말이다.

Tip '~의 가능성'은 the possibility of (동)명사

0831
(×) 6 percent of South Koreans make (×) payments using their mobile phones. the world average is under (×) 5 percent.
이동전화로 결제하는 한국인은 전체의 6퍼센트를 차지하나 전 세계의 평균은 5퍼센트를 넘지 않는다.

Tip 핵심어는 세계가 아니라 전 세계의 '평균'이다. 즉, 이동전화로 결제하는 전 세계인의 평균을 두고 하는 말이다.

0832
(×) 57 percent of (×) South Korean music sales were digital in 2006, versus (×) 10 percent in the United States. (×) 26 percent of (×) South Koreans listen to music on their mobile phones, versus (×) 4 percent in the United States.
2006년 한국과 미국에서 디지털방식으로 올린 음반매출은 각각 57퍼센트와 10퍼센트이다. 또한 이동전화로 음악을 즐기는 한국인은 26퍼센트, 미국인은 4퍼센트를 차지했다.

Tip 미국US에는 항상 정관사를 붙인다.

0833
(×) 37 percent of (×) South Koreans download games to their mobile devices, versus (×) 10 percent in the United Kingdom. (×) 15 percent of (×) South Koreans play (×) video games on their mobile phones every day.
이동단말기에 게임을 내려 받는 한국인과 영국인은 각각 37퍼센트와 10퍼센트를 기록했다. 이동전화로 비디오게임을 매일 즐기는 한국인은 15퍼센트에 달한다.

Tip 잉글랜드와 아일랜드 및 웨일즈가 연합하여 이루어진 영국UK에도 정관사를 붙인다.

0834
(×) 20 percent of (×) South Korean mobile subscribers use an Internet search engine on their mobile phones. (×) 14 percent check the weather that way.
한국인 중 이동전화로 인터넷을 검색하는 사람은 20퍼센트이며 당일 날씨를 확인하는 사람은 14퍼센트에 그쳤다.

Tip 정황상 당일 날씨라는 걸 알 수 있으므로 정관사를 붙인다.

0835
(×) 40 percent of (×) South Korean youth text message in (×) class, with (×) 33 percent of them sending over (×) 100 text messages per (×) day.
한국 청소년 중 약 40퍼센트는 학교에서 문자메시지를 보내며 매일 100건 이상을 보내는 청소년은 무려 33퍼센트에 이른다.

Tip per day = a day

0836

(×) 30 percent of (×) South Koreans upload pictures from their camera phones to (×) social networking sites, versus (×) 10 percent in the United Kingdom.

카메라폰으로 찍은 영상을 인터넷 친목도모 사이트에 올리는 영국인은 전체 인구의 10퍼센트인데 반해, 한국인은 30퍼센트 가까이 된다.

Tip 특정하지 않은 복수명사에는 관사를 쓰지 않는다.

0837

(×) 42 percent of (×) South Koreans use (×) MMS(i.e., like text messaging, but with pictures or video), versus (×) 19 percent of (×) Germans. And (×) 97 percent of (×) South Koreans buy (×) ring tones, versus (×) 7 percent of (×) Germans.

MMS(사진/동영상 기능이 추가된 문자메시지를 일컫는다)를 이용하는 한국인은 약 47퍼센트이며 독일인은 19퍼센트이다. 또한 휴대폰 벨소리를 구입한 적이 있는 한국인은 전체의 97퍼센트에 육박하나 독일인은 7퍼센트에 불과했다.

Tip 특정하지 않은 복수명사에는 관사를 붙이지 않는다.

0838

(×) 43 percent of (×) South Koreans maintain a blog or (×) social networking profile, versus (×) 21 percent in the United States. the industrialized world average is about (×) 10 percent.

블로그나 인터넷 동호회를 관리하는 한국인과 미국인은 각각 43퍼센트와 21퍼센트를 차지했다. 선진국 평균은 10퍼센트 정도 된다.

Tip 선진국(산업화된 세계)에는 단연 정관사를 붙인다.

0839

That South Korea is the first or among the first countries to achieve such a high level of broadband access—wire and wireless—could easily be dismissed as simply a logical consequence of a population living in (×) dense urban environments in a geographically small country, both of which greatly reduce the cost of deploying (×) broadband networks.

'땅이 좁은 데다 도시 인구밀도가 높다는 지리적 환경 탓에 광대역 네트워크의 보급 비용이 매우 낮다'는 점을 지적하며 유/무선 초고속 인터넷의 선두주자라는 한국의 성과를 일축할 수도 있을 것이다.

Tip 전치사of 이하가 비용을 한정한다.

0840

South Korea used its geographic, cultural, and regulatory environment to roll out (×) wireless applications in the early 2000s (e.g., (×) television, (×) GPS, and (×) ring tones on (×) mobile phones) that came to the United States only recently.

2000년대 초, 한국은 무선애플리케이션(텔레비전, GPS(위치추적시스템), 이동전화 벨소리 등)을 선보이기 위해—미국은 이제야 그러고 있지만—지리/문화 및 규제환경을 적절히 이용했다.

Tip 텔레비전 방송에는 관사를 붙이지 않는다.

0841

Does what is happening over there affect what will happen here? Isn't the United States the technology innovator, with Asia just focused on lowering the cost of producing our innovations?

'정말 한국이 미국에 영향을 줄 거란 말인가?' '기술혁신 국가는 단연 미국이라야 옳지 않을까?' '아시아는 우리가 다 '차려놓은' 기술의 생산비를 낮추는 데만 관심이 있으니 말이다.'

Tip 화자는 기술혁신 국가가 의미하는 바가 무엇인지 알고 있다.

0842

But (×) wireless technology is different. (×) Asians, from both the biggest and wealthiest countries to those still with (×) emerging economies, are the innovators as well as the low-cost manufacturers.

그러나 무선 기술은 좀 다르다. 선진국과 신흥국가를 떠나 아시아 국가는 모두 혁신을 주도하며 제조비용을 낮추고 있다.

Tip 'economies'는 국가를 뜻한다.

0843

There was a time not long ago that (×) MNOs in the United States largely dismissed (×) Japanese advances in the industry. (×) Asians might want to send (×) text messages, watch (×) video on their phones, or buy (×) ring tones, but not Americans, some MNOs believed.

얼마 전 미국 이동통신업체는 일본이 업계에서 선전하고 있다는 주장을 전격 부인했다. 일부 사업자들은 "일본인은 이동전화로 문자메시지를 보내거나 동영상을 보거나 벨소리를 구입할지 모르나 미국인은 그런 소일거리에 관심이 없다"며 반박했다.

Tip 오래 전은 아닌not long ago 때이므로 불특정한 때를 가리킨다.

0844

(×) Ubiquitous connectivity for (×) handheld mobile devices will mean that we will be able to access everything on the World Wide Web anywhere, anytime we want.

휴대용 단말기로 언제 어디서든 인터넷에 접속할 수 있는 기능을 가리켜 '유비쿼터스 커넥티비티'라 한다.

Tip '월드 와이드 웹'은 세계에서 유일한 개념이다.

0845

We should all be interested in the future because we have to spend the rest of our lives there.
미래는 여생을 보내야 할 곳이기에 관심을 가져야 하는 것이 당연하다.

Tip 나머지 전체에는 정관사를 붙인다. 여생도 예외는 아니다.

0846

To those who don't know any better, the wireless revolution looks alive and well in the United States. (×) Handheld mobile devices are relatively inexpensive.
세상일에 밝지 않은 사람들에게는 통신혁명이 미국에서 활발하게 진행하고 있는 것처럼 보일 것이다. 휴대용 단말기가 비교적 저렴하니 말이다.

Tip 화자는 무선혁명(통신혁명)이 무엇인지 알고 있다.

0847

Talking is what most Americans do with their phones. And why not? (×) Phone comes from the Greek phonos, meaning (×) "sound." But when I say we are still waiting for (×) wireless, I'm talking about the complete migration from the idea of a cellular phone to a mobile device.
미국인들은 통화 외에는 휴대폰으로 하는 일이 거의 없다. 어쩌면 당연한 얘기다. '폰phone'은 '소리sound'라는 뜻의 그리스어 '포노phono'에서 유래했으니까. 그러나 '통신혁명'을 기다린다는 말은 휴대폰 개념에서 이동식 기기로의 완벽한 '전환'을 가리킨다.

Tip 'Greek'은 명사가 아니라 형용사로 봄직하다(명사였다면 '언어'에는 관사를 붙이지 않는다). **'the+형용사'**가 단수일 때도 있다.

0848

For people choosing stocks to invest in through (×) charts of their price and volume, there is a cliche: "The trend is your friend." Warren Buffett has made billions proving this is not always true when the trend is downward; and the burst of the tech stock bubble in 2000–001 proved that (×) upward-sloping trends are not sustainable forever either.
"주가동향은 못 속이지." 종목별 주가/거래량 차트를 보고 투자하는 사람들이 으레 내뱉는 말이다. 물론 워렌 버핏은 주식시세가 하향곡선을 탈 때 수십억을 챙김으로써 이를 반증했고 2000년과 그 이듬해에 걸쳐 '거품이 빠져버린' 기술주는 '상승세를 거듭하던 주식동향도 영원하지 않다'는 교훈을 남겼다.

Tip '클리셰(진부한 말)'가 특정한 것은 아니다. 여기서 동향trend은 주식동향을 가리킬 것이다.

0849

(×) Efficiency in (×) wireless spectrum basically means getting more data packed into the same amount of (×) bandwidth. Think of this as changing your brand of (×) gasoline and getting double the miles per (×) gallon.

효율적인 무선 주파수는 같은 대역폭에 얼마나 많은 데이터를 담아내느냐가 관건이다. 예컨대 갤런 당 갈 수 있는 거리가 두 배로 뛰는 가솔린 브랜드로 바꾼다고 보면 된다.

Tip same에는 정관사를 붙인다. per gallon = a gallon.

0850

The migration from wires to wireless means—most importantly—(×) mobility and (×) ubiquitous access to everything the World Wide Web has to offer. Just as (×) wired broadband to the home enabled workers to telecommute (less traffic) or simply work either more or at all hours of the day or night—or both (less work-life balance)—(×) true mobility will have the same or more impact on our society and culture.

유선에서 무선으로 이행한다는 것은 이동하는 동시에 인터넷상의 모든 정보를 때와 장소를 가리지 않고 접속할 수 있다는 뜻이다. 가정용 유선 초고속 인터넷이 재택근무를(교통량 감소) 가능케 했고 업무량을 늘리거나 주야 간 근무를 선택—혹은 이를 병행(일과 생활의 균형이 파괴)—할 수 있게 했던 것처럼 이동성도 사회문화에 크게 영향을 미칠 것이다.

Tip 유선에서 무선으로 발전한다는 의미에서 'migration'을 썼다.

0851

(×) E-mail turned out to be the killer application for (×) personal computers—the reason everyone had to have a PC. There has been a similar discussion about (×) wireless: what is the killer application for (×) handheld mobile devices?

이메일은 컴퓨터의 킬러 애플리케이션이나—컴퓨터를 반드시 장만해야 할 이유가 된다—다름없다. 무선통신을 두 고도 '휴대용 이동식 단말기의 킬러 앱은 무엇일까?'라는 논의가 있었다.

Tip '킬러 애플리케이션'은 등장하자마자 경쟁상품을 몰아내고 시장을 완전히 재편할만한 제품이나 서비스를 일컫는다.

0852

(×) Revolutions occur for a reason, and this holds true for the wireless revolution. (×) E-mail was the cause for the personal computer revolution—(×) consumers needed to buy a computer to send and receive (×) e-mail.

혁명이 일어나는 이유가 한 가지인 것처럼 통신혁명도 그러하다. 아울러 이메일은 컴퓨터 혁명의 원인이었다. 이메일을 주고받으려면 컴퓨터를 사야 했기 때문이다.

Tip 화자는 무선혁명이 무엇인지 알고 있으며 독자도 정황으로 이를 알 수 있다.

0853

(×) Cars gave us (×) mobility and caused a revolution. (×) Airplanes increased (×) mobility and caused a revolution. More people own (×) mobile phones than own (×) cars or (×) personal computers. More people use them to connect to the world than fly on (×) planes.

자동차의 출현으로 이동이 잦아진 인류는 혁명을 일으켰고 이동범위를 넓힌 항공기역시 혁명의 원인이 되었다. 또한 자동차 혹은 컴퓨터 보유 인구보다는 이동전화 가입자가 훨씬 증가하고 있으며 항공여행객보다 이동전화로 세상에 접속하는 사람들이 더 늘고 있다.

Tip 구체적인 혁명은 아니다.

0854

When a distinguished and elderly scientist says something is possible, he is almost certainly correct; when he says something is impossible, he is very probably wrong.

저명한데다 나이도 지긋한 과학자가 "가능하다"고 예측하면 거의 들어맞는다. 그러나 "불가능하다"고 말하면 틀렸다고 봐야 한다.

Tip 작가는 특정하지 않은 일반적으로 저명한 과학자를 가리키고 있다.

0855

What's wrong with the way we've always done it? As the number of wireless subscribers increases and the number of (×) high-bandwidth applications increases, why not just build more and more cell towers to satisfy demand?

늘 그래왔는데 뭐 그리 새삼스럽게 말하느냐고 반문할지는 모르지만, 휴대폰 가입자뿐만 아니라 고대역 응용프로그램의 가짓수도 늘어나고 있는 마당에 수요를 충족할 수 있도록 셀탑을 늘리지 않는 까닭이 대체 무엇일까?

Tip a number of 수많은 ~ / the number of ~의 숫자

0856

Given all the growth in the number of (×) wireless subscribers, and the everrising expectations we have about where our mobile phones should work, it is not surprising that MNOs are driving around the country asking, "Can you hear me now?"

휴대폰 가입자와 이동전화의 송수신 범위에 대한 기대치가 날로 증가한다는 점을 감안해볼 때 이동통신업체가 "잘 들리세요?"라고 물으며 전국을 다닌다는 건 당연한 일이다.

Tip 무엇이 증가하는가? 휴대폰 가입자의 숫자가 증가한다.

0857

In addition to (×) lower mobile-phone bills, the differences between the kinds of network technology in (×) use can have a considerable impact on the connectivity of the network's users.

줄어드는 휴대폰 요금과 더불어 사용하는 '네트워크 기술의 차이'도 네트워크 유저의 연결성에 큰 영향을 미칠 수 있다.

Tip 문법책 'Grammar in Use'를 떠올리라.

0858

Our current mobile networks, whether they are (×) 1G, 2G, 2.5G, or (×) 3G networks, are (×) cellular systems: a series of slightly overlapping circles or cells with a tower in the middle and boundaries based on the range of each tower.

현재 이동통신네트워크는—1, 2, 2.5, 혹은 3세대 네트워크—통화구역방식을 따른다. '통화구역방식'이란 하나의 셀탑을 중심으로 원이나 구역이 약간씩 중첩되는 방식을 일컫는다.

Tip 범위range는 전치사of 이하가 한정하고 있다.

0859

The advantage to (×) cellular technology is that given enough time and money, MNOs can build (×) nationwide networks, which most of the big MNOs have done. But there are (×) disadvantages too.

이동통신기술의 장점은 시간과 자금이 충분하다면 통신업체가 전국에 네트워크를 설치할 수 있다는 것이다. 요즘 대부분의 거대 통신기업들은 전국에 네트워크를 보유하고 있다. 물론 단점도 있다.

Tip 앞선 MNO 중에서 거대 통신기업을 짚어내고 있다.

0860

(×) Nature provides a free lunch, but only if we control our appetites.

자연은 인간이 식탐을 줄여야 점심을 무료로 대접한다.

Tip 점심식사에 수식하는 어구가 붙으면 관사를 쓸 수 있다.

0861

Of the three revolutions I describe in this book, the paperless one is both the easiest and hardest to envision.

이 책에서 언급한 3대혁명 중 '문서혁명paperless'은 상상하기가 쉽지만은 않다.

Tip 책에서 밝힌 3대 혁명이므로 정관사를 붙였다.

0862

We're already sending billions more paperless e-mails than we are (×) letters. But the wireless revolution was inspired by our need for (×) mobility and the convenience that results, so we gladly sign (×) two-year service agreements and pay a lot of money for our wireless service.

우리는 편지보다 이메일을 수십억 통 더 많이 보내고 있다. 무선통신의 여파로 기동성과 편리성이라는 두 마리 토끼를 잡을 수 있다는 생각에 소비자는 흔쾌히 2년 약정에 '사인'하고 막대한 돈을 무선전화 서비스에 쏟아 붓는다.

Tip 무선(통신)혁명이 무엇을 가리키는지는 정황으로 알 수 있다.

0863

The path toward a paperless society may require a Moses-like forty-year trek through the desert. the generation that brought us computers and the volume of paper they produce might have to be replaced by a generation that better understands how computers and the Internet can actually reduce (×) paper consumption.

전자문서사회로 이행하려면 모세처럼 40년간 광야생활을 해야 할지도 모르겠다. 컴퓨터와 종이를 무진장 쏟아냈던 세대는 컴퓨터와 인터넷이 종이를 줄일 수 있는 비결을 잘 알고 있는 세대에 자리를 양보할 것이다.

Tip 어떤 사막인지 정황상 알 수 있다. 모세가 아니라 모세 '같은like' 광야생활이다. 정관사는 어울리지 않는다.

0864

Most of you are probably reading this on (×) paper in a traditional book, with a cover, page numbers, and no hard drive or flash memory. You like (×) books. So do I.

여러분은 대개 이 책을 하드 드라이브나 플래시메모리 없이 '오프라인'으로 읽을 것이다. 종이책이 좋으니까. 나도 그렇다.

Tip 종이에는 관사를 붙이지 않는다. 이를 셀 때는 'a piece of paper.'

0865

The heavily hyped paperless office never materialized either. Many of my colleagues (and probably yours too) still print office memos and put them in my mailbox.

서류가 모조리 증발해버린 허황된 사무실은 실현불가능하다. 동료 대다수는(당신의 동료도 그럴 것이다) 여전히 공지사항을 인쇄해서 내 우편함에 넣고 있다.

Tip 서류가 하나도 없는 허무맹랑한 사무실이라면? 실현되지 않은 사무실이라면 부정관사를 써야 맞지만 'either'로 미루어 볼 때 앞에서 서류가 없는 사무실을 적어도 한 번은 거론했을 공산이 크다.

0866

(×) Paper is no longer a big part of my day. I get 90 percent of my news online, and when I go to a meeting and to jot things down, I bring a Tablet PC. It has a note-taking piece of (×) software called (×) OneNote, so all my notes are in (×) digital form.

종이가 차지하는 비중이 대폭 줄었다. 세계가 돌아가는 소식 중 약 90퍼센트를 인터넷으로 접하고 있으며 회의 때 끼적대는 메모도 '태블릿 PC'로 해결하고 있으니 말이다. '원노트'라는 필기용 소프트웨어가 내장돼있어 메모는 모두 디지털로 저장된다.

Tip 일반적인 가산명사 중 단수에는 부정관사를 붙인다.

0867

My fifteen-year-old son has (×) terrible handwriting, something he likely inherited from his father. I spent many hours of my own childhood—against my will—trying unsuccessfully to improve my handwriting.

이제 열다섯이 된 아들은 나를 닮아서 그런지 글씨를 엉망으로 쓴다. 소싯적 글씨를 예쁘게 써보겠다고—그러고 싶진 않았지만—많은 시간을 투자했으나 헛수고였다.

Tip 필기handwriting(악필?)는 셀 수 없는 명사이므로 관사를 붙이기가 부담스럽다.

0868

This is not to suggest that (×) people will stop writing, but rather that they will be able to stop writing in (×) longhand if they so choose.

글씨를 아예 쓰지 않을 거란 얘기가 아니라 글씨를 차분하게 쓰는 일은 없어질 거란 얘기다.

Tip '(in) longhand'는 불가산명사로 컴퓨터 자판이 아니라 펜이나 연필로 쓴다는 뜻이다.

0869

So too with the migration from (×) paper to (×) digital content. People will still have (×) printers on their desks to change their bits into (×) atoms, bring (×) hard-copy notes to (×) meetings, and later file them away in (×) manila folders.

종이에서 디지털 콘텐츠로 이행하는 과정도 마찬가지다. 사람들은 책상 위에 둔 인쇄기로 '디지털'을 '잉크'로 변환 하거나 회의 메모를 복사하거나 이를 서류철에 묶어두기도 한다.

Tip 특정하지 않은 복수명사에는 관사를 붙이지 않는다.

0870

There are dozens of (×) websites in this book that, if you were reading it in a digital format, could be links that would take you somewhere else with the click of a mouse.

이 책에는 수십 개의 웹사이트가 수록되어 있는데, 책을 디지털로 읽고 있다면 클릭으로 이동할 수 있는 링크가 있 을 것이다.

Tip 클릭은 누구나 다 알고 있는 바로 '그' 클릭이다.

0871

Let' say there is a graph in this book, or a couple of (×) paragraphs that you' like to share with a colleague. What are you going to do?

동료에게 보여주고 싶은 그래프나 단락이 한두 개 정도 있다면 어떻게 하겠는가?

Tip 특정하지 않은 동료를 가리킨다.

0872

(×) Paperless doesn't mean the end to (×) books or magazines or newspapers or children's coloring books or family photo albums. (×) Paperless doesn't mean the end to (×) business cards, wall calendars, diplomas, maps, or (×) manila folders.

문서혁명은 책이나 잡지, 신문, 아동서적, 혹은 가족 앨범이 세상과 작별을 고하거나, 명함과 달력, 학위증, 지도, 그리고 서류철이 사라진다는 뜻이 아니다.

Tip '종말the end'은 아주 끝장이 난다는 뜻이다.

0873

What has changed is that (×) content that was until recently only in (×) paper form—newspapers, magazines, books, photos, etc.—will also be digitized for (×) easy and timely sharing.

최근까지 종이를 써야 했던 콘텐츠가—신문, 잡지, 책, 사진 등—편리하고 시기적절하게 공유할 수 있도록 디지털화되고 있다.

Tip '동명사sharing(공유)'는 셀 수 없는 명사로 간주한다.

0874

To me, (×) paperless means (×) digital content that is easy to share. And it's free, or at least the incremental cost of sharing it is zero. (×) Studies show that people read around 10 MB worth of material a day, hear 400 MB a day, and see 1 MB of (×) information every second.

공유가 편리한 디지털 콘텐츠가 바로 문서혁명의 실체라고 생각한다. 무료로 이용하거나 혹시 유료라도 추가비용은 전혀 들지 않을 것이다. 한 연구에 따르면 사람들은 하루에 약 10메가바이트와 400메가의 정보를 읽고 들으며 초당 1메가의 정보를 보는 것으로 나타났다.

Tip a day = per day(하루당)

0875

I think many people cannot even envision a paperless world. When I asked, "When you left the house this morning, what did you carry?" probably you gave (×) answers that relate to (×) wireless (your mobile phone) and (×) cashless (your purse or wallet with a credit and debit card or two). You didn't say anything paperless.

문서혁명이 도래한 세상은 떠올리기가 쉽지는 않을 것 같다. "오늘 아침 집을 나오면서 무엇을 챙겼는가?" 묻는다면 답변은 아마 '통신혁명(이동전화)' 및 '금융혁명(신용카드나 직불카드가 한두 개 들어있는 지갑이나 핸드백)'과 관계가 깊을 것이다. 하지만 문서혁명을 두고는 딱히 할 말이 없다.

Tip 종이가 사라진 세상paperless world은 아직 실현되지 않았으므로 부정관사를 써야 한다.

0876

You are, however, far more paperless than you were a few years ago. You're sending more e-mails and fewer letters. You've probably sent a few e-cards to friends and therefore made fewer trips to the Hallmark store.

그러나 몇 년 전과 비교해보면 종이 씀씀이가 줄어든 것만은 확실하다. 예를 들어, 일반우편보다는 이메일이나 '전자카드'를 보낸 탓에 팬시점에 들르는 빈도는 줄었을 것이다.

Tip few(거의 없다, 부정) / a few(약간 있다, 긍정)

0877

The notion that the trend toward paperless matters less than wireless may change.

종이소비가 감소하는 추세는 무선기술의 발전보다는 덜 중요하다고 본다.

Tip 무슨 추세인지는 명약관화하다.

0878

(×) Technology is giving us (×) options to reduce or eliminate much of the paper we use today so as to enjoy the cost savings of being paperless.

기술은 요즘 사용하는 서류의 상당량을 줄이거나 제거할 수 있는 대안을 마련함으로써 문서혁명의 비용절감 혜택을 유도해냈다.

Tip 같은 종이paper라도 오늘날 우리가 사용하는 종이로 한정되면 관사를 붙일 수 있다.

0879

Take a look around your own company's office supply room. What do you see that could be eliminated if your firm were to adopt a path toward paperless?

탕비실을 한번 둘러보라. 회사가 문서혁명을 수용한다면 무엇부터 제거해야 할까?

Tip take a look at(around)는 굳어진 표현이다. (주변을) 보다.

0880

The cost savings of going paperless extends outside your walls to both sides of your global supply chain. Can you interact with your vendors more efficiently without (×) paper?

비용절감 효과는 사무실에서 전 세계의 유통공급망까지 확대된다. 서류 없이 납품업체와 좀더 효율적으로 거래할 수 있는가?

Tip 전치사of 이하가 비용절감을 한정시켜주고 있다.

0881

Also in January 2007, (×) television commercials for (×) two different U.S. companies show the opposite ends of the paper vs. paperless continuum.

2007년 1월, 두 개의 미국 회사가 제작한 텔레비전 광고는 서류의 유무에 따른 결과를 극단적으로 보여주었다.

Tip 정반대의 양극단ends이므로 정관사를 붙였다.

0882

The computer industry has been telling us for years that (×) computers will enhance our productivity, and (×) lots of (×) statistics bear this out.

컴퓨터업계는 컴퓨터가 생산성을 향상시킬 거라고 수년간 귀에 못이 박이도록 설득했고 수많은 통계수치가 이를 뒷받침했다.

Tip 업계에는 관사를 쓴다(the automobile/oil/computer industry).

0883

It doesn't have to be that way. (×) Paperless doesn't mean the end of storage, just the end of the need for filing cabinets.

그럴 필요가 없는데도 말이다. 문서혁명은 '보관함'이나 서류함의 필요성마저 송두리째 날려버리자는 게 아니다.

Tip '페이퍼리스paperless'라는 형용사를 주어로 썼다.

0884

Equally anachronistic is the still all-too-common fax machine.

팩스가 흔히 사용되고 있다는 것 역시 시대착오적인 현실이다.

Tip 팩스 중에서도 여태 흔하디흔한 바로 '그' 팩스를 일컫는다.

0885

If you are not set on storing your paper in (×) manila folders stuffed in (×) file cabinets or (×) storage boxes, your company may want to explore (×) online storage options.

보관함이나 서류함에 빼곡히 들어찬 서류철을 탈피하고 싶다면 온라인 저장수단을 이용해봄직하다.

Tip 특정하지 않은 복수명사에는 굳이 관사를 붙이지 않는다.

0886

Regardless of the trust issues at play, the online storage industry as a whole is currently experiencing (×) tremendous growth. According to a recent IDC report, (×) revenue for this emerging market will reach $715 million by 2011, representing (×) 33.3 percent compound annual growth between 2006 and 2011.

신뢰문제를 떠나, 온라인 저장업계는 대체로 괄목할 만한 성장세를 보이고 있다. 최근 내놓은 IDC(집적정보통신시설사업자) 보고서에 따르면, 2011년 신흥시장의 수입은 7억1천500만 달러에 달해 2006년에서 2011년까지는 연간 종합 성장률이 33.3퍼센트에 이를 것으로 나타났다.

Tip '업계'에는 정관사를 붙인다(the tourist/entertainment industry).

0887

In Whatever Happened to the Paperless Office, Matt Bradley points out that he saw (×) signs of (×) progress in the near future, but he qualified the progress.

매트 브래들리는 『서류 없는 사무실Whatever Happened to the Paperless Office』에서 가까운 미래에 펼쳐질 발전의 징후를 보았지만 이를 다음과 같이 밝혔다.

Tip 과거, 현재, 미래에는 관사를 붙인다. 'progress'가 불가산명사지만 이를 다시 언급할 때는 정관사를 붙였다.

0888

We must not, in trying to think about how we can make a big difference, ignore the small daily differences we can make which, over time, add up to (×) big differences that we often cannot foresee.

큰 변화를 일으키고 싶다면 일상의 소소한 변화에도 주의를 기울여야 한다. 지금은 잘 모르겠지만 계속 쌓이다보면 언젠가는 큰 변화를 일으킬 수 있기 때문이다.

Tip '일상의 소소한 변화small daily differences'는 접속사(생략) 이하(우리가 일으킬 수 있는)가 수식하고 있어 의미를 한정시킨다.

0889

With the paperless revolution, like many other green initiatives, (×) progress in the United States is often offset by (×) increases in (×) consumption elsewhere, particularly the rapidly developing economies of Brazil, China, India, Russia, Vietnam, and much of (×) Eastern Europe.

수많은 환경캠페인과 마찬가지로, 브라질과 중국, 인도, 러시아, 베트남, 그리고 동부유럽의 다수 국가를 비롯한 신흥국가의 소비가 늘어난다면 미국의 문서혁명이 무색해질 수도 있다.

Tip 필자는 종이가 없는 혁명(문서혁명paperless revolution)이 무엇인지 알고 있다.

0890

After rising steadily over years, (×) worldwide paper consumption has flattened in this century. In the richest countries, (×) consumption fell 6 percent between 2000 and 2005, from (×) 531 to (×) 502 pounds (241 to 228 kilograms) a person.
수년 동안 전 세계의 종이 소비량은 일정치를 유지해왔다. 선진국에서는 2000년과 2005년 사이 일인당 531에서 502파운드(241에서 228 킬로그램)로 약 6퍼센트 감소했다.

Tip 몇 안 되는 갑부국가를 가리키므로 최상급에 정관사를 붙였다. a person = per person.

0891

Certainly even a fully paperless world won't solve all our environmental problems. We may kill (×) fewer trees, but our mobile phones, external storage devices, and big-screen monitors all use more energy than a piece of (×) paper in a manila folder.
종이가 완전히 사라졌다고 해서 환경문제가 해결되는 것은 아니다. 나무 몇 그루라도 덜 죽일지는 모르나 서류보다 더 많은 에너지를 '잡아먹고' 있는 것은 이동전화와 외장형 저장매체, 그리고 대형스크린 모니터이다.

Tip 종이를 셀 때는 'a piece of paper/two pieces of paper'로 'paper'에는 변함이 없다.

0892

(×) Newton's third law of (×) motion states that "For (×) every action there is an equal and opposite reaction."
뉴턴의 제3법칙에 따르면 '운동하는 물체에는 작용과 반작용하는 힘이 있다'고 한다.

Tip 소유격과 관사는 같이 쓰지 않는다.

0893

In South Korea, the government has been at the forefront of an effort there to promote (×) consumer confidence in (×) paperless economic transactions.
한국 정부는 서류 없는 상거래의 소비자 신뢰도를 높이는 데 솔선해왔다.

Tip 소비자 신뢰도consumer confidence는 셀 수 없는 명사(무관사)이므로 꼭 알아두자.

0894

It's telling, however, that (×) one of the most digital nations on (×) Earth couldn't move beyond (×) paper for (×) commercial transactions before the government changed regulations and created the Certified e-Document Authority(CeDA).
그러나 정부가 규제정책을 조정하여 공인전자문서보관소(CeDA)를 설치하지 않았다면 디지털 국가로 자리 잡은 한국이라도 상거래만큼은 '종이'를 탈피하지 못했을 것이다.

Tip 어떤 정부인지는 명약관화하다.

0895

Whether your motivations for promoting a paperless office are to facilitate the flow of (×) data, reduce (×) costs, or help your company go green, I caution you that you'll have to be ever diligent or face the charge of (×) hypocrisy from your less-enlightened colleagues.

여러분이 종이가 사라진 사무실을 장려하려는 동기가—원활한 데이터 교환이나, 비용절감 혹은 친환경기업 창출—무엇인지는 잘 모르겠으나 한 가지 주의해야 할 점은 시대조류에 '뒤떨어지는' 동료로부터 '위선자' 취급을 당하지 않으려면 부지런해져야 한다는 것이다.

Tip '종이가 사라진 사무실'은 아직 실현되지 않은 대상이다.

0896

(×) One feature of (×) Web 2.0 seems to be enhancing (×) aspects of paperless in the form of digital libraries for (×) users' content.

웹 2.0의 한 가지 특징은 콘텐츠가 '디지털 도서관'의 형태로 존재하는 탓에 서류사용이 점차 줄어든다는 것이다.

Tip 형태가 '디지털 도서관'으로 한정된 까닭에 정관사를 붙였다. 'in the form of'를 그대로 활용해도 좋을 것이다.

0897

The migration of this Web 2.0 application (photo sharing) to a Paperless Web 2.0 application might be as simple as auto-uploading, meaning you take a picture with your camera phone and it will be automatically sent to a Flickr-like site.

기존의 웹 2.0(사진공유)에서 종이 없는 웹 2.0으로 이행하는 것은 자동업로드처럼 편리할 수도 있다. 다시 말해서, 카메라폰으로 찍은 영상이 공유사이트(Flickr 등)로 자동 전송된다는 뜻이다.

Tip '종이 없는 웹 2.0'은 집필 당시에는 아직 실현되지 않은 애플리케이션이므로 부정관사를 썼다.

0898

(×) Web 2.0 is inherently digital and thus inherently paperless. (×) Web logs (blogs), (×) online diaries that encourage discussion and rebuttal, are already widely influential in the worlds of (×) politics, (×) communication, and (×) celebrity.

웹 2.0은 애당초 디지털인 탓에 전자문서화는 어쩌면 당연한 결과였다. 또한 갑론을박을 유도하는 온라인 '일기 diaries' 블로그는 이미 정치, 소통 및 연예계에 널리 영향을 끼치고 있다.

Tip 정치, 소통, 연예로 셋이기 때문에 'world'를 복수형으로 썼다.

0899

For a successful technology, (×) reality must take (×) precedence over (×) public relations, for (×) nature cannot be fooled.

기술로 성공하려면 '홍보'보다는 '현실'을 먼저 감안해야 한다. 운이 좋아서 되는 일은 없기 때문이다.

Tip 'take precedence over' 우선하다(우위에 있다)

0900

Dunder Mifflin, the fictional paper supply company featured in the U.S. television series the Office, is officially "as green as we have to be."
미국 드라마 '오피스'에 등장하는 사무용지 공급회사 던더 미플린의 정식 구호는 '힘닿는 데까지 푸르게'이다.

Tip 드라마에 등장하는 바로 '그' 사무용지회사, 던더 미플린.

0901~0950 Girl's Passage, Father's Duty(The King's Daughter)

0901

There once was a mighty king who ruled over a vast kingdom. His every-expanding domain was breathtakingly beautiful: (×) snow-capped mountains, fertile farmlands, pristine streams, and (×) immense oceans brimming with (×) life. Much to the delight of his subjects, the King's world overflowed with (×) countless plants, animals, fish, birds, and other marvelous creatures.
옛날 옛적, 절대 권력을 가진 왕이 대국을 다스리고 있었다. 그가 줄곧 넓혀온 영토에는 숨이 막힐 듯 아름다운 절경이—이를테면, 흰 눈이 화사하게 덮인 산과 비옥한 농지, 졸졸 흐르는 강줄기에 생명이 출렁이는 광활한 대양까지—펼쳐졌다. 무엇보다도 헤아릴 수 없이 풍부한 동식물과 어류, 조류 및 온갖 기묘한 생물들이 백성들의 마음을 흡족케 했다.

Tip 특정하지 않은 왕을 소개하고 있다면 부정관사를 써야 한다.

0902

Now the great King loved all of his creation. However, his deepest love was reserved for his children, the young ones who inhabited his lands. Each was precious in his sight. Moreover, each played a unique role in the expansion of the kingdom.
왕은 피조물을 모두 사랑했으나 자녀에 대한 사랑만은 그 무엇과도 비교할 수 없을 만큼 지극했다. 아이들은 '눈에 넣어도 아프지 않을' 소중한 녀석들인 데다 영토 확장에도 일익을 담당해왔다.

Tip 같은 왕을 다시 언급할 때는 정관사를 붙인다.

0903

Therefore, the King designed a unique plan to insure that (×) each one grew in (×) safety, gaining (×) knowledge and (×) wisdom with each passing day. His brilliant design left little to (×) chance, especially when it came to his daughters.
이에 왕은 자녀의 지식과 지혜가 배가되고 아무 탈 없이 자랄 수 있도록 특별한 계획을 세워두었다.

Tip 'each' 혹은 'every'와 관사를 같이 쓰지 않는다.

0904

You see, (×) each daughter was assigned a guard who loved and protected her as his own. These gentle warriors served as (×) representatives of the King, sworn to mirror his kindness, goodness, love and provision.

특히 딸아이는 좀더 세심하게 배려하여 제 딸처럼 아끼고 사랑할 호위병을 각각 배정해두었다. 관대한 전사들은 왕의 대리인으로서 자비와 선과 사랑 및 넉넉한 아량을 베풀 것을 맹세했다.

Tip 불특정한 복수명사에는 관사를 붙이지 않는다.

0905

The process of connecting (×) daughters to their protectors was deeply moving for everyone involved. As each girl took her initial breath, her warrior stood watching. His first act was to lift her aloft in (×) tribute to her King.

호위병에게 딸아이를 맡기는 의식은 당사자 모두에게 감동의 순간이었다. 아기가 첫 숨을 내쉬기까지 곁에서 이를 지켜본 전사들은 갓난아기를 높이 들어 올리며 왕에게 경의를 표했다.

Tip 무슨 의식인지는 전치사of 이하가 알려주고 있다.

0906

Next, the warrior held the daughter in his arms, looked deeply into her tiny eyes, and spoke forth his solemn pledge to protect, guide, teach and love her from that moment on. the plan had never failed before.

호위병은 공주를 두 팔로 감싸 안으며 작디작은 두 눈을 응시했다. 앞으로 왕의 딸을 지키고 가르치며 사랑하겠노라고 다짐하면서.... 계획이 좌절된 적은 여태 없었다.

Tip 호위병은 앞서 언급했기 때문에 정관사를 붙였다.

0907

One day, it was announced that a new daughter was to be born, and immediately the King called her protector into his presence.

어느 날, 출산 소식이 알려지자 왕은 즉시 딸아이를 호위할 병사를 호출했다.

Tip 또 다른 딸이므로 부정관사를 붙였다.

0908

Speaking quietly, in (×) solemn tones, the King charged the warrior with his sacred duty. "I have selected you for this vital task," the King announced. "You have all that you need to successfully watch over my daughter.

그는 위엄이 묻어나는 목소리로 신성한 의무를 전사에게 위임했다. "네게 중차대한 일을 맡기노라. 내 딸을 돌보는 데 모자란 점은 없으리라 생각한다.

Tip 전사는 앞서 호출한(907) 호위병을 가리킨다.

0909

You have been granted many weapons with which to protect her. Your words have (×) power to bring (×) comfort and to ward off (×) fear. Your hands have the power to heal her wounds and to build within her a sense of (×) confidence, so that she can do all that I ask of her.

이미 많은 무기를 갖추었고 언변에는 위로와 평안을 불러오는 힘이, 손에는 상처를 치유하고 자신감을 심어주는 능력이 있을 테니 내 기대에 부응할 수 있는 딸로 키우라."

Tip 위로와 공포 같은 정서적인 어구는 불가산명사일 공산이 크다.

0910

"And never forget," the King said, "you may also call upon me if you ever become confused about what to do. Ask me for (×) help and I will answer."

"혹시 네 본분을 모르겠다면 주저하지 말고 짐을 불러야 할 것이다. 도움을 구하면 내가 친히 응답하리라."고 왕이 덧붙였다.

Tip 본문의 '도움'에는 관사를 붙이지 않는다.

0911

The King looked upon the warrior, one of his trusted sons, with (×) pride that only a father can comprehend. Smiling, His Majesty reached forth his mighty hand and touched the warrior gently on his forehead. (×) Wonderful warmth filled the man, imparting (×) wisdom, courage, compassion, and (×) love for the daughter that he had not yet seen.

그는 아버지만이 이해할 수 있는 자부심을 갖고 듬직한 아들 같은 전사를 바라보았다. 그러고는 씩 웃으며 전사의 이마에 살포시 손을 댔다. 그러자 따뜻한 기운이 그를 감싸며 지혜와 용기와 아량뿐 아니라 초면임에도 딸아이를 향한 사랑이 그에게 전달되었다.

Tip '아버지가 된 자'만이 알 수 있다는 뜻이므로 특정한 아버지는 아니다.

0912

"Take (×) care of my daughter," His Majesty said. "You have many other duties in this life; however, none is more important than this. Remember, until I send (×) another to take your place, her life is in your hands."

"내 딸을 부탁하노라. 감당해야 할 일이 많겠지만 이보다 더 중대한 일은 없을 것이다. 후임을 보내기 전까지 공주의 목숨은 네 손에 달렸다는 것을 명심하거라."

Tip 'another = an+other'이므로 관사가 따로 필요 없다.

0913

At this, the warrior fell to his knees and softly said, "I will not fail you." Then the great King said something the warrior did not expect. "For years now, you have been called by many different names.
전사는 무릎을 꿇고 나지막한 목소리로 말했다. "실망시키지 않겠습니다, 폐하." "지금껏 너는 다양한 이름으로 불렸느니라.

Tip 앞서 등장한 인물들이기 때문에 관사를 붙였다.

0914

However, in the morning when my new daughter arrives, your name will be forever changed. From then on, you will be called by a most special name. Your new name will be (×) Father."
그러나 공주가 태어난 오늘 아침부터는 짐이 특별히 '아버지'라는 영원한 이름을 하사할 것이다."

Tip 아침, 점심, 저녁에는 정관사를 붙인다. 유일한 최상급인 'the most'와는 달리 'a most'는 매우 특별하다는 강조의 의미로 보면 된다.

0915

At this the warrior trembled momentarily, gathered his strength, and then stood ramrod straight. "Yes, my King," he replied. "This too is a great honor. I am proud to be called (×) Father."
순간 전율한 전사는 다리에 힘을 주어 몸을 곧추 세웠다. "예, 그렇게 하겠습니다, 폐하. 아버지라고 불리니 영광입니다."

Tip 존경의 의미로 붙는 타이틀이라는 뜻의 'honor'에는 관사를 붙일 수 있다.

0916

Elated, (×) Father could not sleep much during the night. He could not stop thinking about the changes soon to come into his life. (×) Doubts, fears, and (×) excitement all competed for his mind's attention. This was his first such assignment; however, (×) Father was ready to take on the challenge.
아버지는 가슴이 벅차올라 밤잠을 이룰 수 없었다. 앞으로 펼쳐질 새로운 삶이 설레는 데다 의구심과 흥분이 교차했기 때문이다. 그는 첫 임무를 두고 각오를 다졌다.

Tip 'Father'는 대문자로 쓴 것으로 미루어 고유명사로 쓰였다.

0917

At (×) daybreak, the King's new daughter was born. He named her (×) Purity. By her bedside, in full armor, stood her new Father. Removing his helmet, the willing warrior lifted (×) Purity high into the air, acknowledging the King, and then drew her near his face.
동이 틀 무렵, 마침내 공주가—이름은 퓨리티—태어났다. 아버지는 중무장한 채 아이 곁에 서 있다가 투구를 벗어 젖히고는 퓨리티를 높이 들어올렸다. 그렇게 하례한 후 딸을 얼굴 가까이로 안았다.

Tip 전치사 'at' 다음의 특정 시기는 관사를 붙이지 않는다(at noon/at midnight/at night).

0918

For a brief moment, Father saw himself reflected in her eyes and was shaken by the gravity of his calling. Although he realized that she was actually the King's daughter, he instantly loved her as his own.
잠시나마 아이의 초롱초롱한 눈망울에 비친 자신의 눈동자를 보며 소명의 중압감에 몸이 전율했다. 퓨리티가 왕의 딸이라는 사실을 잘 알면서도 자신의 딸인 양 아이를 사랑했다.

Tip 전치사 'of' 이하가 '무게gravity'를 한정하고 있다.
They didn't seem to understand the gravity of the situation.

0919

Suddenly (×) Father's concentration was broken by the arrival of the King's courier bearing an incredible array of unique gifts for the child. Each gift was carefully wrapped and came with (×) specific instructions about when to open it and how, one day, Purity would use it to further build the kingdom.
왕의 특사가 아이에게 줄 선물을 잔뜩 담고 찾아오자 시선이 그쪽으로 쏠렸다. 정성스레 포장된 선물에는 개봉일과 사용법이 각각 명시돼있었다. 왕국 건설을 위해 언젠가는 퓨리티가 이를 쓸 것이다.

Tip 무엇이 도착했는지는 전치사 'of'가 말해주고 있다.

0920

The final gift bestowed was a beautiful ring, a sign that this precious daughter belonged to the King. Soon it was time to take the little one home.
마지막 선물은 퓨리티가 공주라는 사실을 입증할 반지였다. 얼마 후 어린 녀석을 집에 데려갈 시간이 왔다.

Tip '마지막'은 특정한 어구이므로 관사를 붙인다.

0921

At this passed, Father became purity's constant companion. Under his loving care the child grew strong, just as her King had planned. the job of watching over her was never easy, as she required (×) constant attention.
어느덧 아버지는 퓨리티의 동반자가 되었다. 아이는 그의 사랑을 머금고 왕의 계획대로 무럭무럭 자랐다. 한시라도 정신을 팔면 안 되었기에 딸아이를 돌본다는 것이 쉬운 일은 아니었다.

Tip 어떤 아이child인지는 흐름을 보면 알 수 있다.

0922

Not only did Father have to keep (×) track of Purity, but he had to safeguard her gifts as well. Father soon noticed that the more time he spent with Purity, the more his own life's pursuits faded in (×) importance.
아버지는 퓨리티의 행방을 주시하고 선물도 지켜야 했으므로 퓨리티와 함께 하는 시간이 길어질수록 자신의 욕구에 대한 중요성은 점차 퇴색되어갔다.

Tip '행방을 주시하다'는 'keep track of'인데 관용적인 표현을 몰랐다면 관사를 판단하기가 어렵다.

0923

The young one learned much from Father's mentoring and (×) example. He also taught her many important things about her unique gifts and how to use them. Father's loving touch and gentle words of (×) encouragement shaped Purity according to the King's plan for her life. Her future seemed secure in every way.

어린 딸은 멘토와 본보기가 된 그로부터 많은 것을 배웠다. 아버지는 특별한 선물을 두고도 중요한 비밀을 가르쳤으며 사랑스런 손길과 격려의 말 한마디 한마디가 (왕의 계획대로) 퓨리티의 됨됨이를 만들어갔다. 그렇게 아이는 무사히 커가는 듯했다.

Tip '어떤 그young one'가 누구인지는 흐름으로 알 수 있다.

0924

One day, however, a dreadful thing happened. Father had take the young girl out for a walk near the edge of the kingdom, not far from the place called the Swamp.

그러나 하루는 끔찍한 사건이 벌어지고 말았다. 아버지가 어린 딸과 함께 스웜프(늪지대)에서 조금 떨어진, 왕국 변두리로 산책을 나온 것이다.

Tip 왕국의 모습을 그려보면 '변두리edge'에 관사가 붙는다는 점을 알 수 있다.

0925

You see, at the eastern edge of the kingdom lay a small area yet untamed. In this foreboding place, (×) impenetrable briar and (×) tangled trees concealed (×) noxious weeds and (×) oozing mire. (×) Horrible creatures, unlike those found in the kingdom, hid from the watchful eyes of the King's guards.

그다지 넓지 않은 동편 끝자락은 인적이 드물었다. 음산한 분위기가 물씬 풍기는 이곳, 무성한 찔레와 엉킨 나무가 독초와 줄줄 배어나오는 진창을 가렸고 왕국에서는 찾아볼 수 없는 무시무시한 괴물들은 삼엄한 파수꾼의 눈을 피해 몸을 숨겼다.

Tip 변두리에 방향까지 구체적으로 기술했다면 더더욱 정관사가 필요할 것이다.

0926

Father was well aware of the Swamp but was not concerned that any harm would come to young Purity. After all, he and the King's daughter had passed by before without (×) incident.

아버지는 스웜프를 대수롭지 않게 생각했다. 퓨리티에게 해를 줄 거라고는 생각지 않았기 때문이다. 실은 전에도 공주와 함께 그 근방을 지나간 적이 있었지만 아무 일도 벌어지지 않았다.

Tip 스웜프는 화자가 알고 있는 '늪지대'를 가리킨다.

0927
However, on this day, instead of walking swiftly past the distant darkness, Father made a decision that would forever change both of their lives.
이젠 안심해도 된다고 여겼는지 그는 멀리 보이는 어둑어둑한 스웜프를 속히 지나가진 않았다. 결국 부녀의 인생은 아버지의 불찰로 크게 달라졌다.

Tip '결정하다'는 'make a decision'이다.

0928
"Let's stop for a while," Father said, spreading a blanket for Purity on the lush, green grass. "Just for a moment and then, I promise, we will be on our way."
"여기서 잠시 쉴까?" 아버지가 푸른 잔디에 모포를 깔며 말했다. "잠깐만 있다가 마저 가자꾸나."

Tip 앞서 언급한 바가 없었던 모포를 가리키므로 부정관사를 썼다.

0929
Purity nodded in (×) agreement, sat down, and opened the large box containing the gifts given to her by the King—she never went anywhere without them.
퓨리티는 고개를 끄덕이며 자리에 앉고는 선물이 담긴 커다란 상자를 열었다(아이는 선물이 없이는 아무데도 가지 않았다).

Tip 커다란 상자는 선물이 담긴 상자로 한정된다.

0930
Satisfied that his young charge was safe, the warrior lowered himself into a sitting position, his back against one of the towering trees common to that area.
공주가 안전할 거란 생각에 전사는 몸을 낮춰 우뚝 솟은 나무에 등을 기댔다.

Tip 여러 가지 자세 중 '앉는 자세'로 몸을 낮추었다는 것이다.

0931
From this vantage point, Father could watch over Purity and could also see the edge of the Swamp. Unfortunately, he could not see the three pairs of eyes peering out of the brush, studying their every move.
탁 트인 곳이라 그는 딸아이와 스웜프 가장자리를 훤히 볼 수 있었으나 잡목 밖의 동정을 살피고 있는 세 쌍의 눈은 전혀 의식하지 못했다.

Tip 동정을 살피는 눈은 세 쌍three pairs of eyes이 전부였다. 다른 눈은 없었다.

0932

The eyes, like (×) blazing bullets of (×) fire, belonged to (×) creatures of darkness whose only purpose in (×) life was to steal, destroy, and, if given the chance, kill the children of the King.

도적질과 살인을 일삼던 어둠의 괴물들은 격렬히 타오르는 듯한 눈으로 왕의 아이들을 죽일 기회만 호시탐탐 노렸다.

Tip '기회chance(=opportunity)'는 셀 수 있는 명사로 관사를 붙일 수 있다.

0933

Father knew from (×) experience that these creatures were never far away. However, he also knew that they were no match for a fully alert warrior. Feeling justified in his decision to rest, Father leaned back against the dark bark of the tree and smiled.

아버지는 그들이 근방에 있다는 사실을 알고 있었으나 전사의 적수는 되지 못할 거란 생각에 마음을 놓았다. '잠시 쉰다고 별일은 없겠지?' 까무잡잡한 나무껍질에 느긋이 등을 기댄 그는 씩 웃었다.

Tip 나무에 연결된 개념인 나무껍질에도 정관사를 붙인다.

0934

Just a moment's rest, he thought to himself, and then we will be on our way again. (×) Tired muscles wrestled to find (×) peace as his armor, so useful in (×) battle, grew cumbersome.

'조금만 쉬다 가도 되겠지...' 지금은 전사가 아닌지라 갑옷이 자꾸 거치적거렸고 지친 근육은 피로를 떨치느라 분주했다.

Tip 특정하지 않은 복수명사에는 관사를 붙이지 않는다.

0935

Seeking his own comfort, Father removed his helmet, followed by his breastplate and belt in (×) rapid succession. Propping his shield against the tree and laying his sword on the ground, the warrior slowly relaxed.

그는 좀더 편히 쉴 요량으로 투구를 벗어젖히고는 흉패와 허리띠도 마저 풀었다. 방패를 나무에 거치해두고 칼을 땅에 눕히자 몸이 나른해졌다.

Tip 나무나 땅에 붙은 관사는 현장을 그려보면 자명해진다.

0936

He then allowed himself the luxury of closing his eyes—just for a moment. Soon (×) images of (×) pleasant times and faraway places flooded his tired mind. (×) Father's earlier life had been good, and he daydreamed about many things.

이젠 눈을 붙일 여유까지 생겼다. 이윽고 달콤했던 시절과 원정을 떠난 추억들이 파노라마처럼 지친 뇌리를 스쳐지나갔다. 최고의 전성기를 보낸 아버지는 흐뭇한 꿈에 취했다.

Tip '여유luxury'를 두고는 정관사와 전치사 'of'를 쓰는 패턴을 암기해야 한다(We can't afford the luxury of waiting any longer).

0937

(×) Trips to (×) distant parts of the kingdom. (×) Battles fought and won. Days gone by and days yet to come. Lost in his won world, Father lost (×) sight of the King's daughter.

원정에서 승리를 쟁취했던 기억과 앞으로 펼쳐질 나날 등, 자기만의 세계에 심취한 나머지 공주는 안중에도 없었다.

Tip 특정하지 않은 전투이므로 관사를 붙이지 않는다.

0938

Now, this warrior never intended to shirk his duty. Father meant no disrespect to the King, and certainly his love for Purity had never been stronger. However, his head began to nod, and soon he blissfully drifted off to (×) sleep.

물론 퓨리티를 향한 사랑이 식었다거나, 농땡이를 부린다거나 혹은 왕의 명을 무시하고픈 마음은 추호도 없었다. 그러나 졸음에는 장사가 없는 법, 고개가 끄덕이기 시작하더니 얼마 후에는 '수마'에 속절없이 몸을 내주고 말았다.

Tip '잠sleep'은 수식어구가 없으면 대개 무관사(The noise woke her from a deep/light sleep).

0939

The young girl, unaware that her protector slumbered, wandered away into the Swamp—at the worst possible moment. Purity reasoned that if she went too far, Father would warn her and call her back, as he had many times before.

공주는 호위병이 잠든 것도 모른 채 스웜프 쪽으로 발길을 옮겼다(최악의 순간이 임박해온 것이다). 그런데 곰곰이 생각해보니 너무 멀리가면 아버지가 다시 불러 자기를 타이를성싶었다. 그런 적이 비일비재했기 때문이다.

Tip 정말 '최악'이라면 정관사를 써야 맞다.

0940

The warm sun, wildflowers, and (×) birdsongs created a dreamlike setting for this young innocent one. She had no idea that in (×) seconds her dream would shatter into a nightmare.

따사로운 햇살과 만발한 야생화, 짹짹거리는 새들의 노랫소리가 천진난만한 꼬마아이에게는 꿈에서나 볼법한 무대와도 같았다. 이처럼 아름다운 경치에 도취된 퓨리티는 조만간 악몽을 꾸게 되리라고는 전혀 예상치 못했으리라.

Tip 유일한 대상인 태양은 관사를 붙이고 '악몽nightmare'는 셀 수 있는 명사다.

0941

From their place of (×) ambush, the creatures could scarcely believe their good fortune. Nor only was the King's daughter meandering toward them, but more important, the warrior that they feared had fallen asleep.

매복해있던 괴물들은 '호박이 넝쿨째' 굴러 들어오리라고는 상상도 못했다. 공주가 그들에게 접근해오는 것도 그렇지만 용맹한 전사가 잠에 빠졌다는 사실이 무척이나 반가웠다.

Tip 괴물은 앞서 언급한 대상이므로 관사를 붙였다.

0942

Sensing an opening, the foul beasts crept from the shadows and ran toward the girl, picking up speed with each step. When Purity first saw these new creatures, she smiled to welcome them into her world.

빈틈을 감지한 맹수들은 음지를 나와 점차 속도를 높이며 공주에게 달려갔다. 마침내 낯선 괴물과 마주친 퓨리티, 반갑게 미소를 보냈다.

Tip '맹수'나 '음지'는 정황을 그려보면 알 수 있으므로 정관사를 붙인다.

0943

(×) Goodness was all she ever known, so she never imagined what was about to happen. Like (×) swift wolves, the beasts smashed into Purity, knocking her down with their initial rush.

뭐든 다 좋은 것인 줄 알고 있으니 장차 무슨 일이 벌어질지는 알 턱이 없었다. 날렵한 늑대마냥 괴물이 공주를 한 방에 때려눕혔다.

Tip '-ness'로 끝나는 어구는 불가산명사일 가능성이 높다(friendliness/sickness).

0944

Instantly the young girl's smile turned to a look of (×) horror. For the first time in her life, the King's daughter felt (×) fear and pain. Too scared to scream, Purity curled up into a ball, covering her face from the terrible scene. She could only hope that her worrior would awaken before she was destroyed.

아이의 표정은 급반전되었다. 태어나서 처음으로 두려움과 공포를 느꼈을 것이다. 비명조차 지를 수 없을 정도로 겁에 질린 공주는 얼굴을 가린 채 몸을 움츠렸다. 큰일이 나기 전에 호위병이 일어나리라는 희망만은 버리지 않은 채….

Tip 'look'이 표정을 가리킬 때는 전치사 of와 함께 관사를 붙인다.

0945

The creatures circled the girl's motionless body menacingly. They angrily grabbed for her precious gifts that lay scattered on the ground around her.

괴물은 옴짝달싹 못하는 소녀를 위협하며 주변을 맴돌고 있었다. 그러고는 분노한 듯 씩씩대며 여기저기 흩어진 선물을 손에 꽉 쥐었다.

Tip 핵심어는 '소녀girl'가 아니라 '몸body'이다.

0946

Even these base creatures knew that each gift was a key to the expansion of the King's territory—and the destruction of their own. One by one, they snatched the packages, clawing them to (×) tattered pieces.

하등하게 여겼던 괴물도 그것이 왕국의 영토 확장에—그러면 스웜프는 파괴될 것이다—보탬이 된다는 사실을 알았던 것이다. 괴물들은 꾸러미를 하나씩 채더니 발톱으로 갈기갈기 찢어버렸다.

Tip '확장'은 왕국의 영토와 연결되는 개념이므로 정관사를 붙였다.

0947

The first gift ruined was vision. If she could not see a great future for herself, then surely she would fall short of the King's plans. Next, they attacked her virtue and sense of (×) self-worth. Without these, she would spend years wallowing in (×) shame.

그렇게 해져버린 첫 선물은 '비전'이었다. 그 결과, 원대한 미래를 볼 수 없게 된 공주는 왕의 계획을 이루지 못할 것이 분명했다. 그리고는 '순결'과 '자존감'이 공격당한 탓에 수치심으로 수년을 보낼 세월을 보내야 했다.

Tip 전치사 'in'과 연결되는 무관사 명사에 주목하라(in danger/in shame/in trouble/in love).

0948

(×) One creature snarled loudly when he found her gift labeled hope. Its cruel brain surmised that without it, she would spend (×) years sickly and weak.

한편, 한 녀석이 '희망'이란 상자를 발견하고는 으르렁거리기 시작했다. 나약해진 몸과 잦은 병치레를 감내해야 할 거라는 생각에 그런 것이다.

Tip 막연한 '수년years'에는 관사를 붙이지 않는다.

0949

Emboldened by the lack of (×) response from her warrior, the demented beasts tore through her gift called faith as though it were made of (×) butterfly wings. Then, the largest of the creatures spied the ring upon her finger and howled in (×) sick delight.

호위병이 아무런 반응을 보이지 않자 더욱 기고만장해진 맹수는 나비의 날개로 만들어진 '믿음'마저 조각을 내버렸다. 몸뚱이가 가장 큰 녀석이 손가락에 낀 반지를 유심히 살피며 '횡재'했다는 듯, 괴성을 질러댔다.

Tip 나비의 날개는 특정한 대상이 아니므로 복수형에 관사를 쓰지 않는다.

0950

Realizing that it had been a special present from the King, the monster cruelly ripped the ring from her tiny hand and clumsily pushed it onto the end of its twisted, bloody claw. Then, all (×) three of the creatures cruelly mocked her plight.

특별한 선물임을 눈치 챈 괴물은 고사리 같은 손가락에서 반지를 빼내고는 어설프게나마 피 묻은 발톱에 이를 억지로 끼웠다. 공주를 덮친 세 마리 괴물은 그렇게 아이를 조롱했다.

Tip 괴물은 반지가 특별한 선물이라는 사실을 뒤늦게 깨달았기 때문에 부정관사를 썼다.

0951

Among (×) Chuang-tzu's many skills, he was an expert draftsman. the king asked him to draw a crab. Chuang-tzu replied that he needed five years, a country house, and twelve servants.

재주가 유달리 많았던 장자莊子는 그림 솜씨도 탁월했다. 하루는 왕이 '게crab'를 그려달라고 하자 그는 5년의 시간과 초가집과 열두 명의 종이 필요하다고 대답했다고 한다.

Tip 왕은 장자의 나라를 다스리던 왕일 것이다.

0952

Five years later the drawing was still not begun. "I need another five years," said Chuang-tzu. the king granted them. At the end of these ten years, Chuang-tzu took up his brush and, in an instant, with a single stroke, he drew a crab, the most perfect crab ever seen.—talo Calvino1

하지만 5년이 지나도록 그는 시작조차 하질 않았다. 이때 5년이 더 필요하다는 장자의 요구에 왕은 5년을 더 기다려주기로 했다. 10년이 찰 무렵, 그는 붓을 들고는 단숨에 게를 그렸다. 천하에 누구도 흉내 낼 수 없는 완벽한 게를 말이다. — 이탈로 칼비노

Tip 그간 본 것 중 최고의 게라면 정관사를 붙여 마땅하다.

0953

Despite the show of force, military officers conceded that they did not have full control of Dili (a city in East Timor) and that it would take far longer to enforce (×) security in the rest of the territory. "How long is a piece of string?" one colonel said when asked for a time estimate.—Seth Mydans

군 당국은 무력으로 본때를 보여주었지만 딜리(Dili, 동티모르의 한 도시)는 아직 점령하지 못했다고 시인했다. 또한 전 지역의 치안을 강화하려면 시간이 더 필요할 것이라고 그들은 덧붙였다. 예상 기간을 묻자 "기타 줄의 길이가 몇 인치인지 아시오?" 대령이 대꾸했다.— 세스 미단스

Tip 악기의 현(줄)은 'a piece of'라는 표현으로 센다.

0954

The king and the colonel, in the quotations above, face a common managerial problem: How long will it take to achieve a desired outcome? We see the same question arise is (×) business.

위 인용문에 등장하는 왕과 대령은 바람직한 목표를 달성하는 데 필요한 시간이 자못 궁금하다. 이는 경영인이라면 흔히 던지는 의문이기도 하다.

Tip 인용문에 등장하는 왕과 대령이므로 정관사를 붙였다.

0955

How long will it take for a new service to gain (×) market share, a revised policy to be successfully implemented, or, for that matter, the housing market to turn around? the usual answer is that it is hard to say.

비즈니스에서도 그 같은 문제를 겪는데 이를테면, 신규 서비스가 시장 점유율을 확보하는 데는 얼마나 걸리며, 개정된 방침이 성공적으로 실시되거나, 주택시장이 반등하려면 언제까지 기다려야 할지 등, 사례는 얼마든지 찾을 수 있을 것이다. 그런 질문을 받으면 대개는 밝히기가 곤란하다며 얼버무리기 일쑤다.

Tip 주택시장은 특정한 시장이므로 정관사를 붙인다.

0956

As the colonel put it, how long is a piece of string? If we had asked (×) Instagram founders Kevin Systrom and Mike Krieger in 2011 how long it would take for someone to offer them a billion dollars for their photo-sharing app, I'm sure they would have replied that they had no idea. (It took a year and a half.)

대령의 말마따나 "기타 줄의 길이를 아느냐?"는 식으로 말이다. 또한 누군가가 인스타그램의 공동창업주 케빈 시스트롬과 마이크 크리거를 찾아와 사진공유 어플을 10억 달러에 매입하겠다고 제안하기까지는 얼마나 걸렸는지 묻는다면 그들도 모른다고 대꾸했을 것이다(실은 1년 반 걸렸다).

Tip 앞서 언급한 대령이 또 등장한다면?

0957

So, when should the king fire Chuang-tzu and hire someone else who could get the job done faster? That depends on the king's estimate of how long the job should take.

그렇다면 왕은 언제 장자를 해고하고 더 신속히 게를 그릴 수 있는 사람을 기용할까? 게를 그리는 데 소요되는 시간을 왕이 얼마만큼 가늠하고 있느냐에 따라 결과는 달라질 것이다.

Tip 어떤 일job인지는 글을 읽으면 알 수 있다.

0958

And what about the colonel? Is he incompetent? That depends on how long it should take to enforce (×) security. In another sense, deciding when to act depends on the length of an interval. If time is limited and a lengthy task can't be shortened (or, once begun, the remaining parts put off for another time), then it's foolish to begin.

그럼 대령은 어떤가? 그는 무능한 사람인가? 그 또한 치안을 강화하는 데 소요되는 기간이 결정할 문제다. 그러니 행동의 시기는 인터벌의 길이가 결정한다고 볼 수 있다. 가령 시간은 한정되어 있고, 단축은 불가한 장기 프로젝트가 있다면(일단 시작하면, 일부는 다른 날로 미룰 수 있더라도) 이를 성급히 추진하는 우를 범해서는 안 될 것이다.

Tip 나머지 전체를 표현할 때는 정관사를 붙인다.

0959

It would be like trying to force an SUV into a parking space barely big enough for a bicycle. In order to plan effectively, we need to be able to estimate know how long something will take and how long (×) events or conditions in the environment will last—hat will persist for a long time and what will be over quickly.

마치 자전거가 겨우 들어갈 만한 공간에 SUV를 억지로 주차하려는 격이랄까. 이때 기획의 효과를 끌어올리려면 프로젝트에 소요되는 기간을 비롯하여, 환경적인 형편이나 상황은 얼마나 지속될지(장기간 계속되거나 단기간에 종료될만한 것) 예측할 수 있어야 할 것이다.

Tip SUV, 철자가 아니라 발음이 중요하다. "에스유비"에서 '에'는 모음이다.

0960

The ability to estimate the length of intervals is at the heart of the question of timing. Yet before we can estimate an interval of time, we need to recognize that an interval is present.

인터벌의 길이를 예측할 수 있는 눈썰미가 타이밍의 핵심이지만, 시간의 인터벌을 예상하기에 앞서 인터벌의 존재감 부터 확인해야 한다.

Tip 'at the heart of'는 굳어진 표현이다. 질문question은 타이밍이라는 특정한 대상이므로 정관사를 붙였다.

0961

We can't make a prediction about something we don't know exists. This becomes even more complex because the way we describe the world often omits intervals that matter.

존재하는지도 모르는 것을 예측할 수는 없을 테니까. 이 과정이 훨씬 복잡한 이유는 주변세계를 거론할 때 중요한 인터벌을 빼먹는 경우가 비일비재하기 때문이다.

Tip 'make a prediction = predict(예측하다)'

0962

Here are the intervals that the description omits and that are frequently overlooked in (×) discussions of (×) milestones, performance metrics, or (×) service-level agreements. Each can be critical.

핵심단계나 성과기준 혹은 서비스 수준협약 등을 논의할 때 흔히 빠뜨리는 인터벌은 다음과 같다. 조목조목 눈여 겨보기 바란다.

Tip 인터벌은 앞서 언급한 것이므로 정관사를 붙인다.

0963

- How should (×) key milestones be defined: by the time until a specific event or condition or by the time until a specific date(five thousand miles or three months, whichever comes first)?
- How long until a milestone should be reconsidered or revised?
- 핵심단계는 어떻게 정의하는가: 구체적인 결과나 조건이 이루어질 때까지의 시간인가, 구체적인 날짜까지의 시간인가(5,000마일이나 석 달)?
- 핵심단계를 재구상하거나 개정하는 데 걸리는 시간은?

Tip 'milestone'은 가산명사다. 본문의 '마일스톤'은 특정하지 않은 대상이므로 부정관사를 썼다.

0964

- Does it matter if (×) one party to an agreement misses a milestone by a small amount of time? And what is a small amount? Two weeks may be critical for one company, but may not matter for another.
- 협약에 참여한 당사자가 핵심단계를 '잠깐small amount of time' 지나쳤다면 그것이 문제가 되는가? 잠깐은 어느 정도를 가리키는가? 2주로 승부가 갈리는 회사도 있지만 그렇지 않은 회사도 있을 것이다.

Tip 가정을 나타내는 문장으로 주어가 'one(=a) party'다. 불특정한 대상이 주어이므로 가산명사에 부정관사를 썼다.

0965

- How long before a deadline arrives does a company realize that it cannot meet it? When does a company discover that it cannot meet a deadline or that it will miss a milestone?
- 마감일이 오기 얼마 전에 이를 지키지 못할 거라는 점을 발견하는가? 마감일을 준수할 수 없다거나, 핵심단계를 지나쳤다는 사실은 언제 깨닫는가?

Tip 위 문장과 연결되므로 가산명사에는 부정관사가 어울릴 것이다.

0966

- How long will it take to catch up or repair the damage caused by being late? When can this interval be estimated with any degree of (×) certainty?
- 업무 지연으로 발생한 손실을 만회하거나 회복하는 데 걸리는 시간은? 이 같은 인터벌을 예측하는 데 확신이 서는 시기는 언제인가?

Tip 금전적인 손실damage은 관용적으로 '정관사'를 붙인다.

0967

- Once the answers to these questions are known, how long will it be before this information is communicated to all (×) relevant parties? Will everyone be told at the same time? If not, how will the gap between the first and last to be notified be managed?
- 위 물음의 답을 알고 있다면 당사자들에게 전달되는 시간은 얼마나 걸리겠는가? 각자가 동시에 들을까? 그렇지 않다면 처음과 마지막의 격차는 어떻게 조정할 수 있는가?

Tip 답변answers은 앞선 물음에 대한 것이므로 복수형이라도 정관사를 붙였다.

0968

• Do the answers to the previous six questions depend on how long the parties have known each other? These intervals clearly matter.

• 앞선 여섯 가지 질문은 당사자가 서로 알고지낸 기간에 따라 답이 달라지는가? 인터벌은 분명 중요하다.

Tip '앞선(이전) 질문' 자체가 특정한 명사라는 방증이다.

0969

I don't think they were omitted because they weren't important. I think they were omitted because it's easy to leave them out. Recall the "key in the door" experiment I described in the Introduction.

인터벌이 중요치 않아서 빼먹는다고는 생각지 않는다. 그러기가 쉽기 때문에 빠뜨린다면 또 모를까. '문을 여는 열쇠' 실험을 다시금 떠올려보자.

Tip 'recall'이란 앞에서 다루었던 것을 다시 떠올린다는 뜻이다.

0970

Our mind can jump (×) gaps in (×) time without noticing that it has done so. Another reason we tend to omit (×) critical intervals from our thinking is our assumption that high speed is an advantage.

사람의 두뇌는 시간적 간격을 건너뛰면서도 이를 깨닫지 못한다. 중요한 인터벌을 자주 빼먹는 또 다른 이유는 속도가 빠른 것이 무조건 유리하다는 고정관념 때문이기도 하다.

Tip '어드밴티지advantage'는 가산명사로 '장점'이라는 뜻이다.

0971

For example, (×) researchers believed until recently that using (×) CT scans sooner and more often to detect (×) early-stage lung cancer would save many more lives. But that is not what (×) studies showed.

예컨대, 최근까지도 의료 전문가들은 CT 촬영을 좀더 일찍, 그리고 자주 해두면 조기 폐암을 진단할 수 있어 많은 생명을 살릴 거라고 확신한다. 그러나 연구 결과는 그렇지가 않다.

Tip 특정하지 않은 복수명사에는 관사를 붙이지 않는다.

0972

To understand why (×) CT scans didn't improve (×) survival rates, we have to look at the problem more closely. According to the New York Times, more cancers were found and treated as a result of (×) CT scans, "but the death rate was the same … [because] screening led to (×) detection and (×) treatment of (×) cancers that did not need to be treated—they would not have grown enough in the person's lifetime to cause any harm.

CT 촬영이 생존율을 끌어올리지 못하는 까닭을 이해하려면 문제를 면밀히 살펴봐야 한다. 뉴욕타임스에 따르면, CT 촬영으로 암을 발견/치료하는 경우가 더 많아진 것은 사실이지만 "사망률에는 변화가 없다"고 한다. "… 애당초 치료하지 않아도 될 암환자를 검진하게 되기 [때문이다]. 즉, 생명에 지장을 줄만큼 암이 심각하게 전이되진 않을 거라는 이야기다.

Tip 신문은 고유한 이름이라도 정관사를 붙인다.

0973

And many of the deadly cancers that were treated still ended up killing (×) patients. In this case, (×) research found that the extra surgeries, prompted by (×) additional screening, sometimes caused complications, such as (×) blood clots or (×) pneumonia, that were life threatening or fatal. …

치명적인 암환자 중 다수는 치료를 받아도 결국에는 사망하고 말았다. 추가 촬영으로 수술을 남용하면 혈전이나 폐렴 등 치명적인 합병증을 일으킬 수 있다고 연구자들은 덧붙였다.

Tip '리서치'는 셀 수 없어 관사를 붙이지 않는다(자주 나온다!). 단 질병은 수식하는 어구가 있으면 관사나 복수형을 붙이기도 한다(Advanced cancers are more difficult to treat.).

0974

These results contradicted (×) prior advice that suggested that "more than 80 percent of (×) lung cancer deaths could be prevented with (×) CT scans." That analysis—in assuming that anyone with (×) lung cancer would die of it without (×) treatment—failed to take into (×) account (×) three intervals.

이 연구 결과는 "폐암 사망자 중 80퍼센트 이상이 CT 촬영만 제때 했어도 목숨은 부지할 수 있었다"는 기존의 권고와는 대립된다. 그러나 '폐암 환자는 치료를 받지 않으면 사망하게 마련'이라는 분석은 세 가지 인터벌을 감안하지 않았다.

Tip 어드바이스는 관사를 붙이지 않는다(Let me offer you a bit / piece / word of advice.).

0975

Let's focus on the information systems business. the issues are real. Our company can leverage a powerful mix of (×) technologies for the information systems. Yet other subsidiary companies—(×) parts suppliers, electronics companies, content providers, and (×) airtime providers—are all fighting for (×) dominant positions in the same space. Major growth in (×) information systems is certain—who will capture that growth is not atall clear. For our company, the information systems business represents a wonderful opportunity amidst great uncertainty and change. In the end, we must together define the core value at which our company excels, the currency that will cause (×) partners to sign up for this integrated business model to serve the consumer. To speed our company's race towards the marketplace, and to more clearly define a strategy, we will use (×) external interviews, internal interviews, and (×) objective data to establish the value that each type of (×) player brings at positions along the value chain.

정보시스템 비즈니스를 살펴볼까 합니다. 물론 실제 이야기입니다. 본사는 강력한 정보시스템 기술을 한 데 모아 수익을 끌어올릴 수 있습니다만, 부품업체를 비롯하여 전자회사, 콘텐츠 및 휴대폰 서비스업체 등의 자회사는 한 자리에서 주도권을 쟁취하려고 안간힘을 쓰고 있습니다. 불투명하고 변동이 심한 요즘, 본사의 입장에서는 정보시스템 비즈니스가 더할 나위 없이 좋은 기회를 제공하지 않을까 싶습니다만, 이를 위해서는 기업이 우위에 있는 주력가치를 분명히 밝혀내야 합니다. 이를테면, 제휴업체가 통합형 비즈니스 모델의 가맹점이 될 만한 가치 말입니다. 시장을 목표로 벌이는 경주에서 속도를 키우고, 전략을 좀더 분명히 규정하려면 사내□외 면접을 실시하고 객관적인 데이터를 활용하여 각 업체가 가치사슬에 기여할 가치를 정립해야 할 것입니다.

Tip "the information systems business"의 경우, 핵심어는 비즈니스이고 비즈니스 시스템이 앞서 언급되었으므로 정관사가 붙었다.

0976

This model is a vehicle for comparing the results of your company's valuation methodology with the historical share prices of other companies under (×) analysis. Previously, viewing the effect on share price tracking was laborious and time-consuming. Now, using this tool, your company can perform this analysis quickly. This model also allows analysis on an unlimited number of departments simultaneously, rather than one by one.

It is important to note that this model is designed for use with (×) financial services companies. Thus, the growth rates used to create spot valuations are those of equity, not assets, and the return measure is return on (×) equity, not return on (×) investment. Adapting the model for use with industrial companies should not be difficult, but in its present incarnation, it applies to (×) banks.

이 모델은 귀사의 평가 방법론 결과와 분석된, 타사의 역대 주가를 비교하는 툴입니다. 예전까지만 해도 주가 추적의 결과를 확인하려면 손도 많이 가고 시간도 많이 소요되었습니다만, 이 툴을 쓰면 분석하는 데 속도가 붙을 것입니다. 또한 하나가 아니라 여러 부서를 동시에 분석할 수도 있습니다.

그러나 이는 금융서비스사 전용으로 제작된 모델이라는 점이 중요합니다. 따라서 현장평가에 사용되는 증가율은 자산이 아닌 지분의 증가율이, 수익측정은 투자수익이 아닌 지분수익이 해당됩니다. 이 모델을 일반회사에 적용하는 것은 그리 어렵진 않지만 지금은 금융권에서만 활용하고 있습니다.

Tip 'vehicle'은 가산명사로 '수단'이라는 뜻이다.

0977

Meg and Ed were fond of the countryside. They loved the fresh air, the lush foliage, and the smells and sounds of the outdoors. However, they were not fond of exercise, and therefore did not enjoy hiking. One sunny afternoon, they decided to take a drive through the country. They saw a sign advertising fresh produce and decided to pull over and buy vegetables for dinner. They got out of the car and went into the small store. Ten minutes later, Meg and Ed emerged with (×) cucumbers, tomatoes, peaches, and (×) pears. But when they reached their car, they discovered one of their tires was flat. the nearest gas station was a mile away. Not only did Meg and Ed purchase (×) delicious produce, they were also forced to take a hike in the country.

메그와 에드는 시골을 좋아했다. 그 둘은 상쾌한 공기와 우거진 잎과, 야외의 향기와 소리를 좋아했다. 그러나 운동을 싫어했기 때문에 산책은 하지 않았다. 어느 화창한 오후, 그들은 시골에서 드라이브를 즐기기로 했다. 신선한 농산물을 판다는 표지판을 본 그들은 차를 잠시 세워두고 저녁에 먹을 야채를 사기로 했다. 차에서 내린 후 작은 가게로 들어갔다. 10분 후, 메그와 에드는 오이와 토마토, 복숭아와 배를 들고 매점을 나왔다. 그런데 웬걸, 차에 와보니 한쪽 타이어에 펑크가 나있는 게 아닌가! 인근 주유소의 거리는 1마일 정도였다. 결국 메그와 에드는 맛깔스런 농산물도 사고, 어쩔 수 없이 시골길도 걸었다.

Tip 시골을 가리키는 단어인 'suburbs'나 'countryside'에는 관용적으로 관사를 붙인다.

0978

Rhonda was fond of all (×) water sports. She enjoyed waterskiing, surfing, and sailing. But most of all, she loved to snorkel. On one vacation in the Caribbean, she joined an adventurous tour group that rented kayaks and paddled across to a small deserted island a mile away. She put on her mask and flippers and dove under the pale blue water. Rhonda was astonished at the wide variety of fish and at the beautiful array of colors surrounding her, so she swam out farther to continue exploring. She was even more astonished an hour later, when she swam back in and found her group had left without her. Rhonda began to panic. Her heart started to race. Was she left alone on a deserted island!? Suddenly, another group of kayaks came around the bend of the cove, and Rhonda remembered that there was a new tour group that set off from the hotel every hour.

론다는 물에서 즐기는 스포츠라면 뭐든 사족을 못 썼다. 이를테면, 수상스키와 서핑 및 뱃놀이를 즐겼는데, 무엇보다도 스노클을 좋아했다. 캐리비언에서 휴가를 즐기던 그녀는 모험을 찾아다니던 관광객과 합류하여, 빌린 카약으로 1마일 바깥 작은 섬에 도착했다. 그녀는 수중마스크와 오리발을 착용하고 하늘색 물밑에 들어갔다. 아주 다양한 고기와 형형색색 아름다운 주변광경에 감탄한 나머지 론다는 좀더 멀리 가기로 했다. 그러나 1시간 후, 제자리로 돌아왔을 때는 아까보다 훨씬 더 큰 충격을 받았다! 일행이 떠나버린 것이다! 그녀는 공황상태에 빠지고 말았다. 심장박동도 빨라지기 시작했다. 무인도에 홀로 남게 된 것일까? 마침 다른 카약 팀이 만곡부 주변에 나타났다. 그제야 론다는 그들이 호텔에서 1시간마다 출발하는 관광객이라는 사실을 깨달았다.

Tip 캐리비언(카리브해) 같은 바다에는 관용적으로 관사를 붙인다(the Caribbean Sea).

0979

Most insurers have suffered the impact of (×) depressed equity prices and of (×) low long-term yields. Even the best-prepared companies have had to reinforce their hedging strategies and are currently dealing with (×) unprecedented volatility in their stock prices. We are still in a phase where volatility is largely driven by the market's fears regarding solvency.

보험업계는 주가하락과 장기수익 저하로 몸살을 앓아왔습니다. 대비가 철저한 기업조차도 매매전략을 강화해야 할 필요성을 느끼고 있으며, 지금은 이례적인 주가변동에 대응하고 있습니다. 지급능력을 둘러싼 시장의 불안감이 변동폭을 좌우하는 단계에 머물러 있다는 이야기입니다.

But looking beyond the immediate market volatility, it is clear that there is (×) "real economy" damage. This is already starting to have an impact on the insurance industry. We can predict with some certainty that(×) customer demand will decline sharply. (×) Insurers will need to be clear about the markets and product areas that will continue to thrive and that deserve (×) strong investment, those that will decline temporarily, and those that present an opportunity for long-term share gains in exchange for short-term pain.

그런데 시장의 즉각적인 변동 너머로 시선을 돌리면 '실물경제'가 맞닥뜨린 위기가 분명히 보일 것입니다. 이는 보험업계에도 마수를 뻗고 있습니다. 조만간 수요가 급락하리라는 점은 어느 정도 예측할 수 있으므로, 보험회사는 수익창출을 이어가며 투자에 강세를 띨만하거나, 잠시 주춤하거나, 혹은 단기적인 손실을 감수하면 장기적인 지분수익을 노릴 수 있는 시장과 제품을 분명히 밝혀두어야 합니다.

(×) Recessions always create (×) opportunities to reshape the competitive landscape. the insurance industry is generally better prepared this time around. But the double impact of the financial crisis and the damage on (×) consumer demand mean that this downturn will be no exception.

지금껏 경기침체는 경쟁구도를 재편할 기회로 이어져왔습니다. 보험업계는 대개 이런 추세에 준비를 좀더 철저히 합니다만, 금융위기와 수요둔화라는 이중고는 이번 경기침체도 예외가 아니라는 방증이 될 것입니다.

Tip 업계industry는 여러 종류가 있지만 모두 관사를 붙인다(the automobile/oil/computer industry).

0980

Today, when we produce more food than ever before in (×) human history, more than one in ten people on (×) Earth are hungry. the hunger of 800 million happens at the same time as another historical first: that they are out-numbered by the one billion people on this planet who are overweight.

여느 때보다 작물 수확량이 늘어나고 있는데도 열 명 중에 한 명은 여전히 배를 곯는다. 더 아이러니컬한 사실은 사상 최초로 과체중 인구(10억 명)가 기아에 허덕이는 인구(8억 명)를 앞질렀다는 것이다.

Tip 인류사를 비롯한 역사history는 수식어가 없으면 관사를 붙이지 않는다.

0981

(×) Global hunger and obesity are symptoms of the same problem and, what's more, the route to eradicating world hunger is also the way to prevent (×) global epidemics of (×) diabetes and heart disease, and to address a host of environmental and social ills. Overweight and hungry people are linked through the chains of production that bring (×) food from fields to our plate. Guided by the profit motive, the corporations that sell our food shape and constrain how we eat, and how we think about food. the limitations are clearest at the fast food outlet, where the spectrum of choice runs from McMuffin to McNugget. But there are hidden and systematic constraints even when we feel we're beyond the purview of (×) Ronald McDonald.

지구촌에서 벌어지는 기근과 비만사태는 동일한 문제에서 파생된 증상이다. 따라서 세계의 기아를 근절한다면 비만과 심장 질환을 예방하고, 수많은 환경/사회 문제를 해결할 수 있을 것이다. 과체중인 사람과 배를 곯는 사람들은 식품이 생산지에서 식탁으로 유통되는 과정인 '생산그물'에 얽혀 있다. 한편, 기업은 더 많은 수익을 챙길 요량으로 식품의 모양뿐만 아니라, 섭취방법과 사고방식까지도 통제하고 있다. 이는 맥머핀(McMuffin)과 맥너겟(McNugget)에 이르기까지 다양한 선택의 폭을 자랑하는 패스트푸드 매장에서 극명하게 드러난다. 우리는 로널드 맥도널드보다 생각의 폭이 넓다고 여긴다. 그러나 현실에는 우리의 눈을 가리는 구조적인 요소가 숨어 있다.

Tip 'same'은 정관사와 같이 쓴다. 'a host of'는 숫자가 많다는 뜻으로 굳어진 표현이다.

0982

Even when we want to buy something healthy, something to keep the doctor away, we're trapped in the very same system that has created our 'Fast Food Nations'. Try, for example, shopping for (×) apples. At (×) supermarkets in North America and Europe, the choice is restricted to half a dozen varieties: Fuji, Braeburn, Granny Smith, Golden Delicious and perhaps a couple of others. Why these? Because they're pretty: we like the polished and unblemished skin. Because their taste is one that's largely unobjectionable to the majority. But also because they can stand transportation over long distances. Their skin won't tear or blemish if they're knocked about in the miles from (×) orchard to (×) aisle. They take well to the waxing technologies and compounds that make this transportation possible and keep the apples pretty on the shelves. They are easy to harvest. They respond well to pesticides and industrial production. These are (×) reasons why we won't find Calville Blanc, Black Oxford, Zabergau Reinette, Kandil Sinap or the ancient and venerable Rambo on the shelves. Our choices are not entirely our own because, even in a supermarket, the menu is crafted not by our choices, nor by the seasons, nor where we find ourselves, nor by the full range of apples available, nor by the full spectrum of (×) available nutrition and tastes, but by the power of food corporations.

소비자는 되도록 병원 신세를 지지 않으려고 건강보조식품을 선호하지만, 결국에는 '패스트푸드 제국'을 만들어 낸 체제에 갇혀 옴짝달싹하지 못하는 꼴이 되고 만다. 사과를 예를 들어보자. 북미와 유럽 지역의 슈퍼마켓에는 브레번, 그래니 스미스, 골든 딜리셔스 등 사과 품종이 대략 6가지 정도로 압축된다. 왜 그럴까? 먹음직스럽기 때문이다. 소비자는 반질반질하고, 그럭저럭 먹을 만한 사과라면 괜찮다고 생각한다. 또 한 가지 이유는 장거리 운송에도 모양이 변질되지 않는다는 점이다. 과수원에서 매장 진열대까지 먼 길을 서로 부딪치며 달려와도 흠집이 안 생긴다. 이는 첨단 코팅기술과 화학약품의 '역작'이다. 따라서 진열된 사과는 탐스러울 수밖에 없다. 또한 살충제에 강하고 대량생산이 가능하기 때문에 수확하기도 편리하다. 그런 까닭에 칼빌 블랑이나 블랙 옥스퍼드, 자버고 라이니트, 칸딜 시냅 혹은 역사적으로 많은 사랑을 받아온 람보 제품은 찾아볼 수 없다. 매장에 들여놓는 식품의 '메뉴'는 우리의 기호나 수확기 혹은 사과 종류나 영양소에 따라 결정되는 것이 아니라 식품회사의 재량에 달렸다. 따라서 소비자는 슈퍼마켓에서도 선택의 주체가 되지 못한다.

Tip 어떤 선반shelves인지, 어떤 메뉴menu인지는 정황으로도 충분히 알 수 있다.

0983

The concerns of (×) food production companies have (×) ramifications far beyond what appears on supermarket shelves. Their concerns are the rot at the core of the modern food system. To show the systemic ability of a few to impact the health of the many demands a global investigation, travelling from the 'green deserts' of Brazil to the architecture of the modern city, and moving through history from the time of the first domesticated plants to the Battle of Seattle. It's an enquiry that uncovers the real reasons for famine in Asia and Africa, why there is a world-wide epidemic of (×) farmer suicides, why we don't know what's in our food any more, why black people in the United States are more likely to be overweight than white, why there are (×) cowboys in South Central Los Angeles, and how the world's largest social movement is discovering (×) ways, large and small, for us to think about, and live differently with, food.

실제로, 식품업계의 관심에 따라 슈퍼마켓에 진열되는 제품, 그리고 그 이상이 결정된다. 그런 와중에도 업계가 현대 식품 유통 체계의 '썩은 틈'만 노리고 있는 것이 현재의 실정이다. 소수의 구조적인 재량에 따라 다수의 건강이 영향을 받을 수 있다는 주장을 뒷받침하려면, 범세계적인 조사가 실행되어야 한다. 이를 위해서는 이른바 '녹색 사막'이라고 불리는 브라질부터 식품이 유통되는 도시 구석구석까지 살펴보아야 하며, 최초로 원예작물이 도입된 시기와 시애틀 사건(Battle of Seattle, 대규모 시위들이 인간 사슬을 만들어 농업의 세계화를 반대한 사건—옮긴이)까지의 역사를 재조명해야 할 것이다. 그러면 철저한 연구를 통해 아시아와 아프리카에서 대규모 기아 사태가 발생하는 까닭과 전 세계적으로 농부의 자살률이 높은 이유, 소비자가 여전히 식품의 성분을 모르는 이유, 미국 내에서 흑인이 백인보다 과체중일 가능성이 높은 이유, 로스앤젤레스 남부에 목동이 편중된 이유, 그리고 대규모 사회 운동의 여파로—크든 작든—식품에 대한 생각과 우리의 생활상이 달라지는 이유를 파악할 수 있을 것이다.

Tip 특정 사건을 가리킬 때 쓰는 'time'에는 정관사를 붙인다.

0984

The **alternative to eating** the way we do today promises to solve (×) hunger and (×) diet-related disease, by offering a way of eating and growing (×) food that is environmentally sustainable and socially just. Understanding the ills of the way food is grown and eaten also offers the key to greater freedom, and a way of reclaiming the joy of eating. the task is as urgent as the prize is great.

오늘날에는 식생활 대체 수단, 즉 어떤 환경에도 꿋꿋이 살아남을 뿐만 아니라 사회적으로도 정당성을 인정받은 식량재배 및 식생활법을 통해 기근과 각종 영양 관련 질병을 해결할 수 있다. 따라서 작물 재배의 폐해를 이해한다면 더 큰 자유를 만끽할 수 있으며 식사 시간이 더욱 즐거워질 것이다. 이 일은 혜택이 큰 만큼 매우 시급한 일이다.

Tip 'the way'와 'a way'는 어떤 차이가 있을까? 오늘날 우리가 하고 있는 식생활the way이므로 정관사를 붙이고, 식량을 재배하고 먹는 (어떤) 방편을 제공한다는 어구에는 부정관사를 쓴다.

0985

In every country, the contradictions of (×) obesity, hunger, poverty and (×) wealth are becoming more acute. India has, for example, destroyed millions of tons of grains, permitting food to rot in silos, while the quality of food eaten by India's poorest is getting worse for the first time since Independence in 1947. In 1992, in the same towns and villages where malnutrition had begun to grip the poorest families, the Indian government admitted foreign soft drinks (×) manufacturers and (×) food multinationals to its previously protected economy. Within a decade, India has become home to the world's largest concentration of diabetics: people—often children—whose bodies have fractured under the pressure of eating too much of the wrong kinds of (×) food.

모든 나라마다 비만과 기근, 가난과 부의 편중이라는 대조적인 문제를 안고 있으며, 이는 날이 갈수록 점점 심화되고 있다. 예를 들어, 인도는 작물 수백만 톤을 창고에 둔 채 부패하도록 내버려두고 있다. 1947년 독립 이후 처음으로 인도 빈민층이 먹는 식량의 품질이 저하되고 있는데도 말이다. 1992년 도시와 촌락의 빈민층 사이에 영양 실조가 창궐했을 때, 인도 정부는 해외 탄산음료 제조업체들과 다국적 기업에 자국의 보호 경제 정책을 솔직히 시인했다. 그러고 나서 채 10년도 지나지 않아 인도는 세계에서 당뇨병 환자가 가장 많은 국가로 떠올랐다. 특히 아이들은 불량 식품을 다량 섭취해 몸 상태가 말이 아니었다.

Tip '비만'과 '기근,' '가난'과 '부'는 추상적인 개념이고 손에 잡히지 않으므로 관사를 붙이지 않는다.

0986

India isn't the only home to these contrasts. They're global, and they're present even in the world's richest country. In the United States in 2005, 35.1 million people didn't know where their next meal was coming from. At the same time there is more diet-related disease like diabetes, and more food, in the US than ever before.

비단 인도만 그런 것이 아니다. 모순적인 구조는 전 세계에 만연해 있으며, 자타가 공인하는 선진국에도 존재한다. 2005년 미국에서는 3,510만 명이나 되는 사람들이 식품의 출처를 알지 못한 채 당뇨병 등의 질병을 앓았다.

Tip '가장 부유한 국가richest country'는 미국을 가리킨다. 세계에서 가장 부자라면 최상급에 정관사를 붙여야 맞다.

0987

As (×) consumers, we're encouraged to think that an economic system based on individual choice will save us from the collective ills of hunger and obesity. Yet it is precisely 'freedom of choice' that has incubated these ills. Those of us able to head to the supermarket can boggle at the possibility of choosing from (×) fifty brands of (×) sugared cereals, from half a dozen kinds of (×) milk that all taste like (×) chalk, from shelves of bread so soaked in (×) chemicals that they will never go off, from aisles of products in which the principal ingredient is sugar. British children are, for instance, able to select from twenty-eight branded breakfast cereals the marketing of which is aimed directly at them. the sugar content of twenty-seven of these exceeds the government's recommendations. Nine of these children's cereals are 40 per cent sugar. It's hardly surprising, then, that 8.5 per cent of six-year-olds and more than one in ten fifteen-year-olds in the UK are obese. And the levels are increasing. the breakfast cereal story is a sign of a wider systemic feature: there's every incentive for food producing corporations to sell (×) food that has undergone processing which renders it more profitable, if less nutritious. Incidentally, this explains why there are so many more varieties of (×) breakfast cereals on (×) sale than (×) varieties of apples.

소비자는 개인의 선택에 따라 좌우되는 경제 구조를 통해 기근과 비만을 비롯한 총체적 질환에서 구원을 받으리라고 생각할 것이다. 그러나 '선택의 자유'야말로 이런 질병들을 키운 장본인이다. 슈퍼마켓에 가면 설탕옷을 입은 50가지 시리얼부터 백묵처럼 하얀 우유 25가지, 그리고 진열대에 오래 버티고 있는 화학 물질로 흠뻑 적신 빵에 이르기까지 선택의 폭은 매우 넓다. 그런데 그 주요 성분은 하나같이 당분이다. 영국 아이들을 주요 소비자로 공략한 시리얼의 가짓수는 28가지나 된다. 그런데 당 27가지의 성분비는 정부가 권장한 수치를 초과하며, 그중에 9가지는 당분이 40퍼센트나 된다. 따라서 6세 어린이의 8.5퍼센트와 15세 어린이의 약 10퍼센트가 비만이라는 사실은 어쩌면 당연한 일이다. 또한 영국에서도 소아 비만 비율이 점점 증가하는 추세이다. 시리얼 이야기는 좀 더 광범위한 식품 유통의 구조적 특징을 보여주는 하나의 흔적이다. 즉, 이것은 영양가는 좀 떨어지더라도 돈이 되는 가공 처리 식품을 팔도록 제조업체들을 꼬드기는 '세력'이 어디에나 있음을 암시한다. 그런 이유로 판매대에 진열된 시리얼 종류가 사과 종류보다 더 많은 것이다.

Tip 우리는 특정한 소비자가 아니라 일반적인 소비자로 봄직하다.

0988

There are (×) natural limits to our choices. There are, for instance, only so many naturally occurring fruits, vegetables and animals that people are prepared to eat. But even here, a little advertising can persuade us to expand the ambit of our choices. Think of the kiwi fruit—once known as the Chinese gooseberry, but rebranded to accommodate Cold War prejudices by the New Zealand food company that marketed it to the world at the end of the 1950s. It's a taste no-one had grown up with, but which now seems as if it has always been there. And while new natural foods are slowly added to our menus, the food industry adds tens of thousands of new products to the shelves every year, some of which become (×) indispensable fixtures which, after a generation, make life unimaginable without them. It's a sign of how limited our gastronomic imaginations can be. And also a sign that we're not altogether sure how or where or why (×) certain foods end up on our plate.

소비자의 선택에도 한계가 있기 마련이다. 예를 들어, 햇과일과 야채, 그리고 마음 놓고 먹을 수 있는 육류까지 선택의 폭은 다양하다. 그런데 오늘날 현대인들은 몇몇 광고에 둘러싸여 시야를 넓히라는 유혹을 받고 있다. 키위를 생각해보라. 키위는 한때 '중국산 구스베리'로 알려졌지만, 1950년대 말 세계적으로 판로를 넓힌 뉴질랜드 식품업체가 냉전의 편견을 불식시키고자 브랜드 이름을 바꾼 것이다. 키위를 맛보며 자라진 않았지만, 사람들은 키위가 기존 과일이라고 생각하는 듯싶다. 새로운 자연 식품이 서서히 메뉴에 추가됨에 따라 식품업계는 해마다 수만 가지 상품을 진열대에 올린다. 그중에는 한 세대를 지나면서 식탁에 꼭 올리게 되는 식품으로 자리매김한 것들도 있다. 이는 식품에 대한 소비자의 생각이 얼마나 짧으며, 특정 식품이 식탁에 올라와야 하는 까닭과 경위, 유통경로를 모른다는 방증이다.

Tip 뉴질랜드에는 관사를 붙이지 않지만 본문의 핵심어는 뉴질랜드가 아니라 'the New Zealand food company' 즉, '식품회사'인데 접속사 이하가 이를 한정하므로 정관사를 썼다.

0989

(×) Students sing the familiar tune 'Old MacDonald Had a Farm.' They identify goods on the farm and suggest services that Farmer MacDonald might have provided or wanted. Acting as farmers, they write (×) two new verses for their farm. (×) One verse identifies a good and the other identifies a service.

학생들은 '맥도널드 할배의 농장이 있었다'라는 익숙한 곡조를 부른다. 농장에서 키운 작물을 찾은 그들은 농부 맥도날드가 제공했거나 원했을지도 모를 서비스를 제안한다. 농부행세를 하며 농장을 노래하는 두 구절을 쓴다. 하나는 농산물을, 다른 구절은 서비스를 나타낸다.

Tip 익숙한 곡조이므로 정관사를 붙였다.

0990

The story of (×) food production to which most of us can admit, almost as a reflex, owes more to (×) fairy tales and (×) children's television programming than anything else. Without a reason to revisit the creation myths of (×) food we learned when young, we carry around unquestioned our received opinions of (×) pastoral bliss, of farmers planting the seeds in the ground, watering them and hoping that the sun will come out so that the plants can grow big and strong. This is certainly one description of how food is grown. It's just one that glosses over the most important parts.

식량생산에 얽힌 이야기는 대부분 아이들이 흔히 보는 텔레비전 방송이나 우화에서 비롯되었다. 소싯적에 배웠던 식품의 '창조신화'를 군이 떠올리지 않더라도 씨앗을 심고 물을 주며 햇볕을 듬뿍 받고 작물이 왕성하게 자라길 바라는 농민은 누구라도 축복해주고 싶을 것이다. 흔히 그런 식으로 작물이 자라는 과정을 이야기하지만, 정작 전 세계 농촌빈민들은 관심에서 멀어지고 있다는 핵심은 놓치고 말았다.

Tip '창조신화creation myths'는 우리가 어릴 적 알게 된 것을 뜻하므로 정관사가 맞다.

Final Test

0991

In terms of (×) evolutionary biology, one theory to explain the modern obesity epidemic claims that (×) obesity was a beneficial trait that has become detrimental. Indeed, (×) obesity helped (×) humans to survive long ago during (×) famines by enabling more efficient storage of energy as fat. In (×) modern times, though, those that carried this advantageous gene would store this energy, but a famine would never come. As a result, people would save too much energy as fat, which would ultimately become a problem.

진화생물학에서 현대의 유행처럼 번지는 비만을 설명하는 한 이론은 비만이 원래는 이로운 특성이었는데 해롭게 되어 버렸다고 주장한다. 실제로 비만은 오래 전에는 기근이 찾아온 동안 사람들이 에너지를 지방 형태로 더 효과적으로 축적하도록 해 줌으로써 살아남을 수 있도록 도와주었다. 그러나 현대에는 이 이로운 유전자를 가진 사람들이 에너지는 축적 하려 하는데 기근은 일어나지 않는 것이다. 그 결과 사람들은 너무 많은 에너지를 지방으로 축적했고 결국 그것이 문제가 되었던 것이다.

Tip 질병인 비만obesity이나 폐렴pneumonia 등은 관사를 붙이지 않는다.

0992

Multitasking has become routine, but it can have (×) surprising effects on our ability to perform (×) physical tasks. Researchers asked people to perform (×) various mental math problems while simultaneously engaging in simple physical exercise. Surprisingly, (×) scans revealed that this combination activated the part of the brain responsible for (×) physical movement more than (×) pure exercise did. They found that this could easily translate to reduced endurance. (×) Research also showed that as (×) mental tasks increased in difficulty, physical speed slowed. This clearly demonstrates that it is not only our focus that is reduced through (×) multitasking.

멀티태스킹은 일상이 되었지만, 신체적인 일을 수행하는 능력에 놀라운 영향을 끼칠 수 있다. 연구자들은 사람들에게 단순한 신체 운동을 하면서 동시에 여러 정신적 수학 문제를 수행하도록 요청했다. 놀랍게도 뇌 스캔을 해 본 결과 이런 조합이 운동만 할 때보다 신체 활동을 관장하는 뇌의 부분을 더 많이 활성화하는 것으로 밝혀졌다. 연구자들은 이것이 지구력 감소로 쉽게 이어진다는 것을 발견했다. 또한 연구는 정신적 과제의 난이도가 높아질수록 신체의 운동 속도는 감소했다는 것을 보여주었다. 이것은 멀티태스킹을 통해 줄어드는 것은 집중력만이 아니라는 것을 확연하게 보여준다.

Tip 불특정한 복수명사에는 관사를 붙이지 않는다.

0993

Before I came to (×) college I didn't realize how hard it would be to balance (×) academics and social life. In high school, everything was simple. I lived with my parents, and everything had a clear time and place. I knew when to study, do (×) extracurricular activities, or spend time with friends. But since I started living in the dorms, I've met a lot of new people who are constantly inviting me to various events. I don't want to refuse, but at the same time, I also have to make (×) time for studying.

대학교에 오기 전까지는 나는 학업과 사교생활의 균형을 맞추는 것이 얼마나 어려울지 몰랐다. 고등학교에서는 모든 것이 단순했다. 나는 부모님과 함께 살았고 모든 것은 명확한 시간과 장소가 있었다. 나는 언제 공부하고 방과후 활동을 하거나 친구들과 시간을 보낼 알았다. 하지만 기숙사에서 지내기 시작한 이후 나는 새로운 사람들을 많이 만났고 그들은 지속적으로 나를 여러 행사에 초대하고 있다. 나는 거절하고 싶지는 않았지만 동시에 공부할 시간을 내야 한다.

Tip 기숙사에서 지냈다는 표현이 'live in the dorms'로 굳어진 것은 영화를 보러 가다를 'go to the movies'로 쓰는 것과 같은 이치다.

0994

When people think of (×) children's play, they often think of (×) physical activities that help develop (×) motor skills. But play can also include physically undemanding activities like pretending. Imaginative activities, such as playing house, help children develop their command of language, encouraging the use of complex grammatical structures. Pretending also allows children to practice controlling their emotions and regulating their own behavior. In this way, much like (×) physical play, (×) pretend play is essential to a child's development.

어린이들의 놀이에 대해 생각할 때, 사람들은 운동 능력 발달을 돕는 신체 활동들을 떠올리는 경우가 많다. 그러나 놀이에는 역할놀이처럼 신체적으로 많이 움직이지 않는 활동들도 포함된다. 소꿉놀이 같은 상상력 활동은 복잡한 문법 구조의 사용을 북돋우면서 어린이들의 언어구사력 발달을 돕는다. 역할놀이 역시 어린이들이 자신의 감정을 조절하고 행동거지를 관리하는 연습을 할 수 있도록 해준다. 이렇게 신체 놀이와 마찬가지로 역할 놀이는 어린이의 발달에 꼭 필요하다.

Tip 놀이가 아니라 '희곡'이었다면 관사를 붙였을 것이다.

0995

Accused smuggler Lisa Bower was sentenced to a reduced sentence in Potterstown today because she helped police nab key players in a smuggling ring. After her arrest, Ms. Bower agreed to cooperate with law enforcement officials. They say she was only a small player in a much larger organized smuggling ring. In (×) exchange for information leading to the arrest of high-ranking figures within the organization, Ms. Bower was promised leniency. the judge noted that she lived up to her end of the bargain by providing testimony central to several other convictions.

기소된 밀수업자 리사 바우어에게 오늘 파터스타운에서 감형된 형량이 선고되었는데, 그녀가 경찰이 밀수조직의 핵심인물들을 체포하도록 협조했기 때문이다. 체포 이후, 바우어씨는 경관들에게 협조하는 데 동의했다. 그녀가 훨씬 거대한 조직적 밀수 집단의 작은 행동대원에 지나지 않았다고 그들은 말한다. 조직 내 상층부 인물들의 체포로 이어진 정보의 대가로, 바우어 씨는 관대한 처벌을 약속 받았다. 판사는 그녀가 몇몇 다른 기소에 핵심이 되는 증언을 제공함으로써 거래에서의 자신의 몫을 다 한 것을 감안했다.

Tip 'in exchange for(대가로),' 'information(정보)'은 관사를 붙이지 않는다. '고위급 인물high-ranking figures'이라면 정황상 앞서 언급한 밀수조직에 가담한 인물일 것이다.

0996

(×) Recent research on the body mass index(BMI) of (×) girls links body weight to the early onset of puberty in girls. a study of over 1,200 girls in three major US cities confirmed that girls are reaching puberty earlier than in previous decades, as other studies have shown that this is true for girls and boys alike. the study also revealed that overweight girls—those with a high BMI—are entering puberty up to a year-and-a-half earlier than those with a lower BMI. (×) Scientists speculate that (×) extra body weight may be triggering this change.

소녀들의 신체질량지수에 대한 최근의 연구는 체중과 소녀들의 이른 사춘기가 관련이 있다고 본다. 미국의 세 대도시의 소녀들 1,200명 이상을 대상으로 한 연구는 소녀들이 과거 수십 년 전보다 일찍 사춘기에 접어들고 있음을 확인해 주었으며 다른 연구들도 이것이 소녀와 소년 모두에게 해당됨을 보여주었다. 그 연구는 또한 과체중 소녀들, 즉 체질량 지수가 높은 소녀들이 체질량 지수가 낮은 소녀들보다 최대 1년 반이나 먼저 사춘기가 시작된다는 것을 밝혀냈다. 과학자들은 과체중이 이런 문제를 야기하고 있다고 추측한다.

Tip 리서치research는 수식어구가 붙어도 관사를 쓰지 않는다. 신체질량지수는 가산명사로 'a/the' 모두 가능하지만 '최근 연구한 소녀의 BMI'는 특정하다고 봄직하다.

0997

The government has rolled out a new plan to deal with the ongoing drought by investing in new clean-water infrastructure. Entering its second year, the drought shows no signs of abating. (×) Residents have made massive cuts in personal water use, but more water is needed. the plan includes building a desalinization plant next to Purdue Bay to convert (×) seawater into (×) freshwater. Additional facilities will be constructed to capture (×) wastewater and render it fit for (×) use by (×) residents. These measures will take time to implement but should provide a long-term solution.

정부에서 새 담수 인프라에 투자함으로써 계속되고 있는 가뭄을 해결할 새 계획을 내놓았다. 2년째에 접어든 가뭄은 누그러질 기미가 전혀 보이지 않는다. 주민들은 개인 물 사용을 엄청나게 삭감했으나 더 많은 물이 필요한 상태다. 그 계획은 퍼듀 만 옆에 담수화 공장을 건설해서 바닷물을 담수로 바꾸는 것을 포함한다. 하수를 모아서 주민들이 사용하기에 적당하게 바꾸는 추가 시설들이 건설될 것이다. 이런 조치들은 실행하는 데 시간이 걸리기는 하겠으나, 장기적인 해결책을 제공할 것이다.

Tip '해수seawater'나 '담수freshwater' 혹은 '하수wastewater'는 셀 수 없는 명사로 관사를 쓰지 않는다.

0998

When I started (×) Falcon Airways 15 years ago, I wanted to provide a completely different customer experience. One thing I did to ensure that the company put (×) customers first was hire virtually all (×) flight attendants with (×) zero experience. I didn't want them to come to the job with (×) bad habits or mindsets from other airlines. By training them in-house, I could ensure they were fully committed to our way of doing things. Our success as an airline shows that giving solid training beats hiring staff with (×) experience.

15년 전 팔콘항공을 시작했을 때, 저는 완전히 다른 고객 경험을 제공하고 싶었습니다. 제 회사가 고객들을 최우선으로 하도록 하기 위해 제가 했던 한 가지는 사실상 모든 승무원들을 경험이 전혀 없는 사람들로 뽑은 것입니다. 저는 그들이 다른 항공사에서 기른 나쁜 습관이나 태도를 가진 채 회사에 오기를 원하지 않았습니다. 그들을 사내에서 훈련시킴으로써, 저는 그들이 저희의 일 처리 방식에 완전히 전념하도록 할 수 있었습니다. 항공사로서 저희의 성공은 알찬 훈련을 시키는 것이 경력자 직원을 고용하는 것보다 낫다는 것을 보여줍니다.

Tip 항공사에도 관사를 붙이지 않으며 회사company는 항공사를 가리키므로 정관사를 썼다.

0999

It may seem self-evident, but all people are unique, and (×) babies are no different. They develop at (×) different paces, some reaching (×) certain milestones early, and others taking their time. Consequently, it is not only impossible, but also futile to try to prescribe a fixed timeline of (×) development. Sooner or later they all catch up, and who said their first word or took their first step will all seem trivial in the long run.

뻔한 말 같지만, 모든 사람들은 독특하며, 아기들도 결코 다르지 않다. 아기들은 서로 다른 속도로 발달하기에 어떤 중요한 시점에 일찍 도달하는 아기들도 있고 시간이 걸리는 아기들도 있다. 따라서 딱 정해진 발달 시간표를 처방하려는 것은 불가능할 뿐 아니라 쓸 데 없는 일이기도 하다. 조만간 아기들은 모두 따라 잡으며, 누가 처음으로 말을 했거나 처음으로 걷기 시작했는지는 장기적으로 보면 모두 별 것 아닌 것으로 보일 것이다.

Tip '고정된, 정해진fixed' 시간표라고 해서 특정한 것은 아니다.

1000

Humans have developed (×) coping mechanisms to create (×) pockets of (×) privacy within crowded modern cities. Sociologist Erving Goffman characterized one of these mechanisms as (×) "civil inattention." When practicing (×) civil inattention, city-dwellers acknowledge the presence of others around them, while discouraging conversation or interaction. For example, someone practicing (×) civil inattention on a public bus might look up from their phone or book to make (×) brief eye contact with a stranger entering the bus before looking back down again.

인간들은 붐비는 현대 도시에서 사생활 공간을 만들기 위해 대응기제를 발전시켰다. 사회학자 어빙 고프만은 이 기제들 중 한 가지를 "시민적 무관심"이라고 정의했다. 시민적 무관심을 실천할 때, 도시 거주자들은 자기 주변의 사람들의 존재는 인정하지만 대화나 상호 작용은 거부한다. 예를 들어 공공 버스 안에서 시민적 무관심을 실천하는 사람은 버스에 올라 탈 때 전화기나 책에서 잠시 눈을 들어 낯선 사람과 눈을 마주친 후 다시 고개를 숙일 것이다.

Tip 지금 장소에 '존재한다,' '와있다'는 뜻의 'presence'에는 정관사를 붙인다.

저자소개

유지훈

원서 70여 종을 우리글로 옮기고 20여 종을 펴냈다. 기획하고 쓰고 디자인하고 그리고 번역하는 등, 책을 만들기 위해서라면 뭐든 하는 창작자. 영어 학습자의 부족한 부분을 누구보다 잘 알고 있는 영어 트레이너로서 '나만 알고 싶은 영어의 비밀'을 통해 노미널리즘(명사독해법)을 비롯하여 필사를 이용한 영작문 학습서를 최초로 소개했다.

쓴 책

나만 알고 싶은 영어의 비밀_NOMINALISM
명사독파_영어의 싱크홀을 채우는 힘
어린왕자 필사노트
독하다 독해
남의 글을 내 글처럼
받아쓰기로 끝내는 영어듣기
8시간으로 끝내는 영문법
베껴쓰기로 시작하는 영작문 1.0
베껴쓰기로 끝내는 영작문 1.0
베껴쓰기로 끝내는 영작문 2.0
베껴쓰기로 영작문 3.0
창세기의 미스터리

옮긴 책

좋은 사람 콤플렉스
릭 워렌_재정의 주인이 되는 삶
가이 포크스_플롯
탈무드_피르케이 아보트
무엇을 가르칠 것인가?
자살의 해부학
이슬람주의와 이슬람교
부의 수수께끼
美중앙정보국CIA 월드리포트_UFO
글로벌 트렌드 2020
첫인상은 항상 배신한다
전방위지배
맨체스터 유나이티드
마음으로 이끌어라
아름다운 열정
성공을 리드하라
결정적 순간의 대면
행복한 결혼을 위한 세 가지 열쇠 외 다수